东汉清议与
士人文化新变研究

Qingyi in Eastern Han Dynasty and the
New Change for Scholar Culture

孙立涛　著

中国社会科学出版社

图书在版编目（CIP）数据

东汉清议与士人文化新变研究 / 孙立涛著 . —北京：中国社会科学出版社，2023.7
ISBN 978-7-5227-2029-6

Ⅰ. ①东… Ⅱ. ①孙… Ⅲ. ①士—研究—中国—东汉时代 Ⅳ. ①D691.2

中国国家版本馆 CIP 数据核字（2023）第 106598 号

出 版 人	赵剑英
责任编辑	杨　康
责任校对	郝阳洋
责任印制	王　超

出　　版	中国社会科学出版社
社　　址	北京鼓楼西大街甲 158 号
邮　　编	100720
网　　址	http://www.csspw.cn
发 行 部	010-84083685
门 市 部	010-84029450
经　　销	新华书店及其他书店
印　　刷	北京君升印刷有限公司
装　　订	廊坊市广阳区广增装订厂
版　　次	2023 年 7 月第 1 版
印　　次	2023 年 7 月第 1 次印刷
开　　本	710×1000　1/16
印　　张	18
字　　数	328 千字
定　　价	98.00 元

凡购买中国社会科学出版社图书，如有质量问题请与本社营销中心联系调换
电话：010-84083683
版权所有　侵权必究

国家社科基金后期资助项目
出版说明

后期资助项目是国家社科基金设立的一类重要项目，旨在鼓励广大社科研究者潜心治学，支持基础研究多出优秀成果。它是经过严格评审，从接近完成的科研成果中遴选立项的。为扩大后期资助项目的影响，更好地推动学术发展，促进成果转化，全国哲学社会科学工作办公室按照"统一设计、统一标识、统一版式、形成系列"的总体要求，组织出版国家社科基金后期资助项目成果。

全国哲学社会科学工作办公室

目　　录

前　言 ………………………………………………………………（1）

绪　论 ………………………………………………………………（1）
　第一节　前人对清议的关注与研究 ………………………………（1）
　第二节　关于汉代"清议"研究的思考 …………………………（8）
　第三节　本书的主要内容与思路 …………………………………（19）

第一章　"清议"含义与清议传统考察 ……………………………（22）
　第一节　"清议"含义解析 ………………………………………（22）
　第二节　汉魏六朝清议传统考察 …………………………………（31）

第二章　东汉士人清议产生的社会背景 …………………………（37）
　第一节　选官制度与乡邑清议并存 ………………………………（37）
　第二节　教育政策促使儒士群体不断壮大 ………………………（52）
　第三节　儒家价值传统与政治形势的冲突 ………………………（65）

第三章　东汉士人清议的主要表现形式 …………………………（75）
　第一节　东汉后期政治运动与党人清议 …………………………（75）
　第二节　汉末人物品评与名士清议 ………………………………（87）
　第三节　汝南"月旦评"与人伦臧否 ……………………………（92）

第四章　东汉清议与士人文化的衍生 ……………………………（104）
　第一节　士人清议的方式与传播方式 ……………………………（104）
　第二节　作为清议传播方式的称号文化 …………………………（107）
　第三节　作为清议方式的散文创作 ………………………………（113）

第五章　清议与汉末碑文 ·· (127)
　　第一节　碑文演进及其性质简考 ·· (127)
　　第二节　清议促成汉末述德性碑文兴盛 ·································· (138)
　　第三节　清议与汉碑文学的融合 ·· (155)

第六章　清议与汉末谣谚文化 ·· (176)
　　第一节　《后汉书·党锢列传》序以谣谚揭示党议源起 ············ (176)
　　第二节　谣谚在清议活动中的创作与应用 ······························· (185)
　　第三节　谣谚舆论功能在汉末强化的社会根源 ························· (193)
　　第四节　清议活动中时政类谣谚的文化价值 ··························· (203)

第七章　清议与汉末题目文化 ·· (212)
　　第一节　题目的含义及其与清议的关系 ·································· (212)
　　第二节　题目的表现特征及其文化意义 ·································· (218)
　　第三节　题目文化渊源探析 ··· (225)

第八章　清议在汉晋时期的走向及其价值与影响 ··················· (241)
　　第一节　汉晋时期士人清议的走向 ······································· (241)
　　第二节　清议的精神价值与政治文化影响 ······························ (255)

参考文献 ··· (271)

后　记 ··· (279)

前　言

　　本书主要以东汉后期的士人清议活动及由此引起的士人文化新变作为研究主题。士人在中国史上的作用及其演变虽然是一个十分复杂的现象，但是无可争辩的是，"文化和思想的传承与创新自始至终都是士的中心任务"，士人阶层"基本上反映了中国文化的特性"。[①] 而具体到本书来说，士人包括东汉那些有道德、有学识的士大夫官员、太学诸生以及未入仕的处士等，而士人文化即由这些人延续或新创的各类社会文化。

　　"清议"一词概出现于魏晋时期，历代史家学者对其理解不尽相同，它主要指东汉末年士人议论时政和品评人物的行为，其间体现出较强的舆论性和政治性。汉魏六朝时期，随着清议风气的发展和贤人士大夫的提倡，清议一度被统治者所利用，或把其与选官制度相结合，或把其用作监督士人言行的方式，而清议的属性也由非官方性的议论融入了国家政治体系之内。

　　东汉后期能产生影响力甚大的清议活动并非偶然，这既有现实政治上的因素，也有社会制度层面的深层原因。东汉后期，外戚、宦官专权，社会混乱、儒家伦理纲常的破坏，是引发士人清议活动的直接原因。而汉代选官制度中参考的"乡里清议"对士人观念的影响，学仕结合的教育政策导致儒士群体的扩大和他们政治使命感的增强，则是引发士人清议活动的内部因素。

　　东汉末年的清议活动主要表现为党人清议和名士清议。东汉中后期，太学诸生与士大夫官员联合构成"部党"，他们以儒家伦理道德观念为依托，大肆营造舆论反对宦官擅权、反对公卿违礼背德的行为，此政治斗争即被称为党人清议，其中宦官集团是他们抨击的主要对象。名士清议特指在东汉后期政治运动和品藻之风中脱颖而出的大名士对人物的品评、识鉴

[①] 余英时：《士与中国文化》，上海人民出版社2013年版，"引言"第1、6页。

活动。名士清议之所以能够形成较强的舆论,是因为他们的论断较为准确,能折服士人;在其周围聚集着一批属吏和门徒,容易形成舆论中心向外扩散;东汉末年社会上存在着仰慕名士的浓厚风习。汝南许劭、许靖兄弟主持的"月旦评"是名士清议的代表。

东汉后期,士大夫既是清议活动的参与者,又是社会文化的承担者,故而在清议过程中或受清议活动的影响,士人文化的新变是显而易见的,这既包括文化形式本身在清议活动影响下的发展演变,还包括因清议活动而衍生出的士人新文化。具体来说,士人文化主要体现在清议的方式或曰传播方法上。"清议"有口头议论,有文字议论,故清议过程中对口头文化和书面文化皆有运用。口头文化主要指在清议的社会传播中,士人对传统的称号文化、谣谚文化的运用,以及在品评人物过程中名士新创的题目文化。书面文化主要指士人因清议而创作的章奏体政论文,以及在人物品评风气下出现的品评类散文、地方郡书、人物别传、述德性碑文等。

相关的章奏体政论文,与之前相比,从内容上来看,增多了抨击宦官之害和申救党人的文字;从风格上来看,由于抗愤激昂的情感注入行文,从而具有了昂扬奔放的气势感。此外,善于人伦臧否的名士,总结人物品评的经验和意义,创作出识鉴人物的理论性著作;一些文人士大夫把人物品评诉诸文字,从而促进了人物品评类散文的发展。受此影响,又相继出现了一些品论历史先贤的郡书类散文;一些品评当世大族人物的家传性散文在东汉末年也逐渐产生。与郡书和家传性散文相似,当时还出现了人物别传类的散文。述德性碑文可看作人物别传的特殊形式,它在东汉末年大量出现,这是由于清议活动催生出撰作碑文的主体,同时碑文本身也是清议活动的重要组成部分,清议的目的与碑文的主旨也是一致的。因述德性碑文的撰作者多是学识素养较深的儒士,所以碑文在实用之外,其在写作手法、行文语言和情感表达上,又表现出较强的文学色彩。

我国称号文化和谣谚文化源远流长。称号发展到东汉,已完全成为一种大众化的社会文化,士人将其运用于清议活动中,舆论效果明显。谣谚文化在汉代有较为适宜的生长土壤和广大的接纳群体,它在清议活动中表现出很强的舆论宣传功能。范晔《后汉书·党锢列传·序》即是以谣谚揭示党人之议的源起和发展的。清议之士用谣谚标榜同类、歌颂同类,用谣谚抨击宦官集团的不法行为,用谣谚品评某些社会现象。在此期间,谣谚不仅具有较高的政治价值,而且展现出一定的文化价值,从中又可观览谣谚创作群体的扩大和谣谚艺术地位在士人心目中的提升。

"题目"是东汉末年名士清议的一种议论方式,又是从清议中衍生出的一种士人文化，近似于一种清雅之议。题目内容同时又是经典化的士人评语，它的产生与早期的称号文化、谣谚艺术有着一定的内在联系。题目文化不仅充实了汉晋士人的生活方式，而且促进了语言艺术的提高和文人文学的发展。

汉世之后，清议逐渐向清谈演进，但二者间的演进并非简单性的发展与承续式的衔接关系，而是一个交错发展、主次升降的过程。清议的式微与清谈的兴起，其外因是政治暴力对士人的打击，而内因则是士人学理思想的演变。魏晋之后，清议传统并未消亡，每当社会问题发生或社会矛盾迭起之时，清议又被有识之士重新加以提倡和运用，其精神价值与文化价值不断得到继承和延续。

绪　　论

"清议"在中国古代是客观存在的社会现象，也是历代文人士大夫所尊崇和提倡的一种社会行为。历来论者对东汉后期的清议活动最为推崇，此时的清议方式中蕴含着清议者的智慧，清议活动的开展对士人观念和士人文化的影响也是巨大的。故此，从清议本身的特征和清议对士人思想行为的触动中，挖掘汉代中后期士人文化的新变，是本书所要阐述的中心问题。

第一节　前人对清议的关注与研究

在中国历史上，清议传统起源很早、存在很久，历代文人学士对此传统多有关注、提倡和运用。三国时期，魏国曹羲在《至公论》中首倡"兴化致治"离不开清议在社会风俗上的引导。晋代，傅玄对清议与统治思想的关系略有探讨，卫瓘对乡邑清议在选官任人上的作用稍有讨论，刘颂则提倡清议对名士培养的作用。唐代，张九龄对清议与名士气节的关系也有过论述。[1] 宋代，司马光对东汉末年党人清议失败的原因有所谈及，[2] 沈作喆分析了晋代品藻活动与东汉末年党人清议的关联。[3] 元代，胡三省注《资治通鉴》时，对东汉末年党人清议及其人物稍有论述。[4] 明代，吕坤对

---

[1] 《新唐书》本传载九龄建言："……故清议不立，而名节不修，善士守志而后时，中人进求而易操也。朝廷能以令名进人，士亦以修名获利，利之出，众之趋也。"[（宋）欧阳修、（宋）宋祁：《新唐书》，中华书局1975年版，第4427页]
[2] 参见（宋）司马光编著，（元）胡三省音注《资治通鉴》卷五六《汉纪》，中华书局1956年版，第1823页。
[3] 参见（宋）沈作喆《寓简》，商务印书馆1959年版，第19—20页。
[4] 参见（宋）司马光编著，（元）胡三省音注《资治通鉴》卷五三《汉纪》，中华书局1956年版，第1705页。

清议的弊端有所述及。① 到清代初年，顾炎武在《日知录》卷一三"清议"条中叙述了先秦汉魏六朝时期的清议传统，并举例说明清议对王治与社会风俗的引导作用，其中提到："天下风俗最坏之地，清议尚存，犹足以维持一二。至于清议亡而干戈至矣。"② 王夫之在《读通鉴论》中论及官德时，对清议的作用也倍加推崇。③ 其后赵翼在论及"九品中正制"时，亦沿袭晋代卫瓘对乡邑清议的看法，并举有若干乡邑清议在晋代主持公道的例子做附加说明。④ 晚清时期，林纾的《续司马文正保身说》对东汉后期党人清议的源起及失败的原因进行了分析，以警示世人。⑤

以上是历代文人士大夫在疏奏、政论散文或历史散文中对清议的偶然论及。虽有关注和提倡，但长期以来缺乏对清议现象的专门研究。顾炎武《日知录》有"清议"一条，是对清议传统的总结性概括，但文字较少，又较笼统，未能深谈。对清议真正意义上的研究，是从现当代开始的。就目前所看到的研究成果而言，大体可按历史时期分为以下几个阶段。

第一，对汉魏六朝时期清议及相关问题的研究。具体可分为：（1）对清议思潮产生的原因进行论析。如詹福瑞认为清议的直接起因是东汉时期的察举征辟制，东汉后期因政治环境的影响，清议由对个体人物的品评扩大到对朝政、世事的裁量，清议本身传达出士人个性的觉醒。⑥ 高新民认为，王符的社会道德批判思想起到了开东汉末年清议风气先声的作用。⑦ 聂济冬对游学助长东汉末年处士横议式的清议之风有所探讨。⑧ 卿磊认为儒侠之风对汝、颍、南阳之地的儒士政治理念产生重大影响，并最终成为

---

① 吕坤《呻吟语》卷二《修身》载："清议酷于律令，清议之人酷于治狱之吏。律令所冤，赖清议以明之，虽死犹生也。清议所冤，万古无反案矣。"〔（明）吕坤撰：《吕坤全集》卷二，王国轩、王秀梅整理，中华书局2008年版，第684页〕

② （清）顾炎武著，黄汝成集释：《日知录集释》，上海古籍出版社2006年版，第766页。

③ 《读通鉴论》卷一〇"三国"条载："论官常者曰：清也，慎也，勤也。而清其本矣……清议者，似无益于人国者也，而国无是不足以立。恐其亡实而后以法饬之，周官、周礼、关雎、麟趾之精意所持也。"〔（清）王夫之：《读通鉴论》，中华书局1975年版，第281—282页〕

④ 参见（清）赵翼撰，王树民校证《廿二史札记校证》卷八《晋书》"九品中正"条，中华书局1984年版，第165页。

⑤ 郑振铎编选：《晚清文选》卷下，中国社会科学出版社2002年版，第221页。

⑥ 詹福瑞：《东汉士风与个体意识的初萌》，《汉魏六朝文学论集》，河北大学出版社2001年版，第242—247、266—269页。

⑦ 高新民：《东汉思潮与王符思想》，《兰州大学学报》（社会科学版）2001年第6期。

⑧ 聂济冬：《游学与汉末政治》，《山东大学学报》（哲学社会科学版）2007年第6期。

他们发动清议运动的思想渊源之一。① （2）对"清议"含义及其流变进行分析。张传玺主编的《中国古代史纲》对东汉末年"清议"含义及其论政、品人的状况稍有论述。② 范子烨从人物品藻方面对东汉清议之风及许劭、郭泰的人物品评现象进行了介绍。③ 唐翼明专就"清议"词义进行了考释，他认为"清议"之"议"是批评性的议论，魏晋时期"清议"只是关于个别士人的舆论，把"清议"与东汉末年风气连在一起，概起源于清代的赵翼。④ 周一良《两晋南朝的清议》考察了两晋南朝清议与中正的关系和南朝时清议的作用，⑤ 而张旭华则认为周先生在论及东晋南朝清议与中正的关系时，过高地估计了御史中丞与政府官员在处理清议案件时的作用，并通过征引大量史料证明了当时中正在清议中的地位和作用依然重要。⑥ 张旭华的《谈谈南朝清议的发展演变》一文，亦有相似的观点。⑦ 另外，葛建平考述了东晋南朝时期的清议，主要以家庭伦理为主要内容。⑧ 阎步克在《西晋之"清议"呼吁简析及推论》一文中，论述了西晋士人对清议传统的重视，并对汉代的清议情形进行了追述。⑨ 王雪《略论汉至魏晋的清议》一文，论述了清议在汉晋时期的流变，认为清议在西晋以前作为选士的方式，用来向中央推荐人才，而西晋时则转为有威力的道德惩罚手段，士人由此步入仕途的作用式微。⑩ 张旭华的另一篇文章《两晋时期的丧礼实践与中正清议》，认为两晋王朝通过州郡中正主持清议，着重从丧礼的实践方面来维护孝道，并将违反丧制、有悖孝道、居丧违礼作为清议的主要对象，亦认为两晋清议与汉魏相比已经演变成颇具威力的道德惩罚手段，成为切实维护名教之治的工具。⑪ （3）对清议活动中的时政人物

---

① 卿磊：《儒侠与汉末清议——论游侠之风对汉末清议运动的影响》，《中华文化论坛》2011年第2期。
② 张传玺主编：《中国古代史纲》，北京大学出版社2004年版，第263—264页。
③ 范子烨：《中古文人生活研究》，山东教育出版社2001年版，第3—18页。
④ 唐翼明：《魏晋清谈》，人民文学出版社2002年版，第32—36页。
⑤ 周一良：《两晋南朝的清议》，《魏晋隋唐史论集》（第二辑），中国社会科学出版社1983年版，第1页。
⑥ 张旭华：《关于东晋南朝清议的几个问题——与周一良先生商榷》，《郑州大学学报》（哲学社会科学版）1993年第1期。
⑦ 张旭华：《谈谈南朝清议的发展演变》，《文史哲》1993年第3期。
⑧ 葛建平：《东晋南朝社会中的家庭伦常》，《中山大学学报》（哲学社会科学版）1990年第3期。
⑨ 阎步克：《西晋之"清议"呼吁简析及推论》，《中国文化》1996年第2期。
⑩ 王雪：《略论汉至魏晋的清议》，《考试周刊》2009年第21期。
⑪ 张旭华：《两晋时期的丧礼实践与中正清议》，《史学月刊》2011年第12期。

进行论述。如何满子《汉末清议人物剪影》系列，共14篇，以介绍东汉末年清议活动中李固、陈蕃、李膺、杜密、范滂、郭泰等人物为主。① 魏明安在《汉末清议与傅氏一家之儒》一文中，叙述了东汉末年"清议"的表现与特征，并从傅氏四代人的议政言论中透视由汉至晋政治思想的嬗变，重在推阐"清议"的发生、发展，揭示清议领袖杨震、李固、杜乔、李膺以及傅燮、傅玄诸人的精神风貌与士林动态。② （4）对地方清议现象进行研究。如张旭华两篇文章《汉末东吴时期的江南名士清议》与《汉末襄阳名士清议》，前者述及"吴四姓"的兴起对中原名士清议之风在东汉末年江左的兴起有着推波助澜的作用，且随着东吴选曹机构的清议化和乡里清议的官方化，最终使名士清议之风与王朝选官完全合流，成为维护大族仕宦的政治工具。③ 后者论述了东汉末年襄阳名士的清议现象及其背景。④ 黄宛峰《东汉颍川、汝南、南阳士人与党议始末》一文，介绍了颍川、汝南、南阳三郡士人在东汉末年党人清议中的中坚地位，并从历史文化、民风民俗等方面对此进行了分析。⑤ （5）探讨"清议"对社会制度、社会文化的影响。侯外庐等的《中国思想通史》专设一节介绍了东汉末年的风谣、题目，认为这是当时"清议"的表现方式。⑥ 王仲镛认为，陈寿《益部耆旧传》是在东汉以来形成的清议之风的历史背景下撰写而成的。⑦ 胡宝国分析了东汉到东晋，在人物品评风气的影响下人物杂传的盛行。⑧ 李世耀、熊国华分析了汉晋时期人物品评对文学批评著作的影响。⑨ 陈才训认为，"清议"品评风气是汉代歌谣兴盛的原因之一。⑩ 张旭华认为，东吴实行九品中正制的原因之一，是受到了汉末三国时期中原地区名士清议之风的影响。⑪ 赵昆生认为，"清议"是东汉中后期自下而上的一场统治阶

---

① 何满子：《汉末清议人物剪影》，《瞭望周刊》1991年第24、25、27、29、31、35、38、39、42、44、45、47、50、52期。
② 魏明安：《汉末清议与傅氏一家之儒》，《兰州大学学报》（社会科学版）1992年第4期。
③ 张旭华：《汉末东吴时期的江南名士清议》，《江海学刊》2001年第2期。
④ 张旭华：《汉末襄阳名士清议》，《襄樊学院学报》2008年第10期。
⑤ 黄宛峰：《东汉颍川、汝南、南阳士人与党议始末》，《中国史研究》1995年第4期。
⑥ 参见侯外庐等《中国思想通史》第二卷《两汉思想》，人民出版社1957年版，第364页。
⑦ 王仲镛：《陈寿〈益部耆旧传〉探微》，《四川师范大学学报》（社会科学版）1994年第3期。
⑧ 胡宝国：《杂传与人物品评》，《汉唐间史学的发展》，商务印书馆2003年版，第132页。
⑨ 李世耀：《人物品评与六朝文学批评》，《文学遗产》1990年第2期；熊国华：《论魏晋人物品评对中国美学的贡献和影响》，《江西社会科学》1990年第5期。
⑩ 陈才训：《汉代歌谣兴盛的原因》，《天中学刊》2005年第4期。
⑪ 张旭华：《东吴九品中正制初探》，《郑州大学学报》（哲学社会科学版）2001年第1期。

级内部的自救活动，改变了士人的传统观念、道德意识和价值取向，加速了汉末社会的转型。①（6）对"清议"与"清谈"的关系进行研究。汤用彤认为，魏初清谈上接汉代清议，其后演变为玄学之清谈，发生这种变化主要是因为学术的发展和学问的演进，及士大夫遭受时势迫害。②陈寅恪在《逍遥游向郭义及支遁义探源》一文中，支持了魏晋清谈出于后汉末年之清议的观点。③唐长孺《清谈与清议》一文，专门就清议与清谈的含义进行了分析，并由此推论到玄学起源与实际政治的关系，他认为清谈开始是以人物批评为主的，与清议可以互通，虽然以后清谈的内容与清议不再相同，但直至南朝末期，清谈的含义还包括清议在内。④针对唐长孺先生的部分观点，唐翼明予以了否定，认为清谈起源于汉末党锢之祸后士人对两汉讲经学的扬弃。⑤逯钦立《魏晋的清谈任达与九品中正制》也论述了东汉"清谈"与"清议"的互通性及其作用，并着重探讨了清谈与九品中正制的相互关系。⑥孔繁《从〈世说新语〉看清谈》一文，对清议与清谈的关系稍有介绍，认为清议随着谈论内容的不同转变为了清谈。⑦田文棠、刘学智认为，魏晋"才性之辨"是把汉末"清议"中"臧否人物"的具体评论推向对鉴识人物的抽象标准、原则的本体探讨。⑧刘康德认为，名士清议随着历史的推进、政治形势的多变及士人思想的演变，最终变为魏晋名士的清谈，并分析了在清谈的内容、方式，且对东汉末年名士清议兴起的原因、过程、方式亦捎带论及。⑨陈引驰在《阮籍与汉魏思潮述略》一文中，以郭泰和阮籍为代表，对汉魏时期清议到清谈的演变稍有论述。⑩罗宗强在介绍"清议"含义的基础上，分析了在清议向清谈转变过程中，

---

① 赵昆生：《论汉末清议思潮与社会转型》，《重庆师范大学学报》（哲学社会科学版）2012年第3期。
② 汤用彤：《读〈人物志〉》，《汤用彤学术论文集》，中华书局1983年版，第205页。
③ 陈寅恪：《逍遥游向郭义及支遁义探源》，《清华大学学报》（自然科学版）1937年第2期。
④ 唐长孺：《魏晋南北朝史论丛》，生活·读书·新知三联书店1955年版，第289页。
⑤ 唐翼明：《魏晋清谈》，人民文学出版社2002年版，第19—22、121—129页。
⑥ 逯钦立：《魏晋的清谈任达与九品中正制》，《东北师大学报》（哲学社会科学版）1986年第5期。
⑦ 孔繁：《从〈世说新语〉看清谈》，《文史哲》1981年第6期。
⑧ 田文棠、刘学智：《魏晋"四本才性"之辩述略》，《陕西师大学报》（哲学社会科学版）1989年第3期。
⑨ 刘康德：《论东汉魏晋名士的清议和清谈》，《探索与争鸣》1990年第6期。
⑩ 陈引驰：《阮籍与汉魏思潮述略》，《中国文学研究》1992年第1期。

人物品评所起到的作用。① 冈村繁认为汉晋时期的清谈与清议，是不同的两种谈论形态。②

第二，对宋明时期清议及相关问题的研究。宋明二朝是士人文化蓬勃发展的时期，文官政治的施行、学校和书院教育的发达，促使士人队伍壮大，传统儒家精神得到发扬。同时，不断出现的社会问题、边疆问题及各种政治纷争，都为清议的发生和发展提供了可能。曲家源在《论宋代官场清议》一文中，认为宋代盛行直言极谏的清议之风，分析了清议之风形成的政治、历史和社会因素，并对清议的作用和局限性也有论述。③ 关于明代清议现象的研究主要围绕"东林党议"展开，如刘军《东林党议与中国古代清议传统》把东林党议置于古代政治清议传统中，结合对清议内涵的分析，探讨清议在传统政治中产生的原因，以及清议的意义及弊病，在此基础上对晚明东林党议的价值作出了新的认识。④ 赵轶峰《晚明士大夫的救世情怀》一文，通过论述以东林士人为中心的讲学、清议活动，分析了他们力求影响学风、政风，进而改善庙堂政治和社会状况的愿望。⑤ 此外，谭平的《〈明实录〉中记载的"清议"评述》，通过对《明实录》中人物资料集的分析，全面介绍和简要评价了明朝清议的13种主要类型及对治官所发生的影响。⑥ 而赵园的《明清之际士人的"清议"批评》则探究了明代政治中使清议得以发挥的有效条件，着重介绍了明代士人对清议功能的理解，并分析了明亡前后士人的清议批评及其局限性。⑦

第三，对清代清议及相关问题的研究。目前，学界对清代清议的研究，主要围绕同光时期的清流党人及其清议活动展开。赵捷民《晚清清议派的主张及其作用》一文，分析了晚清"清议派"（清流党）群体的特征，以及他们的主张和历史作用。⑧ 陈勇勤《晚清清流派的清议观探论》对光绪初年清流派的传统清议观念进行了探讨，⑨ 他的另一篇文章《晚清清流派整顿吏治清议述论》，则对晚清清流派在整顿吏治方面的清议内容

---

① 罗宗强：《玄学与魏晋士人心态》，南开大学出版社2003年版，第51—59页。
② 〔日〕冈村繁：《汉魏六朝的思想和文学》，《冈村繁全集》第三卷，陆晓光译，上海古籍出版社2002年版，第41页。
③ 曲家源：《论宋代官场清议》，《社会科学战线》2000年第3期。
④ 刘军：《东林党议与中国古代清议传统》，《北方论丛》2009年第5期。
⑤ 赵轶峰：《晚明士大夫的救世情怀》，《吉林大学社会科学学报》2012年第5期。
⑥ 谭平：《〈明实录〉中记载的"清议"评述》，《成都大学学报》（社会科学版）2006年第2期。
⑦ 赵园：《明清之际士人的"清议"批评》，《开放时代》1999年第2期。
⑧ 赵捷民：《晚清清议派的主张及其作用》，《新史学通讯》1956年第7期。
⑨ 陈勇勤：《晚清清流派的清议观探论》，《社会科学家》1994年第1期。

进行了考察。① 钟康模《张之洞的清议及其作用》，是对晚清流党人张之洞的清议活动进行的考察。② 郑峰《论晚清前清流之清议》述及晚清同光之交"前清流"清议活动的产生条件及清议的内容、作用、影响等问题。③ 陈勇勤《官方舆论与依法治国——晚清中央机关"清议"群体现象个案分析》一文，在追述清议含义、清议传统的同时，又分析了晚清清流派以儒家道德规范为基础的伦理思想体系，并通过具体的案例指出清流派清议代表的官方舆论对官吏营私的披露，及其在依法办案、依法治国中的作用。④ 尤育号《从黄体芳论同光清流》一文，以清流士人黄体芳的清议活动为代表，述及同治末光绪初清流士人的政治倾向和文化立场。⑤ 陈勇勤《光绪朝前十年间言官披露的吏治问题》一文则分析了光绪朝前期出现言官清议高潮的原因，并对清议披露的九类吏治问题进行了评论。⑥

此外，甲午战争后，传统清议的特点及其走向亦是人们关注的焦点。何若钧《甲午战争时期的"清议"》是对甲午战争时期言官清议的背景与表现过程的论述。⑦ 陈勇勤的《康有为与清议的动机》，认为康有为在晚清所做的一切努力与活动，都是受到清议以出仕这一动机的影响，具有私心。⑧ 蒋含平《清末知识分子报刊论政的三种形态》，以王韬的报刊活动为例，论述了清末知识分子清议的论政形态。⑨ 而唐小兵《清议、舆论与宣传——清末民初的报人与社会》与倪琳的《晚清清议向舆论演替的历史动因》，则是对传统清议与公共舆论的关系进行的论述，前者认为现代中国的公共舆论脱胎于传统的清议，⑩ 后者论述了晚清清议被现代舆论思想所代替的历史动因。⑪

---

① 陈勇勤：《晚清清流派整顿吏治清议述论》，《社会科学战线》1994 年第 2 期。
② 钟康模：《张之洞的清议及其作用》，《学术研究》1997 年第 4 期。
③ 郑峰：《论晚清前清流之清议》，《甘肃社会科学》1999 年第 S1 期。
④ 陈勇勤：《官方舆论与依法治国——晚清中央机关"清议"群体现象个案分析》，《甘肃政法学院学报》2002 年第 3 期。
⑤ 尤育号：《从黄体芳论同光清流》，《历史教学问题》2007 年第 4 期。
⑥ 陈勇勤：《光绪朝前十年间言官披露的吏治问题》，《安徽史学》2010 年第 1 期。
⑦ 何若钧：《甲午战争时期的"清议"》，《历史教学》1987 年第 6 期。
⑧ 陈勇勤：《康有为与清议的动机》，《北方论丛》1994 年第 2 期。
⑨ 蒋含平：《清末知识分子报刊论政的三种形态》，《安徽大学学报》（哲学社会科学版）2009 年第 2 期。
⑩ 唐小兵：《清议、舆论与宣传——清末民初的报人与社会》，《华东师范大学学报》（哲学社会科学版）2010 年第 6 期。
⑪ 倪琳：《晚清清议向舆论演替的历史动因》，《江西师范大学学报》（哲学社会科学版）2011 年第 4 期。

当然，除以上介绍的分段研究成果外，学界还有针对清议传统进行的综合性研究。何佑森《中国二千五百年以来的"清议"》一文，从更广义的角度论述了中国的清议传统，提出了一些新的观点，如：认为清议不能完全代表民意，清议中亦有横议；学校有清议，也有横议，太学生中有清流，亦有浊流；儒家有清议，道家也有清议；有言论的清议，也有文字的清议。① 傅惠成《"清议"流变略论》，对中国历史上与"清议"有关的重要历史事实略加论述，以分析"清议"的含义及其流变。② 袁新洁《"文人论政"传统形成的原因及其主要表现》一文认为，"文人论政"传统形成的内因是中国知识分子的"清议"传统和入世精神。③

以上学者的研究成果有助于我们加深对古代清议传统的了解，也能为我们的继续研究提供参考借鉴。但是，通过对清议研究状态的总结可以看出，现代学者对中国历史上清议现象的研究成果虽不算少，但基本是单篇散论的形式，很少就一个时期的清议现象作出系统而又深入的研究。汉晋、宋代、明代、清代都是"清议"高度发展的时期，但目前的有关研究成果相对于古代整个清议传统来说，则显得微乎其微。所以，清议尚有很大的研究空间，如能得到现代学人的重视与探研，庶几能使后人对中国古代士人文化与民族文化的发展脉络看得更清晰，理解得更透彻。

第二节 关于汉代"清议"研究的思考

"清议"以激浊扬清为目的，历代史家学者对其无比推崇。曹羲《至公论》有"厉清议以督俗"④之语，顾炎武《日知录》曰："天下风俗最坏之地，清议尚存，犹足以维持一二。至于清议亡而干戈至矣。"⑤汉代士人清议较具代表性，尤其在东汉中后期"朝政昏浊，国事日非"之时，太学诸生与清流士大夫"依仁蹈义，舍命不渝"，以集体的形式大肆营造舆

---

① 何佑森：《中国二千五百年以来的"清议"》，《中国文化》2001年第Z1期。
② 傅惠成：《"清议"流变略论》，《沧桑》2003年第1期。
③ 袁新洁：《"文人论政"传统形成的原因及其主要表现》，《社会科学家》2010年第1期。
④ 参见（唐）欧阳询撰，汪绍楹校《艺文类聚》卷二二《人部》"公平"条引，上海古籍出版社1965年版，第402页。
⑤ （清）顾炎武著，黄汝成集释：《日知录集释》卷一三"清议"条，上海古籍出版社2006年版，第766页。

绪　论　9

论抨击时弊、核论人物，竭尽心力维护儒家伦理纲常，现代学界多将此称为"清议运动"。① 虽遭党锢之祸，清议运动以失败而告终，但清议活动并未停止，一些名士退至乡野，继续核论乡党人物，对士人进行品藻、识鉴，影响之大甚至左右当时政局。所以司马光说："布衣之士符融、郭泰、范滂、许劭之流，立私论以救其败，是以政治虽浊而风俗不衰"②；顾炎武亦曰："三代以下风俗之美，无尚于东京者。"③ 可见，东汉中后期虽被看作政治昏暗的代表，但因有清议之士的集体努力，后世对此时的士人风俗又无比推崇。

从历代文人儒士在疏奏、政论文或历史散文中对清议的偶然论及中可以看出，虽然清议传统在中国历史上起源很早、存在很久，但历代多限于对此传统的关注、提倡和运用，未对"清议"及其相关现象作出专门研究。以最为重要的汉代清议研究为例来看，从桓、灵时期的党人政治运动和名士识鉴活动层面去认识清议现象，进而分析东汉后期的历史状况及士人风貌，历来是史家常见的思维模式，故研究者多会从政治层面、制度层面、思想层面去考察东汉末年士人清议的方式。当然，清议对政治制度、士人思想的影响在东汉末年体现得最为明显，也是需要我们重点研究的部分，但与清议相关的其他方面也不应忽视，比如"清议"与士人文化的关系方面，似乎更应得到重视和研究。笔者在检视与汉代清议相关的现有研究成果时受益良多，但同时也发现了一些不足和疑惑之处，故将其一并列于下文讨论，并附呈臆见，以求教于方家。

（一）清议的基本含义应该明确

在对清议及其相关社会现象、文化现象进行研究之前，应对清议的基本含义作出考释。虽然历代文人士大夫对清议传统多有提倡，今人对"清议"的含义也多有说明，但在整体上并未达成共识。例如，晋代傅玄上疏晋武帝时提及先王"明其大教，长其义节；道化隆于上，清议行于下"，又曰"魏文慕通达，而天下贱守节。其后纲维不摄，而虚无放诞之论盈于

---

① 比如魏明安《汉末清议与傅氏一家之儒》[《兰州大学学报》（社会科学版）1992 年第 4 期]一文，张传玺主编《中国古代史纲》（北京大学出版社 2004 年版，第 263 页）述及"清议与党锢"时，牟发松《范晔〈后汉书〉对党锢成因的认识与书写——党锢事件成因新探》[《华东师范大学学报》（哲学社会科学版）2012 年第 6 期]一文，皆有"清议运动"的陈述。

② （宋）司马光编著，（元）胡三省音注：《资治通鉴》，中华书局 1956 年版，第 2174 页。

③ （清）顾炎武著，黄汝成集释：《日知录集释》卷一三"两汉风俗"条，上海古籍出版社 2006 年版，第 752 页。

朝野，使天下无复清议"①。按傅玄此说，上古先王政清民和之时，"清议"即已存在。后顾炎武也说，古之哲王除"制官刑儆于有位"外，还"立闾师，设乡校，存清议于州里，以佐刑罚之穷"②。据此可把"清议"理解为公正性的社会议论，是基层民意表达的方式。但是，晋人山简上疏晋怀帝时又曰："郭泰、许劭之伦，明清议于草野；陈蕃、李固之徒，守忠节于朝廷。"③山简所说郭泰、许劭"明清议于草野"，指的是东汉末年党锢之祸前后，名士郭泰、许劭核论乡党人物的行为。与之相似，当代学者周一良认为："清议是东汉以来乡里中形成的关于某个人的舆论。"④王子今也说："东汉后期，士大夫中形成了以品评人物为基本形式的政治批评的风气，当时称为'清议'。"⑤由此来看，"清议"又似公共舆论，或名士对人物的精准品评。

以上对"清议"含义的理解，都有其合理之处，不能以对错来评价。因为这是"清议"一词出现之后，人们用它来描述前代相似的历史现象，每个人对其含义的理解毕竟有所偏差。故笔者认为，若要更为深刻地揭示清议的含义范畴，还应该结合社会背景考察清议一词出现的时间。

我们知道，先秦两汉时期一直存在以"清浊"区分美丑的历史传统，而东汉末年的士人清议活动又是社会上具有标志性的历史大事件，清议之

---

① （唐）房玄龄等：《晋书》卷四七《傅玄传》，中华书局1974年版，第1317—1318页。
② （清）顾炎武著，黄汝成集释：《日知录集释》卷一三"清议"条，上海古籍出版社2006年版，第764页。
③ （唐）房玄龄等：《晋书》卷四三《山涛传》，中华书局1974年版，第1229页。
④ 周一良：《两晋南朝的清议》，《魏晋隋唐史论集》（第二辑），中国社会科学出版社1983年版，第1页。张旭华也有相似的说法，参见张旭华《两晋时期的丧礼实践与中正清议》，《史学月刊》2011年第12期。
⑤ 王子今：《王咸举幡：舆论史、教育史和士人心态史的考察》，《读书》2009年第6期。此外，还有多人持有相似的看法，如《中国古代史纲》："（太学生）与官僚士大夫结合，在朝野形成一个庞大的官僚士大夫反宦官专权的社会政治力量。他们'激扬名声，互相题拂；品核公卿，裁量执政。'这就是所谓的'清议'"（张传玺主编：《中国古代史纲》，北京大学出版社2004年版，第263页）；高新民也说："（桓、灵之际）政治腐败，仕途黑暗，外戚宦官交替专权，引起了地主阶级官僚及庶族知识分子的严重不安，他们著书立说，互为声援，议论朝政，评讥权贵，形成了一股强大的社会舆论思潮，史谓东汉清议"。[高新民：《东汉思潮与王符思想》，《兰州大学学报》（社会科学版）2001年第6期］类似者还可参见侯外庐等《中国思想通史》第二卷《两汉思想》，人民出版社1957年版，第345页；〔日〕冈村繁：《汉魏六朝的思想和文学》，《冈村繁全集》第三卷，陆晓光译，上海古籍出版社2002年版，第43页；詹福瑞：《东汉士风与个体意识的初萌》，《汉魏六朝文学论集》，河北大学出版社2001年版，第245页。

绪　论　11

风也成为这个时期士风的代名词,但我们不能误以为"清议"一词即出现于此时。翻阅文史资料,在秦汉及以前,并未发现"清议"之词的记载,①"清议"一词实出现于魏晋时期。如上文提到三国魏人曹羲《至公论》中有"厉清议以督俗"之语,又曰"清议非臧否不显","若乃背清议,违是非,虽尧不能一日以治";《三国志》卷五七《张温传》载"(暨)艳性狷厉,好为清议"②;《三国志》卷一一《管宁传》裴松之注引傅玄《傅子》曰"邴原性刚直,清议以格物";③《三国志》卷四七《吴主传》裴松之又注引晋人张勃《吴录》曰:"(沈友)正色立朝,清议峻厉。"④ 以此而言,"清议"一词的文化属性及其反映的士人风貌,本是在历史发展过程中逐渐被发掘,并经过后人的提倡和运用而固定在世人心目中的。这样看来,用"清议"描述东汉末年的士人风貌,也是后人审视这段历史时而附加的。因此,单从字面出发,把"清议"理解为清正之议,不免过于简单,因为正当公正之论议历来多有,秦汉时期也存在"正论""正言""正议"这样的类似词语,它们之间的区别何在呢?笔者以为,若要弄清"清议"的具体含义,必须分析历代史家学者所指"清议"的共性。具体来说,通过考证"清议"一词的出现,应该厘清这样几个层面的问题:"清议"关注哪些社会内容;"清议"的参与主体与其他社会群体有何区别;"清议"方式与一般舆论有怎样的不同;"清议"的目的与一般性言论又有什么样的差异。唯其如此,才能对"清议"的特质作出深刻的认识。

---

① 《太平御览》卷二六四《职官部》引谢承《后汉书》曰:"范滂,字孟博,汝南人……(朱)零入闻,资使五伯乱捶困杖,言辞不慑,仰疾言曰:'范滂清议,犹利刃截腐肉,愿为明府所笞杀,不为滂所废绝。今日之死当受忠名,为滂所废,永成恶人。'滂正直謇谔皆此类也。"而《太平御览》卷六四九《刑法部》又引范晔《后汉书》曰:"汝南太守宗资署范滂功曹,委任政事……资迁怒捶书佐朱零,零仰曰:'范滂清裁,犹以利刃断腐朽,今日宁授笞死而滂不可违。'资乃止。"[(宋)李昉等:《太平御览》,中华书局1960年版,第1235、2904页]一说范滂"清议",一说范滂"清裁",考察二处所述内容为同一事件,即范滂反对任用行为不端的外甥李颂之事,"清裁"也就是"清正的裁断",似更符合此处环境。况且,通行本范氏《后汉书》皆作"清裁",所以我们不用《太平御览》引谢承《后汉书》中"清议"的说法。另外日本学者冈村繁也说,用来形容桓帝时期批判朝政、激烈政治斗争的"清议"用语,"为当时所无"。([日]冈村繁:《汉魏六朝的思想和文学》,《冈村繁全集》第三卷,陆晓光译,上海古籍出版社2002年版,第57页)
② (晋)陈寿撰,陈乃乾校点:《三国志》,中华书局1964年版,第1330页。
③ (晋)陈寿撰,陈乃乾校点:《三国志》,中华书局1964年版,第354页。
④ (晋)陈寿撰,陈乃乾校点:《三国志》,中华书局1964年版,第1117页。

（二）清议活动在东汉后期产生的因素有待于深度挖掘

东汉中后期政治形势的恶化，也就是外戚、宦官交替专权导致皇权旁落、风气败坏，无疑是诱发清议运动爆发的最重要、最直接的原因，这也是大家关注的主要方面。除此之外，我们也要考虑到，清议在东汉末年士人群体间的发起还应该有其他方面的影响因素，因为恶化的政治形势历来多有，如西汉末年的王莽篡位即为最明显之例，此时不但没有清议现象发生，反而是"颂德献符者遍于天下"①。也不能过分夸大因宦官擅权阻断士人入仕渠道的行为，才使得士人群体奋起抗争、发动"清议"，事实上当时还有大族官僚参与，而且部分士大夫或地位较高，或已功成名就。所以，单单把"清议"的发生归结为政治上昏暗、儒士仕途受阻，是片面的。

当然，现代学者对东汉末年清议思潮的来源也有多方面的探讨。如有人认为"清议"的直接起因是东汉时期的察举征辟制，东汉后期因政治环境的影响，"清议"由对个体人物的品评扩大到对朝政、世事的裁量②；有人认为频繁的游学活动助长了东汉末年处士横议式的清议之风③；还有人从地域文化的角度作出分析，认为儒侠之风对汝南、颖川、南阳之地儒士的政治理念产生重大影响，并最终成为他们发动清议运动的思想渊源之一。④这些观点都有一定的道理，因为大规模的士人清议活动能够在东汉末年产生，本非一蹴而成的偶然现象，而是多种因素影响下的必然结果。

既然如此，若要更为详细、具体地阐释清议思潮产生的根源，还需要透过时代风俗的表面，去努力挖掘隐藏在政治斗争背后的社会制度及士人修养方面的内在因素。已有学者注意到"清议"的产生与汉代施行的察举征辟取士制度的关系，我们知道，自从西汉确立察举制选官制度后，乡举里选便根据乡邑清议来裁断士人，这导致清议观念在汉代士人群体中渐趋形成。儒家思想确立为正统后，汉室又以经学取士，随着明习儒术的士人群体的壮大，使得"清议"可能的参与主体也变得愈加庞大。东汉立国后，光武帝又对士人道德名节大力提倡，士人之间亦相互奖掖、推重，品藻之风与"谈论"风气愈发明显，这使清议运动爆发逐渐有了思想和行动

---

① （清）顾炎武著，黄汝成集释：《日知录集释》，上海古籍出版社2006年版，第752页。
② 参见詹福瑞《东汉士风与个体意识的初萌》，《汉魏六朝文学论集》，河北大学出版社2001年版，第242—247、266—269页。
③ 参见聂济冬《游学与汉末政治》，《山东大学学报》（哲学社会科学版）2007年第6期。
④ 参见卿磊《儒侠与汉末清议——论游侠之风对汉末清议运动的影响》，《中华文化论坛》2011年第2期。

上的准备。笔者认为，正是这些因素的合力激荡，到东汉中后期，随着政治形势的急剧恶化，清议运动爆发在所难免。在这个过程中，黑暗政治对传统社会秩序的破坏，是清议运动爆发的社会制度层面的因素；而士人群体的壮大及其儒家伦理思想的稳固，则是推动清议运动发展的内部因素。当然，儒生政治使命感的增强、个别士人的性格特征、偶然的政治事件、文化习俗的积累等，对清议活动的产生也起到了引发或助燃的作用，这些都应为我们所考虑。

（三）关于清议方式的分类及其细致化研究问题

多数学者提及或论及汉代清议时，都会特意指向东汉末年的"清议运动"，这种理解是否准确呢？由上所述可知，从一定意义上说，"清议"只是后人总结汉代历史而提炼出的概述士人风貌的一个观念，因此若要全面地研究汉代清议，其范畴应该是历代学人对汉代清议归纳理解的综合。然而后人所谈及的汉代"清议"并非单单指东汉末年的士人清议活动，故把汉代清议单纯地理解为东汉末年的"清议运动"是有失偏颇的。那么，哪些现象还属于汉代清议的范畴呢？

参照历代学者对清议的看法，并结合汉代之实际，我们概可断定，除东汉末年"清议运动"这样的特定事件外，"清议"在汉代社会中还有两种表现：乡邑清议和士人清议。简要来说，"乡邑清议"是汉代选官过程中所参照的士人在大众间的口碑，并以此来决定其是否当选，尤其注重士人的孝悌、德行、才识，这项政策基本存在于整个汉代，只是随着社会时局的发展时兴时废，其对后世用人制度的建设影响颇大。如晋人卫瓘谈及曹魏在乡论基础上施行的"九品中正制"时曰："其始造也，乡邑清议，不拘爵位，褒贬所加，足为劝励，犹有乡论余风。"[①] 而"士人清议"主要存在于日常生活中，它由清流士人发起，靠自身的正义感或依据儒家的伦理观念，对社会间值得称道的人物或事件自觉予以褒颂，而对一些不合理的社会现象或官员的违礼背德行为则予以贬斥，是士大夫之间相互监督的方式。故我们在与汉代士人相关的史料中常常看到"论者""议者"之类的词语，如左雄有荐举贤士之功，故"议者咸称焉"；童恢竭力申救举主杨赐，"由是论者归美"；崔烈用钱购司徒一职，"论者嫌其铜臭"。[②] "士人清议"还表现在文人官吏日常生活中

---

① （唐）房玄龄等：《晋书》卷三六《卫瓘传》，中华书局1974年版，第1058页。
② 以上示例参见（南朝宋）范晔撰，（唐）李贤等注《后汉书》卷六一《左雄传》、卷七六《循吏列传》和卷五二《崔骃列传》。

的相互褒奖和推重上，这与汉代的取士制度及奖掖气节名实的政策相关，从而促使汉代士人间形成浓厚的品藻之风，且影响深远。

其实，单就东汉末年的士人清议活动而言，它也可分为两种表现，张旭华在《汉末襄阳名士清议》一文中已经指出，从严格意义上讲，汉末清议又有"党人清议"和"名士清议"之分。"党人清议"特指东汉后期太学诸生与世族官员联合结为"部党"，以儒家伦理观念为依托，在实际行动中大肆营造舆论以反对宦官擅权的政治斗争，它是东汉历史上标志性的事件，由此引发了中国历史上著名的党锢之祸，对东汉末年政治格局及士人思想观念亦产生较大的影响。"名士清议"特指在东汉后期政治运动和品藻之风中脱颖而出的大名士（如郭泰、许劭）对人物进行的品评、识鉴活动，名士在品鉴人才方面有着不凡的能力，其品评结果往往决定着士人的身价和地位。在东汉末年用人机制遭到破坏的情况下，"名士清议"不失为一种推举人才的快捷方式。

在汉代的四种清议方式中，人们关注较多的还是东汉末年的"党人清议"和"名士清议"。一直以来，人们对"党人清议"的认识，多是从太学诸生与朝廷官员联合反对宦官专权的政治斗争模式上去分析，对"名士清议"多是从党锢之祸发生后名士对时人的品评、识鉴活动上来考述，当然这是十分必要的。但是也要看到，二者的源起实与"乡邑清议"和"士人清议"有着一定的内在联系。从某种意义上可以说，乡邑清议与士人清议是党人清议和名士清议的基础和铺垫。所以，若要对汉代的清议现象作出更为全面、透彻的分析，必须把"清议"视为整个汉代历史的有机组成部分，在此基础上进行深入细致研究。从另一方面看，既然汉代"清议"的表现方式有所不同，那么我们可以对其分别作出研究，在对比中求得甚解。拿"党人清议"来说，不仅要分析党人政治运动这个历史事件的源起，还要对党人清议的对象、参与主体、表现形式等作出合理的考察。而对于"名士清议"而言，不仅要注意到其发生与党锢之祸的关系，还要分析名士清议的特征及其能够引发舆论风波的原因；名士具有如此高超的品评识鉴能力，定非轻易而为即可做到的，而是经过长时间的生活积淀汇聚成的经验积累，这就需要在名士清议的具体方式、名士本人的个体特征上都要作出细致考察；由于东汉末年名士郭泰品鉴人才之事和许劭兄弟组织的"月旦评"较具代表性，故可将二者作为具体案例分析名士清议的具体过程，亦可由此观摩这种人才识鉴活动的时代影响和评价。

因东汉末年士人清议活动的范围广阔，京师和地方的众多士人都有参与，所以还可从地域角度对其进行细致研究。在此方面一些学者已经作出了有益的尝试,如上文提及的张旭华的《汉末东吴时期的江南名士清议》《汉末襄阳名士清议》二文和黄宛峰的《东汉颍川、汝南、南阳士人与党议始末》一文,就是例证。除此之外,笔者认为,在东汉末年清流士人与宦官展开激烈对抗的太原郡、山阳郡、东海国以及"党人之议"兴起的甘陵国等地清议氛围也较为浓厚,值得作出进一步的探究。

(四) 清议风气影响下的士风与文化领域尚未得到足够重视

汉代社会中浓郁的清议氛围,尤其是东汉末年大规模士人清议活动的发生,必会联动一系列的社会现象随之而变。其中士人风貌的变化和社会文化的新生对当时及后世的影响尤其不容忽视,这也是目前学界在汉代"清议"研究领域较为薄弱的方面。

关于士人风貌,我们首先应该想到,"乡邑清议"在汉代的长期施行等于在社会上提倡了忠孝廉节之风,人人都希望得到乡间清议的好评,因此会自觉守礼遵道、孝悌忠信,这在无意中会促成温柔敦厚士风的盛行。而东汉士人本以名行相尚,到了东汉后期,由于外戚、宦官交替专权,儒家伦理纲常遭到践踏,士大夫群体以强烈的社会责任感猛烈地抨击社会弊病,此时清议风气最为浓厚。例如《后汉书》卷六七《党锢列传》序载及桓、灵之际士人群体"激扬名声,互相题拂,品核公卿,裁量执政",从而"婞直之风,于斯行矣"。[①] 笔者认为,"婞直之风"其实包含着多种表现:士人重交游、爱名誉风气的大增,士人群体对公众人物与时政弊端的大肆评论、宣扬,甚至部分官吏由仕途之中萌生隐退思想或部分有识之士"召而不就",都是"婞直"的具体表现。此外,作为"清议"参与主体的正直朝臣,在上书抨击时弊时表现出较强的激愤之情,多人因此遭受处罚甚至被处死,这也是婞直之风的直观体现。在这样的时代背景下,一些士人的思想逐渐走出僵化经学的桎梏,而变得越发多元,如道家思想在东汉末年得到进一步的传播和发展即为例证,这不仅展现出东汉末年士林风貌的变化,同时也有助于我们理解汉晋时期士人思想观念的演进问题。

士人阶层是社会文化的主要引领者,士人思想观念的变化、士人政治活动的频繁,必会连及社会文化风貌随之改变。关于汉代清议与社会文化关系的探索,目前研究成果较为缺乏,但这绝不意味着它们之间的关系淡薄。比如那些力持清议的正直朝臣面对社会弊病或为申救党人所上的疏奏,既是东汉末年清议活动的组成部分,又是出于文人士大夫之手的章奏体政论文,它蕴载着那个时期的时代特征,又具有一定的文学色彩。同时

---

① (南朝宋)范晔撰,(唐)李贤等注:《后汉书》,中华书局1965年版,第2185页。

清议之风也促使文化领域的社会批判思潮更为盛行，如王符作《潜夫论》、仲长统作《昌言》，不仅对愈加恶化的政治形势进行批判，而且力求扭转社会间的不良风气，甚至对传统思想亦产生怀疑。这些都可视为清议氛围影响下文人散文的新变。

除此之外，清议对社会文化的影响还表现在清议的议论方式或曰传播方法上。东汉末年党人在清议过程中，为团结部党力量和抨击时弊，需要大肆营造舆论，为便于舆论快速传播，他们利用了"称号"和"谣谚"作为传播工具。例如党人中有"三君""八俊""八顾""八及""八厨"这样的称号，还有"天下模楷李元礼，不畏强御陈仲举，天下俊秀王叔茂"之类的七言谣为他们喧声扬名。"称号"一直延续在先秦两汉士人的生活中，到东汉适用范围愈加广泛，其被士人群体应用于清议活动中，可谓传统称号文化的一次全新弘扬。而歌谣谚语作为"清议"的传播工具，也非"党人"的独创，这其实与汉代民众乐用歌谣论政品人的传统及整个汉代谣谚文化的盛行分不开。也就是说，谣谚作为舆论传播方式在汉代早已出现，从根源上看，这是知识群体模仿民间文化的新创，在东汉末年清议活动中它的政治属性较为明显。清议活动中的歌谣谚语本身具有一定的文学价值，无论是内容、体式，还是风格及其内涵，对当时和后世的文人文学都产生过相应的影响，由此亦可观览东汉末年士人文艺观念的变化。

而对于东汉末年"名士清议"而言，他们在用谣谚标榜、品论士人之外，又开创了"题目"文化。"目"是名士对人物的评语，此评语或是一个词，或是一个短句，但含义丰富，往往具有修辞性和诗意性。如许劭为曹操题目为"清平之奸贼，乱世之英雄"。庞统题目陆绩和顾劭曰："陆子可谓驽马有逸足之力，顾子可谓驽牛能负重致远也。"① 符融题目郭泰："海之明珠，未耀其光，鸟之凤皇，羽仪未翔。"② "题目"需经名士提出才更具分量，也才更具流传性，从而才能更好地提升被题目者的知名度。当然，名士间的题目风格各有不同，对它们作出类比分析，或可更好地认识题目文化的内涵和乐趣。"题目"与称号、谣谚都是语言艺术，且都被作为传播工具来用，仔细分析它们的应用特征会发现，三者之间具有一定的交叉性。至魏晋时期，题目文化在士人间更为风行，《世说新语》中的《赏誉》《识鉴》《品藻》等篇保留了很多这个时期士人间相互题目的

---

① （晋）陈寿撰，陈乃乾校点：《三国志》卷三七《庞统传》，中华书局1964年版，第953页。
② （南朝宋）范晔撰，（唐）李贤等注：《后汉书》卷六八《符融传》李贤注引《谢承书》，中华书局1965年版，第2232页。

例子。

　　清议思潮在东汉后期的盛行，使得本来崇尚名节的东汉士人对名誉看得更重。正如赵翼在《廿二史札记》卷五"党禁之起"条中所说："东汉风气，本以名行相尚，迨朝政日非，则清议益峻，号为正人者，指斥权奸，力持正论，由是其名益高，海内希风附响，惟恐不及。"[①] 受此影响，清议之士极力宣扬志同道合者的美好声名，甚至想到同道中人离世后亦能流芳百世，因此述德性碑文在东汉末年大量兴起，立碑者也由碑主的子孙后代变为碑主的门徒、友朋或同僚。此类碑文作为清议活动的组成部分，也蕴载着清议之士力求敦风化俗的愿望在其中，所以碑文内容中多含有对逝去碑主生平事迹的褒扬。又因碑文出于文人士大夫之手，故其文学性相当可观。与之相应，东汉末年文人儒士创作的品评类散文、地方郡书和人物别传也大量出现。尤其是人物别传，汉晋时期不断增多，究其根源是在东汉末年人伦臧否思潮的影响下，一些在官位上世代显贵、在文化上世代传承的世家大族，为保持自己的家族传统和名誉，即以本家族中的名士为模范，编撰家传以扬名后世。

　　综合来看，清议活动对士人文化的影响主要表现在口头文化和书面文化上。对于口头文化而言，"清议"的发展使固有的谣谚文化、称号文化得到应用和弘扬，并进而催生出东汉末年名士间以清雅为谈的题目文化。对于书面文化而言，传统的士大夫散文有了新的表现内容和新的时代气息：政论文中多含有抨击宦官擅权或为正义之士鸣不平的内容，且流露出充盈的情感和磅礴的气势；同时还兴起了一些新的散文体裁，即人物专论性的散文、述德性碑文、地方郡书、人物别传。这些对后世文人文学的发展产生很大影响，比如汉世之后碑文体式得到沿用、人物别传类散文越来越多、题目文化延绵不断，以东汉末年清议事件或清议人物为典的文学作品也层出不穷。[②]

　　以上所述是我们在研究汉代清议与士人文化时应该想到的问题，也是不应回避的问题。但是就学界目前的研究成果来看，诸多方面还有待于涉猎或深化。比如在清议过程中产生的谣谚和称号的特征，清议活动对述德性碑文、士大夫政论文创作的影响，清议氛围中题目文化的新兴

---

① （清）赵翼撰，王树民校证：《廿二史札记校证》，中华书局1984年版，第107页。
② 如王季友诗《酬李十六岐》："于何车马日憧憧，李膺门馆争登龙"；杨维桢《览古四十二首》第二十一："汝南许文休，丧乱一驽士。敢当诸葛拜，合受玄德鄙。士论推指南，无乃失臧否？乃知群公曹，排摈有公是"；谭嗣同《狱中题壁诗》："望门投止思张俭，忍死须臾待杜根"。

等，都没有专门而系统的论述。唯有侯外庐等的《中国思想通史》专设一节介绍了东汉末年的风谣、题目，认为这是当时清议的表现方式。关于地方郡书、人物别传的研究，王仲镛在《陈寿〈益部耆旧传〉探微》一文中提到《益部耆旧传》是在东汉以来清议之风的历史背景下撰写而成的；胡宝国《杂传与人物品评》一文叙述了在人物品评风气下，东汉到东晋人物杂传的盛行。整体上看，此类研究成果偏少，并不足以观览清议与士人文化新变的整体面貌。由此可见，目前学界对清议活动中的文化含量未能全面剖析，关于清议活动对士人各类文学创作的影响也未能全面把握，即便一些领域已有学者作出了初步的考证，但仍有很多值得商榷和深究的地方。此外，已有学者注意到汉晋时期人物品评对文学理论的影响，如李世耀《人物品评与六朝文学批评》、熊国华《论魏晋人物品评对中国美学的贡献和影响》，皆是这方面的代表作。六朝文论相继产生，把其与东汉末年人物品评风气相关联，从源头上探究早期文论的发生及其特征是可行的，也是值得进一步作出研究的。

（五）应该看到和正视后人关于汉末清议评价不一的问题

后人对东汉末年士人清议活动的评价如何？这点往往为研究者所忽视。虽然士大夫群体在清议活动中表现出的传统儒家精神得到后世的多方褒扬和推崇，士人文化在清议思潮的影响下也多有新创，但是我们必须正视一个问题，那就是自从东汉末年清议活动产生时起，针对清议活动本身的评价就多有不同，其中既有褒评，也有贬评。

褒评者，如晋人山简赞颂东汉末年名士郭泰、许劭之伦"明清议于草野"；后世又有顾炎武盛赞党锢名士"依仁蹈义，舍命不渝"的行为；赵翼也认为，在东汉末年朝政日非之时，"清议益峻，号为正人者，指斥权奸，力持正论"。贬评者，如"党人之议"刚刚兴起之时，名士申屠蟠就把其比作战国时期处士"横议"朝政的行为，并断言这会导致社会动乱；唐人马总《意林》引曹丕《典论》言及桓、灵时期"布衣横议于下"，导致"位成乎私门，名定乎横巷"，且"户异议，人殊论，论无常检，事无定价，长爱恶，兴朋党"[1]；后又有南宋孝宗认为东汉党锢之风"深害治体"，[2]并对其本朝士大夫"好唱为清议之说"的现象予以制止。

如何去理解这些不同的评价，恐怕是很多人心中的疑惑。从"清

---

[1] （唐）马总：《意林》卷五，中华书局1991年版，第103页。
[2] （清）毕沅编：《续资治通鉴》卷一四四《宋纪》"淳熙二年"，中华书局1957年版，第3853页。

议"字面上来看,可将其理解为清正之议,或清雅之议,亦可引申为公正性的社会议论。以此而言,后人用"清议"一词概括士人议论时政和品评人物的行为,本蕴含着褒扬之情在其中。又从东汉末年"党人清议"发生前后的情形来看,多数正直士人自愿归入"党人"的行列,如党事初起之时,名将皇甫规、侍御史景毅之子,都因未被记入党人名册而觉得自身名誉不高,故主动上表免官、请求论罪。又据史料记载,第一次党锢之祸发生后,党人名士得到了更多的荣耀和敬仰;第二次党事兴起后,多人对党人抱有同情和不平,甚至为保护党人而不惜丢掉性命。既然如此,为何历史上又存在对"党人清议"的否定性评价呢?

笔者认为,若要解决这个问题,需要具体分析褒评和贬评的角度和内容,在此基础上重新审定士人清议活动的方式及其社会影响。具体来说,既要探讨清议是否呈现了依仁蹈义、褒善贬恶及坚守忠节的士人精神,又要探讨清议过程中是否存在"横议朝政"的激进方式,是否产生了诸如"朋党分部""门宗成仇""位成乎私门"等负面之影响。唯其如此,才能正确地认识历史上这些评价不一的问题。

总之,东汉后期出现反响极为强烈的清议活动是各种时代因素共同作用的结果,汉末清议也不仅仅是士人的一般性活动或抗争,否则便不会对当时的政治形势、士人思想观念及社会文化产生那样大的影响。以上只是以汉代清议研究为例发现的一些问题,在研究方法上提出了一些初步的设想。其实在中国历史上清议传统一直绵延不断,上文已经指出,汉晋、宋代、明代、清代,都是清议高度发展的时期,目前的研究成果相对于古代整个清议传统来说显得不足。希望以上所论能够起到抛砖引玉的作用,引起更多学者对这一领域的重视。

第三节 本书的主要内容与思路

自汉代定察举为选官制度并确立儒学的正统地位后,儒士群体逐渐壮大。他们明习经典,通经为官,以经术决疑,倡导德政教化。西汉在政治制度、经济政策、思想体系、任人机制、对外关系等方面的长期探索和积累,都与儒士群体的智慧分不开。东汉立国后,在经术之内又强化士人的道德操守建设,奖掖名节,从而开创了中国历史上以气节自任的一代士风。正如顾炎武在《日知录》卷一三《两汉风俗》中说:"(光武)尊崇节义,敦厉名实,所举用者,莫非经明行修之人,而风俗为之一变。至其末造，朝政昏浊，国事日非，而党锢之流，独行之辈，依仁蹈义，舍命不渝，风雨如晦，鸡鸣不已，三代以下风俗之美，无尚于东京者。"①

东京风俗之美，尤其表现在东汉中后期"朝政昏浊，国事日非"之时，清流士大夫"依仁蹈义，舍命不渝"，与擅权的宦官群体进行坚决的斗争，正是因为这些仁人君子的尽力所为，东汉政府才"倾而未颓、决而未溃"。此即《后汉书》卷六七《党锢列传》序所载的"匹夫抗愤，处士横议，遂乃激扬名声，互相题拂，品核公卿，裁量执政"②之事。桓帝、灵帝之时，主荒政缪、宦官专权，面对朝政日非，士子羞与为伍，太学诸生与士大夫官员联合构成"部党"，以集体的形式登上历史舞台，发动"清议运动"，大肆营造舆论抨击时弊、品论人物，竭尽心力维护儒家伦理纲常。"清议运动"在两次党锢之祸的打击下以失败而告终，此后一些名士退至乡野核论乡党人物，对士人进行品藻、识鉴，舆论之大甚至左右当时政局。东汉中后期的政治环境较为昏暗，但后人对此时的士人风俗反而无比推崇，这一时期文化上的开创更是对后世文人文学影响深远。

本书即以东汉中后期的这段历史为研究范围，主要考察在这个阶段产生并为历代史家学者所推重的清议现象，以及受清议的影响士人在社会文化上的传承与新创。清议存在于中国历史上的多个时期，本书截取东汉作为研究对象，属于清议传统的断代研究。因为清议发展到东汉逐渐明朗化，并走向高潮，且对后世影响巨大而深远，所以尤其值得我们努力去研究。东汉清议的明朗化，又主要体现在东汉后期士人的清议活动中，所以本书论述的重点是东汉末年的士人清议。当然，东汉末年有朝代的更迭，也有清议之士步入三国之现象，甚至魏晋士人某些思想观念、生活习惯也都从东汉末年清议风尚演变而来，所以在具体的论述过程中，部分内容会延伸至魏晋时期。

从党人政治运动和名士识鉴活动层面去认识汉代的清议现象，进而分析东汉中后期的历史状况及士人风貌，历来是史家学者常见的思维模式。由上文对已有研究成果的介绍中也可以看出，从政治层面、制度层面、思想层面去考察东汉末年士人清议的方式较为常见，而清议与士人文化关系的综合性研究却很少。当然，清议与政治制度、社会思想的关系在东汉末年体现得最为明显，也是需要重点研究的部分。但是，东汉中后期出现反

---

① （清）顾炎武著，黄汝成集释：《日知录集释》，上海古籍出版社2006年版，第752页。
② （南朝宋）范晔撰，（唐）李贤等注：《后汉书》卷六七《党锢列传》，中华书局1965年版，第2185页。

响极为强烈的清议活动是各种时代因素共同作用的结果,我们关注的相关领域也应该有所扩展。东汉末年的清议也不仅是士人的一般性活动或抗争,而且是对当时的政治形势、士人思想观念及社会文化产生巨大影响的社会活动。因此,我们不能对清议现象就事论事,只进行表面性的考察。清议思潮的产生、清议活动的展开,实牵涉面广泛,要想对此作出透彻的研究,必须认真还原东汉中后期那段历史,在把握清议特质的基础上,对清议发生前后的社会制度、教育政策、思想文化、政治形势,乃至士人心理、时代风俗,进行综合性的研究。在此基础上,透过社会政治层面的因素,进而分析清议本身的文化蕴含及清议活动中士人文化的传承与新创。

基于以上考虑,本书将要厘清四个方面的问题:(1)对清议的特质进行分析,把握其历史特征,进而考释士人清议至东汉为何会变得愈加强烈。(2)东汉末年清议有两种主要表现形式,即党人清议和名士清议,它们有怎样的运作方式、时代特征和文化蕴含。(3)清议活动的蓬勃开展,必会带来连锁效应,其对政治局势、士人思想会有怎样的影响,在此影响下士人文化又有哪些新变。(4)从历史的高度审视汉代清议活动以及与此相关的社会现象,在时人和后人对此的评价中挖掘其精神内涵。当然,与清议相关的其他一些问题,如清议活动中代表性人物的特征、学者热议的"清议"与"清谈"的关系、清议本身的发展流变等,也有进一步研究的空间。

上述问题是研究东汉末年清议与士人文化时都应注意到的。为此,本书欲从五个方面入手,力求解决上述问题。第一,对这些问题进行考释之前,先对"清议"的含义作出分析,充分认识"清议"的性质。第二,对清议活动生发的时代因素进行梳理,以便了解其在东汉后期出现的必然性。第三,具体分析东汉清议活动的表现形式、运作方式及其文化蕴含。第四,对清议风气下士人风貌与社会文化的传承与新创进行重点探讨。第五,探析东汉末年士人清议的历史走向、评价不一问题及其政治文化意义。

以上即为本书的主要内容和行文思路。通过展现"清议"在东汉前所未有的发展盛况,及其在发展的同时对政治体制的影响,对士大夫思想观念的影响,尤其是对文人儒士文化创作的影响,有助于我们更好地了解中国古代的清议传统及在这个传统影响下的士人风貌、思想文化、文学艺术、民风民俗等,进而增进人们对早期民族文化的构成和发展脉络、民族心理成长等方面的认识。

第一章 "清议"含义与清议传统考察

从字面上来看,"清议"可谓一种议论方式,但这种议论方式通常被认为能够较为公正地论断是非、评判人物,且能形成较大的社会舆论,并在潜移默化中规范士人言行,引导世风世俗的健康发展。汉晋时期,清议不仅被用来指代士人团体或某位名士的正当言论,而且一度成为统治者选官任人过程中的参考,或把其作为监督士人言行的一种方式。文人士子在著书立言或上书陈事时,在为净化风俗的需要所提出的对策中,也多次对清议予以提倡。

第一节 "清议"含义解析

提到"清议",现代人想到最多的还是东汉中后期太学诸生与士大夫官员联合反对宦官专权并进行殊死斗争的那段历史。在此期间,士人学子大肆营造舆论抨击时政、品评人物,现代史家学者往往把此称为"清议运动"。① 以此引起的两次党锢之祸不仅深深地影响着当时的政局,而且对当时及后世士大夫的思想观念亦产生多方面的影响。自此,"清议"作为一种文化象征深深地影响着后世的士人心态、文化风貌,以及选官制度和社会监督机制的建设。但直至目前,学界对"清议"的指代并没有形成一个具体而又合理的共识,对其含义范畴的理解也不尽相同。因此,若要清晰地认识汉代清议及其对士人文化的影响,我们首先应对"清议"的含义做一番梳理。

---

① 如张传玺主编《中国古代史纲》论及"清议与党锢"时(北京大学出版社2004年版,第263页)、魏明安《汉末清议与傅氏一家之儒》[《兰州大学学报》(社会科学版)1992年第4期],牟发松《范晔〈后汉书〉对党锢成因的认识与书写——党锢事件成因新探》[《华东师范大学学报》(哲学社会科学版)2012年第6期],皆有"清议运动"的表述。

一 "清议"称谓溯源

清议活动的主要表现虽然在东汉，但我们不能误以为"清议"一词即出现于此时，在秦汉及以前并没有"清议"一词的记载，"清议"一词实出现于魏晋时期，后逐渐固定并被广泛应用，从相关史料中可以得到明确的认识。

《三国志》卷一一《邴原传》裴松之注引《邴原别传》曰："时郑玄博学洽闻，注解典籍，故儒雅之士集焉。原亦自以高远清白，颐志澹泊，口无择言，身无择行，故英伟之士向焉。是时海内清议，云青州有邴、郑之学。"同卷《管宁传》裴松之又注引《傅子》曰："邴原性刚直，清议以格物，度已下心不安也。"①

《三国志》卷一二《崔琰传》裴松之注引《先贤行状》曰："琰清忠高亮，雅识经远，推方直道，正色于朝。魏氏初载，委授铨衡，总齐清议，十有余年。"②

《艺文类聚》卷二二《人部》引三国魏曹羲《至公论》曰："兴化致治，不崇公抑割、情以顺理、厉清议以督俗、明是非以宣教者，吾未见其功也，清议非臧否不显，是非非赏罚不明，故臧否不可以远实，赏罚不可以失中，若乃背清议，违是非，虽尧不能一日以治，审臧否，详赏罚，故中主可以万世安。"③

《三国志》卷四七《吴主传》裴松之注引《吴录》曰："（沈友）正色立朝，清议峻厉，为庸臣所谮，诬以谋反。（孙）权亦以终不为己用，故害之。"④

《三国志》卷五七《张温传》载："（暨）艳性狷厉，好为清议，见时郎署混浊淆杂，多非其人，欲臧否区别，贤愚异贯。"⑤

裴松之所引《傅子》《吴录》分别为晋人傅玄、张勃所著，《邴原别传》和《先贤行状》虽未知作者，但从其行文中称曹操为"魏太祖"、称曹丕为"魏太子"来看，应为魏晋时人所作。其中所述人物，郑玄为东汉末年经学大师，其余四人都为东汉末年的官吏，邴原、崔琰侍从曹操，沈友、暨艳跟随孙权。以此来看，魏晋时期"清议"一词渐渐出现之时，多

---

① （晋）陈寿撰，陈乃乾校点：《三国志》，中华书局1964年版，第353—355页。
② （晋）陈寿撰，陈乃乾校点：《三国志》，中华书局1964年版，第369页。
③ （唐）欧阳询撰，汪绍楹校：《艺文类聚》，上海古籍出版社1965年版，第402页。
④ （晋）陈寿撰，陈乃乾校点：《三国志》，中华书局1964年版，第1117页。
⑤ （晋）陈寿撰，陈乃乾校点：《三国志》，中华书局1964年版，第1330页。

用来评价东汉末年以来的名士。这些名士因自身性格或"刚直",或"清忠高亮",或"正色立朝",皆好为清议,即喜欢议论时政、臧否人物,目的是激浊扬清。但"清议"似亦非单指个人行为,从曹羲《至公论》所载的"厉清议以督俗"及《邴原别传》所载的"是时海内清议"二句可知,"清议"尚可指客观公正的社会舆论,此舆论多是针对社会时俗与时政人物所发。《至公论》中强调社会舆论对社会风俗的引导作用,《邴原别传》中强调社会舆论对邴原、郑玄人格风范的认可。

魏晋时期出现"清议"一词,自有其产生的社会背景所在。我们知道,早在先秦时期即有"清浊"相对的历史概念,如《楚辞·渔父》载屈原曰:"举世皆浊我独清,众人皆醉我独醒。"至汉代,这种观念依然存在,司马迁评价延陵季子曰:"慕义无穷,见微而知清浊"(《史记》卷三一《吴太伯世家》),又述及伯夷、叔齐曰:"举世混浊,清士乃见"(《史记》卷六一《伯夷列传》)。此外《史记·魏其武安侯列传》中载有讽刺灌氏家族的颍川儿歌:"颍水清,灌氏宁;颍水浊,灌氏族。"又如东汉,马援在书信中说:"杜季良豪侠好义,忧人之忧,乐人之乐,清浊无所失"(《后汉书》卷二四《马援传》);李固在疏奏中曰:"气之清者为神,人之清者为贤"(《后汉书》卷六三《李固传》);襄楷在疏奏中曰:"河当浊而反清者,阴欲为阳,诸侯欲为帝也。"(《后汉书》卷三〇《襄楷传》)蔡邕在《对诏问灾异》中曰:"欲流清荡浊,扶正黜邪,不得但以州郡无课而已",其所作《太尉李咸碑》也载:"公所莅任,宪天心以教育,激垢浊以扬清。"① 可见"清浊"对立的观念一直延续在汉代士人的心目中。

随着文人文学及语言艺术的不断发展,汉魏六朝时期,以"清"为词根,慢慢构成了许多新的词语。如形容人有美好的操守为"清概"②,称赞人有好名声为"清名"③,形容人的品行端正为"清白"④,称做事公平合

---

① (清)严可均辑:《全后汉文》,商务印书馆1999年版,第719、772页。
② 如王粲《吊夷齐文》:"守圣人之清概,要既死而不渝。"[(清)严可均辑:《全后汉文》卷九二,商务印书馆1999年版,第923页]
③ 如《后汉书·祭遵传》载:"(祭遵)清名闻于海内,廉白著于当世。"《后汉书·张让传》载:"时钜鹿太守河内司马直新除,以有清名,减责三百万。"[(南朝宋)范晔撰,(唐)李贤等注:《后汉书》,中华书局1965年版,第742、2536页]
④ 如《后汉书·冯绲传》载:"绲弟允,清白有孝行。"《后汉书·度尚传》载:"磐字子石,丹阳人,以清白称。"《后汉书·邓彪传》载:"彪在位清白,为百僚式。"[(南朝宋)范晔撰,(唐)李贤等注:《后汉书》,中华书局1965年版,第1284、1287、1495页]

理为"清平"①，形容人的清廉自律为"清行"②，称人的心胸宽广为"清旷"③，形容人的诚恳谨慎为"清悫"④，称赞人政绩斐然为"清绩"⑤，称颂人秉公办事为"清裁"⑥，夸赞人的话语精确谓之"清当"⑦。此外，像我们所熟知的形容品德高尚的"清俭""清约""清修""清贤""清德""清实""清操""清淳""清忠""清洁"等词语，在魏晋六朝史料和文人著作中更是比比皆是。其实，不仅形容人的品行时冠以"清"的称谓，其他方面亦多有。如形容社会太平，有"海内清肃"（《后汉书》卷五二《崔寔传》）、"三州清定"（《后汉书》卷六五《张奂传》）、"三郡清静"（《后汉书》卷二二《杜茂传》）、"州界肃清"（《三国志》卷二七《徐邈传》）、"方隅清晏"（《三国志》卷二八《钟会传》）等。形容美好的仪容，眼睛漂亮为"清眸"（张衡《七辩》），容貌俊美为"清颜"（陶渊明《止酒》）。其他如，君子住处为"清宇"（曹植《愍志赋》），美酒为"清醥"（《抱朴子内篇·畅玄》）或"清醴"（曹植《侍太子坐》），清亮美妙的歌声为"清歌"（《抱朴子外篇·知止》），等等。可见，汉末魏晋以来，凡是与人物品行之高尚、社会环境之太平、事物美好之称心相关的赞誉，皆可以"清"字概括。⑧ 在这样的语言背景下，人们对东汉中后期那些不

---

① 如《后汉书·鲁恭传》载："（鲁恭）选举清平，京师贵戚莫能枉其正。"《后汉书·孔奋传》载："见有美德，爱之如亲……郡中称为清平。"《后汉书·左雄传》载："迄于永憙，察选清平，多得其人。"〔（南朝宋）范晔撰，（唐）李贤等注：《后汉书》，中华书局1965年版，第878、1099、2020页〕

② 如《后汉书·宋弘传》载："（宋弘）所得租奉分赡九族，家无资产，以清行致称。"《后汉书·王堂传》载："（王堂）子稚，清行不仕。"《后汉书·贾琮传》载："前后刺史率多无清行，上承权贵，下积私赂。"〔（南朝宋）范晔撰，（唐）李贤等注：《后汉书》，中华书局1965年版，第903—904、1106、1111页〕

③ 如《后汉书·仲长统传》载："（仲长统）欲卜居清旷，以乐其志。"〔（南朝宋）范晔撰，（唐）李贤等注：《后汉书》，中华书局1965年版，第1644页〕

④ 如《后汉书·仲长统传》载《昌言·法诫》篇："又中世之选三公也，务于清悫谨慎，循常习故者。"〔（南朝宋）范晔撰，（唐）李贤等注：《后汉书》，中华书局1965年版，第1657页〕

⑤ 如《后汉书·陈蕃传》载："时李膺为青州刺史，名有威政，属城闻风，皆自引去，蕃独以清绩留。"〔（南朝宋）范晔撰，（唐）李贤等注：《后汉书》，中华书局1965年版，第2159页〕

⑥ 如《后汉书·范滂传》载，朱零仰曰："范滂清裁，犹以利刃齿腐朽。今日宁受笞死，而滂不可违。"〔（南朝宋）范晔撰，（唐）李贤等注：《后汉书》，中华书局1965年版，第2205页〕

⑦ 如《三国志·袁涣传》裴松之引《袁氏世纪》曰："侃字公然，论议清当，柔而不犯，善与人交。"〔（晋）陈寿撰，陈乃乾校点：《三国志》，中华书局1964年版，第335页〕

⑧ 关于以"清"作词根者多为褒义的考察，还可参阅魏明安《汉末清议与傅氏一家之儒》，《兰州大学学报》（社会科学版）1992年第4期。另外，关于"清"的含义，杨胜宽指出：与汉代作为早期儒家一个伦理概念，先圣孔子、孟子对其人格境界既有肯定，也有保留，原因在于这种人穷独有余，兼济不足。〔参见杨胜宽《清议·清谈及其它》，《渝州大学学报》（哲学社会科学版）1993年第3期〕

畏强暴、舍命不渝的正直士人作出了客观公正的历史评价，对其纯正合理的时政言论和人伦臧否行为冠以"清议"的称谓，以此突出他们品性上的洁净、俭素、高洁等德行，并与浊流言行形成区分，本属自然。

二 "清议"含义范畴分析

在魏晋之际的史料中，"清议"一词虽多有针对邴原、郑玄、沈友、暨艳这些汉末魏初名士所发的情况，但此时"清议"并非专指公正的论政品人或名士的言语示范，士大夫彼此间对清议起源及其含义范畴的理解是存在偏差的。如关于清议起源的看法并非都认定为东汉末年，关于清议含义范畴的认识也不只是局限于东汉末年名士身上。对此我们可举例来看，《晋书》卷四七《傅玄传》载傅玄上疏晋武帝曰：

> 臣闻先王之临天下也，明其大教，长其义节；道化隆于上，清议行于下，上下相奉，人怀义心。亡秦荡灭先王之制，以法术相御，而义心亡矣。近者魏武好法术，而天下贵刑名；魏文慕通达，而天下贱守节。其后纲维不摄，而虚无放诞之论盈于朝野，使天下无复清议，而亡秦之病复发于今。陛下圣德，龙兴受禅，弘尧舜之化，开正直之路，体夏禹之至俭，综殷周之典文，臣咏叹而已，将又奚言！惟未举清远有礼之臣，以敦风节；未退虚鄙，以惩不恪，臣是以犹敢有言。①

傅玄认为，从古之先王实行隆道敬民之政时始，"清议"即已"行于下"；清议的对立面是"虚无放诞之论"，而清议的主体则为"清远有礼之臣"；如果天下没有清议，则可能招致亡秦之祸。上面我们还提到过《三国志》卷一一《邴原传》注引傅玄《傅子》论及东汉末年名士邴原时曰："性刚直，清议以格物。"可见在傅玄的意识中，清议不惟指东汉末年名士的砥砺德行，只要是历史上人臣下察民情、上谏君主的公正言论，皆可称为"清议"，因为这种公正言论起到了正风俗、退虚鄙的作用。

《晋书》卷三六《卫瓘传》记载，卫瓘认为曹魏立九品是权时之制，非经通之道，宜复古乡举里选，与太尉王亮等上疏晋武帝曰：

> 昔圣王崇贤，举善而教，用使朝廷德让，野无邪行……斯则乡举里选者，先王之令典也。自兹以降，此法陵迟。……（魏氏）立九品

---

① （唐）房玄龄等：《晋书》，中华书局1974年版，第1317—1318页。

之制，粗且为一时选用之本耳。其始造也，乡邑清议，不拘爵位，褒贬所加，足为劝励，犹有乡论余风。中间渐染，遂计资定品，使天下观望，唯以居位为贵……尽除中正九品之制，使举善进才，各由乡论。①

卫瓘认为，曹魏开始实行的九品中正制发展到晋代已经存在很多弊端，建议晋武帝把国家选拔人才的制度恢复到先王时期的"乡举里选"。而"乡举里选"依据的则是"乡邑清议"（或曰乡论），也就是公共舆论对所推荐本地人才的鉴定、认可。我们知道，九品中正制是从汉代清议传统演变而来的，②汉代察举人才也要依据"乡邑清议"。材料中，卫瓘也认为九品之制开始实行时尚能遵照乡邑清议，体现乡论余风。与卫瓘同时的李重上疏论"九品"之弊时也曰："汉革其弊，斟酌周秦，并建侯守，亦使分土有定，而牧司必各举贤，贡士任之乡议，事合圣典，比踪三代。"③唐长孺在《九品中正制度试释》中指出："他们（按：卫瓘、李重）的主张是在于恢复汉代乡间评定，而由地方官主持的办法来考察人才。"④可见卫瓘、李重虽标榜"乡举里选"应依据先王令典或比踪三代，但在他们的意识中，乡论对人物品评的真正兴起，是在汉代实行乡举里选的选官制度之后。

《晋书》卷四三《山涛传》载山简上疏晋怀帝曰：

至于后汉，女君临朝，尊官大位，出于阿保，斯乱之始也。是以郭泰、许劭之伦，明清议于草野；陈蕃、李固之徒，守忠节于朝廷。⑤

---

① （唐）房玄龄等：《晋书》，中华书局1974年版，第1058页。
② 《傅子》载："魏司空陈群，始立九品之制，郡置中正，平次人才之高下，各为辈目，州置都而总其议。"[（宋）李昉等：《太平御览》卷二六五，中华书局1960年版，第1243页]《艺文类聚》卷三一《人部》载晋代潘尼答傅咸诗序曰："司徒左长史傅长虞，会定九品，左长史宜得其才，屈为此职，此职执天下清议，宰割百国……"[（唐）欧阳询撰，汪绍楹校：《艺文类聚》，上海古籍出版社1965年版，第549—550页]沈约在《宋书·恩幸传》序中曰："汉末丧乱，魏武始基，军中仓卒，权立九品，盖以论人才优劣，非为世族高卑。"[（宋）沈约：《宋书》，中华书局1974年版，第2301页]唐长孺说："设立九品中正制的原因，在于保留汉代乡里评定的传统习惯，而使之与现实情势相配合，就是说要照顾人士流移的情况与实现抑制浮华朋党的政策。"（《九品中正制度试释》，《魏晋南北朝史论丛》，生活·读书·新知三联书店1955年版，第118页）周一良说："魏晋实行九品官人之法，中正就根据清议或乡里的舆论，来厘定、提升或贬降某人的乡品，从而向吏部提供给予或升降他的官位的依据。"[《两晋南朝的清议》，《魏晋隋唐史论集》（第二辑），中国社会科学出版社1983年版，第1页]
③ （唐）房玄龄等：《晋书》卷四六《李重传》，中华书局1974年版，第1309页。
④ 唐长孺：《九品中正制度试释》，《魏晋南北朝史论丛》，生活·读书·新知三联书店1955年版，第87页。
⑤ （唐）房玄龄等：《晋书》，中华书局1974年版，第1229页。

材料中的郭泰与许劭皆是东汉末年名士。① 郭泰（字林宗）为东汉末年反对宦官专权的太学生领袖，与当时士人领袖李膺相友善，名震京师，史载其"虽善人伦，而不为危言核论，故宦官擅政而不能伤也。及党事起，知名之士多被其害，唯林宗及汝南袁闳得免焉。遂闭门教授，弟子以千数"（《后汉书》卷六八《郭泰传》）。许劭（字子将）亦好人伦，与郭泰齐名，史载"天下言拔士者，咸称许、郭"，又载："劭与靖俱有高名，好共核论乡党人物，每月辄更其品题，故汝南俗有'月旦评'焉。"（《后汉书》卷六八《许劭传》）山简所说，即指"党锢之祸"前后，郭泰、许劭退居乡邑，或闭门讲学以德导人，或核论乡党人物以荐举人才。山简把此称为"明清议于草野"，并与"守忠节于朝廷"的士大夫官员形成对照。可见山简所理解的"清议"是名士在地方乡野间发起的公共舆论。

以上所举傅玄、卫瓘、山简对"清议"的理解是比较有代表性的说法，而后历代以至当世，多数学者对"清议"的认识都不出此范围之内。比如关于"清议"产生的时间，有人认为产生于先秦时期的君民共主，像顾炎武即认为："古之哲王所以正百辟者，既已制官刑儆于有位矣，而又为之立间师，设乡校，存清议于州里，以佐刑罚之穷。"② 有人认为产生于汉代的乡举里选制度，如周一良说："清议是东汉以来乡里中形成的关于某个人的舆论。"③ 有人认为产生于汉代中后期士大夫的政治运动，如王子今说："东汉后期，士大夫中形成了以品评人物为基本形式的政治批评的风气，当时称为'清议'。太学成为清议的中心。"④

---

① 在范晔《后汉书》中，"郭泰"皆写作"郭太"。李贤注曰："范晔父名泰，故改为此'太'。"本书一律写作"郭泰"，不再一一注释。
② （清）顾炎武著，黄汝成集释：《日知录集释》，上海古籍出版社2006年版，第764页。
③ 周一良：《两晋南朝的清议》，《魏晋隋唐史论集》（第二辑），中国社会科学出版社1983年版，第1页。张旭华也有相似的说法，参见张旭华《两晋时期的丧礼实践与中正清议》，《史学月刊》2011年第12期。
④ 王子今：《王咸举幡：舆论史、教育史和士人心态史的考察》，《读书》2009年第6期。又，张传玺主编《中国古代史纲》："（太学生）与官僚士大夫结合，在朝野形成一个庞大的官僚士大夫反宦官专权的社会政治力量。他们'激扬名声，互相题拂；品核公卿，裁量执政。'这就是所谓的'清议'。"（北京大学出版社2004年版，第263页）侯外庐等《中国思想通史》也有类似的看法（参见《中国思想通史》第二卷《两汉思想》，人民出版社1957年版，第345页）。高新民也说："（桓、灵之际）政治腐败，仕途黑暗，外戚宦官交替专权，引起了地主阶级官僚及庶族知识分子的严重不安，他们著书立说，互为声援，议论朝政，评讥权贵，形成了一股强大的社会舆论思潮，史谓东汉清议。"［《东汉思潮与王符思想》，《兰州大学学报》（社会科学版）2001年第6期］冈村繁、詹福瑞也有类似的看法（参见〔日〕冈村繁《汉魏六朝的思想和文学》，《冈村繁全集》第三卷，陆晓光译，上海古籍出版社2002年版，第43页；詹福瑞《东汉士风与个体意识的初萌》，《汉魏六朝文学论集》，河北大学出版社2001年版，第245页）。

与此相应，对"清议"内涵的理解，或认为是基层民意表达的方式，或认为是一种社会公共舆论，或认为是人物品评现象。其实，这些看法都有其合理性，不能简单地以对错论之。前已述及，"清议"一词魏晋时期才渐出现，卫瓘用其指代"乡举里选"中所体现的乡论之风，山简则用其指称体现东汉末年名士道德操守的时论。而傅玄既用其描述东汉末年名士的公正评论，又用其指代古代先王亲民政策中所重视的乡论。他们之间并没有相互否定。仔细分析这些说法会发现，魏晋及后世之人对"清议"本身的阐述虽存在些许不同，但它们之间都有一个共同的主线，即皆尊崇此中所蕴含的公正性舆论效果。从汉代的"乡举里选"和东汉末年名士的政治运动中，我们能体会到明显的舆论作用。而先秦时期"清议行于下"的政策，虽舆论体征不明显，但也可找到史料依据，如《左传·襄公三十一年》载"郑人游于乡校，以论执政"，郑国大夫然明建议毁乡校，而子产则认为："人朝夕退而游焉，以议执政之善否。其所善者，吾则行之；其所恶者，吾则改之，是吾师也。"① 又如《国语·周语上》载召公曰："防民之口，甚于防川"；《论语·季氏》载孔子曰："天下有道，则庶人不议"；《孟子·滕文公下》载："圣王不作，诸侯放恣，处士横议。"这些都表现了先秦民众营造舆论的力量。

由此可见，无论是古之先王体察民意，还是汉代"乡举里选"的选官依据，甚或东汉末年士人编织言论抨击时政或品评人物，其间都是"舆论"在起主导作用。此舆论或是来自基层民众，或是来自士人群体，或是来自某个名士的带动。这些都被晋人理解为"清议"，其原因正是由于这个具有感染力的"舆论"产生了共同的效果：能代表民心向背或产生某种威慑，使其接受者不得不对其产生敬畏心理。从这个意义上说，后世之人所推崇的"清议"概指公正性的社会舆论，② 兴起此舆论的既可为乡邑民众，又可为普通士人，还可为朝堂之臣。这样看来，"清议"从先秦到汉魏六朝本又是一脉相承的社会现象。顾炎武对"清议"的理解较为深刻，他不仅认为古之哲王"设乡校，存清议于州里"，并且指出"两汉以来犹

---

① （清）阮元校刻：《十三经注疏·春秋左传正义》，中华书局1980年版，第2015—2016页。
② 朱传誉在论及汉代"清议"时也说："所谓'清议'，可以说就是今天的舆论。"（《中国民意与新闻自由发展史》，正中书局1974年版，第109页）罗宗强说："清议原是一种选拔人材的社会监督，是社会舆论。"（《玄学与魏晋士人心态》，南开大学出版社2003年版，第51页）曲家源也说："清议是社会公众对某具体的人及其行事所做的是非善恶评价，反映出当时社会的舆论倾向。"（《论宋代官场清议》，《社会科学战线》2000年第3期）

循此制,乡举里选,必先考其生平",又认为魏晋"九品中正之设,虽多失实,遗意未亡。凡被纠弹付清议者,即废弃终身,同之禁锢"[1],此说很好地体现了先秦两汉到魏晋六朝,清议现象一脉相承的关系。

当然,单就"清议"本身来说,它只不过是一种议论方式,以"清"字概之,从表面意思上看,即为清正之义或清雅之义,可引申为公正性的社会舆论。但在汉晋时期,并非所有正面的、合理的言论都被冠以"清议"的称谓。为何会如此呢?这还需要从魏晋时期"清议"一词出现时其应用范畴上去求证。观览"清议"初现时的史料,《傅子》称"高远清白,颐志澹泊"的邴原"清议以格物";《先贤行状》载"清忠高亮、雅识经远"的崔琰于曹魏之初"总齐清议,十有余年";《吴录》称沈友"正色立朝,清议峻厉",终为庸臣所潜;《三国志》卷五七《张温传》载暨艳"好为清议",面对"郎署混浊淆杂,多非其人"的局面,欲臧否区别。从这些材料中我们可以得到两点认识:一是"清议"无不与政治环境和时政人物相关联,也就是说,清议的主体内容是政治;二是清议之士具有极强的社会责任感,他们处于污浊的社会中不应流俗,而是身体力行以激浊扬清。由此我们可反观其他议论方式,如东汉存在很多善于谈论和论难的文人士大夫:尹敏"才学深通,能论议"[2],井丹"通五经,善谈论"(《后汉书》卷八三《逸民列传》),宋均"通《诗》《礼》,善论难"(《后汉书》卷四一《宋均传》),丁鸿"明章句,善论难"(《后汉书》卷三七《丁鸿传》),但因这种谈论主要以经学知识为主,所以魏晋时期的文人士大夫未有对此称"清议"者。[3] 当然,在汉代,经学与政治关系紧密,比如汉章帝时期的白虎观会议,虽也为讲议五经的同异,但其终极目的是为统一政治思想服务,[4] 且"诸儒共正经义"与东汉末年士大夫以集体方式论政也较为相似,但是亦未被称作"清议",究其原因,主要是因为其间诸儒并未体现出如东汉末年士大夫那样高洁的品行。其实,这些以学术为主的议论,都是在汉代社会政治相对稳定的时期,文人士大夫间以平等切磋为表现形式的辩论,带有统一国家意识形态的意味,且是得到朝廷支持

---

[1] (清)顾炎武著,黄汝成集释:《日知录集释》卷一三"清议"条,上海古籍出版社2006年版,第764页。
[2] (晋)袁宏撰,周天游校注:《后汉纪校注》,天津古籍出版社1987年版,第233页。
[3] 魏晋时期,"清议"转向"清谈"也主要体现在士大夫间谈论内容的变化上。
[4] 白虎观会议后,"形成了具有法典性质的《白虎通义》。《白虎通义》以'天人感应'为宗旨,根据最高统治者的需要,在把万事万物神学化的基础上,全面系统地论证了谶纬的神学体系。"[参见高新民《东汉思潮与王符思想》,《兰州大学学报》(社会科学版)2001年第6期]

或直接由朝廷组织的,因此它在一定程度上代表了官方的舆论。政治清明之时,官方舆论无疑发挥着主导作用,且发起主体也多为士大夫。但是东汉末年士大夫群体发起的舆论,却是在皇权旁落后的政治危机下力图敦风化俗的救世之举,他们依据儒家伦理规范品论时政,对人物的品评注重道德、品行和才识,其间体现了勇于承担社会责任的儒家精神。像上面提及的郭泰、许劭、沈友、暨艳等人无不如此,他们或"明清议于草野",或"正色立朝,清议峻厉",从中可看出,这种议论已与政府脱节,表现出对浊流操控的官方舆论的不信任。①

由上来看,"清议"本意可理解为清正之议,但是"清议"一词出现后,被赋予了较多的政治属性,从而具有了更多的附加意义。具体来说,在政治论议中,"清议"中的"清"除形容时政言论得体外,又代表着清议之士纯洁清廉、力黜贪腐的人格。从社会体制上看,"清议"又是在政府的声音之外,针对政治现象及其相关人物而发的非官方性的舆论。

第二节 汉魏六朝清议传统考察

在中国古代,士人心目中理想的先王之政,往往被追慕为政治教化与民间清议达到完美融合的典范,傅玄、卫瓘、李重、顾炎武都持有这样的观念。此外,晋代刘寔、刘毅也有类似的看法。刘寔因"世多进趣,廉逊道阙",乃著《崇让论》以矫之,其辞有曰:"推让之风行,则贤与不肖灼然殊矣。此道之行,在上者无所用其心,因成清议,随之而已。故曰,荡荡乎尧之为君,莫之能名。言天下自安矣,不见尧所以化之,故不能名也。"② 在刘寔看来,包括尧在内的上古君王,之所以能化导天下、使天下自安,皆有以"清议"为治的成分在其间。刘毅在卫瓘、李重之前,也曾上疏陈述九品中正制发展的弊端,他说:"昔在前圣之世,欲敦风俗,镇静百姓,隆乡党之义,崇六亲之行,礼教庠序以相率,贤不肖于是见矣。"③ 这与卫瓘上疏晋武帝时的说法类似。上古时

---

① 于迎春指出:"同议论政治一样,对人物另出机杼、别开生面的评议、品鉴,也意味着对官方批评的至少是不信任的态度和眼光。"(于迎春:《汉代文人与文学观念的演进》,东方出版社1997年版,第237页)
② (唐)房玄龄等:《晋书》卷四一《刘寔传》,中华书局1974年版,第1191页。
③ (唐)房玄龄等:《晋书》卷四五《刘毅传》,中华书局1974年版,第1275—1276页。

期先王的清明之政，因材料缺乏，我们无从考察。顾炎武所说的"设乡校，存清议于州里"的政策，虽"郑人游于乡校，以论执政"（《左传·襄公三十一年》）可为一例，但从郑国大夫建议毁乡校和子产的话中可知，当时并非真正实行了"清议"政策。① 这样看来，先秦时期的清议传统具有理想化的成分，很可能是晋代士大夫以汉晋以来的"清议"现象反观先秦类似的社会情形时而追加的。尤其是在他们所崇尚的先王制度中，更是把"清议"与追慕化导民风的政治体制为相伴而生的社会现象，且认为"清议"在一定程度上引导着社会机制的良性发展。

当然，清议之风真正盛行开来是在汉代。汉代察举制选官制度中所实行的"乡举里选"，正是依据乡邑清议考察士人生平，并以此决定其是否当选。这项制度存在于汉代大多数时期，对士人思想观念影响甚大。此外，随着汉代"学仕结合"和"通经入仕"教育模式的确立，士大夫群体不断壮大，在东汉中后期政治矛盾迭起、儒家纲常渐乱之时，终于引发了对后世影响深远的"清议运动"及轰动一时的名士清议品评活动。前者是太学诸生与士大夫官员联合，大力营造舆论，为反对宦官擅权而进行的轰轰烈烈的政治运动，可称为"党人清议"，遭两次党锢之祸后而消亡。后者是社会地位高或影响力大的名士对时人进行的品藻、识鉴活动，可称为"名士清议"，其品评结果往往决定着士人的名声和地位。清议活动在东汉末年的开展，不仅体现了士大夫群体不屈的精神，而且促成士人文化的新变，如传统的称号文化、谣谚文化、政论散文都在清议中得到弘扬或创新，受人物品评风气的影响，述德性碑文、题目文化、品评类散文也渐在清议士人间兴起。历代文人儒士所推崇的"清议"，多指或专指东汉中后期士人群体间的清议活动。综观清议在汉代的存在，乡邑清议主要是对人物的品评，它主要应用于选官过程中；而东汉中后期的清议，除品评人物外，还议论时政，主要应用于政治活动中。虽然汉代政府选取官员一度参考了清议，东汉末年一些儒生官吏因时所需也发动了影响广泛的清议活动，但是不断发展中的汉代清议并未进入政治体系，尚游离于国家制度之外。

---

① 当然，与后世清议中品评人物之举相似的现象在当时是多有存在的。以儒家为例，自从先圣孔子时期起，论政品人既已常见，《论语》中对此类事件的记载颇多。如孔子评季氏舞八佾舞，评价管仲、晏平仲、臧文仲、宁武子，评价弟子颜回。又如孟子评价上古之君尧舜、汤武，评价伊尹、柳下惠、乐正子，等等。另外，儒家流派在说明事理时，或以政事为喻，或拿他人作比，甚至《左传》行文中的"君子曰"等，无不彰显出儒士论政品人的个性，从中又可看出他们富有较强的政治使命感。

第一章 "清议"含义与清议传统考察 33

　　随着历史的发展,"清议"渐成传统,或为历代清流士人所敬仰,或为后世明君贤主所提倡。魏晋时期实行的九品中正制,即从清议传统发展而来。所不同的是,乡举里选的形式变为由各大小中正官来主持地方清议,为朝廷核查、推举人才。自此"清议"词义及其道德约束力,也渐为时人和后人所认同,并被广为应用。经此发展,清议风气在魏晋时期已深入士人观念,并产生了较大的反响。从士人文化方面来看,在人伦臧否的潮流中,郡书、家传、别传等杂传体散文不断涌现。影响所及,甚至曹丕、曹植和晋代士人的文论,也将品评人物的词语运用到文学评论中去,这充分体现了那个时期的审美标准。① 从史料的记载中又可看出,两晋时期"清议"一词也频繁地出现在文人官吏规劝性的言论、上疏或个人著作中。② 此时一方面是对清议予以提倡,另一方面是对清议加以应用。关于对清议的提倡,前已举多位士大夫表现出对先王"清议"之政的向往,并要求扭转九品中正制发展过程中形成的弊端,使其真正靠乡里清议来裁断士人。此外,一些清流士大夫面对世风日下也自觉提倡清议之风,前引刘寔在《崇让论》中即已述及清议对矫正风俗的作用。又如《晋书》卷四六《刘颂传》载刘颂上疏:"今阎闾少名士,官司无高能,其故何也?清议不肃,人不立德,行在取容,故无名士。……少名士,则后进无准,故臣思立吏课而肃清议。"③ 关于对"清议"的应用,主要体现在清议的监督功能上。此时清议的约束力极大,对士人言行形成较强的威慑。《晋书》卷四五《和峤传》载:"巴西陈寿、阎义、犍为费立皆西州名士,并被乡闾所谤,清议十余年。"④《通典》卷一四《选举·历代制中》亦载:"于时

---

① 吴从祥说:"曹丕、曹植等人的文论,评文与评人往往结合在一起,且多借用描述人物的字词来评论文学,如体气等。这种风气在后来的文论中依然表现得很明显。早期文论的这一特点自然与长期流传不息的人物评鉴之风有着密切的关系。"[《党锢之祸对汉末文学的影响》,《江西师范大学学报》(哲学社会科学版) 2004 年第 5 期] 熊日华认为,包括曹丕的《典论·论文》、陆机的《文赋》、挚虞的《文章流别论》、阮籍的《乐论》、王微的《叙画》等在内的大量研究文学艺术问题的文艺理论和美学著作,"与盛行于汉末魏晋时期的人物品评的风气有非常密切的关系"。(《论魏晋人物品评对中国美学的贡献和影响》,《江西社会科学》1990 年第 5 期)
② 除前举卫瓘、山涛、刘毅等人的上疏外,又如《晋书》卷三四《杜预传》载杜预曰:"……若令上下公相容过,此为清议大颓,亦无取于黜陟也";《晋书》卷四五《刘毅传》载刘毅上疏晋武帝曰:"置州都者,取州里清议,咸所归服,将以镇异同,一言议";《晋书》卷五〇《庾纯传》载刘斌言:"圣恩恺悌,示加贬退,臣愚无所清议。"[(唐) 房玄龄等:《晋书》,中华书局 1974 年版,第 1027、1274、1399 页]
③ (唐) 房玄龄等:《晋书》,中华书局 1974 年版,第 1301 页。
④ (唐) 房玄龄等:《晋书》,中华书局 1974 年版,第 1291 页。

虽风教颓失而无典制，然时有清议，尚能劝俗。陈寿居丧，使女奴丸药，积年沈废；郄诜笃孝，以假葬违常，降品一等。其为惩劝也如是。"① 又如《晋书》卷四八《阎缵传》载，阎缵巴西安汉人，"父卒，继母不慈，缵恭事弥谨。而母疾之愈甚，乃诬缵盗父时金宝，讼于有司。遂被清议十余年，缵无怨色，孝谨不怠"②。《晋书》卷七〇《卞壼传》载淮南小中正王式父亲去世，守丧完毕后，按父母之前约定，把继母遣回前夫家由继子奉养，但卞壼认为此事"违礼违义"，并上疏论治其罪，疏奏后"（王）式付乡邑清议，废弃终身"③。《太平御览》卷八五〇《饮食部》载《竹林七贤论》曰："阮咸兄子简亦旷达，自居大丧，行遇大雪寒冻，遂诣浚仪令，令为他宾设黍臞，简又食之，以致清议，废顿三十年。"④ 另外，朝廷在论定官员罪责时，亦有付诸"清议"予以裁断的倾向。《晋书》卷七〇《钟雅传》载，国丧期间，尚书梅陶私奏女妓，钟雅上疏弹劾，建议"请下司徒，论正清议"⑤。

　　由此可见，魏晋时期是清议传统发展的重要阶段。曹魏所实行的九品中正制一度把清议纳入国家政治体系中。但是九品中正制在发展的过程中，"中间渐染"，弊端频出，即中正官选举官吏时渐渐脱离了真正依靠乡邑清议裁断士人的办法，而是成为权贵据此谋职的工具。因此，到了晋代，正直的官吏如卫瓘、刘毅等人即提出了取消九品中正制的建议，使"举善进才，各由乡论"。正是由于晋代选官未能很好地贯彻乡邑清议的优良传统，所以当社会上出现不正之风或缺少名士精神时，传统儒士如刘寔、刘颂等人又极力提倡清议之风以矫正社会风俗。其间士大夫因提倡"清议"所作的政论散文，可视为清议思潮对文人文学的影响。此外我们还要看到，清议现象在晋代各地发展是不平衡的，像上文提到的巴西地区就有很好的清议传统，且约束力强、惩罚力度大，遭受清议贬斥的陈寿、阎义、费立、阎缵皆为巴西人士。自晋代以来，清议的表现方式也发生了变化，无论是士人遭受清议处罚，还是朝廷用清议裁断官员罪责，其间都体现了清议的社会监督功能，而监督的主要方面尤体现在士人的孝道上。今人张旭华说，两晋时期标榜"以孝治天下"，"将违犯丧制、有悖孝道、居丧违礼作为清议的主要对象。与汉魏清议相比，两晋清议已经演变成颇

---

① （唐）杜佑：《通典》，中华书局1988年版，第330页。
② （唐）房玄龄等：《晋书》，中华书局1974年版，第1349—1350页。
③ （唐）房玄龄等：《晋书》，中华书局1974年版，第1869—1870页。
④ （宋）李昉等：《太平御览》，中华书局1960年版，第3803页。
⑤ （唐）房玄龄等：《晋书》，中华书局1974年版，第1878页。

具威力的道德惩罚手段"①。以上提及的陈寿、郐诜、阎缵、王式、阮简、梅陶等人都是因有违孝道而遭受"清议"贬斥的。②

及至南朝历代，清议与社会政治机制的关系更加紧密，其约束力也更加强大，这主要表现在两个方面。首先，清议对士人的禁锢要经皇帝特赦才能解除，《宋书·武帝纪》《宋书·明帝纪》《南齐书·高帝纪》《梁书·武帝纪》《陈书·高祖纪》所载皇帝大赦天下时，诏书中皆有"犯乡论清议、赃污淫盗，一皆荡涤洗除"一句或相似之语，以此可反观"乡论清议"被重视的程度。其次，"清议禁锢之科"已写入国家法律条文，《隋书》卷二五《刑法志》记载，《梁律》中有"士人有禁锢之科，亦有轻重为差。其犯清议，则终身不齿"③之语；又载："陈氏承梁季丧乱，刑典疏阔。及武帝即位，思革其弊……于是稍求得梁时明法吏，令与尚书删定郎范泉，参定律令……制《律》三十卷，《令律》四十卷。采酌前代，条流冗杂，纲目虽多，博而非要。其制唯重清议禁锢之科。若缙绅之族，犯亏名教，不孝及内乱者，发诏弃之，终身不齿。"④可见，"清议禁锢之科"不仅写入国家律典，而且是统治者相当重视的条文。此时清议之风甚至刮至北朝，《魏书》卷九《肃宗孝明帝纪》皇太后诏中亦有"清议禁锢，亦悉蠲除"⑤的记载。⑥

综上所述，"清议"渊源久远，在先秦时期君民共主的政治观念中即

---

① 张旭华：《两晋时期的丧礼实践与中正清议》，《史学月刊》2011年第12期。
② 据《晋书》《通典》等史料记载，两晋时期因居丧违礼而遭受清议贬斥的人士还有很多，如车骑长史韩预、平南将军温峤、太子家令虞俊、镇东司马陈湛、上庸太守王崇、国子祭酒邹湛、并州刺史羊暨、征西长史牵昌、世子文学王籍、东阁祭酒颜含、庐江太守梁龛、丞相长史周顗，等等。
③ （唐）魏征、令狐德棻：《隋书》，中华书局1973年版，第700页。
④ （唐）魏征、令狐德棻：《隋书》，中华书局1973年版，第702页。
⑤ （北齐）魏收：《魏书》，中华书局1974年版，第249页。
⑥ 南北朝时期，也有多人因有违孝道遭受清议处罚。《南史》卷四《齐高帝纪》载，顾昌玄的父亲"宋泰始中北征死亡，尸骸不反，而昌玄宴乐嬉游，与常人无异。有司请加以清议。丙戌，置会稽山阴县狱丞"；《南史》卷五《废帝郁林王纪》载："宣德太仆刘朗之、游击将军刘璩之子，坐不赡给兄子，致使随母他嫁，免官，禁锢终身，付之乡论。"〔（唐）李延寿：《南史》，中华书局1975年版，第112、142页〕《魏书》卷二一《献文六王传上·赵郡王干传附子谧传》载："（元）谧在母丧，听音声饮戏，为御史中尉李平所弹"；《魏书》卷六八《甄琛传附子甄楷传》载："世宗崩未葬，楷与河南尹丞张普惠等饮戏，免官。"〔（北齐）魏收：《魏书》，中华书局1974年版，第543、1517页〕另外，清议监督的范围也有所扩大，"盗赃不及弃市者""私吊答中，彼此言感思乖错者"，都会遭受清议贬斥。〔参见（梁）沈约《宋书》卷四二《王弘传》，中华书局1974年版，第1318页；（梁）庾元威：《论书》，（唐）张彦远辑：《法书要录》卷二，上海书画出版社1986年版，第45页〕

可找到它的影子。汉代实行"乡选里举"的选官制度，再到汉代中后期士人清议活动的产生，清议现象逐渐明朗化；魏晋时期"清议"一词出现后，"清议"称谓及其社会属性逐渐固定，几成舆论符号被后代沿用。虽然清议在一定程度上展现了士人对清明政治的向往，并且一些士人把清议追溯到上古先王时期的开明之政，但是清议形成较大规模并对后世产生重大影响却是在东汉末年，以党人议论时政和名士品评人物为主要表现。此时清议虽游离于政治体制之外，但一切又都服务于政治体制。自魏晋到南朝，清议与东汉时期已有所不同，它逐渐成为统治者刻意利用的工具。由于统治者意识到清议所蕴含的力量及其对社会政治的促进作用，自曹魏时期开始实行九品中正制，把选官制度与士人清议相结合。随着这项制度在魏晋南北朝时期的发展，其间虽一度渐染弊端，但经清流士人的一再提倡和纠正，君主或用其裁断士人罪行，或把其写入国家法律条文，从整体上看，清议传统已被纳入国家政治体系中。[①] 正所谓"崇月旦以佐秋官，进乡评以扶国是，傥亦四聪之所先，而王治之不可阙也"[②]。由此，"清议"的方式也从士人议论时政和品评人物，转变为对士人言行尤其是孝行的监督上。综观"清议"在汉晋时期的发展和应用，当其被用来形容东汉末年某位名士时，"清议"可看作体现名士砥砺德行的个人行为；当东汉末年士人为矫正时俗以集体的形式营造社会舆论时，"清议"则变为声势浩大的士人运动；当其被纳入国家政治体系用以监督或裁断士人言行时，"清议"又成为一种社会约束机制；当"清议"观念深入人心，士人好尚论议时政、品评人物时，"清议"则渐成一种社会风气；随着这种风气的不断成长，"清议"又演变为一种社会思潮；客观来看，清议思潮的盛行，在一定程度上端正了士人的思想观念、道德品行，改善了社会组织结构、民风民俗，甚至对文学创作体裁、风格和艺术审美趣味的多样化，亦多有促成。

---

① 张旭华谈及曹魏九品中正制时说，是"使名士清议与朝廷选举相统一、乡里月旦与官府品第相统一的必然结果"，"对于加强中央集权统治也具有十分重要的意义"。[《东吴九品中正制初探》，《郑州大学学报》（哲学社会科学版）2001 年第 1 期] 在谈及两晋清议时又说："诸如清议组织的完善化，清议内容的礼制化，清议处罚的程序化等等，都表明汉魏以来的乡里清议经过历史嬗变，已经超越了单纯的道德评价和人伦褒贬的范畴，成为代表着两晋统治集团的根本意志，并从丧礼的实践层面切实维护名教之治的工具。"（《两晋时期的丧礼实践与中正清议》，《史学月刊》2011 年第 12 期）

② （清）顾炎武著，黄汝成集释：《日知录集释》，上海古籍出版社 2006 年版，第 765 页。

第二章　东汉士人清议产生的社会背景

提到汉代清议，一般指东汉中后期士人的清议活动，其中又主要分为党人清议和名士清议。汉代中后期产生影响重大而深远的清议活动并非偶然。从世风世俗方面来看，汉代社会间长期存在人伦臧否的风气；从人员储备方面看，汉代社会有着庞大且关系相对紧密的儒士群体；从社会现实方面看，东汉后期又有引燃儒士群体政治斗争的社会环境。以此来看，清议活动在东汉中后期的产生有着深刻的历史原因和现实原因。从历史因素方面来看，汉代长期施行的选官制度、教育政策及儒学传统精神，都为清议活动的产生起到了奠基作用。从现实因素方面来看，东汉中后期儒士群体不断壮大，而儒家伦理纲常下的社会秩序却越发遭到破坏，二者之间的矛盾可视为清议运动爆发的直接原因。

第一节　选官制度与乡邑清议并存

在汉代多种选官方式中，察举制和征辟制是最为重要的方式。这种制度的施行打破了各级贵族垄断国家政权的局面，使一些平民阶层中的有德有才之士得以进入国家政治系统中，从而保障了汉代政府对人才的需求。在具体的实行过程中，察举和征辟需通过一定的方式去发掘人才。在汉代社会政治较为清明的时期，察举人才多依靠乡邑清议进行，即处于乡间间的某人因才识或德行出众而得到当地人的好评，从而名声在外，地方官吏据此识举、辟用或向朝廷推荐其人。① 当然，没有选官制度的存在，乡邑清议也是客观存在的，但只是民众于日常生活间的默默而为。而察举制、

---

① 唐长孺说："乡间清议乃是征辟察举的根据。"（参见唐长孺《清谈与清议》，《魏晋南北朝史论丛》，生活·读书·新知三联书店1955年版，第290页）

征辟制对乡间舆论的参考，必会使乡邑清议得到进一步的重视、发掘和应用，从而保障了清议在汉代社会间的不断延续。可以说，在汉代，察举制、征辟制与乡邑清议是一种伴生互进的历史现象。

一 察举制、征辟制在汉代的施行与发展

汉代立国之初，汉高祖刘邦就表达了对贤才的渴慕，他曾下诏说："盖闻王者莫高于周文，伯者莫高于齐桓，皆待贤人而成名……贤士大夫有肯从我游者，吾能尊显之。布告天下，使明知朕意"，且使"御史大夫（周）昌下相国，相国酂侯下诸侯王，御史中执法下郡守，其有意称明德者，必身劝，为之驾"。颜师古注引文颖曰："有贤者，郡守身自往劝勉，令至京师，驾车遣之。"[1] 惠帝时"举民孝弟力田者复其身"（《汉书》卷二《惠帝纪》），高后时又"置孝弟力田二千石者一人"（《汉书》卷三《高后纪》）。这些都具有从基层组织选拔人才的倾向。察举制在汉文帝时初步显现，《汉书》卷四《文帝纪》记载，文帝二年（前178）下诏曰："举贤良方正能直言极谏者，以匡朕之不逮"，文帝十五年（前165）又"诏诸侯王公卿郡守举贤良能直言极谏者，上亲策之，傅纳以言"。[2]《汉书》卷四九《晁错传》亦载，文帝"诏有司举贤良文学士，（晁）错在选中"，"对策者百余人，唯（晁）错为高第"[3]。据此，阎步克说："贤良特举策试之制正式形成。"[4] 但文帝时对人才的察举"基本限于现任官吏的范围"，[5] 如晁错在被选举前即为秩八百石的太子家令，文翁也是以"郡县吏察举"（《汉书》卷八九《循吏列传·文翁传》）的。虽然此时察举、征辟未形成制度和规模，所举官员范围也尚未深入乡间，但已有了科目划分，并明确了考核方式。

经汉初多年的酝酿和发展，至汉武帝时期，察举制和征辟制渐趋完备。武帝一朝不仅直接继承了文帝时的选官科目，[6] 且在董仲舒的建议下，

---

[1] （汉）班固：《汉书》卷一《高帝纪下》，中华书局1964年版，第71—72页。
[2] （汉）班固：《汉书》，中华书局1964年版，第116、127页。
[3] （汉）班固：《汉书》，中华书局1964年版，第2290、2299页。
[4] 阎步克：《察举制度变迁史稿》，辽宁大学出版社1991年版，第1页。
[5] 黄留珠：《秦汉仕进制度》，西北大学出版社1985年版，第86页。
[6] 《汉书》卷六《武帝纪》载，武帝建元元年（前140）下诏，令"丞相、御史、列侯、中二千石、二千石、诸侯相举贤良方正直言极谏之士"。《汉书》卷五八《公孙弘传》也载："武帝初即位，招贤良文学士，是时弘年六十，以贤良征为博士。"[（汉）班固：《汉书》，中华书局1964年版，第155—156、2613页] 这些都是对文帝时选官科目的继承。

第二章　东汉士人清议产生的社会背景　39

察举制得到了十足的发展。《汉书》卷五六《董仲舒传》载："武帝即位，举贤良文学之士前后百数，而仲舒以贤良对策焉"，董仲舒在对策中曰："使诸列侯、郡守、二千石各择其吏民之贤者，岁贡各二人以给宿卫，且以观大臣之能；所贡贤者有赏，所贡不肖者有罚。夫如是，诸侯、吏二千石皆尽心于求贤，天下之士可得而官使也。"① 这里董仲舒建议各级官吏举贤应常态化，每地每年应举荐二人，为保证所荐人才的质量，还规定了举荐者的连带责任。② 从之后汉武帝诏书对举荐人才的要求上看，显然是其接纳了董仲舒的建议。《汉书》卷五六《董仲舒传》也载："及仲舒对册，推明孔氏……州郡举茂材孝廉，皆自仲舒发之。"③ 自此，孝廉被确立为岁举的科目，④ 选举贤士对国体政事的重要性一再得到重申，且武帝对懈怠举贤者给予了严厉的呵斥，甚至达到论罪处罚的地步。⑤ 综观武帝一朝，不仅诏令举荐人才的队伍有所扩大、被举荐者的人数有所增加，而且举荐科目亦增多，⑥ 从此察举逐渐制度化、常态化，不似文帝时不定期地按需实行。

察举制在武帝一朝的不断完善为后代树立了典范，并时常为国家所重，之后汉室历朝对察举贤士多有重视和发展。每当发生地震、日食等灾异，或因敦励风俗所需，朝廷都会下达察举人才的诏令。如昭帝始元元年（前86）下诏"令三辅、太常举贤良各二人，郡国文学高第各一人"（《汉书》卷七《昭帝纪》）。宣帝一朝诏令察举之事更是频繁：本始元年（前73）因地震"诏内郡国举文学高第各一人"，本始四年（前70）因地震、山崩发生又下诏"令三辅、太常、内郡国举贤良方正各一人"，地节三年（前67）十一月又诏"令郡国举孝弟、有行义闻于乡里者各一人"（《汉

---

① （汉）班固：《汉书》，中华书局1964年版，第2495、2513页。
② 察举需负连带责任早有前例，《汉书》卷一《高帝纪下》载刘邦下诏郡国求贤时即曰"有而弗言，觉，免。"［（汉）班固：《汉书》，中华书局1964年版，第71页］
③ （汉）班固：《汉书》，中华书局1964年版，第2525页。
④ 《汉书》卷六《武帝纪》载，元光元年（前134）"冬十一月，初令郡国举孝廉各一人。"据此，阎步克说："孝廉岁举之制亦正式成立。"（阎步克：《察举制度变迁史稿》，辽宁大学出版社1991年版，第1页）黄留珠也持有同样的观点。
⑤ 如《汉书》卷六《武帝纪》载，元朔元年（前124）冬十一月，汉武帝下诏曰："公卿大夫，所使总方略，壹统类，广教化，美风俗也……朕夙兴夜寐，嘉与宇内之士臻于斯路……深诏执事，兴廉举孝，庶几成风，绍休圣绪……今或至阖郡而不荐一人，是化不下究，而积行之君子雍于上闻也。二千石官长纪纲人伦，将何以佐朕烛幽隐，劝元元，厉蒸庶，崇乡党之训哉？且进贤受上赏，蔽贤蒙显戮，古之道也。其与中二千石、礼官、博士议不举者罪"，有司奏议中亦载："今诏书昭先帝圣绪，令二千石举孝廉，所以化元元，移风易俗也。"［（汉）班固：《汉书》，中华书局1964年版，第166—167页］
⑥ 如《汉书》卷六《武帝纪》载，元封五年（前106）诏令："州郡察吏民有茂材异等可为将相及使绝国者。"［（汉）班固：《汉书》，中华书局1964年版，第197页］这里提到"茂材""异等"之科。

书》卷八《宣帝纪》)，以化导风俗。① 其实，昭帝、宣帝二朝不仅对察举选官非常重视，而且采用了派遣官吏巡行地方察举人才的新形式，如昭帝始元元年（前86）"遣故廷尉王平等五人持节行郡国，举贤良，问民所疾苦、冤、失职者"（《汉书》卷七《昭帝纪》）；宣帝元康四年（前61）"遣大中大夫强等十二人循行天下，存问鳏寡，览观风俗，察吏治得失，举茂材异伦之士"（《汉书》卷八《宣帝纪》）。此外，宣帝甚至对选举标准也作出改定，其于黄龙元年（前49）下诏曰："举廉吏，诚欲得其真也"（《汉书》卷八《宣帝纪》），并规定六百石的官吏不得复举为廉吏。之后，元帝、成帝、哀帝、平帝时期继续注重察举。除因灾异或时需而进行的特招外，自武帝以来岁举孝廉的成例一直存在于汉代社会中，② 且察举的科目不断增加，除之前常举的贤良方正、贤良文学、茂材异等的科目外，从《汉书》中所载各帝要求察举人才的诏书及个别士人的察举科别上看，又有阴阳灾异、质朴敦厚、博士、勇猛知兵法、治狱平、治剧及其他一些因时所需的偶然征举。③ 而与察举制形成互补的征辟制度，主要分为

---

① 除此之外，又如地节三年（前67）三月"令内郡国举贤良方正可亲民者"，神爵四年（前58）"令内郡国举贤良可亲民者各一人。"［（汉）班固：《汉书》，中华书局1964年版，第249、264页］

② 翻阅史料传记，武帝之后至西汉末年，士人因举孝廉而显名之事也多有记载。像路温舒、王吉、王骏三人在武帝、昭帝之际因察举孝廉显名，或为县丞，或为郎。孟喜在昭帝、宣帝之际被举孝廉为郎。京房、师丹、冯谭、冯逡在元帝时被举孝廉为郎。刘辅在成帝时被举孝廉为襄贲令，杜邺在成帝时以孝廉为郎。龚胜、鲍宣在成帝、哀帝之际因察孝廉显名。郇越在哀帝、平帝之际被举孝廉。另外，据《汉书》卷八九《循吏列传》载，宣帝五凤三年（前55），张敞上奏丞相黄霸曰："……宣帝贵臣明饬长吏守丞，归告二千石……孝廉廉吏务得其人。"［（汉）班固：《汉书》，中华书局1964年版，第3633页］哀帝时扬雄作《解嘲》，其辞中有曰："乡使上世之士处虖今，策非甲科，行非孝廉，举非方正，独可抗疏……"［（汉）班固：《汉书》卷八七《扬雄传下》，中华书局1964年版，第3570页］这些，均证明了孝廉一科的长期存在。

③ 阴阳灾异，如《汉书》卷九《元帝纪》载，初元三年（前46）诏令："丞相御史举天下明阴阳灾异者各三人。"［（汉）班固：《汉书》，中华书局1964年版，第284页］质朴敦厚，如《汉书》卷九《元帝纪》载，永光元年（前43）"诏丞相、御史举质朴敦厚逊让有行者，光禄岁以此科第郎、从官。"［（汉）班固：《汉书》，中华书局1964年版，第287页］此外成帝河平四年（前25）与鸿嘉二年（前19），哀帝建平元年（前6）、平帝元始元年（1），也有相似诏令。博士，如《汉书》卷一〇《成帝纪》载，阳朔二年（前23）诏令："丞相、御史其与中二千石、二千石杂举可充博士位者，使卓然可观。"［（汉）班固：《汉书》，中华书局1964年版，第313页］勇猛知兵法，如《汉书》卷一〇《成帝纪》载，元延元年（前12）诏令公卿与"内郡国举方正能直言极谏者各一人，北边二十二郡举勇猛知兵法者各一人。"［（汉）班固：《汉书》，中华书局1964年版，第326页］此外哀帝建平四年（前3）、平帝元始二年（2），也有相似诏令。治狱平，如《汉书》卷一二《平帝纪》载，元始二年（2）冬"中二千石举治狱平，岁一人。"颜师古注引李奇曰："吏治狱平端也。"［（汉）班固：《汉书》，中华书局1964年版，第355页］治剧，如《汉书》卷七七《何并传》载，何并"举能治剧，为长陵令"；《汉书》卷九二《游侠传·原涉传》载，原涉"为大司徒史丹举能治剧，为谷口令。"［（汉）班固：《汉书》，中华书局1964年版，第3266、3714页］

中央公府辟除和地方州郡辟除两类。关于公府辟除士人的标准，有丞相辟召而定的"四科"（《后汉书志·百官志一》注引《汉官仪》，下文还将述及），即：德行、经术、法律、政事。对于地方官署的辟召来说，因"诸曹略如公府曹"（《后汉书志·百官志五》），所以"其僚属的辟召，实际上也合于'四科'"①。据《汉书》各传主传记载，李寻、诸葛丰、萧育、匡衡等人都有辟公府掾属的经历，王尊、朱博等人都有辟州郡属吏的经历。

及至东汉，察举制、征辟制继续实行。和西汉一样，当国家遇到某种灾异之时，东汉朝廷亦多下诏察举人才。光武帝建武六年（30）十月和建武七年（31）四月，章帝建初元年（76）三月，和帝永元六年（94）三月，安帝永初元年（107）三月和永初二年（108）七月，顺帝初年和汉安元年（142），冲帝初年，桓帝建和元年（147）四月、建和三年（149）六月、元嘉二年（152）二月、延熹八年（165）正月、永康元年（167）五月，均有下诏举贤良方正之事。另外，孝廉、茂材作为岁举的科目也在东汉初年继续施行。② 和西汉相比，史料中所载东汉一朝因察举孝廉而入仕并显名的士人更是不胜枚举。至汉和帝时，朝廷认为大郡、小郡人口不一，均举孝廉二人的做法不公，所以接受了司徒丁鸿与司空刘方的建议，按每郡人口比例决定岁举孝廉的人数，人数较少的郡则两年或三年举荐一人。此外，还对边地察举孝廉的政策作出改进，永元十三年（101）诏书中曰："令缘边郡口十万以上岁举孝廉一人，不满十万二岁举一人，五万以下三岁举一人。"（《后汉书》卷四《孝和帝纪》）这种按照人口密度来决定孝廉察举次数的做法更为科学、合理。其实，综观东汉察举选吏方面的政策，因时需要所做的调整是多有存在的。《后汉书志·百官志一》"太

---

① 阎步克：《察举制度变迁史稿》，辽宁大学出版社1991年版，第19页。
② 黄留珠认为"茂材"变为岁举的科目是从东汉开始的，但据阎步克考证，"茂材"作为岁举的科目在西汉已经存在。（参见黄留珠《秦汉仕进制度》，西北大学出版社1985年版，第158页；阎步克《西汉秀才已为岁举考》，《北京大学学报》1987年第5期）关于东汉岁举茂材，据《后汉书志》卷一一四《百官志一》"太尉"条注引《汉官目录》曰："建武十二年八月乙未诏书，三公举茂才各一人，廉吏各二人；光禄岁举茂才四行各一人，察廉吏三人；中二千石岁察廉吏各一人，廷尉、大司农各二人；将兵将军岁察廉吏各二人；监察御史、司隶、州牧岁举茂才各一人。"（中华书局1965年版，第3559页）章帝建初元年（76）三月所下诏书中亦有"茂才、孝廉岁以百数"（《后汉书》卷三《章帝纪》）的记载。另据黄留珠考证，"察廉""光禄四行"也为岁举的科目（参见黄留珠《秦汉仕进制度》，西北大学出版社1985年版，第173—178页）。阎步克又考证，"尤异"及与其相似的"高第"二科，也为岁举常科。（参见阎步克《察举制度变迁史稿》，辽宁大学出版社1991年版，第26页）

尉条"注引应劭《汉官仪》载世祖诏曰：

> 方今选举，贤佞朱紫错用。丞相故事，四科取士。一曰德行高妙，志节清白；二曰学通行修，经中博士；三曰明达法令，足以决疑，能案章覆问，文中御史；四曰刚毅多略，遭事不惑，明足以决，才任三辅令：皆有孝悌廉公之行。自今以后，审四科辟召，及刺史、二千石察茂才尤异孝廉之吏，务尽实核，选择英俊、贤行、廉洁、平端于县邑，务授试以职。有非其人，临计过署，不便习官事，书疏不端正，不如诏书，有司奏罪名，并正举者。①

关于这段材料，今人阎步克已指出其中包括"征辟"与"察举"二事，意在强调征辟要以西汉丞相辟召的"四科"为依据，②而察举则要求以实，还要"授试以职"。阎步克解释"授试以职"为："举主应先委以一定职务，使之由此'便习官事'，或由此检验其是否'便习官事'，合格者方可举至中央。"③章帝建初八年（83）十二月己未、和帝永元五年（93）三月，都重申了"世祖诏"。顺帝时，因察举孝廉已渐生流弊，所以左雄建议对此进行改革，规定"孝廉年不满四十，不得察举"，且要"诸生试家法，文吏课笺奏"（《后汉书》卷六一《左雄传》），即建立考试制度，这对选举的公正性起到了一定的保障作用。后来黄琼以为左雄的孝廉之选"专用儒学文吏，于取士之义，犹有所遗，乃奏增孝悌及能从政者为四科"（《后汉书》卷六一《黄琼传》）。另外，东汉察举方式和察举科目在西汉基础上也有一些改变和发展。从察举方式上看，多侧重于从现任的下级官吏中察举人才。从察举科目上看，上引《汉官仪》中已提到"尤异"④一科，今人黄留珠在贤良方正和贤良文学这样的常见特科之外，又析分出察举的一般特科：明经、明法、至孝、有道、敦厚、尤异、治剧、勇猛知兵法、明阴阳灾异。⑤根据史料的记载，我们还可以找出一些特设的科目，如典城者、探赜索隐者、幽逸修道之士，另外还有明政术者、达

---

① （晋）司马彪撰，（梁）刘昭注补：《后汉书志》，《后汉书》，中华书局1965年版，第3559页。
② 阎步克：《察举制度变迁史稿》，辽宁大学出版社1991年版，第15页。
③ 阎步克：《察举制度变迁史稿》，辽宁大学出版社1991年版，第47页。
④ 如《后汉书》卷二五《鲁恭传》载："恭在事三年，州举尤异"；《后汉书》卷六五《张奂传》载张奂："举尤异，迁度辽将军。"[（南朝宋）范晔撰，（唐）李贤等注：《后汉书》，中华书局1965年版，第875、2139页]
⑤ 黄留珠：《秦汉仕进制度》，西北大学出版社1985年版，第179—198页。

古今者、达政化者、明晓战阵者等。① 据阎步克考证，"高第"也应看作察举的科目，"文无害"可视为科目的雏形，廉吏是与孝廉不同的重要科目。② 此外，东汉社会上辟除入仕的风气比西汉更为盛行，《后汉书志·百官志一》"太尉条"本注曰："……汉初掾史辟，皆上言之……其后皆自辟除"，③ 对此黄留珠指出，辟除的真正盛行是在东汉时期，"什么'九辟公府'、'四府并命'、'五府俱辟'的史实，俯拾皆是"④。

虽然察举制、征辟制在东汉一朝得到延续和发展，但我们也要看到，选举政策经多年的施行与发展，因察举制本身存在的弊端和东汉监管政策松弛，导致选举不实的现象愈发增多。汉明帝在中元二年（57）诏令中即曰："今选举不实，邪佞未去，权门请托，残吏放手，百姓愁怨，情无告诉。"（《后汉书》卷二《明帝纪》）章帝建初元年（76）三月因地震又下诏曰："朕既不明，涉道日寡；又选举乖实，俗吏伤人……明政无大小，以得人为本。夫乡举里选，必累功劳。今刺史、守相不明真伪，茂才、孝廉岁以百数，既非能显，而当授之政事，甚无谓也……"（《后汉书》卷三《章帝纪》）和帝永元五年（93）诏令中亦曰："选举良才，为政之本。科别行能，必由乡曲……在位不以选举为忧，督察不以发觉为负，非独州郡也。是以庶官多非其人。"（《后汉书》卷四《和帝纪》）顺帝阳嘉元年（132）诏令中也载："间者以来，吏政不勤……退省所由，皆以选举不实，

---

① 如《后汉书》卷三《章帝纪》载，建初元年（76）五月，"初举孝廉、郎中宽博有谋，任典城者，以补长、相。"[（南朝宋）范晔撰，（唐）李贤等注：《后汉书》，中华书局1965年版，第134页]《后汉书》卷四《和帝纪》载，永元七年（95）四月和帝所下诏令中有曰："有司详选郎官宽博有谋才任典城者三十人。"[（南朝宋）范晔撰，（唐）李贤等注：《后汉书》，中华书局1965年版，第180页]《后汉书》卷五《安帝纪》载，永初元年（107）三月，"举贤良方正，有道术之士、明政术、达古今、能直言直谏者，各一人"；永初五年（111）三月，令"举贤良方正，有道术、达于政化、能直言极谏之士各一人"；永初五年（111）七月，又诏"举列将子孙明晓战阵任将帅者。"[（南朝宋）范晔撰，（唐）李贤等注：《后汉书》，中华书局1965年版，第206、217页]《后汉书》卷六《顺帝纪》载，顺帝汉安元年（142）二月，诏"举贤良方正、能探赜索隐者各一人。"[（南朝宋）范晔撰，（唐）李贤等注：《后汉书》，中华书局1965年版，第272页]《后汉书》卷六《冲帝纪》载，冲帝初年，"举贤良方正、幽逸修道之士各一人。"[（南朝宋）范晔撰，（唐）李贤等注：《后汉书》，中华书局1965年版，第275页]《后汉书》卷八《灵帝纪》载，灵帝中平元年（184）三月，"诏公卿出马、弩，举列将子孙及吏民有明战阵之略者，诣公车。"[（南朝宋）范晔撰，（唐）李贤等注：《后汉书》，中华书局1965年版，第348页]

② 阎步克：《察举制度变迁史稿》，辽宁大学出版社1991年版，第28—40页。

③ （晋）司马彪撰，（梁）刘昭注补：《后汉书志》，《后汉书》，中华书局1965年版，第3558—3559页。

④ 黄留珠：《秦汉仕进制度》，西北大学出版社1985年版，第205、238页。

官非其人，是以天心未得，人情多怨……"（《后汉书》卷六《顺帝纪》）凡此种种，皆可看出东汉选官过程中选举不实、庶官多非其人的现象很严重。面对这种不正之风，东汉朝廷多次予以惩治。明帝诏令"有司明奏罪名，并正举者"（《后汉书》卷二《明帝纪》）；章帝于建初元年（76）下诏"有司明慎选举，进柔良，退贪猾，顺时令，理冤狱"（《后汉书》卷三《章帝纪》）；面对察举选官上出现的弊端，和帝于永元五年（93）"遣使者分行贫民，举实流冗"（《后汉书》卷四《和帝纪》），而顺帝则于阳嘉元年（132）下诏"简序先后，精核高下，岁月之次，文武之宜，务存厥衷"（《后汉书》卷六《顺帝纪》）。即便是在政局动乱的东汉末期，朝廷出于自治的目的亦着力勘正察举之误。如《后汉书》卷七《桓帝纪》载及桓帝初年诏令中曰："孝廉、廉吏皆当典城牧民，禁奸举善，兴化之本，恒必由之。诏书连下，分明恳恻，而在所玩习，遂至怠慢，选举乖错，害及元元"，对此，朝廷"令秩满百石，十岁以上，有殊才异行，乃得参选。臧吏子孙，不得察举。杜绝邪伪请托之原，令廉白守道者得信其操"①。东汉诸帝对察举中出现的问题虽多次予以斥责，并且每次皆以诏令的形式力图端正这股歪风，但从实际效果看，情况并不乐观，自东汉初年至东汉末年察举非人的现象一直存在，甚至在桓、灵时期一度出现了"举秀才，不知书；察孝廉，父别居。寒素清白浊如泥，高第良将怯如鸡"（《抱朴子外篇·审举篇》）的现象。之所以如此，主要是由于自东汉中期始，国祚日衰、纲常渐紊，至桓、灵时期又有皇权旁落、阉寺横行、善士遭禁，终使察举制实存而犹亡矣。

二 乡邑清议对汉代世风及士人观念的影响

察举制、征辟制在汉代的施行与发展，促进了汉代社会各阶层对乡论的重视。汉代公卿及各级官吏在察举人才时正是依靠乡论对士人的评价而进行的，正如汤用彤所说："汉代取士大别为地方察举，公府征辟。人物品鉴遂极重要。有名者入青云，无闻者委沟渠。朝廷以名为治（顾亭林语），士风亦竞以名行相高。声名出于乡里之臧否，故民间清议乃隐操士人进退之权。"②选官过程中所参照的乡里对人物的臧否，一般被称为"乡邑清议"，如晋代卫瓘谈到曹魏在乡论基础上所实行的"九品中正制"时说："其始造也，乡邑清议，不拘爵位，褒贬所加，足为劝励，犹有乡论

---

① （南朝宋）范晔撰，（唐）李贤等注：《后汉书》，中华书局1965年版，第288页。
② 汤用彤：《读〈人物志〉》，《汤用彤学术论文集》，中华书局1983年版，第202页。

余风。"(《晋书》卷三六《卫瓘传》)后顾炎武也说:"两汉以来……乡举里选,必先考其生平,一玷清议,终身不齿。"① "乡举里选"并非平民百姓亲自参与人才选举的实践,而是选举者以大众口碑为媒介来决定士人是否当举。《汉书》卷六〇《杜周传》载:"必乡举求窈窕,不问华色,所以助德理内也。"颜师古注曰:"乡举者,博问乡里而举之也。"② 以此可见,乡举里选依据的正是"乡邑清议"。其实,汉代乡举里选遵循的也是上古时期的选贤理想,《管子·八观》即载:"论贤不乡举则士不及行。"③ 察举制、征辟制在汉代的施行,使得乡举里选变为现实,乡邑清议也随之在汉代社会风行,这对士人观念及社会风气的影响是不言而喻的。关于这一点,我们可从以下两个方面来体会。

首先,乡举里选与乡邑清议一度深入社会底层。武帝一朝对人才荐举的重视,以及严令各地岁举人才的措施,尤其是武帝接受了有司"不举孝,不奉诏,当以不敬论。不察廉,不胜任也,当免"(《汉书》卷六《武帝纪》)的奏议后,受此威慑,各级官员及郡国地方官吏必会全力为朝廷搜罗、荐举人才。在这种情况下,察举的对象也会进一步扩大,甚至扩展至乡间一级更小的行政区域范围内,这样察举制也就成为一种自下而上的选官制度。董仲舒在给汉武帝的对策中也提到"吏二千石子弟选郎吏,又以富訾,未必贤也"(《汉书》卷五六《董仲舒传》),并提出了让诸列侯、郡守、二千石在吏民中择贤的主张。虽然汉武帝及之后诸帝要求公卿、列侯、两千石或郡守、国相举孝廉,但在这一过程中最基础的步骤乃是地方官吏首先在自己的辖域范围内经过乡举里选,发现、选取、考察人才,然后才推荐给上级。在这种情况下,平民百姓间对人物的评议不仅会得到发掘和重视,而且平民阶层中的一些贤良之士也会得到选拔。像"家贫,以筋力致养,孝行著于乡里"(《后汉书》卷八一《独行列传·刘茂传》)的刘茂,哀帝时被察举孝廉。"家贫,以孝行称"(《后汉书》卷三九《序》)的毛义,数辟公府,后又被举贤良。"家贫,常自耕稼"(《后汉书》卷五三《徐稚传》)的徐稚,屡辟公府,后又被举有道。"家贫,佣为漆工"(《后汉书》卷五三《申屠蟠传》)的申屠蟠,乡人称美之、郭林宗见而奇之,郡召主簿、太尉辟除、举有道,等等。阎步克指出:"自充分体现了择优原则的察举制建立之后,普通士人依才能知识进入政府担

---

① (清)顾炎武著,黄汝成集释:《日知录集释》,上海古籍出版社2006年版,第764页。
② (汉)班固:《汉书》,中华书局1964年版,第2668页。
③ 黎翔凤撰,梁运华整理:《管子校注》,中华书局2004年版,第266页。

负行政的途径，便充分地制度化了。高官权门子孙徒依父祖势位为官居职，难以确保官僚机器的吏员之素质能力。他们不得不向由察举征辟而来的明经明法之士，让出一席之地。西汉时察举在日趋兴盛；至东汉，秀才、孝廉等科目便成了士人入仕之正途，名公巨卿多出之。布衣平民，有了跻身统治上层之机会。"① 随着这些布衣贫民为国家所重，汉代的士人群体也在逐渐壮大。

另外，自汉初始从基层民众中推举孝悌、力田、三老的办法在汉室历朝继续施行。汉文帝曾说："孝悌，天下之大顺也；力田，为生之本也；三老，众民之师也；廉吏，民之表也"，除对三老、孝悌、力田进行赏赐外，又"以户口率置三老、孝悌、力田常员，令各率其意以道民焉"（《汉书》卷四《文帝纪》）。武帝亦曾下诏对三老、孝悌、力田予以嘉奖。之后宣帝、元帝、成帝、哀帝时期，直至东汉明帝、章帝、和帝、安帝、顺帝，乃至东汉末年的桓帝、灵帝、献帝，也都多次为三老、孝悌、力田或嘉奖或晋爵。② 其中汉章帝再次强调了三者对治国根本的重要性，其于元和二年（85）下诏曰："三老，尊年也。孝悌，淑行也。力田，勤劳也。国家甚休之。其赐帛人一匹，勉率农功。"（《后汉书》卷三《肃宗孝章帝纪》）虽然三老、孝悌、力田"只带有'劝农''敦教化'的性质，而不能算作察举"③，但这种直接在乡间中选拔平民表率的行为，必会加强察举者对乡论的接触和了解，同时也会使越来越多的被举者自觉审视乡间舆论的作用，并更加注重维护自身的形象和声誉。而对于普通民众来说，他们与被选之人接触最多、了解最多，对被选者的道德品行的评价也最具公正性。同时下层民众最渴求安定，朝廷对察举人才的重视，会使他们仔细斟酌并推荐自己心目中的品行兼优之士或是得到公认的社会贤良，以求官吏中有更多的清廉之士来维护社会秩序，并期盼他们能够为民谋利，从而推动乡邑清议的不断延续。

---

① 阎步克：《察举制度变迁史稿》，辽宁大学出版社1991年版，第23页。
② 除因灾异、祥瑞或敦励风俗的需要，朝廷对全国的三老、孝悌、力田予以关照外，还会因某些特殊情形而对个别之地的三老、孝悌、力田予以奖励或赐爵。如《汉书》卷八《宣帝纪》载，宣帝神爵四年（前58）"颍川太守黄霸以治行尤异秩中二千石，赐爵关内侯，黄金百斤。及颍川吏民有行义者爵，人二级，力田一级"。《汉书》卷八九《循吏列传》载，因黄霸治理颍川有功，诏令："颍川孝弟有行义民、三老、力田，皆以差赐爵及帛。"《汉书》卷九《元帝纪》亦载，初元元年（前48）因关东年谷不登、民多困乏，"赐……三老、孝者帛五匹，弟者、力田三匹，鳏寡孤独二匹，吏民五十户牛酒。"［（汉）班固：《汉书》，中华书局1964年版，第264、3632、279页］
③ 黄留珠：《秦汉仕进制度》，西北大学出版社1985年版，第84页。

此外，上文我们还提到过，昭帝、宣帝在诏令各级官吏察举选官之外，还采用了派遣官吏巡行地方以察举贤才的新措施，这项措施在之后依然施行不辍。汉元帝建昭四年（前35）诏令"谏大夫博士赏等二十一人循行天下，存问耆老鳏寡孤独乏困失职之人，举茂材特立之士"（《汉书》卷九《元帝纪》）。汉成帝永始三年（前14）诏令"大中大夫嘉等循行天下，存问耆老，民所疾苦。其与部刺史举惇朴逊让有行义者各一人"（《汉书》卷一〇《成帝纪》）。汉顺帝汉安元年（142）八月，遣侍中杜乔等八人分行州郡，"班宣风化，举实臧否"（《后汉书》卷六《孝顺帝纪》）。这种派遣官吏巡行地方的方式，把安抚民众和举荐人才联系在一起，必会加重对乡邑清议的重视，因为乡论是体察民情和了解士人品行的最佳途径。

总之，无论是在平民阶层中发掘人才，还是在基层组织中选取民生代表，甚或是朝廷派遣巡吏到民间举实臧否，都是在相当程度上参照社会基层舆论对人才进行的核查、荐举。这种方式确实为汉代社会挖掘出不少贤士，如汉章帝建初元年（76）的诏令中说："每寻前世举人贡士，或起甽亩，不系阀阅"（《后汉书》卷三《肃宗孝章帝纪》），此也是后世所崇尚的"乡邑清议，不拘爵位"（《晋书》卷三六《卫瓘传》）的主要表现。而对于普通士庶来说，他们的看法、品论对周围人物的入仕与否发挥了作用，这无疑会造就出普通民众间论政品人的新风气。如史书在谈及汉代人物时，常常有"乡人称美""乡里奇之""乡里称善""乡里称孝""乡人号曰""乡里为之语曰"之类的表述。① 可以说，汉室朝廷对民间舆论多方面的重视和应用，反过来又促使汉代社会乡邑清议的氛围更加浓郁。

其次，乡举里选和乡邑清议在下级官吏和儒士群体中进行。汉文帝时对人才的察举主要从已有的官吏中进行，武帝之后察举制虽然一度深入平民百姓阶层，但是也应看到，被察举的绝大多数人或是低级官吏，或生于官宦之家，而且这些人当中有的还被连举数次。据《汉书》各传主的传记可知，路温舒的父亲为里监门，路温舒本人也做过狱小史和狱史，因被举孝廉而为山邑丞，后再被内史举文学高第；赵广汉少为郡吏、州从事，后

---

① 试举几例：《后汉书》卷四一《第五伦传》李贤注引《东观汉记》曰："时米石万钱，人相食，伦独收养孤兄子、外孙，分粮共食，死生相守，乡里以此贤之。"《后汉书》卷二五《鲁恭传》载，鲁恭之父"建武初，为武陵太守，卒官。时恭年十二，弟丕七岁，昼夜号踊不绝声，郡中赙赠无所受，乃归服丧，礼过成人，乡里奇之"。《后汉书》卷四五《韩棱传》载："棱四岁而孤，养母弟以孝友称。及壮，推先父余财数百万与从昆弟，乡里益高之。"［（南朝宋）范晔撰，（唐）李贤等注：《后汉书》，中华书局1965年版，第1395、873、1534页］

举茂材为平准令，再察廉为阳翟令；尹翁归在举廉为缑氏尉前已为郡督邮，后又举廉为弘农都尉；张敞的祖父为上谷太守，父亲官至光禄大夫，张敞在察廉为甘泉仓长前本是太守卒史；王吉以郡吏举孝廉为郎，后又举贤良为昌邑中尉；龚胜三举孝廉前本为郡吏，后又被州举茂材，为重泉令；鲍宣被举孝廉为郎前做过乡啬夫、束州丞、郡功曹，等等。而被察举的儒士，如明习《易》《论语》的张禹，在汉宣帝时被"举为郡文学"（《汉书》卷八一《张禹传》）；"经学明习，徒众日广，诸儒称之"的翟方进，以射策甲科为郎，后又"举明经，迁议郎"（《汉书》卷八四《翟方进传》）；博学经书的谷永，建昭年间被辟除茂材，后又"举为太常丞"（《汉书》卷八五《谷永传》）。薛宣在汉成帝时期任左冯翊，据《汉书》卷八三《薛宣传》记载：

> （薛）宣为吏赏罚明，用法平而必行，所居皆有条教可纪，多仁恕爱利。池阳令举廉吏狱掾王立，府未及召，闻立受囚家钱。宣责让县，县案验狱掾，乃其妻独受系者钱万六千，受之再宿，狱掾实不知。掾惭恐自杀。①

从这则材料中可以了解到，地方官吏察举属吏中的贤士推荐给上级的办法不仅存在，而且实行起来有着严格的规定，若是察举不实，恐要承担连带责任。狱掾王立察举受挫并自杀以表清白的行为，也表明察举选官在下级官吏中的施行已深入士人观念。而到东汉，从公府属吏和经明行修之士中察举人才的现象更加突出，上文我们提到过，东汉以从现任下级官吏中察举人才的方式为主，甚至汉安帝、汉顺帝几次下诏对署郎、郡吏、儒生、文吏察举时所依据的视事年限和年龄要求作出调整。② 从已有官吏中察举人才的方式，无疑会增加诸如请托、选举不实等弊病的概率，东汉诸帝对此也有所察觉并不断批评这种不正风气。虽是如此，但也不可否认，东汉察举在具体施行过程中，尤其是东汉前期，也选举出很多具有真才实

---

① （汉）班固：《汉书》，中华书局1964年版，第3390页。
② 如《后汉书》卷五《安帝纪》载，延光二年（123）八月，"初令三署郎通达经术任牧民者，视事三岁以上，皆得察举。"[（南朝宋）范晔撰，（唐）李贤等注：《后汉书》，中华书局1965年版，第237页]《后汉书》卷六《顺帝纪》载，顺帝之初，"令郡国守相视事未满岁者，一切得举孝廉吏"；阳嘉元年（132）十一月，"初令郡国举孝廉，限年四十以上，诸生通章句，文吏能笺奏，乃得应选；其有茂才异行，若颜渊、子奇，不拘年齿"。[（南朝宋）范晔撰，（唐）李贤等注：《后汉书》，中华书局1965年版，第251、261页]

学的人士，这从史料的记载中可见一斑。如光武帝建武末年，举孝廉除郎中的韦彪，虽为公卿后代，但其"安贫乐道，恬于进趣，三辅诸儒莫不慕仰之"（《后汉书》卷二六《韦彪传》）；举孝廉为光禄主事的张霸，数岁而知孝让，乡人号为"张曾子"，七岁通《春秋》，后博览五经，为诸生慕之（《后汉书》卷三六《张霸传》）；幽州刺史冯焕之子冯绲，"家富好施，赈赴穷急，为州里所归爱"（《后汉书》卷三八《冯绲传》），举孝廉后，又被征拜御史中丞，且在顺帝末年多次立有军功。诸如此类的例子还有很多，即便是在时局动荡的东汉末年桓、灵时期，也不乏有识之士被察举，像党人名士中的李膺、刘祐、范滂、尹勋、羊涉、陈翔、贾彪等人皆是孝廉出身，多人被公府辟用过，其中不乏经明行修的儒士。经学儒士被察举、征辟的现象在东汉更为频见，据《后汉书》卷七九《儒林列传》记载，"习《梁丘易》以教授"的张兴，建武中被举孝廉为郎，后辟司徒府，再被举为孝廉；习《京氏易》的戴凭，被郡里举明经，征试博士；"少为诸生，习《京氏易》、《古文尚书》"的孙期，"远人从其学者，皆执经垄畔以追之，里落化其仁让"，除被郡里举方正外，又被司徒黄琬特辟，但均未应；少游太学，能诵《春秋左氏传》，又以《大夏侯尚书》教授的张驯，被辟公府，举高第，拜议郎。又据《后汉书》卷六七《党锢列传》记载，明五经、立精舍讲学的刘淑，被州郡礼请，五府连辟，司徒种暠又举其贤良方正，但皆未应举；"少为诸生，家贫而志清，不受乡里施惠"的檀敷，被举孝廉、连辟公府皆不就，后于灵帝时被太尉黄琼举方正。通过以上举例可以看出，至东汉，虽然下级官吏和儒学群体间多有"察举不就"的现象，但至少他们被发掘过、被察举过。这些有着良好家世传统的下级官吏和博学鸿儒，是汉代社会中最具潜质的士人群体，乡举里选和乡邑清议多发生在他们身上也是必然。另外，与西汉相同，东汉政府也对察举选吏拟定了连带责任，如前引《后汉书志·百官志一》注引《汉官仪》中即有"有非其人，临计过署，不便习官事……有司奏罪名，并正举者"[1]的记载，再加上东汉诸帝多次以诏令的方式勘正选举，虽整体上察举弊病在增多，但是以"乡邑清议"来裁断士人的做法依然延续。而乡举里选在士人阶层中的施行，也定会使察举所参考的乡邑清议为士人所重，故而人物品评行为渐渐在他们之间盛行起来，并以此相互标榜、荐引。从儒生间

---

[1] 又如《后汉书》卷六一《左雄传》载，汉顺帝永建年间，济阴太守胡广等十余人因举荐广陵孝廉徐淑，"皆坐谬举免黜"，自是"牧守畏栗，莫敢轻举"。又载，周举因左雄所举荐的冯直"尝坐臧受罪"，而对其弹劾。[（南朝宋）范晔撰，（唐）李贤等注：《后汉书》，中华书局 1965 年版，第 2020、2022 页］

流传的谣谚式品评语中尤能看出,如杨震"明经博览,无不穷究",诸儒为之语曰"关西孔子杨伯起"(《后汉书》卷五四《杨震传》);周举"博学洽闻,为儒者所宗",故京师为之语曰"五经从横周宣光"(《后汉书》卷六一《周举传》);任安"少游太学,受《孟氏易》,兼通数经。又从同郡杨厚学图谶,究极其术",时人称曰"欲知仲桓问任安",又曰"居今行古任定祖"(《后汉书》卷七九《儒林列传上》)。由此在东汉的史料中我们也会看到,"论者""议者"这两个词语频繁使用。

通过上面的分析可以看出,在汉代无论是布衣平民,还是下级官吏,或是未仕的经明行修之士,当他们通过乡举里选晋身的时候,都常常需要乡邑清议对他们的认定。可以说,清议品评与他们的人生荣辱息息相关。

此外,汉代还存在私人荐举的选官方式,荐举之人多为级别较高的官员。这种荐举推官的现象在两汉时期非常普遍,试举几例:汉元帝时光禄勋匡衡"举光方正,为谏大夫"(《汉书》卷八一《孔光传》);汉元帝、成帝之际,琅邪太守赵贡"察(薛)宣廉,迁乐浪都尉丞",后薛宣又被"幽州刺史举茂材,为宛句令"(《汉书》卷八三《薛宣传》);光武时期,义士周嘉被"太守寇恂举为孝廉,拜尚书侍郎"(《后汉书》卷八一《独行列传·周嘉传》);汉桓帝时,桓郁孙桓鸾被太守向苗举孝廉,迁为胶东令。这种私人推举的方式与"乡邑清议"关系不大,但荐举的名目却基本相同,也为孝廉、贤良、茂才之类,荐举者在考察所荐之人时,往往也会作出一番品评或斟酌。如《后汉书》卷三三《郑弘传》记载,郑弘少为乡啬夫,"太守第五伦行春,见而深奇之,召署督邮,举孝廉"[1]。又《后汉书》卷五一《庞参传》载,庞参初仕郡,未知名,"河南尹庞奋见而奇之,举为孝廉,拜左校令"[2]。这里的"见而奇之"无疑是对推举之士过人之处的肯定。总之,官员对士人的推举是经过识鉴之后才作出决定的。另外,上文我们提到过,当遇到灾异时朝廷会诏令公卿、列侯、郡国守相察举贤才,或匡谬或正俗。在这种情况下,公卿、列侯等除了在吏民中察举人才外,也会直接推举贤士。如《汉书》卷八五《谷永传》载:"建始三年冬,日食地震同日俱发,诏举方正直言极谏之士,太常阳城侯刘庆忌举永待诏公车。"[3]《后汉书》卷六二《荀淑传》载,汉安帝时,"及梁太后临朝,有日食地震之变,诏公卿举贤良方正,光禄勋杜乔、少府房植举

---

[1] (南朝宋)范晔撰,(唐)李贤等注:《后汉书》,中华书局1965年版,第1154页。
[2] (南朝宋)范晔撰,(唐)李贤等注:《后汉书》,中华书局1965年版,第1686页。
[3] (汉)班固:《汉书》,中华书局1964年版,第3443页。

淑对策"①。这些在朝高官所举之人,也是经考察、品鉴之后的结果。像谷永,《汉书》本传载其少为长安小史,又博学经书,"建昭中,御史大夫繁延寿闻其有茂材,除补属,举为太常丞,数上疏言得失"。而荀淑,《后汉书》本传则载其"少有高行,博学而不好章句,多为俗儒所非,而州里称其知人",且"名贤李固、李膺等皆师宗之"。以此来看,在汉代位高权重者推举人才虽与乡邑清议关系不大,但是因举贤而品人的行为还是客观存在的。

综上所述,察举制、征辟制确立为汉代的选官制度后,在长期施行的过程中不断完善,且得到朝廷的高度重视。对于察举制、征辟制本身而言,既有岁举科目,又有特招科目,随着历史的发展,察举科目也在不断增加。而对于汉室朝廷来说,则不断以诏令的方式推行察举,并规定察举者的连带责任,从而使乡举里选和乡邑清议贯穿于平民阶层、下级官吏及未仕的儒士群体中。乡举里选的长期施行,也促使士人观念在一定程度上得到改变,他们非常注重自身的形象,希望在乡邑间有个好口碑。《后汉书》卷二四《马援传》载及马援堂弟之言曰:"士生一世,但取衣食裁足,乘下泽车,御款段马,为郡掾史,守坟墓,乡里称善人,斯可矣。"②《后汉书》卷二八《冯衍传》李贤注引冯衍书信曰:"(冯)衍材素愚驽,行义污秽,外无乡里之誉,内无汗马之劳,猥蒙明府天覆之德,华宠重叠。"③ 马援堂弟把"乡里称善人"作为人生意满的条件之一,而冯衍则把"无乡里之誉"看作自身品行的缺失。此中尤可看出乡邑清议对汉代士风影响之大,这客观上有利于社会风气的良性发展。另外,公卿、列侯、郡国守相等高级官吏也有察举人才、荐举人才的行为,其中对人物的品评也是不可避免的。以此来看,因选官而兴起的人伦臧否之风,经两汉几百年的发展,已浸染于汉代社会上下阶层之中。今人詹福瑞说:"清议之风是东汉中后期士风的一大突出现象。清议最初的兴起,与政治斗争无关,其直接起因则是东汉时期的征辟察举制。"④ 杨勇论及《世说新语》中的人物评论时也说:"来自后汉之察举;而地方清议与乡论因是而兴。"⑤ 这

---

① (南朝宋)范晔撰,(唐)李贤等注:《后汉书》,中华书局1965年版,第2049页。
② (南朝宋)范晔撰,(唐)李贤等注:《后汉书》,中华书局1965年版,第838页。
③ (南朝宋)范晔撰,(唐)李贤等注:《后汉书》,中华书局1965年版,第978页。
④ 詹福瑞:《东汉士风与个体意识的初萌》,《汉魏六朝文学论集》,河北大学出版社2001年版,第242页。
⑤ (南朝宋)刘义庆撰,(梁)刘孝标注,杨勇校笺:《世说新语校笺》(再版序),中华书局2006年版,第16页。

是从世风世俗方面来看，士人清议能在汉代发展的最重要的社会因素。如此，我们可把因乡举里选的长期推行而兴盛起来的清议风习，看作东汉后期清议运动爆发的社会基础。

第二节 教育政策促使儒士群体不断壮大

东汉中后期，参与清议的主体主要是儒士，包括已经入仕的官员和尚未入仕的诸生。儒士成为东汉清议活动的主体并非偶然，这取决于汉代长期施行的教育政策。我们知道，武帝之后儒学作为汉代社会的统治思想得以确立，儒家学说也成为汉代教育的主要内容。在汉代，教育方式主要分为官学和私学两种。① 随着"学仕结合""通经入仕"模式的确立及朝廷对教育事业的看重，汉代不管是官学还是私学，其规模都在不断扩展。这导致儒士的队伍也愈发庞大，且他们之间联系紧密，成为汉代社会中不可忽视的政治力量。

一 官学教育与诸生生员的增多

汉武帝本崇尚儒术，建元元年（前138）诏举贤良方正直言极谏之士，丞相卫绾上奏曰："所举贤良，或治申、商、韩非、苏秦、张仪之言，乱国政，请皆罢。"（《汉书》卷六《武帝纪》）汉武帝接纳了这一建议。据《史记》卷一二《孝武本纪》，此次诏举，儒者赵绾、王臧等以文学招为公卿；又据《史记》卷一一二《平津侯列传》和《汉书》卷八八《儒林列传》记载，儒士公孙弘和辕固也在征举之列。② 可见，汉武帝早有独推儒学的想法。建元五年（前136），武帝置五经博士。元光元年（前134）武帝诏举贤良，并亲自策问。武帝又接受了董仲舒的建议，"罢黜百家，独尊儒术"，在察举取士之外，再设学校来培养儒学人才以化导民俗、维护统治。从此，汉代的教育内容和教育方式基本确立：即以官方设立学校的方式，传授生员以五经为主的儒家说教。

（一）太学教育。元朔五年（前124），武帝诏令太常"议予博士弟

---

① 严格来说，对于某种经学而言，官学与私学之分，主要看其是否得到官方的认可，是否被立于学官。本书为方便展示汉代儒士群体的壮大，另从授学方式上来划分，将官方设立的学校教育系统视为官学，将经儒自己设帐授徒的方式看作私学。

② 《汉书》卷八八《儒林列传·辕固传》载："（辕固）复以贤良征……公孙弘亦征，仄目而事固。"［（汉）班固：《汉书》，中华书局1964年版，第3612页］

第二章 东汉士人清议产生的社会背景 53

子，崇乡党之化，以厉贤材"(《汉书》卷六《武帝纪》)。丞相公孙弘请为"博士官置弟子五十人，复其身。太常择民年十八以上仪状端正者，补博士弟子"，并建议"郡国县官有好文学，敬长上，肃政教，顺乡里，出入不悖"之人，"二千石谨察可者，常与计偕，诣太常，得受业如弟子"(《汉书》卷八八《儒林列传》)。"博士官置弟子"标志着太学教育的正式开始，但是此时太学教育的规模比较小。武帝之后，西汉诸帝继续推行太学教育，昭帝、元帝、成帝时期博士的生员数量逐渐增多至千人，尤其是成帝末年太学生员一度增加到三千人。①

东汉时期太学教育又得到恢复和发展。光武帝本为太学生出身，他对学校教育非常重视，即位之初，"每征讨四方，常令（李）通居守京师，镇抚百姓，修宫室，起学官"(《后汉书》卷一五《李通传》)。光武帝于建武五年（29）十月初设太学，并亲自巡幸，"赐博士弟子各有差"。《后汉书》卷七九《儒林列传上》又载光武帝于太学行祭祀礼仪："稽式古典，笾豆干戚之容，备之于列，服方领习矩步者，委它乎其中。"② 此后东汉诸帝相沿不替，或造访太学，或对太学生进行赏赐，或于太学亲行礼仪。③ 朝廷对太学的重视，必定会促进儒学教育的进一步发展。汉明帝本人有很深的儒学造诣，他曾于辟雍自讲、诸儒问难，永平九年（66）又为外戚四姓（注：樊氏、郭氏、阴氏、马氏）小侯开立学校，"置五经师"，从此，"自皇太子、诸王侯及功臣子弟，莫不受经"《后汉纪》卷一四《和帝纪下》，"自期门羽林之士，悉令通《孝经》章句，匈奴亦遣子入学"(《后汉书》卷七九《儒林列传上》)。汉章帝时又大会群儒于白虎观，论议五经异同。汉和帝本人亦爱好儒学，《后汉书》卷七九《儒林列传上》载其"数幸东观，览阅书林"，并于永元十二年（100）三月，"赐博士员弟子在太学者布，人三匹"(《后汉书》卷四《孝和帝纪》)。可见东汉初期崇儒尊学、兴礼重教之风尤为强烈，此时的太学可真正称得上"礼

---

① 《汉书》卷八八《儒林列传》序载："昭帝时举贤良文学，增博士弟子员满百人，宣帝末增倍之。元帝好儒，能通一经者皆复。数年，以用度不足，更为设员千人……成帝末，或言孔子布衣养徒三千人，今天子太学弟子少，于是增弟子员三千人。岁余，复如故"。[（汉）班固：《汉书》，中华书局1964年版，第3596页]
② （南朝宋）范晔撰，（唐）李贤等注：《后汉书》，中华书局1965年版，第2545页。
③ 如《后汉书》卷二《显宗孝明帝纪》李贤注引《续汉志》载，永平二年（59）十月，明帝于太学讲堂行养老礼；《后汉书》卷三《肃宗孝章帝纪》载，元和二年（85）五月诏令"赐博士员弟子见在太学者布，人三匹。"《后汉书》卷五《孝安帝纪》载，延光三年（124）三月壬戌，"车驾还京师，幸太学"。[（南朝宋）范晔撰，（唐）李贤等注：《后汉书》，中华书局1965年版，第103、152、238页]

义之宫，教化所由兴也"（《后汉书》卷三三《朱浮传》）。

汉和帝之后，儒学教育开始衰落，太学也一度荒废。《后汉书》卷七九《儒林列传上》载："及邓后称制，学者颇懈……自安帝览政，薄于艺文，博士倚席不讲，朋徒相视怠散，学舍颓敝，鞠为园蔬，牧儿荛竖，至于薪刈其下。"① 但这只是暂时的情况。汉顺帝即位，翟酺上书建议修缮太学，以"诱进后学"，左雄也上书顺帝"宜崇经术，缮修太学"（《后汉书》卷六一《左雄传》）。顺帝接受了此建议，于永建六年（131）"九月辛巳，缮起太学"（《后汉书》卷六《孝顺帝纪》）。《后汉书》卷七九《儒林列传上》又载，阳嘉元年（132）太学新成，"凡所造构二百四十房，千八百五十室"，质帝本初元年（146），梁太后又下诏曰："大将军下至六百石，悉遣子就学，每岁辄于乡射月一飨会之，以此为常"，自是游学增盛，至三万余生。② 《后汉书》卷六《孝质帝纪》亦载，本初元年（146）四月庚辰，"令郡国举明经，年五十以上、七十以下诣太学"③。可见，安帝时期太学虽然一度荒废，但是各地的儒生储备量还是很大的，顺帝时在太学教育得到恢复后，生员迅速扩展至三万余人。除授受经学外，太学也重新成为礼仪教化的场所，且渐成制度，"每岁辄于乡射月一飨会之"，李贤注引《汉官仪》曰："春三月，秋九月，习乡射礼，礼生皆使太学学生"（《后汉书》卷七九《儒林列传上》）；又如顺帝使明识礼乐的宋登"持节临太学，奏定典律"（《后汉书》卷七九《儒林列传上》）。直到东汉末期，太学教育基本遵循此时制定的政策，并保持着庞大的教育规模。汉灵帝于光和五年（182）巡幸太学后，汉献帝也于初平四年（193）巡幸太学，且"临观其仪，赐博士以下各有差"（《后汉书》卷九《孝献帝纪》）。而从桓帝时太学"诸生三万余人"（《后汉书》卷六七《党锢列传》）与李膺、陈蕃、王畅更相褒重及灵帝熹平元年（172）宦官讽司隶校尉捕系"太学诸生千余人"（《后汉书》卷八《孝灵帝纪》）的记载中可看出，太学规模在东汉末年依然庞大。

（二）州郡学校教育。除太学之外，在汉代官方教育系统中，于各地尚设有州郡学校。董仲舒在其贤良对策中除提到"立大学以教于国"外，还有"设庠序以化于邑"（《汉书》卷五六《董仲舒传》）的主张。其实，汉景帝时文翁即已在成都修起学官，"至武帝时，乃令天下郡国皆立学校

---

① （南朝宋）范晔撰，（唐）李贤等注：《后汉书》，中华书局1965年版，第2546—2547页。
② （南朝宋）范晔撰，（唐）李贤等注：《后汉书》，中华书局1965年版，第2547页。
③ （南朝宋）范晔撰，（唐）李贤等注：《后汉书》，中华书局1965年版，第281页。

官,自文翁为之始云"(《汉书》卷八九《循吏列传·文翁传》)。武帝之后,关于地方学校建设的具体情形,史料中未有详细记载。但是,地方学校建设的大体情况还是有迹可循的。比如汉宣帝时王尊在涿郡"事师郡文学官",师古注曰:"郡有文学官,而尊事之以为师也"(《汉书》卷七六《王尊传》)。据《汉书》卷八八《儒林列传》记载,汉元帝时郡国置五经百石卒史。平帝时期,朝廷又对地方学校进行了细致的规范,元始三年(3),"立官稷及学官。郡国曰学,县、道、邑、侯国曰校。校、学置经师一人。乡曰庠,聚曰序。序、庠置《孝经》师一人"(《汉书》卷一二《平帝纪》)。州郡之学除设儒学官员授业外,还成为地方重要的礼仪、政治场所。《汉书》卷七六《韩延寿传》载及昭帝时韩延寿治理颍川,"令文学校官诸生皮弁执俎豆,为吏民行丧嫁娶礼"①。这里的颍川郡学与太学性质相仿,除进行儒学教育外,还为吏民传授礼仪,以化导民俗。同时,郡学亦是地方官员考察吏治得失的重要场所,如汉宣帝时期何武为扬州刺史,"行部必先即学官见诸生,试其诵论,问以得失"(《汉书》卷八六《何武传》)。

东汉诸帝对儒术及官学的重视,也使得地方学校的儒学教育和以礼化俗的传统得以延续。建武时期伏恭"迁常山太守。敦修学校,教授不辍,由是北州多为伏氏学"(《后汉书》卷七九《儒林列传下》);卫飒为桂阳太守,"修庠序之教,设婚姻之礼"(《后汉书》卷七六《循吏列传·卫飒传》)。永平二年(59)三月,明帝"始帅群臣躬养三老、五更于辟雍",且"郡、县、道行乡饮酒于学校,皆祀圣师周公、孔子"②。永平十年(67)明帝南巡南阳,"祠旧宅。礼毕,召校官弟子作雅乐,奏《鹿鸣》"(《后汉书》卷二《显宗孝明帝纪》)。建初元年(76)秦彭为山阳太守,"崇好儒雅,敦明庠序"(《后汉书》卷七六《循吏列传·秦彭传》)。安、顺之际,会稽余姚人黄昌"居近学官,数见诸生修庠序之礼,因好之,遂就经学"(《后汉书》卷七七《酷吏列传·黄昌传》)。桓帝延熹年间(158—167),刘宽迁南阳太守,"每行县止息亭传,辄引学官祭酒及处士诸生执经对讲"(《后汉书》卷二五《刘宽传》)。可见,地方学校儒学教授和礼仪建设的传承相对较好。

此外,东汉初期地方学校的兴建范围也得以扩展,尤其是在边远地区

---

① (汉)班固:《汉书》,中华书局1964年版,第3210页。
② (晋)司马彪撰,(梁)刘昭注补:《后汉书志·礼仪志上》,《后汉书》,中华书局1965年版,第3108页。

或风俗落后的地区，地方官吏兴办学校引导风俗的事例在史料中多有记载。以建武时期（25—56）为例，李忠任丹阳太守时认为"丹阳越俗不好学，嫁娶礼仪，衰于中国，乃为起学校，习礼容，春秋乡饮，选用明经，郡中向慕之"（《后汉书》卷二一《李忠传》）；宋均为辰阳县长，"其俗少学者而信巫鬼，均为立学校，禁绝淫祀，人皆安之"（《后汉书》卷四一《宋均传》）；任延为武威太守，"造立校官，自掾史子孙，皆令诣学受业，复其徭役。章句既通，悉显拔荣进之。郡遂有儒雅之士"（《后汉书》卷七六《循吏列传·任延传》）。《后汉书》卷八六《南蛮传》亦载："光武中兴，锡光为交阯，任延守九真，于是教其耕稼，制为冠履，初设媒娉，始知姻娶，建立学校，导之礼义。"① 此时东汉学校教育建设可真正称得上"四海之内，学校如林，庠序盈门"（班固《东都赋》）。光武之后，开明的地方官吏兴学化民的事迹仍在继续。章帝元和年间（84—87）蜀郡王追为太守，"始兴起学校，渐迁其俗"（《后汉书》卷八六《西南夷传·滇传》）；赵王因避疾移住学官，国相鲁丕上书劝止，其中有曰："学官传五帝之道，修先王礼乐教化之处"（《后汉书》卷二五《鲁恭传》）。汉顺帝时栾巴迁桂杨太守，"以郡处南垂，不闲典训，为吏人定婚姻丧纪之礼，兴立学校，以奖进之"（《后汉书》卷五七《栾巴传》）。桓帝永兴年间（153—154）应奉被拜为武陵太守，"到官慰纳……兴学校，举尺陋，政称变俗"（《后汉书》卷四八《应奉传》）；赵岐任皮氏县长，李贤注引《决录》曰："岐为长，抑强讨奸，大兴学校。"（《后汉书》卷六四《赵岐传》）东汉边地和荒蛮地区均开学设教，可想而知，发达地区的学校建设更为兴旺。

地方学校的开办和普及，势必会增多地方诸生生员的数量，据《后汉书》卷七九《儒林列传上·牟长传》记载，博士欧阳歙在汝南郡教授数百人，博士牟长在河内"诸生讲学者常有千余人，著录前后万人"②。这些州郡儒生与在京师的太学生遥相呼应，成为汉代社会中颇具活力的儒生群体。

二 私学教育与门徒规模的扩大

《汉书》卷八八《儒林列传》载："汉兴，言《易》自淄川田生；言《书》自济南伏生；言《诗》，于鲁则申培公，于齐则辕固生，燕则韩太

---

① （南朝宋）范晔撰，（唐）李贤等注：《后汉书》，中华书局1965年版，第2836页。
② （南朝宋）范晔撰，（唐）李贤等注：《后汉书》，中华书局1965年版，第2557页。

傅；言《礼》，则鲁高堂生；言《春秋》，于齐则胡毋生，于赵则董仲舒。"① 这是对武帝时期儒学流传概况的描述。在此之前，五经尚未立于学官之时，主要以私学的方式传承。即便五经被立于学官后，因博士数量及博士弟子员数额有限，政府官方教育系统不可能接纳所有的儒学受业者，所以私学传承在汉代仍是儒学教育的重要方式。早在西汉之初，私授儒学者即已常见。② 儒学被确立为汉代的统治思想后，五经私相传授的现象更是频繁多见，经师生徒的规模也在不断扩大。例如《汉书》卷八八《儒林列传·后苍传》记载，匡衡授满昌君都《齐诗》，"满昌授九江张邯、琅邪皮容，皆至大官，徒众尤盛。"③ 其他如《韩诗》《公羊春秋》《谷梁春秋》等的传授莫不如此。已经为官的儒士和未入仕的儒师都可能授经讲学。如汉成帝时期的侯霸"师事九江太守房元，治《谷梁春秋》"（《后汉书》卷二六《侯霸传》）；董钧"习《庆氏礼》。事大鸿胪王临"（《后汉书》卷七九《儒林列传下·董钧传》）；宣帝时疏广"明《春秋》，家居教授，学者自远方至"（《汉书》卷七一《疏广传》）；王良"习《小夏侯尚书》。王莽时，寝病不仕，教授诸生千余人"（《后汉书》卷二七《王良传》）。④

经学的发展及越来越多的儒士被官府察举辟用，使得治学扬名、通经入仕的思想深刻浸染于汉代社会。到了东汉，经朝廷对经学的大力提倡，在官学教育之外，私授儒学的现象更是蔚然成风。绝大多数的授业者都会被朝廷或地方官府延请聘用，聚众授学也可以成为经师抬高身价的方式。举例来看，如牟融"以《大夏侯尚书》教授，门徒数百人，名称州里。以司徒茂才为丰令"（《后汉书》卷二六《牟融传》）；寒朗"好经学，博通书传，以《尚书》教授。举孝廉"（《后汉书》卷四一《寒朗传》）；王充太学受业后，"后归乡里，屏居教授。仕郡为功曹"（《后汉书》卷四九《王充传》）；蔡衍"少明经讲授，以礼让化乡里"，后"举孝廉，稍迁冀州刺史"（《后汉书》卷六七《党锢列传·蔡衍传》）；卢植师事马融，"学

---

① （汉）班固：《汉书》，中华书局1964年版，第3593页。
② 如《汉书》卷八八《儒林列传·申公传》载："汉兴，高祖过鲁，申公以弟子从师入见于鲁南宫"，文帝时申公"归鲁退居家教……弟子自远方至受业者千余人，申公独以《诗经》为训故以教"。[（汉）班固：《汉书》，中华书局1964年版，第3608页]
③ （汉）班固：《汉书》，中华书局1964年版，第3613页。
④ 另据《后汉书》卷八〇《文苑列传上·夏恭传》载："（夏恭）习《韩诗》、《孟氏易》，讲授门徒常千余人"；《后汉书》卷七九《儒林列传下·包咸传》载及王莽末年"（包咸）因住东海，立精舍讲授"。[（南朝宋）范晔撰，（唐）李贤等注：《后汉书》，中华书局1965年版，第2610、2570页]

终辞归,阖门教授",于"建宁中,征为博士"(《后汉书》卷六四《卢植传》)。又如《后汉书》卷七九《儒林列传》中所载的刘昆、洼丹、任安、杨政、张兴、宋登、杜抚、杨仁、丁恭、周泽、甄宇、程曾、李育、谢该、蔡玄,以及《后汉书》卷八〇《文苑列传》中所载的边韶、《后汉书》卷八二《方术列传》中所载的唐檀等人,无不如此。儒士在进入仕途之后,并不意味着经学事业的终结,他们还会凭借自身为官的优势私带门徒。如周防曾"师事徐州刺史盖豫,受《古文尚书》"(《后汉书》卷七九《儒林列传上》);樊儵"就侍中丁恭受《公羊严氏春秋》"(《后汉书》卷三二《樊宏传》);郑弘"师同郡河东太守焦贶"(《后汉书》卷三三《郑弘传》);张霸"就长水校尉樊儵受《严氏公羊春秋》"(《后汉书》卷三六《张霸传》)。又如鲁丕拜赵相,"门生就学者常百余人,关东号之曰'五经复兴鲁叔陵'"(《后汉书》卷二五《鲁恭传》)。桓帝时刘梁任北新城长,感文翁化蜀之功,"乃更大作讲舍,延聚生徒数百人,朝夕自往劝诫,身执经卷,试策殿最,儒化大行"(《后汉书》卷八〇《文苑列传下·刘梁传》)。可见,众多已仕的儒官同时授经私教弟子,其中也不乏位高权重的三公九卿。如卫宏"从大司空杜林更受《古文尚书》"(《后汉书》卷七九《儒林列传下·卫宏传》);傅燮"少师事太尉刘宽"(《后汉书》卷五八《傅燮传》);虞放"为太尉杨震门徒"(《后汉书》卷三三《虞延传》);蔡邕"师事太傅胡广"(《后汉书》卷六〇《蔡邕传》),等等。

另外,很多经学出身的官员出于某种原因退隐后,又会把教授儒学作为自己闲居生活的一部分。如韦彪于建武末年举孝廉为郎中,"以病免,复归教授……三辅诸儒莫不慕仰之"(《后汉书》卷二六《韦彪传》);和帝时周磐思母心切,弃官回乡里,及其母殁并服终后,于其母冢侧筑庐"教授门徒常千人"(《后汉书》卷三九《周磐传》);吴祐因忤逆梁冀被出为河间相,"因自免归家……以经书教授"(《后汉书》卷六四《吴祐传》);皇甫规遭到梁冀构陷后,亦托疾免归,"以《诗》、《易》教授,门徒三百余人"(《后汉书》卷六五《皇甫规传》)。其实,在东汉亦教亦仕、时教时仕的现象非常常见,对于某些士大夫来说,儒学与仕宦甚至已成为其人生中交替轮回的两个事业。像东汉初年的郅恽"客居江夏教授",后入仕为长沙太守,坐事免归,再"避地教授"(《后汉书》卷二九《郅恽传》)。魏应由济阴王文学任上"以疾免官,教授山泽中,徒众常数百人",永平初年,又"为博士,再迁侍中"(《后汉书》卷七九《儒林列传下·魏应传》)。杨伦始"师事司徒丁鸿,习《古文尚书》。为郡文学掾",因"志乖于时,以不能人间事,遂去职……讲授于大泽中,弟子至千余人"，后"前后三征，皆以直谏不合。既归，闭门讲授，自绝人事"(《后汉书》卷七九《儒林列传上·杨伦传》)。刘焉"少任州郡，以宗室拜郎中"，后"去官居阳城山，精学教授"，再"举贤良方正，稍迁南阳太守、宗正、太常"(《后汉书》卷七五《刘焉传》)。

经学在汉代多年的稳健发展，还造就出一些经学世家，如郭躬"少传父业，讲授徒众常数百人"(《后汉书》卷四六《郭躬传》)。据《后汉书》卷七九《儒林列传》所载，家传儒业者有刘昆之子刘轶"传昆业，门徒亦盛"；曹曾之子曾祉"传父业教授"；薛汉"世习《韩诗》，父子以章句著名"；更有甚者竟几代相传不辍，如甄宇习《严氏春秋》，教授常数百人，"传业子普，普传子承。承尤笃学，未尝视家事，讲授常数百人"①。又如桓荣"门生数百人"，桓荣之子桓郁"传父业，以《尚书》教授，门徒常数百人"，桓郁玄孙桓典"复传其家业，以《尚书》教授颍川，门徒数百人"(《后汉书》卷三七《桓荣传》)。这些代代相传的家学，当然也是一种私学现象。

私学的普及和兴盛带来的直接结果是弟子门生规模的庞大。一方面是经师名儒的基数大，可供众多有志于习经的士子选择；另一方面单就某位儒师来说，其一人授徒的人数就可能非常多。西汉末年以来，私教生徒数量达百人、千人的现象已是频见，像上文提到的王良、夏恭、牟融、鲁丕、刘梁、周磐、皇甫规、魏应、杨伦、郭躬、甄承、桓荣等人无不如此。《后汉书》卷七九《儒林列传》所载私授弟子数百人的有周泽、李育、程曾、丁恭、甄宇等；②私授弟子达千人的有谢该、杜抚、牟纡；而宋登"少传《欧阳尚书》，教授数千人"，张兴教授《梁丘易》，"弟子自远至者，著录且万人"，蔡玄更是"门徒常千人，其著录者万六千人"(《后汉书》卷七九《儒林列传》)。此外，徐子盛"以《春秋经》授诸生数百人"(《后汉书》卷二七《承宫传》)；曹褒"教授诸生千余人，庆氏学遂行于世"(《后汉书》卷三五《曹褒传》)；樊儵删定《公羊严氏春秋》章句，"教授门徒前后三千余人"(《后汉书》卷三二《樊宏传》)；马融"教养诸生，常有千数"(《后汉书》卷六〇《马融传》)；名士郭泰在党锢事件发生后，亦"闭门教授，弟子以千数"(《后汉书》卷六八《郭泰传》)，等等。另外，立于桓帝时期的《孔宙碑》，碑阴刻有碑主四十余门生和十余弟子的姓名；立于灵帝时期的《鲁峻碑》载及碑主逝后，

---

① （南朝宋）范晔撰，（唐）李贤等注：《后汉书》，中华书局1965年版，第2550—2580页。
② 另据《后汉书》卷八〇《文苑列传上·边韶传》载，边韶亦"教授数百人"；《后汉书》卷八二《方术列传下·唐檀传》又载廖扶、唐檀"教授常百余人"。[（南朝宋）范晔撰，（唐）李贤等注：《后汉书》，中华书局1965年版，第2623、2729页]

门生"三百廿人"为碑主作谥。① 蔡邕《琅邪王傅蔡朗碑》载碑主"以《鲁诗》教授,生徒云集",《太尉杨秉碑》载碑主"以《欧阳尚书》《京氏易》诲授。四方学者,自远而至,盖逾三千",《彭城姜肱碑》载碑主"学而不厌,诲而不倦,童冠自远方而集者,盖千余人"②。

从"万人""数百人""千余人"等表述中可以看出,在太学生和州郡诸生之外,这些私受经学的弟子门生是一个更为庞大的士人群体。阎步克说:"汉代民间私学之地位并不低于太学。"③ 私学门徒可以通过明经被朝廷征辟或被州郡辟除,如樊鯈弟子"颍川李修、九江夏勤,皆为三公"(《后汉书》卷三二《樊宏传》),桓荣"门徒多至公卿"(《后汉书》卷三七《桓荣传》)。正是在学仕结合的人才培养和选拔机制下,儒生成为有汉一代最具政治热情和入仕机会的群体。

三 儒学诸生频繁的交结活动

随着经学教育的发展,儒生成为汉代社会上影响力较大的一股力量,其中原因当然与全国各地儒生数量的增多有关,但更为关键的是他们在频繁的交往活动中建立了密切的关系。儒学诸生的交往活动,既包括京师太学生间的共处求学,又包括州郡诸生赴太学游学,还有诸生与士大夫官员间的交结。《后汉书》卷六七《党锢列传》记载党锢事件的直接起因是宦官党羽诬陷河南尹李膺"诽讪朝廷,疑乱风俗",其所持有的理由为"养太学游士,交结诸郡生徒,更相驱驰,共为部党"④。虽此为诬陷之词,但从实际情况来看,汉代诸生之间、诸生与朝廷官员之间确实存在较为密切的联系。学仕结合的教育模式,也使各地儒士因学而游、因仕而交的现象逐渐增多。

(一)太学诸生间的交往。太学既是传授儒家思想和道德礼仪的学府,同时又是各地生员彼此结交的重要场所。诸位太学生同处求学、切磋共进,在长期的生活中必会增进彼此间的联系和情感。东汉初年,朱晖与同县人张堪在太学结下友谊,张堪甚至"欲以妻子托朱生"(《后汉书》卷四三《朱晖传》)。《后汉书》卷三六《贾逵传》载,贾逵"自为儿童,常在太学,不通人间事。身长八尺二寸,诸儒为之语曰:'问事不休贾长

---

① 二碑可参见高文《汉碑集释》(修订本),河南大学出版社1997年版,第251、391页。
② 蔡邕三碑文参见(清)严可均辑《全后汉文》(商务印书馆1999年版)卷七五,第759、762页;卷七六,第771页。
③ 阎步克:《士大夫政治演生史稿》,辽宁大学出版社1991年版,第493页。
④ (南朝宋)范晔撰,(唐)李贤等注:《后汉书》,中华书局1965年版,第2187页。

头'"①。这显示出诸生在共同求学生活间的调侃和幽默。《后汉书》卷二五《鲁恭传》又载,建初年间(76—84)鲁恭与母亲和弟鲁丕"俱居太学,习《鲁诗》,闭户讲诵,绝人间事",因此"兄弟俱为诸儒所称,学士争归之"②。以此可看出太学生对同类中佼佼者的倾慕以及诸生交结之多。戴封在太学受业时,同学石敬平温病卒,戴封"养视殡敛,以所赍粮市小棺,送丧到家"(《后汉书》卷八一《独行列传·戴封传》);与之相似,申屠蟠与济阴人王子居同在太学,"子居临殁,以身托蟠,蟠乃躬推辇车,送丧归乡里"(《后汉书》卷五三《申屠蟠传》)。由此又可看出太学生之间情谊之深厚。

每位太学生的出身并不一样。从东汉前期的情况来看,太学生员可谓不拘贵贱贫富,如梁鸿"受业太学,家贫而尚节介"(《后汉书》卷八三《逸民列传·梁鸿传》);王充少孤,其受业太学时"家贫无书,常游洛阳市肆"(《后汉书》卷四九《王充传》)。而李固本为司徒李郃之子,亦到太学求学。③到了质帝本初元年(146),梁太后诏令"大将军下至六百石,悉遣子就学"(《后汉书》卷七九《儒林列传上》),由此可推知,自顺帝时期太学教育得到恢复后,儒生生员规模在扩大的同时,太学生中也明显增加了公卿子弟的比重,因而太学中也就出现公卿子弟与贫寒士子共同求学的现象,如公沙穆游太学时,"无资粮,乃变服客佣,为(吴)祐赁舂"(《后汉书》卷六四《吴祐传》)。桓帝时期,家境贫寒、出身卑微的陈寔,接受县令的建议去太学学习;"家贫,佣为漆工"(《后汉书》卷五三《申屠蟠传》)的申屠蟠在博通五经后,亦去太学学习。桓、灵之际,"家本单寒"的高彪亦"为诸生,游太学"(《后汉书》卷八〇《文苑列传下·高彪传》)。太学诸生出身虽各有不同,但他们或亦师亦友,④或志同

---

① (南朝宋)范晔撰,(唐)李贤等注:《后汉书》,中华书局1965年版,第1235页。
② (南朝宋)范晔撰,(唐)李贤等注:《后汉书》,中华书局1965年版,第873页。
③ 《后汉书》卷六三《李固传》李贤注引《谢承书》曰:"(李固)每到太学,密入公府,定省父母,不令同业诸生知是郃子。"[(南朝宋)范晔撰,(唐)李贤等注:《后汉书》,中华书局1965年版,第2073页]
④ 太学中存在亦师亦友的现象。据《后汉书》卷六三《李固传》李贤注,李固在太学受业时,宛人董班亦"游太学,宗事李固"。《后汉书》卷六八《郭泰传》李贤注引《谢承书》亦载,郭泰游太学"师仇季智(仇览)",而仇览当时的身份也是太学生,《后汉书》卷七六《循吏列传》载及仇览入太学时与同郡人符融为邻,他反对符融与宾客游谈的行为,后符融"以告郭林宗,林宗因与融赍刺就房谒之,遂请留宿。林宗嗟叹,下床为拜"。《后汉书》卷六八《符融传》李贤注引《谢承书》又曰:"(李)膺与林宗相见,待以师友之礼。"[(南朝宋)范晔撰,(唐)李贤等注:《后汉书》,中华书局1965年版,第2232页]

道合，从而形成一个联系紧密的群体。像"家世贫贱"的东汉末年名士郭泰，不仅得到诸儒的仰慕，而且在反对宦官擅权的党人清议过程中，作为太学诸生三万人的冠首与朝廷官员相互褒重。随着东汉末年政治环境的恶化及共同忧患的到来，具有共同理念的诸生之间的团结和友谊也在进一步增强。

（二）州郡儒生游太学。地方诸生在学得一定的儒学知识后，又往往赴京师太学受业或游学，① 这在东汉体现得尤为明显。综观东汉儒生游太学的情况，其前期和后期的目的稍有不同。东汉前期儒生游学以学习经学知识为主，如崔骃"年十三能通《诗》、《易》、《春秋》"，"少游太学，与班固、傅毅同时齐名"（《后汉书》卷五二《崔骃列传》）；家传《古文尚书》《毛诗》的孔僖与崔骃相友善，"同游太学，习《春秋》"（《后汉书》卷七九《儒林列传上·孔僖传》）；张衡"少善属文，游于三辅"，后又"入京师，观太学，遂通五经，贯六艺"（《后汉书》卷五九《张衡传》）。不管他们于太学是短时停留，还是到太学长期受业，皆会研习一科或几科经学。而到了东汉中后期，尤其是汉顺帝时太学重建之后，生员规模庞大、成分不一，游太学之事也进一步增盛，但不免"多以浮华相尚，儒者之风盖衰"（《后汉书》卷七九《儒林列传上》）。当桓、灵时期阉宦弄权，纲常沦丧、儒士仕途受阻后，儒生游学的目的更是被看作"为名而游""为仕而游"，即为自己的仕途奔波操劳。② 《后汉书》卷七六《循吏列传·仇览传》载及考城令王涣遣仇览入太学时即曰"今日太学曳长裾，飞名誉"，又载：

> （仇）览入太学。时诸生同郡符融有高名，与览比宇，宾客盈室。览常自守，不与融言。融观其容止，心独奇之，乃谓曰："与先生同郡壤，邻房牖。今京师英雄四集，志士交结之秋，虽务经学，守之何固？"览乃正色曰："天子修设太学，岂但使人游谈其中！"高揖而去，

---

① 赴京师游学，有时也指到太学受业。如《后汉书》卷四三《朱晖传》载："太学书生刘陶等数千人诣阙上书讼穆。"[（南朝宋）范晔撰，（唐）李贤等注：《后汉书》，中华书局1965年版，第1470页] 而《后汉书》卷五七《刘陶传》则曰："（刘）陶时游太学，乃上疏陈事。"[（南朝宋）范晔撰，（唐）李贤等注：《后汉书》，中华书局1965年版，第1842页]

② 《后汉书》卷四九《王符传》载："自和、安之后，世务游宦，当涂者更相荐引。"[（南朝宋）范晔撰，（唐）李贤等注：《后汉书》，中华书局1965年版，第1630页] 东汉中后期诸多官僚士大夫与太学间的关系密切，游学也是游宦的一种方式。

不复与言。①

以此来看，太学确实是一个扬名增誉的场所。频繁的游学之举密切了各地儒生间的关系，增强了彼此间的团结，这为政治活动的迅速扩大埋下了伏笔。以东汉桓、灵时期的党人清议为例，在"三君""八俊""八顾""八及""八厨"这三十五位党人名士及其相关人员中，除岑晊、苑康等受业太学者外，也有郭泰、何颙②等若干游学太学的州郡诸生。

（三）诸生与士大夫官员的结交。因汉代以经学取士，儒生本来就是官僚集团的后备军，所以各级官吏为笼络人才，会自愿结交儒士或举用儒生，像陈寔、仇览都是被任用为吏后，又接受县令的建议赴太学受业的。除州郡礼请儒生外，许多已入仕途的官吏亦以私学的方式教授弟子，再加上儒吏在进入仕途前或退出仕途后亦多从事儒学传教，士人为加深学养或求得仕宦通达也多方拜师求教，③从而使得汉代儒生与官吏间的结交十分频繁。这里我们主要介绍东汉京师诸生与朝廷官员间的交往情况，如张奂"少游三辅，师事太尉朱宠，学《欧阳尚书》"（《后汉书》卷六五《张奂传》）；杨伦"少为诸生，师事司徒丁鸿，习《古文尚书》"（《后汉书》卷七九《儒林列传上·杨伦传》）；赵典为太常时，"每得赏赐，辄分与诸生之贫者"（《后汉书》卷二七《赵典传》）。诸生结交京师名宦、拜京师权臣为师，不失为进入仕途的捷径；同时，这在客观上也增进了儒生与宗师之间的情谊，尤其是在东汉提倡孝道和名节的风气下，诸生以师为尊，遵守师法、家法，甚至恩师离世后为其尽孝

---

① （南朝宋）范晔撰，（唐）李贤等注：《后汉书》，中华书局1965年版，第2480—2481页。
② 何颙不属于"三君""八俊"等三十五名士中的成员，但《后汉书·党锢列传》载其少游学洛阳，"虽后进，而郭林宗、贾伟节等与之相好，显名太学……及陈蕃、李膺之败，颙以与蕃、膺善，遂为宦官所陷。"［（南朝宋）范晔撰，（唐）李贤等注：《后汉书》，中华书局1965年版，第2217页］
③ 如《后汉书》卷七九《儒林列传下·丁恭传》载："（丁）恭学义精明，教授常数百人，州郡请召不应。建武初，为谏议大夫、博士……诸生自远方至者，著录数千人，当世称为大儒。太常楼望、侍中承宫、长水校尉樊儵等皆受业于恭。"［（南朝宋）范晔撰，（唐）李贤等注：《后汉书》，中华书局1965年版，第2578页］可见丁恭在进入仕途前既已教授数百人，拜为博士后诸生著录数千人，且很多弟子已位居显位。又如《后汉书》卷三五《郑玄传》载，郑玄在太学受业后又从东郡张恭祖受学，后"以山东无足问者，乃西入关，因涿郡卢植，事扶风马融"。［（南朝宋）范晔撰，（唐）李贤等注：《后汉书》，中华书局1965年版，第1207页］

表哀、服丧守墓。① 故儒生与宗师间也构成了一个紧密联系的整体。

再以桓、灵时期党人的主体来看，"三君""八俊"等三十五位党人本就是儒臣与太学诸生的组合体。"八顾"中的郭泰，"八俊"中的魏朗，"八及"中的岑晊、苑康，都为当时在太学受业或游学的诸生，其余则多为儒士出身的朝廷或地方官员，他们与京师诸生间皆有着千丝万缕的联系。"三君"之一的窦武，"少以经行著称，常教授于大泽中"，贵为外戚权臣后，亦与太学诸生关系密切，"得两宫赏赐，悉散与太学诸生"（《后汉书》卷六九《窦武传》）。而"三君"中的刘淑和陈蕃则都有自己的弟子或门生，《后汉书》卷六七《党锢列传·刘淑传》载："（刘）淑少学明五经，遂隐居，立精舍讲授，诸生常数百人。"② 《后汉书》卷六六《陈蕃传》载及陈蕃谋诛宦官事泄后，"闻难作，将官属诸生八十余人，并拔刃突入承明门。"③ 当其被害后，斥免禁锢的人员中亦包括他的门生。"八俊"中的李膺，"养太学游士，交结诸郡生徒"，《后汉书》卷六七《党锢列传》载其曾因公事免官，"还居纶氏，教授常千人"④。又据《后汉书》卷六八《符融传》载，符融游太学时"师事少府李膺"，游太学的郭泰也是因符融的引荐才与李膺结交而显名的；符融发现汉中晋文经、梁国黄子艾的沽名钓誉行为后，"到太学，并见李膺"，⑤ 向其说明情况。可见李膺与太学生的关系非常密切。"八俊"中的杜密亦喜交儒生，汉末大儒郑玄就是他任北海相期间所提拔的。"八顾"中的宗慈，看中同郡人岑晊（后

---

① 如《后汉书》卷六三《李固传》载及李固被陷害致死后，其十五岁的弟子郭亮"诣阙上书，乞收固尸"，未许后"因往临哭，陈辞于前，遂守丧不去"；李固另一弟子董班"亦往哭固，而殉尸不肯去"，李贤注引《楚国先贤传》曰："闻固死，乃星行奔赴，哭泣尽哀……遂守尸积十日不去。"[（南朝宋）范晔撰，（唐）李贤等注：《后汉书》，中华书局1965年版，第2088—2089页] 又《后汉书》卷六九《窦武传》载及窦武被宦官迫害后，少师事窦武的胡腾"独殡敛行丧，坐以禁锢"[（南朝宋）范晔撰，（唐）李贤等注：《后汉书》，中华书局1965年版，第2244页]。顺帝汉安年间（142—144）的《北海相景君碑》由碑主的故吏诸生所立，其碑阴载："行三年服者凡八十七人。"[参见高文《汉碑集释》（修订本），河南大学出版社1997年版，第64页]《后汉书》卷四三《朱晖传》载朱穆"同郡赵康叔盛者，隐于武当山，清静不仕，以经传教授。穆时年五十，乃奉书称弟子。及康殁，丧之如师"。[（南朝宋）范晔撰，（唐）李贤等注：《后汉书》，中华书局1965年版，第1463页]
② 《后汉书》卷六七《党锢列传·檀敷传》还记载"八及"之一的檀敷，亦"立精舍教授，远方至者常数百人。"[（南朝宋）范晔撰，（唐）李贤等注：《后汉书》，中华书局1965年版，第2215页]
③ （南朝宋）范晔撰，（唐）李贤等注：《后汉书》，中华书局1965年版，第2170页。
④ （南朝宋）范晔撰，（唐）李贤等注：《后汉书》，中华书局1965年版，第2191页。
⑤ （南朝宋）范晔撰，（唐）李贤等注：《后汉书》，中华书局1965年版，第2232—2233页。

亦为党人"八及"之一）的才能，遂"将俱至洛阳，因诣太学受业"（《后汉书》卷六七《党锢列传·岑晊传》）。这些例子已足以见证诸生与朝臣官员间关系的非比寻常。而"三君""八俊"这些标榜性口号能在太学诸生间创作并流传，又足以看出士人间交结的频繁、群众基础的广泛，这也是他们能够发动声势浩大的清议运动的原因之一。

总之，自从汉武帝确立儒学的正统地位后，又通过在京师设立太学、在地方设立郡国之学的方式来养天下之士，促使儒生数量不断增多；而在官学之外，朝廷对私学亦采取了支持和鼓励的政策，私相授徒者既有经师儒士，亦有朝臣官员，这使得弟子门生的队伍愈加庞大。广大的儒生群体游学结交，太学诸生、州郡儒生、诸生与士大夫官员间交往频繁，这在扩展士人交际、增进彼此情感的同时，又加强了士人集团内部的团结与协作，从而形成了一个关系相对密切的联合体。所以在汉代我们常常会看到太学生为伸张正义而一呼百应的情况，比如西汉哀帝时期有博士弟子王咸在太学聚集诸生千余人上书营救司隶鲍宣之事；东汉时期又有太学生刘陶等数千人诣阙上书申救朱穆、太学生张凤等三百余人诣阙而颂皇甫规之事。可见，在汉代教育模式下成长起来的儒生群体，同时也是一股不可忽视的社会力量，他们完全具备干预政治的能力。东汉后期的清议运动即由这样的儒士群体所发起的。

第三节 儒家价值传统与政治形势的冲突

深受儒学思想影响的汉代士人具有强烈的社会政治责任感。东汉中后期以来，政治形势一步步恶化，儒家价值传统遭到破坏。士大夫力求拯救天下，改善政治，维护儒家伦理纲常。在士大夫集体匡正时弊的过程中，造就出东汉士人为后世所推崇的清议之风。

一 东汉儒士政治使命感与道德气节的强化

士人本以仕为业，有较强的入世愿望，汉代自武帝以来以太学养士、以经明行修造士的系列政策，无疑又强化了士人的政治使命感。汉武以来，各个时期对太学生进入仕途的方式都有规定。公孙弘建议对博士弟子"一岁皆辄课，能通一艺以上，补文学掌故缺。其高第可以为郎中，太常籍奏"（《汉书》卷八八《儒林列传》）。平帝时王莽秉政，又增加"元士之子得受业如弟子"，并规定"岁课甲科四十人为郎中，乙科二十人为太子舍人，丙科四十人补文学掌故云"（《汉书》卷八八《儒林列传》）。至东汉，官学教育进一步完善，与之关联的太学生策试后进入仕途的规定也相继出台。①太学生学习儒学并通过课试后，一般可获得文学掌故、郎中、太子舍人等官职。这种学仕结合、通经入仕的教育政策使得士人与现实政治的关系特别密切，以太学生为主的生员的政治属性尤其明显。汉顺帝之后，太学教育不仅得到恢复，而且朝廷再次明确了太学生课试后进入仕途的办法，再加上此时又做出公卿子弟进入太学受业、公府属吏明经后亦可察举的规定，这些本出自官府系统的生员，其政治属性和政治使命感无疑会进一步增强。

随着汉代太学教育的发展及生员规模的扩大，太学生在社会政治中的影响力也在增加。上面提到，早在西汉哀帝时期，即有博士弟子王咸在太学聚集诸生千余人上书营救司隶鲍宣之事。及至东汉，太学生干预政治的事件更是频见。《后汉书》卷四三《朱穆传》载，朱穆因处置宦官赵忠办丧礼违制的行为而触犯桓帝，并被处罚，太学生刘陶等数千人诣阙上书而救。《后汉书》卷六五《皇甫规传》载，皇甫规因拒绝中常侍徐璜、左悺的勒索而被诬下吏，太学生张凤等三百余人诣阙讼救。面对太学生集体上书请愿，朝廷一般也会认真对待。像太学生上书救鲍宣，哀帝"遂抵（鲍）宣罪减死一等，髡钳"（《汉书》卷七二《鲍宣传》）；太学生上书救朱穆，桓帝"览其奏，乃赦之"（《后汉书》卷四三《朱穆传》）；太学生救皇甫规，"会赦，归家"（《后汉书》卷六五《皇甫规传》）。不仅如

---

① 如和帝永元年间，徐防上书曰："博士及甲乙策试，宜从其家章句，开五十难以试之。解释多者为上第，引文明者为高说……五经各取上第六人，《论语》不宜射策。"［（南朝宋）范晔撰，（唐）李贤等注：《后汉书》卷四四《徐防传》，中华书局1965年版，第1501页］此建议得到公卿的认可。顺帝阳嘉元年（132）太学新成后，《后汉书》卷六一《左雄传》载："试明经者补弟子，增甲乙之科，员各十人。除京师及郡国耆儒年六十以上为郎、舍人、诸王国郎者百三十八人。"除此之外，左雄还上书顺帝，建议郡国举孝廉年龄不满四十不得察举，但是"有茂才异行，自可不拘年齿。"［参见（南朝宋）范晔撰，（唐）李贤等注：《后汉书》，中华书局1965年版，第2019—2020页］因此有谢廉、赵建年十二，臧洪年十五，得以拜童子郎。质帝本初元年（146）四月，"自大将军至六百石，皆遣子受业"后，又规定："岁满课试，以高第五人补郎中，次五人太子舍人。又千石、六百石、四府掾属、三署郎、四姓小侯先能通经者，各令随家法，其高第者上名牒，当以次赏进。"［（南朝宋）范晔撰，（唐）李贤等注：《后汉书》卷六《孝质帝纪》，中华书局1965年版，第281页］甚至经学入仕传统渐趋遭到破坏的桓、灵时期，朝廷也不是完全不顾及儒生的前途，更不是完全抛弃了儒学教育。如灵帝熹平四年（175）春，"诏诸儒正五经文字，刻石立于太学门外"，熹平五年（176）又"试太学生年六十以上百余人，除郎中、太子舍人至王家郎、郡国文学吏"。［（南朝宋）范晔撰，（唐）李贤等注：《后汉书》卷八《孝灵帝纪》，中华书局1965年版，第336、338页］

此，朝廷还会以政事征求太学生的意见，如汉桓帝时期，将铸钱之事下四府群僚及太学能言之士讨论，太学生刘陶上书后，"帝竟不铸钱"（《后汉书》卷五七《刘陶传》）。《后汉书》卷五七《刘陶传》还载及刘陶游太学时，面对"大将军梁冀专朝，而桓帝无子，连岁荒饥，灾异数见"的局面，而上疏陈事。又如《后汉书》卷三《肃宗孝章帝纪》赞辞中李贤注曰："崔骃游太学时上四巡等颂。"① 这些事例都表明，儒生游太学也是他们接近权力中枢、表达政治见解的便捷之途。州郡诸生在地方同样具有干预政治的意识和热情。如光武帝时大司徒欧阳歙"坐在汝南臧罪千余万发觉下狱"（《后汉书》卷七九《儒林列传上·欧阳歙传》），诸生为其求哀者有千余人，甚至有学生赶赴京师，请求代师而死。又《后汉书》卷五三《申屠蟠传》记载，有女子为父报仇而杀人，申屠蟠作为十五岁的儒生，以"节义"进谏外黄令勿杀此女。

王莽居摄期间"颂德献符者遍天下"，"战国秦汉数百年来形成的官僚理性行政，因而受到严重损害"②，有鉴于此，东汉光武帝刘秀对士人提倡名节、敦厉名实，并将其与选官任人制度相关联。应劭《汉官仪》载光武帝诏令曰："方今选举，贤佞朱紫错用。丞相故事，四科取士。一曰德行高妙，志节清白；二曰学通行修，经中博士；三曰明达法令，足以决疑……四曰刚毅多略，遭事不惑……"③ 自此东汉选士即把"德行高妙，志节清白"放在第一位，其次才是"学通行修"。在东汉政府选官任人的过程中，我们常常会看到"察而不就"或因官非其人而愤而离职的现象。这是因为，和仕途爵位相比，一些洁身自爱的士人更为看重声名气节。以东汉中后期的党人名士为例，陈蕃在任别驾从事期间，"以谏争不合，投传而去。后公府辟举方正，皆不就"④；刘淑明习五经，但"州郡礼请，五府连辟，并不就"；宗慈为修武令时，"太守出自权豪，多取货赂，慈遂弃官去"；巴肃任慎县令、贝丘长期间，"皆以郡守非其人，辞病去"；夏馥同县之人高氏、蔡氏"并皆富殖，郡人畏而事之，唯馥比门不与交通"；范滂为三府掾属，举劾权豪，然见时政腐败、吏不能诘，"知意不行，因投劾去"；张俭初举茂才，"以刺史非其人，谢病不起"；檀敷任蒙县令时，

---

① （南朝宋）范晔撰，（唐）李贤等注：《后汉书》，中华书局1965年版，第160页。
② 阎步克：《察举制度变迁史稿》，辽宁大学出版社1991年版，第49页。
③ 《后汉书志·百官志一》"太尉条"注引，参见（南朝宋）范晔撰，（唐）李贤等注《后汉书》，中华书局1965年版，第3559页。
④ （南朝宋）范晔撰，（唐）李贤等注：《后汉书》卷六六《陈蕃传》，中华书局1965年版，第2159页。

"以郡守非其人，弃官去"①。这些固守道德节操的儒学名士面对社会乱象，一方面不与腐官败吏合作，另一方面又心怀天下、清刚率直、不惧权贵，以实际行动抨击现实中的违礼背德行为。②

二 东汉后期法纪纲常的沦丧

东汉自和帝始，皇帝多年幼无知，皇权逐渐旁落，政治日益腐败。一方面，外戚与宦官交替擅权，他们操纵幼主、任人唯亲、贪婪残暴，士民怨愤；而另一方面，朝廷又一再自我破坏儒家伦理纲常，动摇汉家的立国根本。

（一）正直之士一再遭受政权打击。东汉中后期的皇帝一般都是由外戚扶植即位，或由宦官发动政变而掌权的。他们或是年龄尚幼，或是涉世未深，致使皇帝对外戚或宦官形成依赖。外戚、宦官又利用皇权的袒护或直接操纵皇帝，一再打击他们的反对者。汉桓帝初年，梁太后摄政，其兄梁冀专权，枉杀反对自己立嗣的故太尉李固、杜乔。桓帝依靠宦官铲除外戚梁冀势力后，宦官擅权更甚。延熹年间（158—167），白马令李云面对宦官与外戚接连受封、赏赐奢侈、灾异频发的现象，忧国将危，心不能忍，乃上书劝谏，因言辞激烈，忤逆桓帝下狱而死；弘农五官掾杜众感伤李云以忠谏获罪，亦上书请愿与李云同日死。小黄门赵津、南阳大猾张汜等，依靠宦官乘势犯法，太原太守刘瓆、南阳太守成瑨考案其罪后杀之，宦官因此怀恨诬告，刘瓆与成瑨皆死狱中。③ 这些案件就是《后汉书》卷七《孝桓帝纪》后赞中所提到的"三狱"。其实桓帝、灵帝前后，士大夫官员遭不公、受诬陷、被迫害之事非常多。即使是"三狱"案件，受牵连的也不仅仅是六位涉事的主角，因之遭受处罚的有一大批人。如太尉李固被梁冀诬奏时，长史吴祐谏阻，梁冀出其为河间相；李云因谏诤受罪下狱时，大鸿胪陈蕃和太常杨秉皆因上书劝止被免官归田，洛阳市长沐茂、郎中上官资亦因上疏进谏被贬秩二等；南阳太守成瑨、太原太守刘瓆下狱时，司空刘茂等因上书讼谏被免职，议郎蔡衍与刘瑜亦因上

---

① 以上举例均见（南朝宋）范晔撰，（唐）李贤等注《后汉书》卷六七《党锢列传》，中华书局1965年版，第2190—2215页。
② 朱传誉说："东汉清议特别受到重视，其因素很多，其重要原因之一，是由于汉光武帝的奖励名节。"（朱传誉：《中国民意与新闻自由发展史》，正中书局1974年版，第112页）
③ 《后汉书》卷六六《陈蕃传》载，刘瓆与成瑨"并有经术称，处位敢直言，多所搏击，知名当时，皆死于狱中"。[（南朝宋）范晔撰，（唐）李贤等注：《后汉书》，中华书局1965年版，第2165页]

表解救而被免官归家。"三狱"之外，无辜受害之士更有多人。中常侍苏康、管霸等被复用之后，"排陷忠良，共相阿媚"，大司农刘祐、廷尉冯绲、河南尹李膺纠罚奸幸，"皆以忤旨，为之抵罪"（《后汉书》卷六六《陈蕃传》）。山阳太守翟超因没收中常侍侯览的财产，东海相黄浮因处死为非作歹的下邳令徐宣（宦官徐璜兄子），皆遭到处罚。此后宦官集团依靠皇权发动的两次党锢事件，海内涂炭二十余年，免官禁锢、死徙废禁者更是不计其数，"诸所蔓衍，皆天下善士"（《后汉书》卷六七《党锢列传》）。

（二）朝廷多次违背祖制，破坏汉家旧典。汉安帝首开为乳母封爵封地的先例，当顺帝再欲为乳母宋娥封爵授地时，李固在对策中谏曰："前孝安皇帝变乱旧典，封爵阿母，因造妖孽……今宋阿母虽有大功勤谨之德，但加赏赐，足以酬其劳苦；至于裂土开国，实乖旧典"，李固还说："长水司马武宣、开阳城门候羊迪等，无它功德，初拜便真。此虽小失，而渐坏旧章。先圣法度，所宜坚守，政教一跌，百年不复。"（《后汉书》卷六三《李固传》）① 好在顺帝还能听从李固的意见。而之后的桓、灵时期违制愈烈，士大夫的谏言不仅大多得不到采纳，反而是因一言不慎触怒皇帝而被治罪之事频生。

东汉中后期最大的社会政治问题即宦官参政，自汉和帝联合宦官郑众铲除外戚势力后，"中官用权，自众始焉"（《后汉书》卷七八《宦者列传·郑众传》），且郑众被封侯。由宦官发动政变扶植上台的汉顺帝，不仅为宦官封侯，还许可宦官收养义子，世袭爵位。此后汉桓帝又依靠宦官诛灭外戚梁冀势力，单超、徐璜、左悺、唐衡、具瑗五宦官更是同日封侯。面对"封赏逾制，内宠猥盛"和宦官干政又封爵的局面，明达国体的儒士多次予以劝阻。如陈蕃上书汉桓帝谏曰："高祖之约，非功臣不侯。而闻追录河南尹邓万世父遵之微功，更爵尚书令黄儁先人之绝封，近习以非义授邑，左右以无功传赏，授位不料其任，裂土莫纪其功，至乃一门之内，侯者数人。"（《后汉书》卷六六《陈蕃传》）但桓帝未予采纳。河南尹冯绲也曾上书曰："旧典，中官子弟不得为牧人职"（《后汉书》卷三八《冯绲传》），桓帝亦未采纳。杨秉任太尉期间，多次因朝廷违背旧典、袒护宦官而劾奏，延熹五年（162）其奏曰："旧典，中臣子弟不得居位秉势，而今

---

① 李贤注引《续汉书》曰："中都官，千石、六百石，故事先守一岁，然后补真。"〔（南朝宋）范晔撰，（唐）李贤等注：《后汉书》卷六三《李固传》，中华书局1965年版，第2076页〕《汉书》卷一二《平帝纪》颜师古注引如淳曰："诸官吏初除，皆试守一岁乃为真，食全奉。"〔（汉）班固：《汉书》，中华书局1964年版，第349页〕

枝叶宾客布列职署，或年少庸人，典据守宰，上下忿患，四方愁毒。可遵用旧章，退贪残，塞灾谤"，后又奏中常侍侯览和具瑗曰："臣案国旧典，宦竖之官，本在给使省闼，司昏守夜，而今猥受过宠，执政操权……若斯之人，非恩所有，请免官送归本郡。"（《后汉书》卷五四《杨秉传》）窦武亦曾上表谏止宦官封侯，其中言及："宦党受封，快凶恶之心……陛下违汉旧典，谓必可行，自造制度，妄爵非人。"① 皇帝不遵法制旧典，臣下更为放肆地僭越违制。汉桓帝时，荀爽上书曰："今臣僭君服，下食上珍，所谓害于而家，凶于而国者也。"（《后汉书》卷六二《荀爽传》）汉灵帝时中常侍吕强在奏表中提到，外戚四姓和中官公族无功德者奢侈过度，"丧葬逾制，奢丽过礼，竞相放效，莫肯矫拂"（《后汉书》卷七八《宦者列传·吕强传》）。

（三）传统的选官制度遭受破坏。东汉中后期，随着政治形势的恶化，选官制度也渐被外戚和宦官操控。② 汉灵帝开置鸿都门学，使那些没有真才实学的人得到重用。更甚者，灵帝还在西园公开卖官鬻爵。③ 这不仅阻断了广大儒士群体的仕途，而且与汉家以经学取士的传统严重违背。

儒家强调尊卑有序的社会关系，但是东汉中后期，现实中的社会秩序却越来越混乱，世事衰坏。不仅如此，连皇帝本人都不再坚持以儒术为主的社会意识形态。汉桓帝刘志崇尚黄老和浮屠，他于延熹八年（165）分别派中常侍左悺和管霸两次赴苦县祭祀老子。此外，他还亲自祭祀老子。④ 延熹九年（166），襄楷在给汉桓帝的上书中说："闻宫中立黄老、浮屠之祠。"（《后汉书》卷三〇《襄楷传》）可见汉桓帝不仅祭祀老子，还在宫

---

① （清）严可均辑：《全后汉文》卷一六，商务印书馆1999年版，第154页。
② 《后汉书》卷五七《李云传》载："桓帝延熹二年，诛大将军梁冀，而中常侍单超等五人皆以诛冀功并封列侯，专权选举。"［（南朝宋）范晔撰，（唐）李贤等注：《后汉书》，中华书局1965年版，第1851页］
③ 《后汉书》卷五二《崔寔传》载："灵帝时，开鸿都门榜卖官爵，公卿州郡下至黄绶各有差。其富者则先入钱，贫者到官而后倍输，或因常侍、阿保自通达。是时段颎、樊陵、张温等虽有功勤名誉，然皆先输货财而后登公位。"《后汉书》卷七八《宦者列传·张让传》亦载，灵帝时，"刺史、二千石及茂才孝廉迁除，皆贡助军修宫钱，大郡至二三千万，余各有差。当之官者，皆先至西园谐价，然后得去。有钱不毕者，或至自杀。其守清者，乞不之官，皆迫遣之"。［（南朝宋）范晔撰，（唐）李贤等注：《后汉书》，中华书局1965年版，第1731、2535—2536页］
④ 《后汉书志·祭祀志中》"老子条"载，延熹九年（166），"（桓帝）亲祠老子于濯龙。文罽为坛，饰淳金扣器，设华盖之坐，用郊天乐也"。［参见（南朝宋）范晔撰，（唐）李贤等注《后汉书》，中华书局1965年版，第3188页］

中建有黄老、浮屠之祠,并把"祠老子"上升到国家祭祀的高度。皇帝本人对黄老思想的崇尚与推行之举,必定会对传统的儒家思想构成冲击,《后汉书》卷八八《西域传·天竺传》即载言:"桓帝好神,数祀浮图、老子,百姓稍有奉者,后遂转盛。"① 除百姓外,汉代士大夫阶层也会在一定程度上受到影响。

总之,在东汉后期,一方面外戚、宦官弄权,导致皇帝没有实权;另一方面朝廷又在自我摧残善士、破坏旧典,动摇着汉家的立国根本,传统的儒学意识形态也在逐步瓦解。所有这一切都是衰世的表征。

三 士人集团挽救时势的努力

经上所述可知,儒家本来就有论政、品人的传统,到汉代儒家思想道德规范的确立及学仕结合、通经入仕教学模式的施行,使得儒生的政治使命感进一步强化。京师之外的儒生可以向地方官吏提出谏言,也可以到京师游学向皇帝上书言事;而京师诸生则可以通过上书请愿的方式打抱不平。此外,在东汉成长起来的士人又多以气节自任、清正刚直,勇于承担社会责任。但是,东汉的社会环境却在一步步恶化,外戚与宦官惑乱朝纲、为害地方。到了桓、灵时期,社会矛盾进一步激化,儒家伦理纲常遭到前所未有的破坏,儒生以经学入仕、实现人生抱负的梦想亦被打碎。可见,一方面是东汉的国体政治决定了儒士规模的扩大和政治使命感的增强,另一方面又因皇权旁落、政局变乱,导致汉室立国根本的儒家传统不断受损。二者之间形成尖锐的社会矛盾。

面对社会危机,儒士固有的以天下为己任的社会责任感得到激发。在共同的社会忧患下,深受儒学思想浸染的汉代士人集结起来,相互褒重,为拯救天下而共同奋斗。规模广大的儒生多以集体请愿的方式挽救受到诬陷的名臣,如诸生救李固②、太学生救朱穆和皇甫规。任职地方的士大夫针对宦官党羽的恶行,则以实际行动惩治奸恶、纠正不法,像成瑨、刘瓆、李膺、翟超、黄浮等人皆如此。至于李固、杜乔、陈蕃、窦武等位高责大的朝臣,他们不断以上书请愿甚至冒死劝谏的方式力图匡正时弊、救

---

① (南朝宋)范晔撰,(唐)李贤等注:《后汉书》,中华书局1965年版,第2922页。
② 《后汉书》卷六三《李固传》载,梁冀诬陷李固与打算谋立刘蒜的刘文、刘鲔共为妖言,因而下狱,"门生勃海王调贯械上书,证固之枉,河内赵承等数十人亦要鈇锧诣阙通诉,太后明之,乃赦焉"。[(南朝宋)范晔撰,(唐)李贤等注:《后汉书》,中华书局1965年版,第2087页]

助忠良。① 这些人接近权力中枢，或占据高位，同时他们又是儒家伦理纲常的坚定维护者。在他们心目中皇权依然至高无上，当儒家道德规范遭到破坏、汉室江山行将倾倒，他们自然会挺身而出，以实际行动承担起挽救时弊的社会责任。

另外，社会环境的变迁，必会引起见闻广博、思想深邃者的高度敏感，他们会站在历史的高度对社会运行的规律重新加以思考。因此，在东汉中后期社会弊端丛生、儒学良士激争力谏之外，一些有识之士选择了潜心著作，以犀利的语句抒发愤懑、指切时弊，在理论思考中提出自己的治世主张，出现了王符的《潜夫论》、崔寔的《政论》、仲长统的《昌言》这样政治批判性极强的著作。除此之外，朱穆的《崇厚论》《绝交论》、赵壹的《刺世疾邪赋》、蔡邕的《述行赋》等篇章，也都是东汉末年社会批判思潮下的产物，体现了他们讥刺世风、忧念天下的情怀。

而对于游离于权力中心之外的广大儒士来说，在正常的社会秩序下，他们都是被察举的对象。但东汉后期的社会现实，使他们借以实现人生抱负的机会越来越有限。此时汉室统治根基动摇，再加上群小受赏、善士遭黜，这一切致使皇权在他们心目中渐行渐远。但是，他们又是受到儒家思想学说浸染及道德名节教育的优秀士人，仍然不失治平天下的志向和热情。因此当某位名士挺身而出与外戚、宦官对抗时，他们往往会一呼百应地予以拥护。所以，东汉末期社会上出现了一股崇尚名士的潮流。如名臣李固被梁冀诬陷下狱，及其出狱，"京师市里皆称万岁"（《后汉书》卷六三《李固传》）。《后汉书》卷五三《申屠蟠传》记载："京师游士汝南范滂等非评朝政，自公卿以下皆折节下之。太学生争慕其风，以为文学将兴，处士复用。"②从此类记载中可以看出，桓、灵之际社会秩序混乱，儒生仕途受阻，人们心存压抑与不平，广大士人中累积的情绪很容易就被带动或点燃。名士郭泰作为太学生领袖，当其归乡里，"衣冠诸儒送至河上，车数千两"，当其离世后，更是有"四方之士千余人，皆来会葬"（《后汉书》卷六八《郭泰传》）。第一次党锢事件发生后，名臣李膺、陈蕃、范滂等人反而得到士人集团更广泛的拥戴，太学生甚至冠以"三君""八俊"等名号对他们加以标榜；范滂释放南归时，"汝南、南阳士大夫迎之

---

① "三狱"发生后，为其中无辜受害者鸣不平的人士尚有多人。司空黄琼于延熹七年（164）上书桓帝时，认为李固、杜乔、李云、杜众皆为忠臣。延熹九年（166），窦武上表谏宦官封侯时也认为忠臣李固、杜乔被构陷。襄楷于延熹九年（166）给桓帝上书中，则为刘瓆、成瑨被宦官陷害鸣不平。

② （南朝宋）范晔撰，（唐）李贤等注：《后汉书》，中华书局1965年版，第1752页。

者数千两"(《后汉书》卷六七《党锢列传·范滂传》);"陈蕃丧妻还葬,乡人(毕)至"(《后汉书》卷六八《许劭传》);名士陈寔去世时,"海内赴者三万余人,制衰麻者以百数"(《后汉书》卷六二《陈寔传》),等等。可见在东汉后期,德行高尚的士人领袖得到广大士林的普遍拥护,拥有比皇帝更强的号召力。

这些心存正义感的儒士,寄希望于权臣名士能够力挽狂澜、化解危机,使社会秩序恢复到常态。但是残酷的社会现实却是,上书请愿未见效果、抨击奸邪反受诬陷、著文批判又徒为抒愤,均不能挽回颓势。就是在这样的局势和处境下,广大士人又以集体营造舆论的方式试图对社会群丑形成震慑,"匹夫抗愤,处士横议……品核公卿,裁量执政",且"危言深论,不隐豪强"①。如此议论时政、臧否人物确实起到了一定的效果,"自公卿以下,莫不畏其贬议,屣履到门"(《后汉书》卷六七《党锢列传》)。"危言深论"的矛头主要指向宦官集团的弄权行为。当宦官依靠皇权以暴力铲除天下善士后,直接的对抗只会徒增杀戮,所以依靠舆论导正风俗的方式更为受用。只不过舆论的方向从抨击时政转向了识鉴人才,舆论的主体也由士人集体变为名士个人。同时,处于恐怖氛围下的普通士人和广大民众对朝廷更加失望,心系名士的倾向也就越发严重,因此包括名士的品论人物之举也成为他们关注的对象,从而使名士臧否人物有了广大的群众根基。而个别名士出于社会责任感,亦多方品鉴人物、发掘人才,企图以此勘正日益恶化的社会风俗。两相发展,在东汉末年又形成了人伦臧否的风气,并造就出郭泰、许劭、许靖这样一批擅长品评人物的名士,他们的品论结果往往决定着士人的声名和地位。

通过上面的分析可以看出,在东汉中后期时俗浇薄、法纪颓败的社会情势下,正是由于有了一批上下一心、不懈抗争的儒士群体,才使汉室江山经外戚、宦官擅权百年而未易主。正如范晔在《后汉书》卷七九《儒林列传》中所说:"自桓、灵之间,君道秕僻,朝纲日陵,国隙屡启,自中智以下,靡不审其崩离;而权强之臣,息其窥盗之谋,豪俊之夫,屈于鄙生之议者,人诵先王言也,下畏逆顺势也……迹衰敝之所由致,而能多历年所者,斯岂非学之效乎?故先师垂典文,褒励学者之功,笃矣切矣。不循《春秋》,至乃比于杀逆,其将有意乎!"②《后汉书》卷六一后论中亦

---

① (南朝宋)范晔撰,(唐)李贤等注:《后汉书》卷六七《党锢列传》,中华书局1965年版,第2185页。
② (南朝宋)范晔撰,(唐)李贤等注:《后汉书》,中华书局1965年版,第2589—2590页。

言:"及孝桓之时,硕德继兴,陈蕃、杨秉处称贤宰,皇甫、张、段出号名将,王畅、李膺弥缝衮阙,朱穆、刘陶献替匡时,郭有道奖鉴人伦,陈仲弓弘道下邑。其余宏儒远智,高心洁行,激扬风流者,不可胜言。而斯道莫振,文武陵队,在朝者以正议婴戮,谢事者以党锢致灾。往车虽折,而来轸方遒。所以倾而未颠,决而未溃,岂非仁人君子心力之为乎?"① 范晔以史学家的独到见解指出,汉室以颓废之势得以长期不倒,实靠固守儒家伦理之士的集体维持。东汉儒士不惜以生命为代价的救世救天下之举,得到后人的崇敬。上文提及顾炎武论及汉末风俗时说:"至其末造,朝政昏浊,国事日非,而党锢之流,独行之辈,依仁蹈义,舍命不渝,风雨如晦,鸡鸣不已,三代以下风俗之美,无尚于东京者。"② 可见,虽然东汉中后期政治腐败、秩序混乱,但是因有一群儒家伦理纲常的坚定维护者,所以东汉士风还是得到了后世学者的高度赞颂。

东汉儒士在上述营造舆论以指斥时弊的过程中所形成的论政、品人的言论和风气,被后人称为"清议"。晋人山简曰:"至于后汉,女君临朝,尊官大位,出于阿保,斯乱之始也。是以郭泰、许劭之伦,明清议于草野;陈蕃、李固之徒,守忠节于朝廷。"(《晋书》卷四三《山涛传》)赵翼在《廿二史札记》卷五"党锢之起"条中亦言:"盖东汉风气,本以名行相尚,迨朝政日非,则清议益峻,号为正人者,指斥权奸,力持正论,由是其名益高,海内希风附响,惟恐不及。"③ 在他看来,正是清议之风的盛行,才造就出汉末士人的高风亮节。随着历史的发展,东汉风俗经后世论者的多方揣摩、提炼,"清议之风"在一定意义上成为东汉后期士风的代名词。

---

① (南朝宋)范晔撰,(唐)李贤等注:《后汉书》,中华书局1965年版,第2043页。
② (清)顾炎武著,黄汝成集释:《日知录集释》,上海古籍出版社2006年版,第752页。梁启超亦附和曰:"东汉二百年间,而孔子之所谓'儒行'者,渐渍社会,寖成风俗。至其末造,朝政昏浊,国事日非,而党锢之流,独行之辈,依仁蹈义,舍命不渝,风雨如晦,鸡鸣不已,让爵让产,史不绝书,或千里以急朋友之难,或连轸以犯时主之威。论者谓三代以下,风俗之美,莫尚于东京,非过言也。"(梁启超:《论中国学术思想变迁之大势》第四章"儒学统一时代",载刘梦溪主编《中国现代学术经典·梁启超卷》,河北教育出版社1996年版,第60页)
③ (清)赵翼著,王树民校证:《廿二史札记校证》,中华书局1984年版,第107页。

第三章　东汉士人清议的主要表现形式

从整体上看，东汉中后期的清议概有两个突出的方面：一是以太学生和朝臣为主体的"党人清议"，其主要目的是干预时政、抨击宦官擅权；二是身具影响力的士人进行的"名士清议"，其主要目的是在士阶层内部奖掖、识鉴人才。从时间段来看，二者近似衔接，"党人清议"遭受打击之后，"名士清议"渐趋凸显。但是细致来看，二者其实是交叉进行的。

第一节　东汉后期政治运动与党人清议

南宋孝宗认为东汉党锢之风是由"清议"促成的。① 胡三省在《资治通鉴》卷五三《汉纪·本初元年》注中曰："太学诸生三万人，汉末互相标榜，清议此乎出"，又曰："祸李膺诸人者，非太学诸生，诸生见其立节，从而标榜，以重清议耳。"② 黄遵宪《病中纪梦述寄梁任父》诗曰："不如《党锢传》，人人主清议。"③ 把"清议"和东汉后期的党锢之祸联系在一起，其说概来自范晔《后汉书·党锢列传》，其中提到桓、灵时期"匹夫抗愤，处士横议"，"若范滂、张俭之徒，清心忌恶，终陷党议"。可见，在后人看来，东汉后期"清议"的发动者是以"党人"为主的群体，包括儒学出身的士大夫和太学诸生。换句话说，"党人"以"清议"

---

① 《续资治通鉴》卷一四四《宋纪·淳熙二年》载宋帝曰："朝廷所行事，或是或非，自有公议。近来士大夫好唱为清议之说，此语一出，恐相师成风，便以趋事赴功者为猥俗，以矫激沽誉者为清高。骎骎不已，如东汉激成党锢之风，殆皆由此。"〔（清）毕沅编：《续资治通鉴》，中华书局1957年版，第3853页〕

② （宋）司马光编著，（元）胡三省音注：《资治通鉴》，中华书局1956年版，第1705页。

③ （清）黄遵宪著，钱仲联笺注：《人境庐诗草笺注》卷一一，上海古籍出版社1981年版，第1075页。

的方式来抨击奸邪、挽救时弊的行为，就被称为"党人清议"。

一 党人清议的对象及源起

东汉中后期，外戚、宦官轮流掌权，忠良被斥，朝廷日乱。面对这种局面，儒士大夫出于高度的政治使命感和社会责任感，力图消除奸邪势力，重振皇帝的权威，恢复儒家伦理纲常下的社会秩序。在这一斗争过程中，儒士除上书请愿、严惩不法外，还发动"清议"、广施褒贬，即制造舆论予以威慑。《后汉书》卷六七《党锢列传》载："桓灵之间，主荒政缪，国命委于阉寺，士子羞与为伍，故匹夫抗愤，处士横议，遂乃激扬名声，互相题拂，品核公卿，裁量执政。"① 由此可以看出，发生在桓、灵时期的"党人清议"，大概表现为三个方面：首先是面对宦官擅权，"处士横议"，即士人发起强大舆论对其攻击；其次是"激扬名声，互相题拂"，即士人彼此间相互倚重、标榜名节；再次是"品核公卿，裁量执政"，即士人以儒家伦理道德为依托，对百官公卿的是非对错作出评判。

其中，"党人清议"最主要的抨击对象还是宦官集团。桓帝时期，单超等五位宦官助桓帝铲除外戚梁冀有功，同日被封为"五侯"。此后宦官参政、干政日益明显，且恶行频发。《后汉书》卷七八《宦者列传》序记载：

> 举动回山海，呼吸变霜露。阿旨曲求，则光宠三族；直情忤意，则参夷五宗。汉之纲纪大乱矣。若夫高冠长剑，纡朱怀金者，布满宫闱；苴茅分虎，南面臣人者，盖以十数。府署第馆，棋列于都鄙；子弟支附，过半于州国。南金、和宝、冰纨、雾縠之积，盈仞珍臧；嫱媛、侍儿、歌童、舞女之玩，充备绮室。狗马饰雕文，土木被缇绣。皆剥割萌黎，竞恣奢欲。构害明贤，专树党类。其有更相援引，希附权强者，皆腐身熏子，以自炫达。同敝相济，故其徒有繁，败国蠹败之事，不可单书。所以海内嗟毒，志士穷栖，寇剧缘间，摇乱区夏。虽忠良怀愤，时或奋发，而言出祸从，旋见孥戮。因复大考钩党，转相诬染。凡称善士，莫不离被灾毒。②

史书中对桓、灵时期宦官破坏制度和法纪的记载还有多处，归结起来

---

① （南朝宋）范晔撰，（唐）李贤等注：《后汉书》，中华书局1965年版，第2185页。
② （南朝宋）范晔撰，（唐）李贤等注：《后汉书》，中华书局1965年版，第2510页。

大概有以下几个方面：第一，他们窃国弄权、欺君惑主，多次扣押臣僚的章表，甚至矫诏行事；第二，他们专权选举，任人唯亲，垄断地方要职；第三，他们贪赃枉法，打压异己，构陷忠良；第四，他们贪婪腐化，残暴恶毒，致使各地民怨沸腾。面对宦官集团的这种丑恶行径，正直士人自然会"羞与为伍"，党人清议的矛头也就会直接对准他们。

虽是如此，但我们不能对宦官一概而论。长乐五官史朱瑀盗阅窦武等人铲除宦官的章奏时骂道："中官放纵者，自可诛耳。我曹何罪，而当尽见族灭？"（《后汉书》卷六九《窦武传》）可见宦官中并非皆是放纵之徒。其实，东汉中后期的宦官之中亦不乏开明与正义之士。如和帝、安帝之际的中常侍蔡伦不仅发明了"蔡侯纸"，且"有才学，尽心敦慎，数犯严颜，匡弼得失"（《后汉书》卷七八《宦者列传·蔡伦传》）。稍后又有中常侍曹腾"用事省闼三十余年，奉事四帝，未尝有过。其所进达，皆海内名人，陈留虞放、边韶、南阳延固、张温、弘农张奂，颍川堂溪典等"（《后汉书》卷七八《宦者列传·曹腾传》）。即便在宦官擅取皇权的桓、灵时期，宦官中亦不乏忧国忧民与博学多识之人。像小黄门山冰参与了陈蕃、窦武谋诛宦官的行动。又如灵帝时宦官吕强上疏抨击中常侍曹节、王甫、张让等人的罪行，力劝皇室提倡节俭、革除弊政，并为因谗遭黜的正直官员鸣不平，黄巾起后，他又奏赦党人。又据《后汉书》卷七八《宦者列传·吕强传》载："时宦者济阴丁肃、下邳徐衍、南阳郭耽、汝阳李巡、北海赵祐等五人称为清忠，皆在里巷，不争威权"，且李巡根据诸博士试甲乙科争弟高下，"更相告言，至有行赂定兰台漆书经字，以合其私文者"的情况，建议皇帝"与诸儒共刻五经文于石"[1]，于是才有蔡邕等正定经文，镌刻熹平石经之事。另外，东汉末年还有专门为宦官所立的述德性碑文，如《中常侍樊安碑》[2]《小黄门谯敏碑》[3]，从碑文内容中可以看出碑主不仅才学渊博，而且具有较高的德行。以此可见，宦官中的有识之士也反对某些宦官的不良行径，对党人抱有同情之心，且对政治体制与思想文化建设提出过有益的建议，甚至他们本身或是清忠之士，或有博学之才，这与当时的正直儒士并无二异。且他们的所作所为也得到了当时人的认可，如"赵祐博学多览，著作校书，诸儒称之"（《后汉书》卷七八《宦

---

[1] （南朝宋）范晔撰，（唐）李贤等注：《后汉书》，中华书局1965年版，第2533页。
[2] 此碑立于汉桓帝延熹三年（160），参见（宋）洪适《隶释·隶续》，中华书局1985年版，第78页。
[3] 此碑立于汉灵帝中平四年（187），参见（宋）洪适《隶释·隶续》，中华书局1985年版，第126页。

者列传·吕强传》），而李巡建议正定五经的功绩更是影响巨大而深远。所以，我们不能因为"党人清议"针对的主要是宦官集团，就对所有宦官一概否定。

还需说明的是，东汉中后期外戚、宦官轮流执政，因此历来论及清议者亦把外戚看作党人抨击的对象，但实际上"党人清议"所针对的对象并不只是外戚势力。这是因为，从体制上看，"汉家之制，虽任英贤，犹援姻戚"（《后汉书》卷二九《申屠刚传》），崇贵母氏本为汉家旧典，因此外戚虽有擅权行为，但其以显位行事，与身份卑微的宦官有很大不同。赖于制度和传统，士人对外戚当势亦未极力反对。所以我们会看到，东汉虽有外戚窦氏、阎氏、梁氏先后干政，但是至桓、灵之后外戚依然被封官晋爵。① 从另一方面看，桓帝前期外戚梁冀势力被铲除之后，擅取皇权的唯有宦官集团，而外戚则是与士人站在一起共同反对宦官专政的。被太学生标榜为"三君"之一的窦武身份即为外戚，他儒学素养深厚，与士人共同策划了诛杀宦官的行动。其后又有外戚何进与士人群体谋诛宦官。

除抨击宦官外，党人还针对士人自身"激扬名声，互相题拂"，以此来增强团结、扩大声势。第一次党锢之祸后，"海内希风之流，遂共相标榜，指天下名士，为之称号"，因此党人名士中有"三君""八俊""八顾""八及""八厨"的称号，其含义为："君者，言一世之所宗也。……俊者，言人之英也。……顾者，言能以德行引人者也。……及者，言其能导人追宗者也。……厨者，言能以财救人者也。"（《后汉书》卷六七《党锢列传》）可见他们从自身内部选取名士予以褒扬，试图从侧面来影衬宦官品行的低下，并以此壮大士人群体的声势。为名士加号扬名，也是党人针对自身进行清议的最直观的表现。在反对宦官擅权的过程中，他们彼此认同、互相推崇，试图从立场上与宦官集团划清界限，从思想上稳固士人群体的阵营。

实事求是地说，在东汉末年政治混浊、世风日下的社会环境中，随波逐流、媚俗竞利之人也多有存在，如中常侍张让得势并封列侯，"时宾客

---

① 如《后汉书》卷五七《李云传》载，汉桓帝铲除梁冀势力后，"立掖庭民女亳氏为皇后，数月间，后家封者四人，赏赐巨万。"[（南朝宋）范晔撰，（唐）李贤等注：《后汉书》，中华书局1965年版，第1851页] 窦武长女被汉桓帝立为皇后，窦武亦迁越骑校尉，并封槐里侯；桓帝崩后，又有窦太后临朝，迎灵帝后，窦武又被拜为大将军，家里数人被封侯。[（南朝宋）范晔撰，（唐）李贤等注：《后汉书》，中华书局1965年版，第2239、2241页] 何进因其妹有宠于灵帝，而被拜为郎中；其妹被立为皇后以后，何进又被拜为侍中、将作大匠、河南尹，黄巾起后又被拜大将军，并因功封侯。[（南朝宋）范晔撰，（唐）李贤等注：《后汉书》，中华书局1965年版，第2246页]

第三章　东汉士人清议的主要表现形式　79

求谒（张）让者，车恒数百千两"（《后汉书》卷七八《宦者列传·张让传》）。因此，怀有社会责任感的党人还要"品核公卿，裁量执政"。这其实是传统儒家精神的一贯表现。桓、灵时期，党人对时政的议论是全国性的并有众多士人参与，在此之前并未见士人大规模集体论政的情形。当然，东汉末年党人大规模集体论政的发生，也是随着东汉中后期社会问题的增多，由士人个体或小团体的议论逐渐汇集而成的。《后汉书》卷六七《党锢列传》序云：

  初，桓帝为蠡吾侯，受学于甘陵周福，及即帝位，擢福为尚书。时同郡河南尹房植有名当朝，乡人为之谣曰："天下规矩房伯武，因师获印周仲进。"二家宾客，互相讥揣，遂各树朋徒，渐成尤隙，由是甘陵有南北部，党人之议，自此始矣。①

甘陵的南北部党就是当时议论时政的小团体。② 由"党人之议，自此始矣"一句可知，虽然东汉后期的"党人清议"以抨击宦官集团为主，但是"党人清议"并非以此为开端，而是从"品核公卿，裁量执政"开始的。《后汉书》卷六七《党锢列传》序又载，党人之议形成之后，面对汝南太守宗资把权力下放给功曹范滂（字孟博）、南阳太守成瑨把权力下放给功曹岑晊（字公孝）的情形，二郡之士又作歌谣论曰："汝南太守范孟博，南阳宗资主画诺。南阳太守岑公孝，弘农成瑨但坐啸"，此类地方流言传入太学后，庞大的儒生群体以郭泰和贾彪为首，与朝廷官员李膺、陈蕃、王畅等相互褒重，并作歌谣评论三人曰："天下模楷李元礼（按：李

---

① （南朝宋）范晔撰，（唐）李贤等注：《后汉书》，中华书局1965年版，第2185—2186页。
② 这样小范围议论时政的行为在史料中还有一些记载，如《后汉书》卷六一《左雄传》载，左雄荐周举为尚书，因比较称职，"议者咸称焉。"［（南朝宋）范晔撰，（唐）李贤等注：《后汉书》，中华书局1965年版，第2022页］《后汉书》卷四五《周景传》载，韩演、周景在河内任职时，好贤爱士、志在无私，"故当时论者议此二人"。［（南朝宋）范晔撰，（唐）李贤等注：《后汉书》，中华书局1965年版，第1538页］《后汉书》卷六四《赵岐传》载，赵岐与其从兄赵袭对中常侍唐衡之兄唐玹之为人"数为贬议"。［（南朝宋）范晔撰，（唐）李贤等注：《后汉书》，中华书局1965年版，第2122页］《后汉书》卷七六《循吏列传·童恢传》载，童恢独自诣阙争救自己的举主杨赐，不求回报，"由是论者归美"。［（南朝宋）范晔撰，（唐）李贤等注：《后汉书》，中华书局1965年版，第2482页］《后汉书》卷五二《崔寔传》载，崔烈以钱购得司徒一职，"论者嫌其铜臭"。［（南朝宋）范晔撰，（唐）李贤等注：《后汉书》，中华书局1965年版，第1731页］

膺），不畏强御陈仲举（按：陈蕃），天下俊秀王叔茂（按：王畅）。"① 其实这些论议性歌谣的产生，皆与士大夫对抗社会败类有关。如范滂以"清节"为时人所称道，且有"澄清天下之志"，他被委任为汝南功曹期间，其外甥李颂被中常侍唐衡请托为吏，李颂虽为公族子孙，但为乡曲所弃，因此"（范）滂以非其人，寝而不召"（《后汉书》卷六七《党锢列传·范滂传》）。岑晊以高名为南阳太守成瑨委任为功曹，时宛县富商张汜作为桓帝美人的外亲，靠贿赂中官取得显位，并且恣意所为、不畏法网，岑晊劝成瑨将其收捕笞杀。中常侍侯览使张汜妻讼冤于桓帝后，成瑨被征下狱，虽经太尉陈蕃极力劝谏，但成瑨还是死于狱中。李膺为司隶校尉期间，宦官张让之弟张朔为野王令，贪残无道，李膺将其处死。而王畅则以清实为称，太尉陈蕃认为其清方公正，举荐他为尚书，后又拜南阳太守，纠发奸恶、豪右大震。儒士群体以"清议"的方式对这些敢于惩治不法、揭发贪恶的士大夫予以歌颂扬名，而对于那些为官不仁、贪赃枉法之人则坚决予以贬斥，这确实收到了一定的效果："自公卿以下，莫不畏其贬议，屣履到门。"（《后汉书》卷六七《党锢列传》）

但是，东汉后期比士大夫官员违礼违制、背官弃德更为严重的社会问题是宦官弄权，像上面所述在正直之士严惩贪腐的行动中，打击对象除部分豪右外，其余多数为宦官或与宦官有染者。在这种情况下，党人议论的重心自然也会转向宦官。河南尹李膺素与善于讨论时政的太学诸生交结密切，当交通宦官的张成故意教其子在大赦前杀人，李膺坚决将其收捕处死后，宦官遂教张成弟子上书诬告李膺等人"养太学游士，交结诸郡生徒，更相驱驰，共为部党，诽讪朝廷，疑乱风俗"（《后汉书》卷六七《党锢列传》）。以此为导火线，引发第一次党锢之祸：桓帝布告天下，逮捕党人，包括李膺、杜密、陈寔、范滂等人在内，受牵连者有二百余人。因李膺等人在狱中多次举报宦官子弟的不法行为，宦官惧怕，又加上太尉陈蕃、尚书霍谞、城门校尉窦武的上书请求，党人才被赦归田里，禁锢终身。其后党人名士虽被废放，但其身价反而提高，"（李膺）免归乡里……天下士大夫皆高尚其道，而污秽朝廷"（《后汉书》卷六七《党锢列传·李膺传》）。另外，以儒学诸生为主的士人再次掀起清议的高潮，他们标榜更多的名士，并为之加号扬名，除窦武、刘淑、陈蕃为"三君"外，又有"八俊""八顾""八及""八厨"，共三十五名士。影响所及，袁宏在

---

① （南朝宋）范晔撰，（唐）李贤等注：《后汉书》，中华书局1965年版，第2186页。

《后汉纪·桓帝纪》中甚至认为"党人之议始于此"①。灵帝初即位，窦武以皇太后之父身份拜为大将军，陈蕃被任用为太傅，二人同心协力谋诛宦官，但因事泄反遭宦官杀害，重新被起用的李膺、杜密等人也再次被废。稍后中常侍候览因张俭任山阳东部督邮时劾奏过其家人的罪行，遂让张俭乡人朱并诬告张俭与乡人二十四人"别相署号，共为部党，图危社稷"，并拟定了新的"八俊""八顾""八及"予以打击。② 不仅如此，宦官集团看到为"清议"所称誉的前党人名望犹盛，因而大长秋曹节又奏捕前党人，李膺、杜密、范滂、魏朗等百余人皆死狱中，死徙废禁者六七百人，这就是第二次党锢之祸。从此天下善士基本被迫害殆尽，"党人清议"也不复存在。

可见，在东汉中后期，党人之议虽早有端倪，但"党人"之名及非议朝政之事，实是士人群体在与宦官集团对抗的过程中，宦官对士人群体的诬称。仲长统《昌言》载及汉桓帝时期高命士"直言正谕，与相摩切。被诬见陷，谓之党人"③，窦武上疏桓帝为"党人"辩护时也提到"奸臣牢修，造设党议"（《后汉书》卷六九《窦武传》）。当然，政治利益驱使下的结党现象或党派斗争在东汉末年之前早已存在，汉宣帝时颍川豪族大姓"相与为婚姻，吏俗朋党"（《汉书》卷七六《赵广汉传》），又有"石渠分争之论，党同伐异之说"（《后汉书》卷六七《党锢列传》序）。其实在桓、灵时期，不同政治派系之间彼此称"党"的现象非常多，如范滂为三府掾属时，奏"权豪之党二十余人"，为汝南功曹时，归怨范滂者指其所用为"范党"（《后汉书》卷六七《党锢列传·范滂传》）。从另一方面看，虽然此时清议过程中"党人"之名为宦官所加，但从当时的实际情况来看，士大夫和儒生组成的清议群体确有结党之实，而且当时的某些士大夫对此也有所默认。如党事初起时，皇甫规自上言为"党人"："臣前荐故大司农张奂，是附党也。又臣昔论输左校时，太学生张凤等上书讼臣，是为党人所附也。"（《后汉书》卷六五《皇甫规传》）又，熹平元年（172）窦太后崩，有人书朱雀阙言："天下大乱，

---

① （晋）袁宏撰，周天游校注：《后汉纪校注》，天津古籍出版社1987年版，第621页。
② 《后汉书》卷六七《党锢列传》载，张俭乡人朱并希望中常侍候览意旨，上书告张俭与同乡二十四人，以"（张）俭及檀彬、褚凤、张肃、薛兰、冯禧、魏玄、徐乾为'八俊'，田林、张隐、刘表、薛郁、王访、刘祇、宣靖、公绪恭为'八顾'，朱楷、田槃、疏耽、薛敦、宋布、唐龙、嬴咨、宣褒为'八及'"。[（南朝宋）范晔撰，（唐）李贤等注：《后汉书》，中华书局1965年版，第2188页]
③ 参见（清）严可均辑《全后汉文》卷八九，商务印书馆1999年版，第897页。

曹节、王甫幽杀太后，常侍侯览多杀党人。"(《后汉书》卷七八《宦者列传·曹节传》)可见，"党人"之称在当时社会中已经流传开来，包括士大夫群体。所以后人把他们议论朝政、品核公卿之事称为"党人清议"是符合历史事实的。

从东汉中后期的历史来看，左右当时政治局势的主要有三股力量，即士人群体、外戚势力和宦官集团。而桓、灵时期，则是宦官擅取皇权的最盛时期。在这种情况下，庞大的士人群体不得不加强自身的团结，并与外戚势力联合起来共同对抗宦官。① 因此，党人之议产生之时虽有品核公卿的言行，但是矛头多指向宦官。尤其是地方党议转至京师后，以太学诸生为主的群体与正直的朝廷士大夫相褒重，形成了规模更大的清议活动。他们以儒家伦理道德为依托，一方面以"清议"贬斥宦官，另一方面又用"清议"褒扬名士，可谓声势浩大，人人皆畏其贬议。尤其是在第一次党锢之祸发生后，"党人清议"更是掀起高潮，以至后人用"清议运动"来描述这段历史。但是，轰轰烈烈的清议运动引起宦官集团更大的警觉和畏惧，他们最终依靠皇权用暴力镇压了党人，并制造了骇人听闻的二次党锢之祸。可以说，党锢之祸因"党人清议"而引发，党锢之祸也把"党人清议"的精神传播久远。

二 党人清议的参与主体及影响

根据《后汉书》卷六七《党锢列传》的记载，党人之议始于甘陵周福和房植两家宾客的相互讥揣。原因是，周福与房植作为同郡人，一个是因做过皇帝的老师而被擢升，另一个则是靠真才实学而有名当朝的，由此两家宾客在讥讽和反讥讽中各树朋党，最终形成甘陵南北部党。由此来看，甘陵党议的参与主体也就是围绕在大官吏周福和房植周围的宾客、属吏。地方党议以党争的形式出现，不免有勾朋结党、排斥异己的成分，但争斗中总会存在疾恶好善的正义一方，他们所作的客观、公正的议论才可称为"清议"。另外，地方党人以团体的形式相争及其引起的社会效应之大也是有目共睹的，因此当他们攻击异己的地方性谣言传入太学时，太学诸生也以作谣谚或称号的方式来褒扬朝中正直的士大夫。《后汉纪·桓帝纪》载，第一次党锢事件发生后，"学生同声竞为高

---

① 此时的外戚主要指窦武，窦武本人也是儒士出身，且儒学素养深厚。《后汉书》本传载其"少以经行著称，常教授于大泽中，不交时事，名显关西"，从这个层面上来看，儒士与外戚联合有必然性。

第三章　东汉士人清议的主要表现形式　83

论，上议执政，下议卿士"，并为敢于反抗宦官擅权的名士冠以"三君、八俊、八顾、八及之目"。① 以此来看，广大太学生群体与士大夫官员在共同对抗宦官集团的斗争中，结为事实上的部党。所以，宦官诬告李膺时也以此定其罪名。在此部党中，不管是对擅权不法者的"激浊"，还是对党人名士的"扬清"，广大的太学生都是议论的主体。朱传誉说："东汉清议力量的膨胀，主要是由于太学生的参加。"② 之所以如此，除前述汉代选官制度及教育政策导致太学生规模庞大、政治使命感强之外，太学生仕途受阻的利益损失，身处京师能尽知朝廷局势的地缘优势，都是他们成为"清议"主体的原因。

　　除太学诸生外，一些儒学出身的朝廷官员也是"党人清议"的重要组成部分。在党人清议的过程中，被标榜的"三君""八俊""八顾""八及""八厨"（三十五人）本是儒生与朝廷官员的结合体。具体来看，"三君"指窦武、刘淑、陈蕃，"八俊"指李膺、荀翌、杜密、王畅、刘祐、魏朗、赵典、朱寓，"八顾"指郭泰、宗慈、巴肃、夏馥、范滂、尹勋、蔡衍、羊陟，"八及"指张俭、岑晊、刘表、陈翔、孔昱、苑康、檀敷、翟超，"八厨"指度尚、张邈、王考、刘儒、胡母班、秦周、蕃向、王章。其中魏朗、郭泰、岑晊、苑康，为当时在太学受业或游学的诸生，其他名士则多为儒士出身的朝廷官员或地方官吏。当然，我们不能确定这三十五人当中是否每个人都好为"清议"，因为"三君""八俊"等称号毕竟主要是赋予那些敢于对抗、打击宦官的名士的，③ 对抗与打击表现为行动，

---

① （晋）袁宏撰，周天游校注：《后汉纪校注》，天津古籍出版社1987年版，第624页。
② 朱传誉：《中国民意与新闻自由发展史》，正中书局1974年版，第117页。
③ 我们可举例来看他们以实际行动打击宦官集团的行为。如李膺正是由于处死交通宦官的张成之子，才被诬陷遭党禁的。《后汉书》卷六二《荀淑传》载荀翌为沛相时，"正身疾恶，志除阉宦"［（南朝宋）范晔撰，（唐）李贤等注：《后汉书》，中华书局1965年版，第2050页］。又据《后汉书》卷六七《党锢列传》，杜密任太守和北海相期间，"宦官子弟为令长有奸恶者，辄捕案之"。刘祐任大司农期间，对中常侍苏康、管霸侵占的良田美业、山林湖泽，"移书所在，依科品没入之"。蔡衍任冀州刺史期间，中常侍具瑗请蔡衍举荐其弟恭为茂才，"衍不受，乃收赍书者案之"，又上书劾奏河间相曹鼎（中常侍曹腾之弟）的罪。羊陟为尚书令时，三府举官署"与宦竖相姻私，公行货赂"，即"并奏罢黜之"。张俭为东部督邮时，中常侍侯览家在防东，残暴百姓，所为不轨，"俭举劾览及其母罪恶，请诛之"。岑晊为弘农太守功曹时，收捕以"雕镂玩好之物"贿赂中官，而以此得到显位，为所欲为的宛县富商张汜。陈翔任扬州刺史时，"举奏豫章太守王永奏事中官"，又劾举时任吴郡太守的中常侍徐璜之弟徐参"在职贪秽"。苑康本痛恨阉宦，他任职太山太守期间配合山阳督邮张俭翦灭宦官的行动，对宦官宗党宾客藏匿太山界者，"皆穷相收掩，无得遗脱"。［（南朝宋）范晔撰，（唐）李贤等注：《后汉书》，中华书局1965年版，第2183—2218页］而窦武与陈蕃更是痛恨宦官干政，后又定策铲除宦官，而巴肃、尹勋也参与了他们谋诛宦官的行动。

而"清议"则是一种言论,所以对抗、打击宦官有力者,"清议"未必是最激烈者。但是,这三十五人在与宦官集团作斗争的过程中,面对社会问题的严重性及儒家伦理纲常的沦丧绝不会无动于衷,多数人心怀愤懑是必然的,"以臧否为谈"也是人之常情。以郭泰、贾彪为首的太学生是与朝中官员李膺、陈蕃、王畅等人相互褒重的。《后汉纪·桓帝纪》记载,第一次党锢事件后太学生"竞为高论"之时,"范滂、岑晊之徒,仰其风而扇之"。① 范滂为"八顾"之一,岑晊为"八及"之一,他们皆参与了太学生的清议活动。

另外,从儒学素养方面来看,"三君""八俊"等名士明习经学,多人甚至以经学教授生徒。如"三君"中的窦武、刘淑,"八俊"中的李膺,"八顾"中的蔡衍,"八及"中的檀敷,都有以经学教授生徒的经历,②他们遇事亦会以儒家经典来裁断是非。③ 除此之外,这些名士又具有清正廉洁的品性,是清流士大夫的代表。如窦武不仅敬重名士、廉洁奉公,而且遵礼守法、治家谨严。④ 陈蕃力行孝道,后任太傅,认为自己功德浅薄,坚决辞让封侯。窦太后则认为他"忠孝之美,德冠本朝,謇愕之操,华首弥固"(《后汉书》卷六六《陈蕃传》)。李膺曾与廷尉冯绲、大司农刘祐等"共同心志,纠罚奸幸"(《后汉书》卷六七《党锢列传·李膺传》)。刘陶评价朱穆、李膺曰:"皆履正清平,贞高绝俗。"(《后汉书》卷五七《刘陶传》)皇甫规认为"李膺、王畅、孔翊,洁身守礼"(《后汉书》卷六五《皇甫规传》)。范滂更是以"清节"为时人所称道,当其遭党事被

---

① (晋)袁宏撰,周天游校注:《后汉纪校注》,天津古籍出版社1987年版,第624页。
② 又据《后汉书》卷五六《王畅传》,"八及"中的刘表为王畅的学生,早年有良好的儒学修养,后据荆州又"立学校,博求儒术"。[(南朝宋)范晔撰,(唐)李贤等注:《后汉书》,中华书局1965年版,第1825、2421页]《后汉书》卷六七《党锢列传·孔昱传》载,孔昱本为孔子后人,少习家学《尚书》。[(南朝宋)范晔撰,(唐)李贤等注:《后汉书》,中华书局1965年版,第2213页]
③ 如陈蕃为营救因惩治宦官受累的官员时,多次引用《诗经》文句、《春秋》义理、孔子说辞来劝谏桓帝。当桓帝责备李膺不请自诛宦官之弟张朔时,他亦引用《春秋》《礼记》及孔子诛少正卯之事,为自己辩护。范滂被诬陷为党人入狱后,他引用孔子之语"见善如不及,见恶如探汤"作为说辞,当其免遭牢狱之祸到京师拜访曾受理其案的尚书霍谞时并未表达谢意,有人责备他,他又引用《左传》中羊舌鲋营救叔向的典故为自己开脱。
④ 《后汉书》卷六九《窦武传》载,窦武任职城门校尉期间,"多辟名士,清身疾恶,礼赂不通,妻子衣食裁充足而已"。因战乱频仍,多有饥民,他又"载肴粮于路,丐施贫民"。针对自己侄子窦绍"性疏简奢侈"的行为,窦武"数切厉相戒,犹不觉悟,乃上书求退绍位,又自责不能训导,当先受罪"。[(南朝宋)范晔撰,(唐)李贤等注:《后汉书》,中华书局1965年版,第2239页]

捕受审时,"以同囚多婴病,乃请先就格"(《后汉书》卷六七《党锢列传·范滂传》)①。由此来看,包括大批朝廷官员在内的"三君""八俊"等名士,能成为"党人清议"的重要组成部分有其必然性。

当然,清议士人不惟指太学诸生和朝臣名士,在他们之外还存在一些批判为官不仁、揭露宦官罪行的士大夫官吏。《后汉书》卷六七《党锢列传》在述及党人之议时,在太学生及其相互褒重的朝廷官员之外,又言及:"渤海公族进阶、扶风魏齐卿,并危言深论,不隐豪强",且"自公卿以下,莫不畏其贬议"②。二人的清议论政能产生如此大的影响,想必在他们周围也存在一批共同煽炽风气的士人。另外,第一次党锢之祸发生时,汉桓帝是"班下郡国,逮捕党人"的,可见论议朝政的士人范围应是很广的,并非只限于京师。党人遭逮捕后,"辞所连及陈寔之徒二百余人"(《后汉书》卷六七《党锢列传》序),此外尚有"逃遁不获"者。又,诏书下举钩党时,"郡国所奏相连及者多至数百",青州六郡中有五郡举报了党人,而平原相史弼坚称无党,从而"济活者千余人"(《后汉书》卷六四《史弼传》)。从宦官打击党人所连及数百人和史弼救助千余人的规模来看,当时各地清议参与者为数众多。

此外,党锢之祸前后,党人周围那些心忧国事并乐于惩恶扬善的清流士大夫,也应看作东汉后期清议运动的组成人员。如因上书指责宦官罪行而被杀害的白马令李云;深疾宦官并上疏罢省宦官的朱穆;严惩宦官不法的太原太守刘瓆、南阳太守成瑨、东海相黄浮;为李膺上疏申诉的司隶校尉应奉;帮张检逃脱的东莱人李笃;与成瑨一起打击贿赂宦官者的弘农中

---

① 其他名士之高洁,如《后汉书》卷五六《王畅传》载王畅"清实为称,无所交党",为南阳太守期间,力惩豪强,推行教化,矫治侈靡之风,使南阳郡风化大变。[(南朝宋)范晔撰,(唐)李贤等注:《后汉书》,中华书局1965年版,第1823页]又《后汉书》卷六七《党锢列传》,刘佑任扬州刺史期间举奏大将军梁冀弟梁旻之罪,为河东太守期间"黜其权强,平理冤结,政为三河表"。尹勋家族之人多有居贵位者,而"勋独持清操,不以地势尚人"。蔡衍居乡里时,"有争讼者,辄诣衍决之,其所平处,皆曰无怨"。羊陟"少清直有学行",为冀州刺史时"奏案贪浊,所在肃然",为河南尹时"计日受奉,常食干饭茹菜,禁制豪右"。陈翔曾因大将军梁冀朝贺时威仪不整,劾奏其"恃贵不敬"。苑康任太山太守期间,以严令规范郡内豪姓的不法行为。[(南朝宋)范晔撰,(唐)李贤等注:《后汉书》,中华书局1965年版,第2199—2214页]《后汉书》卷三八《度尚传》载,度尚任上虞长时"为政严峻,明于发擿奸非",任文安县令时,"遇时疾疫……开仓廪给,营救疾者"。[(南朝宋)范晔撰,(唐)李贤等注:《后汉书》,中华书局1965年版,第1284页]《三国志》卷七《张邈传》载:"(张邈)振穷救急,倾家无爱,士多归之。"[(晋)陈寿撰,陈乃乾校点:《三国志》,中华书局1964年版,第221页]

② (南朝宋)范晔撰,(唐)李贤等注:《后汉书》,中华书局1965年版,第2186页。

贼曹吏张牧;顶住从事史压力未检举党人,从而使千余人得以存活的史弼;捕杀在晋阳"贪横放恣"小黄门的王允;考杀郡中与宦官交结买爵者的弘农太守王宏;党事起时,被禁锢的郑玄及其同郡孙嵩等四十余人;其他遭党事禁锢多年的黄琬、范冉、赵岐、羊续、延笃、符融、张升、何休、荀爽、陈纪、韩融,等等。除此之外,党人名士的门生故吏,虽多有被诬滥入"党人"者,但也不可否认,其中多数人亦是清议运动的参与者和同情者。① 他们或以行动配合舆论,或以舆论促进行动,正是因为有了这些士人的奋力抗争,才在东汉末年混乱污浊的社会环境中造就出对后世士人观念和世风世俗影响深远的清议之风。

　　由上来看,"党人清议"的参与者不在少数。他们在当时有着怎样的社会影响呢?对此,我们可从时人对清议之士的态度上得到间接认识。党事初起时,有些士大夫因没有被划入"党人"之列觉得是可耻的事情,如名将皇甫规认为自己未受党事牵连是名誉不高的表现,因此主动上书说自己攀附"党人"请求论罪;侍御史景毅的儿子是李膺的门徒,党事兴起时亦因没有被记入"党人"名册而觉得是苟且偷安,便自己上表免官。第一次党事后,"党人"虽然被罢官归田,但他们却得到了比之前更多的荣耀和敬仰,如范滂被释归,"始发京师,汝南、南阳士大夫迎之者数千两"(《后汉书》卷六七《党锢列传·范滂传》)。党锢事件后,"(李)膺等虽免废,名逾盛,希之者唯恐不及。涉其流者,时虽免黜,未及家,公府州郡争礼命之"(《后汉纪·桓帝纪》)。李膺免归乡里,"居阳城山中,天下士大夫皆高尚其道,而污秽朝廷"(《后汉书》卷六七《党锢列传·李膺传》)。第二次党事兴起时,党人遭受逮捕,多人对他们抱有同情和不平,甚至不惜丢掉性命也要对其保护,如张俭亡命、困迫遁走,"望门投止,莫不重其名行,破家相容",甚至"其所经历,伏重诛者以十数,宗亲并皆殄灭,郡县为之残破"(《后汉书》卷六七《党锢列传·张俭传》)。督邮吴导看到急捕范滂的诏书,"抱诏书,闭传舍,伏床而泣",而县令郭揖欲"出解印绶,引与俱亡"(《后汉书》卷六七《党锢列传·范滂传》)。陈蕃被害后,陈留人朱震"收葬(陈)蕃尸,匿其子逸","事觉系狱,合门桎梏"(《后汉书》卷六六《陈蕃传》)。窦武被害后,府掾胡腾"殡敛行丧,坐以禁锢"(《后汉书》卷六九《窦武传》)。可见,多人对党人名士抱有崇敬之情,说明在与宦官集团做斗争的过程中,党人是正义的一

---

① 与之相似的还有,汉末名士离世时,那些上千人、上万人的会葬者。关于此,下面章节还会述及。

方，他们的抨击时政、品评人物之举，也间接反映了人民群众的迫切愿望。再从士人清议的具体情形来看，他们面对宦官弄权、世风日下而心忧国家，多数士大夫甚至以死谏的方式力黜奸邪。正是由于在清议活动中表现出不畏强暴的凛然气节和坚决维护国家纲常、匡时救弊的精神，他们才得到了时人的认可，也得到了后人的无比尊崇和敬仰。

第二节 汉末人物品评与名士清议

在"党人清议"出现的同时及以后，"名士清议"也在东汉末期逐渐掀起波澜。所谓"名士清议"，"简言之就是臧否人伦、品评人物的社会风气。其时善清议者被目为'好人伦'、有'识鉴之能'，因而被誉为'名士'"①。党人清议凸显的是群体舆论的力量，而名士清议则基本以个人魅力引发舆论。党人中的部分名士，既在清议运动中抨击宦官集团，又在社会生活中识鉴、奖掖善士，如郭泰既参加了"党人清议"，又是"名士清议"的代表。党锢之祸发生后，党人清议已不复存在，但清议并未亡迹，代之而盛的是东汉末年名士的核论人物行为，像许劭、许靖兄弟主持的"月旦评"在当时即产生较大的社会影响。陈寅恪认为："东汉清议的要旨为人伦鉴识，即指实人物的品题。"②

一 名士清议的基本特征

桓、灵时期，面对宦官擅权导致的种种社会乱象，团结起来的党人以集体的形式发起对宦官集团的强大舆论攻势。除党人清议中的儒士外，汉代后期还有一些关心时政和国家命运的名士。他们在议论时政、品核公卿类的政治事件之外，还肩负着另一重要的使命：奖掖士人、臧否人物，也就是名士以个人影响力来发起舆论、识鉴人才。名士的评议往往左右着人们对所识鉴之人的印象与看法，如果得到名士的好评，则可能"一经品题，便作佳士"（李白《与韩荆州书》）；相反，则可能"一玷清议，终身不齿"（顾炎武《日知录》卷一三"清议"条）。尤其在党锢之祸后，时政性的清议渐趋消歇，而名士识鉴人物的清议则愈加凸显。另外，名士清

---

① 张旭华：《东吴九品中正制初探》，《郑州大学学报》（哲学社会科学报）2001 年第 1 期。
② 陈寅恪：《清谈误国》，载万绳楠整理《陈寅恪魏晋南北朝史讲演录》，黄山书社 2000 年版，第 44 页。

议除对现实中的士人进行品评识鉴外，还可能对某个人的前程作预知性判断。如大名士郭泰奖掖人们不看好的某些士人皆得成才，许劭为尚未立名的曹操进行"题目"亦属于此类情况。① 郭泰识鉴人才的举动亦蕴含着他对士人的鼓励和劝进之情，② 正如《后汉书》卷六八《郭泰传》论曰："恂恂善导，使士慕成名。"③ 以此亦可看出，名士对士人的评判中，还包含着以舆论感染士人、以舆论引导人心向善或奋发图强的意味。

名士对人物的品评并非凭空而来，而是有生活基础作为依据的。郭泰常常是从生活小事中观摩士人并断定其前程的。据《后汉书》卷六八《郭泰传》，茅容与同辈人在树下避雨，大家都平蹲相对，而茅容却正襟危坐，十分恭谨；郭泰留宿于茅容家时，茅容杀鸡给其母吃，自己与客人却只食蔬菜。郭泰以此断定，茅容是位贤人，并劝其就学，后终成为有德之人。又如孟敏，郭泰认为他与常人不同，只是因为他扛的甑不慎坠地破损后，看也不看一眼就走了，郭泰问其原因，他说："甑已破矣，视之何益？"因此，郭泰劝其游学，终成名就。陈蕃亦是东汉后期的名士，《后汉书》卷五三《徐稚传》载，尚书令陈蕃和仆射胡广向汉桓帝荐举徐稚、袁闳、韦著三人，当桓帝问及三人谁先谁后时，陈蕃回答曰："（袁）闳生出公族，闻道渐训。著长于三辅礼义之俗，所谓不扶自直，不镂自雕。至于（徐）稚者，爰自江南卑薄之域，而角立杰出，宜当为先。"④ 陈蕃在这里是根据士人生长的社会环境来分析和判断其人优劣的。可见，名士对人物的品评

---

① 《后汉书》卷六八《许劭传》载："曹操微时，常卑辞厚礼，求为己目。劭鄙其人而不肯对，操乃伺隙胁劭，劭不得已，曰：'君清平之奸贼，乱世之英雄。'操大悦而去。"［（南朝宋）范晔撰，（唐）李贤等注：《后汉书》，中华书局1965年版，第2234页］

② 如《后汉书》卷六八《郭泰传》载："贾淑字子厚，林宗乡人也。虽世有冠冕，而性险害，邑里患之。林宗遭母忧，淑来修吊，既而钜鹿孙威直亦至。威直以林宗贤而受恶人吊，心怪之，不进而去。林宗追而谢之曰：'贾子厚诚实凶德，然洗心向善。仲尼不逆互乡，故吾许其进也。'淑闻之，改过自厉，终成善士。乡里有忧患者，淑辄倾身营救，为州闾所称。"［（南朝宋）范晔撰，（唐）李贤等注：《后汉书》，中华书局1965年版，第2229—2230页］

③ 名士清议之所以蕴含着对士人的"恂恂善导"之情，是因为儒家伦理纲常赋予了他们较强的社会责任感，面对汉末社会局势的不断恶化，名士自觉承担起拯救世道的重任。汉末名士庞统的话也许更能印证名士清议的这一思想。据《三国志》卷三七《庞统传》载，庞统"性好人伦，勤于长养。每所称述，多过其才"，时人怪而问其原因，庞统答曰："当今天下大乱，雅道陵迟，善人少而恶人多。方欲兴风俗，长道业，不美其谭即声名不足慕企，不足慕企而为善者少矣。今拔十失五，犹得其半，而可以崇迈世教，使有志者自励，不亦可乎。"［（晋）陈寿撰，陈乃乾校点：《三国志》，中华书局1964年版，第953页］

④ （南朝宋）范晔撰，（唐）李贤等注：《后汉书》，中华书局1965年版，第1747页。

要依靠自身的才识和经验,察其言、观其色、辨其行,并根据此人的生活基础作出客观分析。

《后汉书》卷六八《郭泰传》记载,被郭泰识鉴成名的士人有六十多位,这些人的身份地位各不相同。有些人曾有恶行,后变为善人,如宋果开始时"性轻悍,喜与人报仇",经郭泰训诫后改节自敕,后官至并州刺史;贾淑先前"性险害,邑里患之",经郭泰感化,"改过自厉,终成善士"。有的人身份卑微,后亦成为名士,如庾乘本是个县廷的门士,郭泰见而拔之并劝其游学,终成善于讲论的博学之士。其他又如"识张孝仲刍牧之中,知范特祖邮置之役,召公子、许伟康并出屠酤,司马子威拔自卒伍"。当然,郭泰对社会声望较高的士人也会作出品评。如他认为少有盛名的史叔宾"墙高基下,虽得必失",后史叔宾果然因论议阿谀败坏了名声;又如谢甄、边让俱有盛名,郭泰认为"二子英才有余,而并不入道",后谢甄因不拘细行为时人所毁,边让因轻侮曹操而被杀害。其他名士识鉴人才亦多如此,如与郭泰齐名的许劭,①《三国志》卷二三《和洽传》裴松之注引《汝南先贤传》载其拔举人才时云:"发明樊子昭于鬻帻之肆,出虞永贤于牧竖,召李淑才乡间之间,擢郭子瑜鞍马之吏……其余中流之士,或举之于淹滞,或显之乎童齿,莫不赖劭顾叹之荣。"②识鉴人才不看其身份地位,这取决于东汉末年名士本身的道德操守,以及在强烈的社会责任感下对人才渴求的心理。

除郭泰、许劭外,东汉末年还有很多善于臧否人伦的名士,如郑玄、陈寔、许靖、庞统、司马徽、傅巽、顾邵、李肃、暨艳,③等等。汉末名

---

① 《后汉书》卷六八《许劭传》载:"天下言拔士者,咸称许、郭",这里"许、郭"即指许劭和郭泰。
② (晋)陈寿撰,陈乃乾校点:《三国志》,中华书局1964年版,第658页。
③ 《后汉书》卷三五《郑玄传》载,郑玄"称(国)渊为国器,(任)嘏有道德,其余亦多所鉴拔,皆如其言"。《后汉书》卷六二《陈寔传》载,时人评价陈寔曰:"宁为刑罚所加,不为陈君所短。"[(南朝宋)范晔撰,(唐)李贤等注:《后汉书》,中华书局1965年版,第1212、2066—2067页]《三国志》卷三八《许靖传》载:"(许靖)少与从弟劭俱知名,并有人伦臧否之称。"《三国志》卷三七《庞统传》载:"颍川司马徽清雅有知人鉴。"《三国志》卷三七《庞统传》又载:"(庞统)性好人伦,勤于长养。"《三国志》卷六《刘表传》裴松之注引《傅子》曰:"(傅)巽字公悌,瑰伟博达,有知人鉴。"《三国志》卷五二陈寿评顾邵曰:"顾邵虚心长者,好尚人物。"《三国志》卷五二《张昭传》裴松之注引《吴书》曰:"(李肃)善论议,臧否得中,甄奇录异,荐述后进,题目品藻,曲有条贯,众人以此服之。"《三国志》卷五七《张温传》载:"(暨)艳性狷厉,好为清议,见时郎署混浊淆杂,多非其人,欲臧否区别,贤愚异贯。"[(晋)陈寿撰,陈乃乾校点:《三国志》,中华书局1964年版,第963、953、214、1242、1238、1330页]

士臧否人物的言行也产生了很大影响，后人对此亦多有关注。晋代人山简说："郭泰、许劭之伦，明清议于草野"（《晋书》卷四三《山简传》）；范晔在《后汉书》卷六一后论中亦言："郭有道奖鉴人伦，陈仲弓弘道下邑。"①

二　名士清议的舆论成因

东汉末年的"名士清议"严格来说只是个人行为，并非像"党人清议"那样有众多人士参与，但为何也能形成广泛的舆论影响呢？对此我们可从评论效果、名士身份、时代风习等方面来分析。

从评论效果上看，"名士清议"的论断比较准确，能够折服士人并影响人心向背。以名士郭泰品评士人的例子来看，《后汉书》卷六八《郭泰传》载其"奖拔士人，皆如所鉴"，如被其奖掖提拔的士人茅容、孟敏、庾乘、宋果、贾淑、王柔，后都有声名功绩；被其指出缺点的史叔宾、谢甄、边让，后果然遭难。李贤注引《谢承书》曰："（郭）泰之所名，人品乃定，先言后验，众皆服之。"②《太平御览》卷二六四《职官部》引谢承《后汉书》言及许劭"所称如龙之升，所贬如堕于渊，清论风行，所吹草偃，为众所服"。③ 我们还可从被品之人的事例中来分析，如对曹操的品评，史料中有三处记载：李膺的儿子李瓒在曹操卑微之时即觉其才能非同一般，临死时对他的儿子说："时将乱矣，天下英雄无过曹操。张孟卓与吾善，袁本初汝外亲，虽尔勿依，必归曹氏。"（《后汉书》卷六七《党锢列传·李膺传》）李瓒诸子听从了父亲的忠告，因此免祸于乱世。名士何颙亦曾见曹操，并叹曰："汉家将亡，安天下者必此人也。"（《后汉书》卷六七《党锢列传·何颙传》）再有就是我们熟知的许劭对曹操的品评："清平之奸贼，乱世之英雄。"（《后汉书》卷六八《许劭传》）之后的历史表明，三人的评价都很准确。名士核论人物的准确性，使众人对其信服度加深，这也是品鉴人物引发舆论风波的关键因素。

从名士身份上来看，多数名士同时为朝廷官吏和儒师，在其周围聚集着一批属吏和弟子门生，容易形成舆论中心向外扩散。如郭泰"闭门教授，弟子以千数"（《后汉书》卷六八《郭泰传》）。以名士为中心，容易

---

① （南朝宋）范晔撰，（唐）李贤等注：《后汉书》，中华书局1965年版，第2043页。
② （南朝宋）范晔撰，（唐）李贤等注：《后汉书》，中华书局1965年版，第2227页。
③ （宋）李昉等：《太平御览》，中华书局1960年版，第1235页。

形成营造舆论的集体，随着集体中士人交往的频繁，必会进一步扩大舆论传播的范围。

东汉末年社会上存在仰慕名士的浓厚风习，这也是名士清议能够在当时形成社会舆论的一个重要原因。我们知道，东汉末年宦官弄权、皇权旁落，士人的仕途受到阻滞，他们只能把希望寄托于某些大名士的引荐上，并希望他们能够净化社会风俗。《后汉书》卷六七《党锢列传·李膺传》载，荀爽曾拜见名士李膺，并获得为其赶车的机会，归后竟喜言："今日乃得御李君矣。"① 《后汉书》卷六八《郭泰传》载："（郭泰）归乡里，衣冠诸儒送至河上，车数千两。林宗唯与李膺同舟而济，众宾望之，以为神仙焉"；郭泰"尝于陈梁间行遇雨，巾一角垫，时人乃故折巾一角，以为'林宗巾'"；及郭泰卒，"四方之士千余人，皆来会葬"。② 《后汉书》卷七六《循吏列传·仇览传》载："（仇览）同郡符融有高名……宾客盈室。"③ 名士陈寔逝世后，"海内赴者三万余人，制衰麻者以百数"（《后汉书》卷六二《陈寔传》）。范滂遭党事之诬入狱，后释放南归，"始发京师，汝南、南阳士大夫迎之者数千两"（《后汉书》卷六七《党锢列传·范滂传》）。《后汉书》卷六八《许劭传》载："陈蕃丧妻还葬，乡人（毕）至。"④ 以此可见汉末士人对名士企慕之深。在名士情结的推动之下，甚至有人不惜抛弃官位或丢掉性命。如巴肃是"党人"名士之一，中常侍曹节得知其参与窦武、陈蕃之谋后，对其进行收捕，巴肃遂自投县里，而县令居然想解去印绶与其一起逃亡；张俭被诬为朋党，"困迫遁走，望门投止，莫不重其名行，破家相容"（《后汉书》卷六七《党锢列传·张俭传》）；范滂因党事被急捕之时，督邮吴道抱诏书伏床而泣，县令郭揖亦想出解印绶、引与俱亡；而范滂之母的劝慰之言更能显出时人对名士的向往之情，其曰："汝今得与李、杜（李膺、杜密）齐名，死亦何恨！既有令名，复求寿考，可兼得乎？"（《后汉书》卷六七《党锢列传·范滂传》）正是由于汉末社会这种注重名节的风气，使得士林群体对名士皆存敬畏心理。如名士许劭为郡功曹时，"府中闻子将为吏，莫不改操饰行"（《后汉书》卷六八《许劭传》）。又如赵壹途经弘农郡时，欲拜访太守皇甫规，因门吏未及时通报即离去，皇甫规"闻（赵）壹名大惊"（《后汉书》卷八〇《文苑列传下·赵壹传》），遂遣书信致歉。在这样的风气下，

---

① （南朝宋）范晔撰，（唐）李贤等注：《后汉书》，中华书局1965年版，第2191页。
② （南朝宋）范晔撰，（唐）李贤等注：《后汉书》，中华书局1965年版，第2225—2227页。
③ （南朝宋）范晔撰，（唐）李贤等注：《后汉书》，中华书局1965年版，第2481页。
④ （南朝宋）范晔撰，（唐）李贤等注：《后汉书》，中华书局1965年版，第2234页。

不管名士的出身如何、是否喜欢结交，其言行举止必然会被追捧为舆论的焦点。

第三节　汝南"月旦评"与人伦臧否

东汉末年，汝南平舆人许劭（字子将）与其从兄许靖（字文休）俱有高名，"好共核论乡党人物，每月辄更其品题"，故汝南俗有"月旦评"。① 史载，"月旦评"在当时社会上产生了很大影响，比如许劭同郡人袁绍辞归濮阳令归家时，为避免让许劭见到"车徒甚盛"的排场，在将入郡界时"谢遣宾客"，而以单车归家。袁绍这样的公族豪侠亦惧怕许劭"核论乡党人物"的行为损及自己的名声，以此可见"月旦评"在当时的舆论声势之大。影响所及，甚至有人为赚取名声而特意结交许劭，一心想取得他的品题。像曹操身份未显之时，常卑辞厚礼，请求许劭为自己品藻题目，当受到鄙视并遭拒绝后，曹操竟采取胁迫的方式，许劭不得已评其曰："清平之奸贼，乱世之英雄。"② 又《后汉书》卷六八《许劭传》载及许劭之兄许虔亦知名，故"汝南人称平舆渊有二龙焉"。李贤注曰："平舆故城（在）今豫州汝阳县东北，有二龙乡、月旦里。"③ 从"二龙乡""月旦里"的称谓上亦能看出"月旦评"对后世影响之大。此外，后世一些文人还把"月旦评"化作典故应用到文学作品的创作中。④ 虽然"月旦评"影响甚大，但后人对它的评价却褒贬不一。其实，史料中关于"月旦评"的记载文字并不多，其核论人物的具体方式是怎样的？何以会在东汉末年产生如此大的舆论影响？为何人们对它存在不同的看法？这些问题，我们并不能在史料中直接找到答案。虽然也有少数学者对此作出过初步的探讨，⑤ 但其中仍有不少值得斟酌和补充之处。

---

① （南朝宋）范晔撰，（唐）李贤等注：《后汉书》，中华书局1965年版，第2235页。
② （南朝宋）范晔撰，（唐）李贤等注：《后汉书》卷六八《许劭传》，中华书局1965年版，第2234页。
③ （南朝宋）范晔撰，（唐）李贤等注：《后汉书》，中华书局1965年版，第2235页。
④ 如南朝刘峻骈文《广绝交论》："雌黄出其唇吻，朱紫由其月旦"；唐陆龟蒙诗《再抒鄙怀用伸酬谢袭美》："纵有月旦评，未能天下知"；宋秦观诗《送裴仲谟》："汝南古佳郡，月旦评一易"；明王錂传奇《春芜记》："心负云霄志，名高月旦评"；等等。
⑤ 如朱子彦《论东汉末年汝南郡的月旦评》（《学术月刊》2002年第9期）一文，介绍了"月旦评"的基本特征，探讨了其出现的原因、积极作用以及对九品中正制形成的影响。

一 "月旦评"核论人物的基本方式

关于"月旦评"的施行方式，史料中记载不详，只载曰"共核论乡党人物，每月辄更其品题"。也就是说，从品评对象上看，都是现实中的人物，且每月品评的人与事都会刻意变换。由"月旦评"的称谓还可推知，大约在每月初一进行。除有固定的时间外，由上引李贤注中说"平舆故城"有"月旦里"的遗存可知，"月旦评"又有固定的地点，即许劭的家乡汝南平舆。可以想象，在许氏兄弟组织、主持和评议之外，应该还有很多人参与讨论或者聆听，这是"月旦评"能够形成较大舆论影响的保障。同时这种有计划的定期评论，在东汉末年动荡的社会环境中，满足了一些士人关注时事政治的心理，又给聆听者增添了些许期待，所以较易于形成舆论效应而传播开来。

以上是"月旦评"的组织形式，至于"月旦评"如何核论乡党人物，其评论内容包括哪些方面，则是后人最不明了的地方。因史料缺乏记载，我们只能试着从当时的社会大背景出发对此作出推测。陈寅恪说："东汉清议的要旨为人伦鉴识，即指实人物的品题。"[1] 今人张旭华也说，所谓名士清议，"简言之就是臧否人伦、品评人物的社会风气。其时善清议者被目为'好人伦'、有'识鉴之能'，因而被誉为'名士'"。[2] 由此来看，"月旦评"只是当时士人清议活动的重要组成部分。除了许劭、许靖兄弟外，在东汉末年还有郭泰、郑玄、陈寔、司马徽、庞统、傅巽、顾邵、李肃、暨艳等多位名士善于人伦臧否。其中最负盛名的是与许劭齐名的郭泰，史载"天下言拔士者，咸称许、郭"[3]，前引晋人山简亦曰："郭泰、许劭之伦，明清议于草野。"[4] 史料中不乏郭泰品论识鉴人才的记载。既然郭泰和许劭同为汉末时代环境下成长起来的名士，后人又将二人臧否人物的行为并称，那么他们在品评人物的方式方法上应该存在共通之处。故此，我们可考察郭泰臧否人物的行为，以此反观"月旦评"核论乡党人物的方式。

上文提及，郭泰对人物的品鉴常常从生活实际出发进行观摩并断定其

---

[1] 陈寅恪：《清谈误国》，万绳楠整理：《陈寅恪魏晋南北朝史讲演录》第三篇，黄山书社2000年版，第44页。
[2] 张旭华：《东吴九品中正制初探》，《郑州大学学报》（哲学社会科学版）2001年第1期。
[3] （南朝宋）范晔撰，（唐）李贤等注：《后汉书》卷六八《许劭传》，中华书局1965年版，第2234页。
[4] （唐）房玄龄等：《晋书》卷四三《山涛传》，中华书局1974年版，第1229页。

前程，如他对普通士人茅容的识鉴是依据他看到茅容避雨时"正襟危坐，十分恭谨"的行为及其杀鸡给母吃的孝行，对普通士人孟敏的识鉴主要是依据其"甑破不视"的爽性与果断。郭泰对社会声望较高之人如史叔宾、谢甄、边让同样是在观摩后才作出合理的评价，结果都很准确。也就是说，郭泰品评人物主要依靠自身的才识与经验察言、观色、辨行，并以生活为依据作出客观的分析与推论。郭泰品论的对象不拘身份，既有地位较高的士人，又有普通士人，甚至身份卑微者；在对士人进行品评的同时，亦蕴含着鼓励和劝进之情；品评的内容主要集中在人物的道德、品行和才识诸方面，还可能对某人的前程进行预知性判断。郭泰这些品评识鉴人物的方式，在许氏兄弟主持的"月旦评"中亦应存在，前引《汝南先贤传》载及许劭和郭泰一样，对那些才识突出、道德高尚者的褒扬、拔举，也是不拘爵位的，很多身份低微的士人赖许劭的品评而成名。从上举许劭对曹操"清平之奸贼，乱世之英雄"的品题中又可看出，许劭品评人物时也夹杂着对其人前程的预知性判断。至于具体的识人之法，许劭作为和郭泰齐名的"性好人伦"之士，除身具"识人之能"外，亦应对被品评之人作出观摩或考察。上文提到袁绍改装归家，就是担心许劭察觉后抓住把柄。从许劭对一些人的评语中也可以看出这一点，比如他评陈寔（字太丘）与陈蕃（字仲举）曰："太丘道广，广则难周；仲举性峻，峻则少通"[1]；又评荀爽（字慈明）与荀靖（字叔慈）曰："二人皆玉也，慈明外朗，叔慈内润。"[2] 这明显是对两个人作出观察和了解后，以对比的方式作出的品评。

当然，许劭和郭泰对人物的品评也存在不同之处，《后汉书》卷六八《郭泰传》述及郭泰"虽善人伦，而不为危言核论，故宦官擅政而不能伤也"[3]，也就是说郭泰的论政品人之举不像其他清议之士那样激进，态度上是比较温和的，这决定了他在品论人物时多以褒评和劝诫为主。而许劭则不同，他除了对优秀的士人大力褒举外，还会对品行恶劣或位高德薄之人进行辛辣的贬斥，如《汝南先贤传》载及许劭"探擿伪行，抑损虚名，则周之单襄，无以尚也"[4]。谢承《后汉书》亦载，许劭"所称如龙之升，

---

[1] （南朝宋）范晔撰，（唐）李贤等注：《后汉书》卷六八《许劭传》，中华书局1965年版，第2234页。
[2] （晋）陈寿撰，陈乃乾校点：《三国志》卷一○《荀彧传》裴松之注引皇甫谧《逸士传》，中华书局1964年版，第307页。
[3] （南朝宋）范晔撰，（唐）李贤等注：《后汉书》，中华书局1965年版，第2226页。
[4] （晋）陈寿撰，陈乃乾校点：《三国志》卷二三《和洽传》裴松之注引，中华书局1964年版，第658页。

所贬如堕于渊"①。豪族出身的袁绍舍舆服而以单车归家,亦是惧怕许劭"月旦评"贬斥的表现。

经上探讨可推知,"月旦评"是在东汉末年政治昏暗和士人清议之风盛行的背景下,所形成的有着固定时间(每月初一)和固定地点(汝南平舆),且有众多人聆听的集会评议活动。它由善于人伦臧否的汝南名士许劭和许靖兄弟主持,评议的对象都是经过了解后的现实生活中各个阶层的人物,以激浊扬清为目的。对于道德高尚的时政人物会予以褒扬,而对于品行低下者又会予以贬斥。对于后进之士,则含有以舆论感染、引导人心向善或奋发图强的意味。

二 "月旦评"产生的时代要素

关于"月旦评"产生的原因,今人朱子彦、李迅在《论东汉末年汝南郡的月旦评》一文中总结出四点:"月旦评"产生的汝南地区有着深厚的文化积淀;"月旦评"是与东汉末年士林间的谈论风气一脉相承的;汉代以察举、征辟为主的选官制度,为"月旦评"的盛行创造了条件;与许劭、许靖兄弟刚正不阿的浩然正气以及他们清行高节的崇高人格有密切关系。② 这四点原因之中,除最后一条外,其余三点都是从历史文化方面作出的分析,如果从东汉末年士人品评活动本身出发,笔者认为还有以下几点值得注意。

第一,主持"月旦评"的许氏兄弟在汝南是豪门大族出身。据《后汉书》卷六八《许劭传》记载,许劭"从祖敬,敬子训,训子相,并为三公"。③ 这样的家世在汝南平舆的一举一动定会备受关注,而许氏兄弟出于这样的望族也会身具感召力,其所从事的活动也自然能唤起群众的兴趣。反之,如果是身份普通的士人从事此类品评活动,恐怕不能引起众人的注意或产生很大的反响。

第二,许氏兄弟具有较高的才识和品鉴人物的能力。《汝南先贤传》载:"召陵谢子微,高才远识,见(许)劭年十八时,乃叹息曰:'此则希世出众之伟人也。'"④《后汉书》卷六八《许劭传》亦言及许劭"少峻

---

① (宋)李昉等:《太平御览》卷二六四《职官部》引,中华书局1960年版,第1235页。
② 朱子彦、李迅:《论东汉末年汝南郡的月旦评》,《学术月刊》2002年第9期。
③ (南朝宋)范晔撰,(唐)李贤等注:《后汉书》,中华书局1965年版,第2235页。
④ (晋)陈寿撰,陈乃乾校点:《三国志》卷二三《和洽传》裴松之注引,中华书局1964年版,第658页。

名节，好人伦，多所赏识"①。而"月旦评"的另一主持人许靖"少与从弟（许）劭俱知名，并有人伦臧否之称"②。从实际评论效果上看，上文已指出经许劭品鉴成名的士人有多人，谢承《后汉书》也载许劭"清论风行，所吹草偃，为众所服"③。

第三，许劭、许靖兄弟作为汉末名士，其道德品行是得到公众认可的。拿许劭来看，他虽然有显赫的家世背景，但却鄙视族人谄事宦官的行为，所以当台司有意对他封侯时，许劭"恶其薄行"，最终也未接受。当其出任郡功曹时，"府中闻子将为吏，莫不改操饰行"④。这些都展现出许劭坚定的道德操守。再拿许靖来看，众人走交州避难时，许靖身坐岸边，"先载附从，疏亲悉发，乃从后去，当时见者莫不叹息"；袁徽给荀彧的信件中说："许文休英才伟士，智略足以计事。自流宕已来，与群士相随，每有患急，常先人后己，与九族中外同其饥寒"；宋仲子给蜀郡太守王商的书信中亦载："文休倜傥瑰玮，有当世之具，足下当以为指南。"⑤ 由这些材料可看出，许靖遇到危难之时总是先人后己，与亲族内外同甘共苦，其人格之美得到多人的赞许。许靖还曾写信给曹操，以国家安危和民生疾苦为着眼点，对其提出了建议和期望。可见许氏兄弟像其他名士一样，在东汉末年混浊的社会环境中不沾恶俗，具有激浊扬清、化导风俗的坚定信念。这种高洁的人格，在当时崇尚名士的社会风气下定当受到追捧，"月旦评"由他们主持，自然也会成为舆论的焦点。

第四，汉末具有"月旦评"成长的土壤。许劭、许靖兄弟在家乡主持"月旦评"时身份地位并不高。如许劭，《后汉书》本传只载其曾任郡功曹，献帝时"司空杨彪辟，举方正、敦朴"，但许劭认为当时"小人道长，王室将乱"，只想避世免祸，并未仕进。而许靖的地位更低，《三国志》卷三八《许靖传》载："（许）劭为郡功曹，排摈靖不得齿叙，以马磨自给"，靠赶马磨粮养活自己，可见许靖生活之清苦，后他经汝南太守刘翊举荐为计吏，又"察孝廉，除尚书郎，典选举"⑥。其实，即便是在许劭任

---

① （南朝宋）范晔撰，（唐）李贤等注：《后汉书》，中华书局1965年版，第2234页。
② （晋）陈寿撰，陈乃乾校点：《三国志》卷三八《许靖传》，中华书局1964年版，第963页。
③ （宋）李昉等：《太平御览》卷二六四《职官部》引，中华书局1960年版，第1235页。
④ （南朝宋）范晔撰，（唐）李贤等注：《后汉书》卷六八《许劭传》，中华书局1965年版，第2234页。
⑤ 以上关于许靖的材料，皆据（晋）陈寿撰，陈乃乾校点《三国志》卷三八《许靖传》，中华书局1964年版，第964—966页。
⑥ （晋）陈寿撰，陈乃乾校点：《三国志》，中华书局1964年版，第963页。

郡功曹的时期，亦可能在"月旦评"活动之后，因为《后汉书》卷六八《许劭传》中载其赴任功曹时，"府中闻子将为吏，莫不改操饰行"，可见此时许劭的声名已经传播开来。总之，许劭、许靖兄弟非居显位，却能使位高权重者惧怕，使德才之士得到拔举，关键因素还是在于，在东汉末年浓重的品藻之风及向往名士的风习之下，社会上对名士清议多有关注，掌权者对名士的品评结果亦多有接纳。

三　关于"月旦评"评价不一问题辨析

关于"月旦评"的评论效果与影响，后人有诸多讨论，其中既有肯定，也有否定。如《晋书》卷六二《祖逖传》载：

（祖）纳尝问梅陶曰："君乡里立月旦评，何如？"陶曰："善褒恶贬，则佳法也。"纳曰："未益。"时王隐在坐，因曰："《尚书》称'三载考绩，三考黜陟幽明'，何得一月便行褒贬！"陶曰："此官法也。月旦，私法也。"隐曰："《易》称'积善之家必有余庆，积不善之家必有余殃'，称家者岂不是官？必须积久，善恶乃著，公私何异！古人有言，贞良而亡，先人之殃；酷烈而存，先人之勋。累世乃著，岂但一月！若必月旦，则颜回食埃，不免贪污；盗跖引少，则为清廉。朝种暮获，善恶未定矣。"①

材料中梅陶对"月旦评"持肯定态度，认为"月旦评"是不同于官法的私法，能起到惩恶扬善的作用。而祖纳和王稳却对"月旦评"持否定态度，认为一个人的好坏善恶要经过长时间的积淀才能体现出来，不论官法还是私法对一个人的识鉴都要经过长时间的考核，短短一个月是不能裁定的。其实，祖纳和王稳的看法有一定的道理，在我国古代识别人才的过程中，确实存在过"三载考绩，三考黜陟"的制度。但是笔者认为，他们对"月旦评"的评价忽略了东汉末年的社会环境和时代风习。上文已指出，东汉末年有浓厚的清议之风，也有大批善于人伦臧否的名士，他们在品评人物的实践活动中，积累了很多识鉴人才的方法和经验。历史事实表明，"月旦评"在汉末发掘了很多人才，其评论效果也得到了时人的认可，如东吴陆瑁劝诫尚书暨艳时曰："若令善恶异流，贵汝颍月旦之评，诚可以

---

① （唐）房玄龄等：《晋书》，中华书局1974年版，第1699页。

厉俗明教。"① 所以"月旦评"在东汉末年的开展自有其历史价值所在。

此外，晋代葛洪也对"月旦评"持否定态度，他在《抱朴子外篇·自叙》中说：

> 汉末俗弊，朋党分部。许子将之徒，以口舌取戒，争讼论议，门宗成仇，故汝南人士无复定价，而有月旦之评。魏武帝深亦疾之，欲取其首，尔乃奔波亡走，殆至屠灭。②

葛洪认为许劭组织的"月旦评"有结党营私之嫌，且造成了党派间矛盾的加剧。不可否认，"月旦评"评论人物具有"任意性"，评论过程中亦可能涉及不同党派士人的对比，并作出抑此扬彼的评价，这在汉末"朋党分部"的时代难免会召来反感，或产生互相攻击的可能，从而加剧党派间的对立，如汉桓帝时期甘陵南北部党之争就是因相互讥讽而兴起的。③近人余嘉锡据葛洪等人的言论，也认为"月旦评"是汉末弊俗，"虽或颇能奖拔人材，不过藉以植党树势，不足道也"④。但是，在东汉末年急剧恶化的社会形势下，"月旦评"客观合理的评论也不失为一种正义呼声，故笔者认为对其一概否定是有失偏颇的。葛洪还提到魏武帝曹操对许劭"月旦评"及由此造成的"门宗成仇"的现象痛恨至极，但前文我们已述及曹操"卑辞厚礼"请求许劭为自己品题之事，这至少表明曹操对许劭核论人物的能力是肯定的，对其社会影响力也是敬畏的。不仅如此，曹操之子曹丕对"月旦评"也持认同的态度，据《三国志》卷一三《钟繇传》裴松之注引《魏略》云：

> 孙权称臣，斩送关羽。太子书报繇，繇答书曰："臣同郡故司空荀爽言：'人当道情，爱我者一何可爱！憎我者一何可憎！'顾念孙权，了更妩媚。"太子又书曰："得报，知喜南方。至于荀公之清谈，

---

① （晋）陈寿撰，陈乃乾校点：《三国志》卷五七《陆瑁传》，中华书局1964年版，第1337页。
② 杨明照：《抱朴子外篇校笺》（下册），中华书局1997年版，第680页。
③ 《后汉书》卷六七《党锢列传》载："初，桓帝为蠡吾侯，受学于甘陵周福，及即帝位，擢福为尚书。时同郡河南尹房植有名当朝，乡人为之谣曰：'天下规矩房伯武，因师获印周仲进。'二家宾客，互相讥揣，遂各树朋徒，渐成尤隙，由是甘陵有南北部，党人之议，自此始矣。"[（南朝宋）范晔撰，（唐）李贤等注：《后汉书》，中华书局1965年版，第2185—2186页］
④ 余嘉锡笺疏：《世说新语笺疏》，中华书局2007年版，第495页。

孙权之妩媚，执书嗢噱，不能离手。若权复黠，当折以汝南许劭月旦之评。权优游二国，俯仰荀、许，亦已足矣。"①

引文中所称的"太子"即为曹丕。钟繇对孙权的"妩媚"心态表示担忧，而曹丕却提出"若权复黠，当折以汝南许劭月旦之评"，可见曹丕对"月旦评"的舆论制约力还是比较肯定的。如若曹操对"月旦评"深恶痛绝，想必其子曹丕也不会公然与人谈论"月旦评"并表现出认可的态度。当然，我们还要考虑到另外一种情形：曹操请求许劭为自己品题之时身份较为低微，而许劭"奔波亡走"之时，曹操的名声与实力也尚未扩大，②因此曹操此时反对许劭核论乡党人物似无必要，况且曹操请求许劭为自己品题不久即对其实行杀戮，只能是败坏名声的行为。由此我们可作出推断，即便真的存在曹操反对"月旦评"之事，也只能是在其掌握权力并确立声名之后，且这种品评行为威胁到了他的统治。但此时许劭已经南奔，汝南的"月旦评"自然也不复存在，所以曹操痛恶和欲行打击的恐怕不只是许劭及其"月旦评"，而是与之相似的东汉末年所有的人伦臧否行为。笔者如此认为，原因概有以下两点。

第一，在东汉末年并非所有的人伦臧否行为都是可取的。上文已提及，人伦臧否亦可能导致党派间矛盾的加剧。除此之外，名士在品评士人的过程中也存在些许不足，比如有些名士为引导人心向善或奋力图强，便会对品评对象夸大其词。举例来看，庞统"性好人伦，勤于长养"，但在品鉴士人时"每所称述，多过其才"，当有人对此提出异议后，庞统给出的理由是："当今天下大乱，雅道陵迟，善人少而恶人多。方欲兴风俗，长道业，不美其谭即声名不足慕企，不足慕企而为善者少矣。今拔十失五，犹得其半，而可以崇迈世教，使有志者自励，不亦可乎？"③ 可见庞统对士人"多过其才"的称述，只是一种激励手段，虽主观目的是好的，但

---

① （晋）陈寿撰，陈乃乾校点：《三国志》，中华书局1964年版，第396页。
② 何以知许劭"奔波亡走"时曹操的名声与实力尚未扩大？据《后汉书》卷六八《许劭传》记载，司空杨彪曾辟召许劭，但许劭认为"小人道长，王室将乱"，"欲避地淮海，以全老幼"。《后汉书》卷五四《杨彪传》载，中平六年（189）杨彪代董卓为司空，同年冬又代黄琬为司徒。以此可知，杨彪辟许劭之事正是在中平六年（189），但许劭并未出仕，而是南奔广陵，辗转曲阿，直至豫章而卒。又据《三国志》卷一《武帝纪》载，中平六年（189）正是曹操逃避董卓任命而潜回陈留、欲组织义兵讨伐董卓之时。据此知，曹操未显之时，许劭已经南奔。
③ （晋）陈寿撰，陈乃乾校点：《三国志》卷三七《庞统传》，中华书局1964年版，第953页。

此类评议总会让人感觉空乏不实。另外，还有一些人打着名士清议的旗号故弄玄虚、欺罔世人，如《后汉书》卷六八《郭泰传》述及郭泰奖拔士人"皆如所鉴"后又曰："后之好事，或附益增张，故多华辞不经，又类卜相之书。"① 这种现象导致汉末名士清议变得混浊不清，自然会招致一些人的反感。

第二，在东汉末年并非所有的名士都是真名士，沽名钓誉、欺世盗名之徒多有存在。如陈蕃为乐安太守期间，民人赵宣"葬亲而不闭埏隧，因居其中，行服二十余年"，对于这样的至孝行为自然会得到乡里的盛赞，而且州郡官员"数礼请之"，但当陈蕃问及赵宣妻子儿女之事时方知，他的五个子女都是在守丧期间生育的，于是怒其为人"诳时惑众，诬污鬼神"，② 遂治其罪。又如《后汉书》卷六八《符融传》记载，汉中人晋文经和梁国人黄子艾，都是曾经犯罪遭弃的轻薄子弟，他们恃其才智夸耀京师，邀取名声，甚至三公辟召都去征求他们的意见，后二人终被符融和李膺识破而逃走。蔡邕上汉灵帝封事中亦抨击虚伪小人"假名称孝"之事，并举例说"东郡有盗人妻者亡在孝中"，最后叹言："虚伪杂秽，难得胜言。"③ 此类现象，就是范晔在《后汉书》中所批评的"以遁身矫洁放言为高"的汉末弊俗，且言："时政弥惛，而其风愈往。"④

另外，名士评议还往往左右着社会舆论，并影响着时人对所评之人的印象与看法。如果得到名士的好评则可能平步青云，如果得到名士的否定则可能终身不齿，这无疑会对官方的选人之法构成一定程度的冲击。基于这些原因，一些地方豪强，尤其是厉行"唯才是举"的曹操，对所谓的名士及其人物臧否行为极为反感，并欲对"月旦评"之类的评议活动予以禁止或打击，则是可想而知的事了。

因东汉末年持续动乱，许劭、许靖兄弟亦受牵连而避难，所以他们在汝南主持的"月旦评"并未存在多久。不过，许氏兄弟二人在日后的仕途中依旧保持着品鉴识人的清议之风。比如许劭南奔广陵时，评论徐州刺史陶谦"外慕声名，内非真正"（《后汉书》卷六八《许劭传》），后陶谦果

---

① （南朝宋）范晔撰，（唐）李贤等注：《后汉书》，中华书局1965年版，第2227页。
② （南朝宋）范晔撰，（唐）李贤等注：《后汉书》卷六六《陈蕃传》，中华书局1965年版，第2159—2160页。
③ （南朝宋）范晔撰，（唐）李贤等注：《后汉书》卷六〇下《蔡邕传》，中华书局1965年版，第1997—1998页。
④ （南朝宋）范晔撰，（唐）李贤等注：《后汉书》卷六二《陈寔传》，中华书局1965年版，第2069页。

然对诸寓士进行逮捕；许劭避地扬州时，又对刘晔作出过品鉴，并称其"佐世之才"（《三国志》卷一四《刘晔传》）；《三国志》卷四九《刘繇传》裴松之注引《献帝春秋》又载许劭品评笮融和朱皓之事。① 再如许靖，他在董卓秉政时期曾与吏部尚书周毖共同谋议，进用颍川荀爽、韩融、陈纪等人为公、卿、郡守，拜尚书韩馥为冀州牧，侍中刘岱为兖州刺史，颍川张咨为南阳太守，陈留孔伷为豫州刺史，东郡张邈为陈留太守。后来这些人都成为反对董卓的中坚力量。许靖在仕蜀时曾任司徒之职，杨戏《季汉辅臣赞》曰："司徒清风，是咨是臧，识爱人伦，孔音锵锵。"② 甚至许靖"年逾七十"之时，尤"爱乐人物，诱纳后进，清谈不倦"，他识鉴、劝进人才的举动，不仅得到时人的赞许，而且"丞相诸葛亮皆为之拜"③。以此可见许靖识鉴人才之用心。

我们还需正视一个问题：虽然许劭、许靖是同族兄弟，并一起组织过轰动一时的"月旦评"，但二人之间的关系却不融洽。《三国志》卷三八《许靖传》载，许氏兄弟"私情不协"，许劭任职郡功曹期间排挤许靖，导致"靖不得齿叙，以马磨自给"，也就是靠赶马磨粮养活自己，生活竟清苦到如此地步。又据《太平御览》引曹丕《典论》："汝南许劭与族兄靖俱避地江东，保吴郡。争论于太守许贡座，至于手足相及。"④ 许劭亦曾评价过许靖为人，但却是贬评，见于《三国志》卷三七《庞统传》裴松之注引蒋济《万机论》：

> 许子将褒贬不平，以拔樊子昭而抑许文休。刘晔曰："子昭拔自贾竖，年至耳顺，退能守静，进能不苟。"济答曰："子昭诚自长幼完洁，然观其臿齿牙，树颊胲，吐唇吻，自非文休敌也。"⑤

此外，《三国志》卷三八《许靖传》裴松之亦注曰："《万机论》论许子将曰：许文休者，大较廊庙器也，而子将贬之。若实不贵之，是不明也；诚令知之，盖善人也。"⑥ 可见，针对许劭对许靖的品评，士人间引起过争论，蒋济对许劭贬低许靖的行为持否定看法，裴松之对此亦支持：

---

① （晋）陈寿撰，陈乃乾校点：《三国志》，中华书局1964年版，第1185页。
② （晋）陈寿撰，陈乃乾校点：《三国志》，中华书局1964年版，第1080页。
③ （晋）陈寿撰，陈乃乾校点：《三国志》，中华书局1964年版，第967页。
④ （宋）李昉等：《太平御览》卷四九六《人事部》，中华书局1960年版，第2271页。
⑤ （晋）陈寿撰，陈乃乾校点：《三国志》，中华书局1964年版，第954页。
⑥ （晋）陈寿撰，陈乃乾校点：《三国志》，中华书局1964年版，第977页。

"至于友于不穆，失由子将，寻蒋济之论，知非文休之尤。"① 以此而言，许劭之所以贬低许靖，概是二人间的矛盾所致，并非许劭识鉴能力不足，或是许靖真的缺少才识。

当然，许氏兄弟二人自身也有优点和不足，他们在核论乡党人物的同时，也会受到他人的评议。关于二人意志坚定、品行高尚的一面及时人对他们的褒评，前文已有所论及，兹举贬评之例而论之。先来看许劭，《后汉书》本传载其始与同邑人李逵善之，"而后为隙"，又"与从兄靖不睦"，因此"时议以此少之"。许劭对待友人和亲人前后不一的态度，显示出其人心胸并不宽广，所以会遭到时议的贬损。再来看许靖，他曾被益州牧刘璋任用为蜀郡太守，在刘备围攻成都之时，许靖竟想越城投降，刘备"以此薄靖不用也"②。由于许氏兄弟二人的矛盾和不足，导致后人对他们的品鉴识人之举，甚至为人，皆产生怀疑。例如许靖作出投降背主之事后，除遭到刘备等人的鄙视外，法正甚至对其声名与才识也提出质疑："天下有获虚誉而无其实者，许靖是也……（许）靖之浮称，播流四海。"晋人孙盛对其贬斥尤烈：

（许）靖处室则友于不穆，出身则受位非所，语信则夷险易心，论识则殆为衅首，安在其可宠先而有以感致者乎？若乃浮虚是崇，偷薄斯荣，则秉直仗义之士，将何以礼之？③

从这些批判声中可以看出，许氏兄弟虽在人伦臧否行为中大力提携德才兼备之士，希望扭转汉末弊俗，但是自身却做不到尽善尽美。诚如诸葛恪在《与丞相陆逊书》中曰："自汉末以来，中国士大夫如许子将辈，所以更相谤讪，或至于祸，原其本起，非为大仇，惟坐克己不能尽如礼，而责人专以正义。"④ 如果着眼于许劭、许靖二人一生的事迹来看，他们主持的"月旦评"及之后厉行的人物品鉴，毕竟在东汉末年发掘了很多人才，其中多数人成为影响一时或影响一方的栋梁之材。因此我们不应因他们之

---

① （晋）陈寿撰，陈乃乾校点：《三国志》卷三七《法正传》，中华书局1964年版，第960页。
② （晋）陈寿撰，陈乃乾校点：《三国志》卷三七《法正传》，中华书局1964年版，第959页。
③ 以上批判许靖之材料，皆据（晋）陈寿撰，陈乃乾校点《三国志》卷三七《法正传》及裴松之注，中华书局1964年版，第959—960页。
④ （晋）陈寿撰，陈乃乾校点：《三国志》卷六四《诸葛恪传》，中华书局1964年版，第1433页。

间的矛盾和自身缺陷，而完全否定其历史功绩。裴松之说："（许）文休名声夙著，天下谓之英伟，虽末年有瑕，而事不彰彻，若不加礼，何以释远近之惑乎？"① 此评论同样适用于许劭。

---

① （晋）陈寿撰，陈乃乾校点：《三国志》卷三七《法正传》，中华书局1964年版，第960页。

第四章　东汉清议与士人文化的衍生

我们知道，当某个历史时期的政治环境和时代风习发生变化时，在社会文化上也往往会有相应的反映。东汉中后期社会环境的恶化，无疑会对士人文化的发展产生影响。如党事兴起后，应奉慨然以疾自退，"追愍屈原，因以自伤，著《感骚》三十篇，数万言"（《后汉书》卷四八《应奉传》）。张奂遭党事禁锢后闭门不出，"养徒千人，著《尚书记难》三十余万言"（《后汉书》卷六五《张奂传》）。赵岐逃避宦官迫害时，作《厄屯歌》二十三章，面对"纲维不摄，阉竖专权"，又"拟前代连珠之书四十章上之"。[①] 陈纪"遭党锢，发愤著书数万言，号曰《陈子》"（《后汉书》卷六二《陈寔传》）。文人儒士作为东汉后期清议活动的参与主体，在清议过程中难免受清议的影响，士人文化发生新变也是显而易见的。对此，我们可从清议的方式及其传播方式上去体察。

第一节　士人清议的方式与传播方式

无论是党人用清议来激浊扬清，还是名士以清议来奖掖、拔举人才，都利用了其所发挥的舆论作用。为使清议的舆论效果更加明显，汉末士人在议论方式与传播方法上多有创新，这也是东汉后期清议之所以能够声势巨大、影响深远的重要原因之一。

士人在议论时政和品评人物时，因所议对象不同、主观目的不同，故清议的方式和方法也有所不同。

[①] （南朝宋）范晔撰，（唐）李贤等注：《后汉书》卷六四《赵岐传》注引《决录注》，中华书局1965年版，第2123页。

一　针对时弊的清议方式

　　针对时政弊端的"清议"，多表现为激浊式的贬议行为，其对象主要为弄权祸国的宦官集团和放肆妄为的权贵子弟。《后汉书》卷六七《党锢列传》载，桓、灵时期，面对"主荒政缪，国命委于阉寺"的情形，"匹夫抗愤，处士横议"；党人之议发生时，其论政的方式为"危言深论，不隐豪强"，李贤注曰："危言谓不畏危难而直言也。"① 也就是说，在社会问题日益严重之时，正直士大夫面对敏感的政治事件和政治人物直言而论，无所畏惧。清议之士这种针砭时弊的慷慨激昂，自然能引起广泛的关注，也会收到明显的舆论效果，"自公卿以下，莫不畏其贬议，屣履到门"（《后汉书》卷六七《党锢列传》）。宦官集团诬告党人"诽讪朝廷，疑乱风俗"，也是畏惧士大夫危言深论的表现，士人因而难免有灭顶之灾。对此，时人申屠蟠早有预感，其曰："昔战国之世，处士横议……卒有坑儒烧书之祸，今之谓矣"（《后汉书》卷五三《申屠蟠传》），因此他选择了避世免祸。而个别涉论未深或婉而微讽者则保全了性命，如名士郭泰（字林宗）"虽善人伦，而不为危言核论，故宦官擅政而不能伤也。及党事起，知名之士多被其害，唯林宗及汝南袁闳得免焉"（《后汉书》卷六八《郭泰传》）。

　　由此可见，东汉末年士人在议论时政时多夹杂着强烈的主观情感色彩，这种充盈的情感和磅礴的气势，感染和带动了广大的士人群体。因而当范滂横议朝政，"太学生争慕其风，以为文学将兴，处士复用"（《后汉书》卷五三《申屠蟠传》）。这种含有感愤之情的议论方式，一方面使清议的对象产生恐惧，他们试图对此予以压制，党锢之祸就是这样发生的；另一方面其间体现出的婞直之风又能起到激励士人的作用，这在东汉末年引起了广泛的共鸣，促使清议的传播范围迅速得以扩大。当然，除议论中存在充沛的情感和气势外，士人在清议的传播上还会刻意采取一定的艺术方法，最常见的方法就是用谣谚来论政。前述甘陵南北部党之争，及汝南、南阳二郡之士对郡守与功曹的评价，皆采用了谣谚予以讥讽。

　　其实，危言深论的方式并不仅仅表现在士人就事论事式的口头议论上，还体现在文人学士针对时政弊端所上的章奏中。"党人清议"前后，一些心忧国家的官吏面对宦官集团的不法行径，多次上疏弹劾。《后汉书》

---

① （南朝宋）范晔撰，（唐）李贤等注：《后汉书》，中华书局1965年版，第2185—2187页。

卷六七《党锢列传》载，刘淑入朝为官后上疏汉桓帝"宜罢宦官，辞甚切直"；魏朗任彭城令时，"中官子弟为国相，多行非法，（魏）朗与更相章奏"；羊陟任尚书令时，面对公卿大夫"与宦竖相姻私，公行货赂"的情况，"并奏罢黜之"；陈翔在扬州刺史任上，"举奏豫章太守王永奏事中官，吴郡太守徐参（按：中常侍璜之弟）在职贪秽"①。以"辞甚切直"的章奏批评论议，这在宦官擅权的桓、灵时期，尤能体现出清议之士危言深论的气魄。还有一点需要说明的是，一些朝臣的清议，主要就体现在这些以章奏为主的文字上。因为他们身为朝廷官员，有的还位高权重，不可能像在野的处士那样"横议"朝政，上疏陈事是他们论议时政的主要方式。②

二 针对士人自身清议的传播方法

针对士人自身的清议，多表现为扬清式的褒议行为，其对象主要针对名士和名士奖掖发掘的士人。既然是以褒善扬名为主要目的，所以在清议过程中最重要的不是运用怎样的方式去评价士人，而是运用怎样的手法来最大限度地宣扬士人美好的德行操守，也就是说清议的传播方式才是更为重要的。综合来看，东汉后期此类"清议"的传播主要采用了谣谚、称号和修辞性的评语这些方式。

清议对人物的评价"多以通俗简明的谣谚的形式表达出来"③。谣谚作为"清议"的传播手段，既可被清议者用来评论时政，又可被清议者用来评价士人。对政治事件进行评价的谣谚，往往能揭示事件的本质，一般具有讽刺性，已见上述。对人物进行品评的谣谚，基本能概括此人某方面的特征，一般具有赞颂性。以党人清议来看，太学生与朝臣在相互褒重的过程中，作七言谣对某些士大夫的高尚人格进行赞美。除赞誉性的七言谣外，称号扬名也是儒生和朝臣常用的方法，

---

① （南朝宋）范晔撰，（唐）李贤等注：《后汉书》，中华书局1965年版，第2190—2213页。
② 以党人名士为例，如"三君"中的窦武和陈蕃，虽然二人被太学诸生标榜为"党人"之首，但因身份地位极高，在第一次党锢之祸发生后并未遭受逮捕和禁锢，他们反而通过上疏的方式积极营救遭难的其他党人。在当时的文人士子看来，这样以上疏（文字）的方式议论时政、抨击时弊的行为，与他们危言深论、激扬名声式的议论，在主观目的上是一致的，因而也是清议活动的主要表现，这也是他们被太学诸生归入清议名士行列的原因所在。
③ 詹福瑞：《东汉士风与个体意识的初萌》，《汉魏六朝文学论集》，河北大学出版社2001年版，第246页。

"三君""八俊"等名号的流传就是由此产生的。而用比喻、对比、衬托等修辞手法对士人作出评判,则是名士在人伦臧否行为中惯用的手法。如郭泰评价刘儒:"口讷心辩,有珪璋之质。"(《后汉书》卷六七《党锢列传·刘儒传》)符融评价郭泰:"海之明珠,未耀其光,鸟之凤皇,羽仪未翔。"(《后汉书》卷六八《符融传》李贤注引《谢承书》)李膺评价钟皓、荀淑二人曰:"荀君清识难尚,钟君至德可师。"(《后汉书》卷六二《钟皓传》)名士品评人物时作出的这种修辞化的评语,时人多称为"题目"。①

整体上来看,东汉后期清议活动的参与者既有在野的士人,又有在朝的士大夫官员,这使得清议中所蕴含的士人文化,也包含书面语言和口头语言两种形式。士大夫于朝堂论政时所上的有关章奏,② 属于书面语言文化的范畴,而文人儒士在论政品人过程中所做的谣谚、称号、题目,则属于口头语言文化的范畴。在这些文化样式中,除"题目"外,其余在汉代之前都已存在,它们在清议活动中被文人学士重新拿来运用,属于传统文化的延伸。但是这些传统文化在东汉后期特殊的政治环境中,经学养深厚的清议之士的集体努力,已注入了新的内容,焕发出新的活力,并负载着那个时代特有的精神品质。以上所述清议方式和传播方法中所衍生的士人文化,都是从"清议"表现形式上直接看到的较为明显的文化样式,其实因清议活动的需要或受清议氛围的影响,其他一些隐性的文化要素尚未揭露出来,关于此,我们在下文将进行详细分析。

第二节 作为清议传播方式的称号文化

"称号"作为"清议"的舆论宣传方法,主要发生在第一次党锢之祸

---

① 如曹操未有声名时,曾卑辞厚礼求名士许劭为自己题目曰:"清平之奸贼,乱世之英雄。"
② 在汉末,各类章奏众多,那么哪些章奏属于清议的范畴呢?从广义上说,汉代末期随着社会问题的增多,文人士大夫对此所发的公正言论及其与之相关的一切文学创作,只要有利于引导社会秩序健康发展,有利于净化社会风俗,似皆可归入清议的范畴。但是,因后世文人学者所阐述的清议之风又多特指东汉末年的党人清议和名士清议,所以,我们在论及清议活动中的章奏文时,亦以党人清议和名士清议所处的历史时段为大体范围。这个阶段属于清议范畴的士人章奏,其文中应含有这样的要素:或具有陈述时弊的内容;或具有抨击宦官擅权的内容;或具有为党人申诉或评论党人的内容。

后。《后汉书》卷六七《党锢列传》序载及当时的情形为："自是正直废放，邪枉炽结，海内希风之流，遂共相标榜，指天下名士，为之称号。上曰'三君'，次曰'八俊'，次曰'八顾'，次曰'八及'，次曰'八厨'，犹古之'八元'、'八凯'也。"① 由这段材料可以看出，"三君""八俊"等名号借鉴了历史典故，犹古之"八元""八凯"，即《左传》中所载上古时期高阳氏的才子八人（八恺）和高辛氏的才子八人（八元）。② 可见，"称号"并非汉代兴起的文化现象，先秦时期早已出现，可谓中国最古老的文化之一，类似的还有三皇五帝、春秋五霸、战国七雄、战国四公子等。它最初应该是从部族称号和部落首领的名号发展而来，如古之黄帝号曰"有熊氏"，亦号曰"轩辕氏"，与之相似的又有"祝融氏""伏羲氏""神农氏""有巢氏""葛天氏""朱襄氏"，等等。后从三代至春秋战国及秦汉，各国皆有名号，诸如夏、商、周、齐、楚、晋、秦、韩、赵、魏之类；各国首领亦有自己谥号，诸如商纣王、周武王、齐桓公、楚庄王、秦穆公、汉武帝之类。而历代与此相关的官号、爵号更是多种多样、层出不穷，至汉武帝时期又有年号纪年。除与国家行政体制相关的称号外，随着历史的发展，对政治现象、学术著作、各类名物、山岳形胜、地名地标、个体人物等的称号，都已出现并逐步得到发展，尤其是对个体人物的称号发展迅速，渐渐成为士人间的一种生活风尚，遍及社会上下。"号"与"名"不同，它能突出人物某方面的特征、才能或志向，从而提升人物的知名度。我们可先拿先秦至西汉时期的例子来看，了解一下称号文化的背景，后再单独展示东汉时期称号现象的发展，以便揭示其被应用于清议活动中的必然性。

一　先秦至西汉的称号文化

对政治现象的称号，如西周召公、周公二相行政，号曰"共和"（《史记》卷四《周本纪》）；汉武帝封赏周代苗裔姬嘉三十里地，号曰"周子南君"（《史记》卷四《周本纪》）。对学术著作的称号，如战国韩相申不

---

① （南朝宋）范晔撰，（唐）李贤等注：《后汉书》，中华书局1965年版，第2187页。
② 《左传·文公十八年》载："昔高阳氏有才子八人，苍舒、隤敳、梼戭、大临、尨降、庭坚、仲容、叔达，齐、圣、广、渊、明、允、笃、诚，天下之民谓之八恺。高辛氏有才子八人，伯奋、仲堪、叔献、季仲、伯虎、仲熊、叔豹、季狸，忠、肃、共、懿、宣、慈、惠、和，天下之民谓之八元。"（杨伯峻编著：《春秋左传注》，中华书局1981年版，第636—637页）

害著书二篇,号曰"申子"(《史记》卷六三《老子韩非列传》)。① 对学术流派的称号,如汉人桥仁著《礼记章句》四十九篇,号曰"桥君学"(《后汉书》卷五一《桥玄传》)。对具体名物的称号,如汉高祖的印玺世世相传,号曰"汉传国玺"(《汉书》卷九八《元后传》)。对山岳形胜的称号,如汉武帝所登天柱山,号曰"南岳"(《史记》卷一二《孝武本纪》),汉代南阳郡叶地有长城,号曰"方城"(《汉书》卷二八《地理志上》)。对地名的称号,如秦朝灭亡之后,其领地被分为三部分,立雍王、塞王、翟王,号曰"三秦"(《史记》卷六《秦始皇本纪》)。

而对个体人物的称号可谓名目繁多,绵延不断。人物称号从来源方式上看大概有三种。

第一种为统治者赐号或封号。如商帝武丁梦见一个叫"说"的圣人,后来在傅险(地名)发现了一个叫"说"的人与梦境契合,"故遂以傅险姓之,号曰傅说"(《史记》卷三《殷本纪》)。又如秦穆公授予百里奚国政,号曰"五羖大夫"(《史记》卷五《秦本纪》);商鞅被秦孝公封为列侯,号"商君"(《史记》卷五《秦本纪》);赵奢由于攻打秦国有功,被赐号"马服君"(《史记》卷四三《赵世家》);白起能抚养军士,使百姓安宁,被封号"武安君"(《史记》卷五《秦本纪》注);吕不韦因功封号"文信侯"(《史记》卷六《秦始皇本纪》)。除此之外,战国四公子又有"信陵君""孟尝君""平原君""春申君"的封号。及至西汉,赐号风尚与先秦时期基本相同,汉王刘邦拜叔孙通为博士,号"稷嗣君"(《史记》卷九九《叔孙通列传》);汉景帝认为石奋和他的四个儿子都是二千石的官员,"人臣尊宠乃集其门",号石奋为"万石君"(《史记》卷一〇三《万

---

① 史书中还有很多关于文人学术著作称号的记载,如《史记》卷六四《司马穰苴列传》载齐威王使大夫追论古者《司马兵法》而附穰苴于其中,因号曰《司马穰苴兵法》。《史记》卷八五《吕不韦列传》载吕不韦乃使其客人人著所闻,集论以为八览、六论、十二纪,二十余万言,以为备天地万物古今之事,号曰《吕氏春秋》。《史记》卷九七《郦生陆贾列传》载陆贾述存亡之征,凡著十二篇,每奏一篇,高帝未尝不称善,左右呼万岁,号其书曰"新语"。[(汉)司马迁:《史记》,中华书局1963年版,第2160、2510、2699页]另外,《汉书》卷八七《扬雄传下》载:"客有难《玄》大深,众人之不好也,(扬)雄解之,号曰《解难》。"[(汉)班固:《汉书》,中华书局1964年版,第3575页]《后汉书》卷二八《桓谭传》亦载:"谭著书言当世行事二十九篇,号曰《新论》。"《后汉书》卷四九《王符传》载:"(王符)志意蕴愤,乃隐居著书三十余篇,以讥当时失得,不欲章显其名,故号曰《潜夫论》。"[(南朝宋)范晔撰,李贤等注:《后汉书》,中华书局1965年版,第961、1630页]但仔细分析这些称号便会发现,它们与书名称谓可以等同,应是在称号风尚风行于整个社会的背景下,史学作者对文人著述称谓的习惯性叫法。

石张叔列传》);丞相车千秋因年事过高,皇上准许他乘小车进入宫殿中,故号为"车丞相"(《汉书》卷六六《车千秋传》)。

第二种为某人自号。如项梁在反秦战争时期自号"武信君"(《史记》卷七《项羽本纪》);项羽在灭秦之后自号"西楚霸王"(《汉书》卷三四《韩信传》师古注);汉平帝即位,王莽秉政,自号"安汉公"(《汉书》卷六七《云敞传》)。

第三种为众人对某人加号。早在上古时期,高阳氏的才子八人和高辛氏的才子八人就有"八元""八恺"之称号(《左传·文公十八年》)。春秋时期,吴国公子季札被封于延陵,世号"延陵季子"(《史记》卷三一《吴太伯世家》)。战国时期,秦惠王之弟樗里子滑稽多智,秦人号曰"智囊"(《史记》卷七一《樗里子甘茂列传》)。西汉时期,名将李广在右北平抗击匈奴,匈奴人号其为"飞将军"(《史记》卷一〇九《李将军列传》)。

由以上举例可以看出,在先秦至西汉的社会生活中,诸多方面皆有加号称谓的可能,其中以对人物冠以称号的现象居多,且方式多样、种类繁多。在人物类的称号中,看到较多的是关于王侯将相的称号,而关于普通士人的称号则相对较少。

二 东汉称号文化的发展

社会环境的变迁,促使学术、思想乃至社会风俗也发生了相应的改变。与其他文化形式一道,"称号"在东汉社会上也更为风行。除了前代出现的称号对象继续存在外,① 一些新的称号对象也相继出现。如对军事队伍的称号,城头子路(姓爰,名曾,字子路)与肥城刘诩起兵卢城头,号其兵为"城头子路"(《后汉书》卷二一《任光传》);又据《后汉书》卷一《光武帝纪上》载,两汉之交动乱之际,诸贼并起,"又别号诸贼铜马、大肜、高湖、重连、铁胫、大抢、尤来、上江、青犊、五校、檀乡、五幡、五楼、富平、获索等,各领部曲",唐人李贤对这段文字注解:"诸

---

① 如对山岳形胜的称号,《后汉书》卷六二《陈寔传》载:"三辅平敞,四面险固,土地肥美,号为'陆海'。"对具体名物的称号,如《后汉书》卷七二《董卓传》载:"(董卓)僭拟车服,乘金华青盖,爪画两輻,时人号'竿摩车'……又筑坞于郿,高厚七丈,号曰'万岁坞'。"对学术著作的称号,如《后汉书》卷四二《光武十王传·沛献王辅传》载:"(刘)辅矜严有法度,好经书,善说《京氏易》、《孝经》、《论语》传及图谶,作《五经论》,时号之曰《沛王通论》。"[(南朝宋)范晔撰,(唐)李贤等注:《后汉书》,中华书局1965年版,第2068、2329、1427页]

贼或以山川土地为名，或以军容强盛为号。"① 此外又有对家族的称号，如秦彭族兄间担任两千石官员者有多人，故三辅地区称秦氏家族为"万石秦氏"（《后汉书》卷七六《循吏列传·秦彭传》）。还有对特定事件的称号，如李膺为东汉末年名士，"士有被其容接者，名为登龙门"（《后汉书》卷六七《党锢列传·李膺传》），从此"登龙门"便成为士人拜访李膺受到尊荣之事的称号，且常为后世文人引用为典。除这些新的称号对象外，传统的对人物加号称谓的现象依然频见，除在称号方式上继续保持着赐号、自号、他人加号的形式外，② 综观东汉称号现象，相对于前代称号多发生在王侯将相身上来说，东汉人物称号则表现出普遍化、平民化的倾向。

从普遍性上来说，不论身份地位高低，上自帝王，下至普通士人皆有"称号"加身。如两汉之交各支起义军中"铜马军"最为强大，刘秀将降服的铜马部众分配给诸将统帅，共有数十万人之多，所以关西地区称刘秀为"铜马帝"（《后汉书》卷一《光武帝纪上》）。刘秀即位天子后，常特诏御史中丞、司隶校尉、尚书令会同并专席而坐，京师民众对他们称为"三独坐"（《后汉书》卷二七《宣秉传》）。又如光武帝时期名臣董宣不惧权贵、抨击豪强，京师民众号其为"卧虎"（《后汉书》卷七七《酷吏列传·董宣传》）。汉章帝东巡路过任城时，特意看望了原尚书郑均（此时已辞官归乡）并敕赐尚书禄以终其身，所以时人号郑均为"白衣尚书"（《后汉书》卷二七《郑均传》）。这是民众自下而上对身份地位较高者的称号，与统治者自上而下的封号或赐号有别。另外，在东汉身份地位相对较低的士人同样被予以称号，如马严、马敦兄弟在钜下生活时，三辅地区的民众对他们的义行称赞有加，称二人为"钜下二卿"（《后汉书》卷二四《马援传》）；汝阴令宋登为政清明，当地民众号称他为"神父"（《后汉书》卷七九《儒林列传上·宋登传》）；荀靖因才华高而显名，被称号为"玄行先生"（《后汉书》卷六二《荀淑传》）；名士郭泰提拔的士人庾乘，"后能讲论，自以卑第，每处下坐，诸生博士皆就仇问，由是学中以下坐为贵。后征辟并不起，号曰'征君'"（《后汉书》卷六八《郭

---

① （南朝宋）范晔撰，（唐）李贤等注：《后汉书》，中华书局1965年版，第16页。
② 赐号，如《后汉书》卷九〇《鲜卑传》载："乌桓豪人扶漱官勇健，每与鲜卑战，辄陷敌，诏赐号'率众君'。"自号，如《后汉书》卷七三《公孙瓒传》载："（公孙）瓒常与善射之士数十人，皆乘白马，以为左右翼，自号'白马义从'。"［（南朝宋）范晔撰，（唐）李贤等注：《后汉书》，中华书局1965年版，第2988、2359页］

泰传》)①。

从平民化上来看,普通士人和平民百姓也加入称号的创作与传播中来。前文述及太学生在清议运动中借鉴古代"八元""八凯"的称谓,为党人名士冠以了"三君""八俊"等集体性称号。其实,"八元""八凯"这种数字式的人物称号在东汉士人间曾被多次模仿利用,流传非常广泛。举例来看,如汉顺帝时期,周举等八人巡行地方,对各地贪猾的豪强进行弹劾,推举清廉正直的士大夫,八人也因此得到朝廷的擢升,故天下人对他们称号为"八俊"(《后汉书》卷六一《周举传》)。汉安帝时期,荀淑的八个儿子并有声名,时人谓之"八龙"(《后汉书》卷六二《荀淑传》)。这种数字式称号,无疑能把某方面特征相似的士人凝聚到一起,在士人内部增强认同感与自豪感,于士人之外又易于被常人记诵、传扬,不失为显声扬名的良方。而古代名人之所以成为汉代士人标榜名士的参照,是因为他们以崇经为尚,诸多典故多掌于心,古代名贤在他们心目中尤被敬重,所以遇事亦乐以此为典丰富语言成分。除以上所述外,在东汉还能找到很多数字式称号的例子,如汉明帝时有"二稚"(《后汉书》卷七九《儒林列传下·周泽传》),桓、灵之世又有"贾氏三虎"(《后汉书》卷六七《党锢列传·贾彪传》)、"平舆二龙"(《后汉书》卷六八《许劭传》)、"凉州三明"(《后汉书》卷六五《段颎传》),东汉末年又有"陈氏三君"(《后汉书》卷六二《陈寔传》)以及我们熟知的"建安七子"等。由此可见,数字式称号在东汉使用非常广泛,像是士人间的一种文字游戏,它往往能给人以极强的心理感应,从而形成一定的传播效应。当然,对集体人物的称号未必都采用数字式的形式,如杜密与李膺俱有名于当时,并遭党事之害,时人称二人为"李杜"(《后汉书》卷六七《党锢列传·杜密传》),这也是针对名行相次两个人的团体性称号。以上所述皆为普通士人造作称号之举,而平民百姓间的称号行为亦有所观。《后汉书》卷三六《张霸传》载:"(张霸)年数岁而知孝让,虽出入饮食,自然合礼,乡人号为'张曾子'。"②《后汉书志·五行志一》亦载:"桓帝时,梁冀秉政,兄弟贵盛自恣,好驱驰过度,至于归家,犹驰驱入门,百姓号之曰'梁氏

---

① 一般士人有称号的现象,在西汉后期就有端倪。如《汉书》卷九二《游侠传·萬章传》载,汉元帝时,长安街间各有豪侠,萬章(字子夏)在城西柳市,号曰"城西萬子夏"。[(汉)班固:《汉书》,中华书局1964年版,第3705页]《后汉书》卷七六《循吏列传·任延传》载,两汉之际,任延学于长安,显名太学,"学中号为'任圣童'"。[(南朝宋)范晔撰,(唐)李贤等注:《后汉书》,中华书局1965年版,第2460页]

② (南朝宋)范晔撰,(唐)李贤等注:《后汉书》,中华书局1965年版,第1241页。

灭门驱驰'。"① 从"乡人号""百姓号"之类的称谓上可以看出，这种称号都流传于平民百姓之间，有着广泛的群众基础。另外，据《后汉书》卷七一《朱儁传》载，黄巾军起义之后，又有多数小股起义队伍"并起山谷间，不可胜数。其大声者称雷公，骑白马者为张白骑，轻便者言飞燕，多髭者号于氐根，大眼者为大目，如此称号，各有所因"②。这里的"雷公""飞燕""氐根""大目"之类，是根据人的形体音貌特征给予的俗称，当然也是一种称号行为，只是它们创作、传播于下层百姓之中，稍显俗气。

通过上述分析可以看出，称号风尚发展到东汉，已完全成为一种大众化的社会文化，遍及社会上下。在这样的社会背景下，东汉士人在清议活动中对其加以运用，不仅是顺手拈来的事情，而且有着广大的接受群体，舆论效果明显。"称号"具有高度的概括性和凝练性，它在周汉时期的发展与应用，完全可视作语言艺术，既可用来形容人物，亦可用来形容人物之外的其他各类事物。对于人物而言，一旦被冠以称号（集体或个人），则会迅速引起他人的注意，可谓一种扬名之举，所以历史上的人物称号现象绵延不断，这也是东汉清议活动中其被应用来造作舆论的原因所在。而"三君""八俊"等名号在当时和后世的流传与影响，也可看作东汉末年清议之士对中国传统称号文化的一次弘扬。

第三节　作为清议方式的散文创作

袁世硕主编《中国古代文学史》言："东汉后期，国是日非，不少文章带有'清议'的性质。"③ 散文作为清议的方式，是指它以书面文辞的形式来论政品人，与口头论议有别。东汉后期的清议活动，对士大夫散文创作的影响主要表现在两个方面：一是转变了传统章奏体散文的创作方向，二是催生出散文创作的新形式。

---

① （晋）司马彪撰，（梁）刘昭注补：《后汉书志》，《后汉书》，中华书局1965年版，第3269页。
② （南朝宋）范晔撰，（唐）李贤等注：《后汉书》，中华书局1965年版，第2311页。
③ 参见袁世硕主编《中国古代文学史》第二编《秦汉文学》绪论，高等教育出版社2016年版，第171页。

一 清议过程中章奏体散文的转向

章奏在汉代属于多种文类中的一类,[①] 如汉和帝时葛龚善为文奏,"或有请龚奏以干人者",并留有"作奏虽工,宜去葛龚"的时语。[②] 又如,朱穆"著论、策、奏……凡二十篇"(《后汉书》卷四三《朱穆传》);马融著"书、记、表、奏……凡二十一篇"(《后汉书》卷六〇《马融传》);刘陶"著书数十万言……及上书言当世便事、条教、赋、奏……凡百余篇"(《后汉书》卷五七《刘陶传》)。上文已举党人名士以章奏弹劾宦官之事,清议对士人散文创作的影响,首先就表现在以此类章奏为主的政论散文上。章奏体散文作为臣下向皇帝进言的文本,主要是对朝政、吏治、民生等方面问题的反映,具有较强的时代性和政治色彩。而东汉后期,章奏文在清议活动中的创作和应用,则是清流士大夫在"匹夫抗愤,处士横议"之外,以文字的形式在朝堂议论时政、抨击时弊的表现。可以说,这样的章奏也是东汉后期士人清议的重要组成部分。

士人清议在桓、灵时期主要表现为贬斥宦官、褒扬善士,故而此类章奏在行文中也往往包含着对宦官集团擅权祸国行为的抨击,和对志行高洁之士扶危救世之举的赞誉。举例来看,如尚书朱穆上疏汉桓帝罢遣宦官,其奏疏中抨击宦官干政曰:"天朝政事,一更其手,权倾海内,宠贵无极,子弟亲戚,并荷荣任,故放滥骄溢,莫能禁御……"(《后汉书》卷四三《朱穆传》)汉桓帝延熹七年(164),故司空黄琼在病危时上疏论政,其中既有对李云、杜众等清正之士的肯定:"白马令李云,指言宦官罪秽宜诛,皆因众人之心,以救积薪之敝。弘农杜众,知云所言宜行,惧云以忠获罪,故上书陈理之,乞同日而死,所以感悟国家",又有对外戚与宦官干政祸国的批判:"黄门协邪,群辈相党,自冀兴盛,腹背相亲,朝夕图谋,共构奸宄……"(《后汉书》卷六一《黄琼传》)延熹八年(165),河南尹李膺与廷尉冯绲、大司农刘祐等人被宦官诬陷受罚,司隶校尉应奉上疏为李膺等人申诉,他在奏疏中对李膺等人的高洁品格给予了肯定:

[①] 其实在东汉,"章"与"奏"也是两种有区别的文体,如《后汉书》卷六三《李固传》载李固"著章、表、奏……凡十一篇"。蔡邕《独断》载:"凡群臣上书于天子者有四名:一曰章,二曰奏,三曰表,四曰驳议。章者,需头,称稽首,上书谢恩陈事诣阙通者也;奏者亦需头,其京师官但言稽首以闻,其中者所讲,若罪法劾案公府送御史台,公卿校尉送谒者台也。"[(汉)蔡邕:《独断》,上海古籍出版社1990年版,第4页] 刘勰《文心雕龙·章表篇》载:"汉定礼仪,则有四品:一曰章,二曰奏,三曰表,四曰议。章以谢恩,奏以按劾,表以陈请,议以执异。"为方便论述,本书将二者合称为"章奏"。

[②] (南朝宋)范晔撰,(唐)李贤等注:《后汉书》卷八〇《文苑列传上·葛龚传》,中华书局1965年版,第2618页。

第四章 东汉清议与士人文化的衍生

"廷尉冯绲、大司农刘祐、河南尹李膺等，执法不挠，诛举邪臣，肆之以法，众庶称宜"，且追评了他们以前的功绩："绲前讨蛮荆，均吉甫之功。祐数临督司，有不吐茹之节。膺著威幽、并，遗爱度辽。"（《后汉书》卷六七《党锢列传·李膺传》）延熹八年（165），太原太守刘瓆、南阳太守成瑨、山阳太守翟超、东海相黄浮，因惩治宦官不法或下狱或受刑罚，太尉陈蕃上疏请救，其奏疏中曰："小黄门赵津、大猾张汜等，肆行贪虐，奸媚左右……"又曰："山阳太守翟超、东海相黄浮，奉公不桡，疾恶如仇……"（《后汉书》卷六六《陈蕃传》）桓、灵时期，这种在士人与宦官之间区别清浊、平决臧否的章奏是非常普遍的。除以上所述外，又有延熹三年（160）时任大鸿胪的陈蕃上疏救李云（《后汉书》卷五七《李云传》）；延熹七年（164）太尉杨秉奏劾中常侍侯览和具瑗（《后汉书》卷五四《杨秉传》），大鸿胪爰延上封事谏桓帝"远谗谀之人……寤宦官之敝"（《后汉书》卷四八《爰延传》）；延熹九年（166）司隶校尉朱寓上疏劾奏河东太守单安（中常侍单超之弟）和河内太守徐盛（中常侍徐璜之弟），[①] 等等。

第一次党事发生后，以太学诸生为主的清议群体，在抨击时政之外，又针对士人自身进一步扩大清议的范围，为多位名士称号扬名，以此加强与宦官集团对抗的声势。其实在他们之前，党人被逮捕之初，就有了朝臣和地方官吏营救党人的行动，而这些营救行动即多表现为上疏申诉。这些申诉性的奏章因拨乱反正的需要，其间往往会夹杂着对党人名士的褒评和对宦官弄权的贬议。如桓帝延熹九年（166），太尉陈蕃为救因党事下狱的李膺等人而上疏极谏，他在奏疏中无畏地评议党人曰："前司隶校尉李膺、太仆杜密、太尉掾范滂等，正身无玷，死心社稷"，永康元年（167）在上窦太后疏中又言："侯览、曹节、公乘昕、王甫、郑飒等，与赵夫人诸女尚书并乱天下。附从者升进，忤逆者中伤。"（《后汉书》卷六六《陈蕃传》）永康元年（167）夏，皇甫规在贤良对策中曰："前太尉陈蕃、刘矩，忠谋高世，废在里巷；刘祐、冯绲、赵典、尹勋，正直多怨，流放家门；李膺、王畅、孔翊，洁身守礼，终无宰相之阶。至于钩党之衅，事起无端，虐贤伤善，哀及无辜。"（《后汉书》卷六五《皇甫规传》）此类营救党人的章奏，矛头直指刚刚发生的党锢之事，力图为党人平反。章奏中对党人名士的多方褒评，与党人赦归田里后，太学诸生以称号或谣谚的方式对他们的评价是相互呼应的。

第二次党事兴起时，天下善士多遭涂炭，党人清议渐趋消亡。但是在此期间仍有一些清流士大夫力持清议，他们或为党人鸣不平，或继续抨击宦

---

① 参见（晋）袁宏撰，周天游校注《后汉纪校注》，天津古籍出版社1987年版，第618页。

官之害。汉灵帝建宁二年（169）夏，大司农张奂趁朝廷诏百官各言灾异之机上疏，提及党人曰："故大将军窦武、太傅陈蕃，或志宁社稷，或方直不回，前以谗胜，并伏诛戮，海内默默，人怀震愤。"（《后汉书》卷六五《张奂传》）郎中谢弼亦上封事陈得失，曰："故太傅陈蕃，辅相陛下，勤身王室，夙夜匪懈，而见陷群邪……征故司空王畅，长乐少府李膺，并居政事，庶灾变可消，国祚惟永。"（《后汉书》卷五七《谢弼传》）熹平元年（172），河南尹李咸上书灵帝请求将窦太后与先帝合葬，其章奏中直言："中常侍曹节、张让、王甫等因宠乘势，贼害忠良，逸潜大将军窦武、太傅陈蕃，虚遭无刑之酷，被以滔天之罪。陛下不复省览，猥发雷霆之怒，海内贤愚，莫不痛心。"① 在党锢事件刚刚发生、宦官势力正盛之时，如此"危言深论"，尤能体现出清议之士不畏强暴的莫大勇气。此外，光和元年（178）又有郎中审忠上疏弹劾中常侍朱瑀等人，极力抨击宦官之害，并为陈蕃、窦武、尹勋等党人鸣冤（《后汉书》卷七八《宦者列传·曹节传》），谏大夫陈雅亦有相似的上疏。② 光和二年（179）司隶校尉阳球奏劾中常侍王甫、太尉段颎之罪。③ 黄巾起义爆发后，又有护军司马傅燮、郎中张钧上疏请诛宦官。④ 可见，章奏文作为士大夫官员阶层清议的主要方式，⑤ 虽与党人清议的发展保持

---

① （晋）袁宏撰，周天游校注：《后汉纪校注》，天津古籍出版社1987年版，第662—663页。
② 陈雅疏奏，可参见（晋）常璩撰，刘琳校注《华阳国志校注》卷十下《汉中士女》，巴蜀书社1984年版，第804页。
③ 参见（晋）袁宏撰，周天游校注《后汉纪校注》，天津古籍出版社1987年版，第680—681页。
④ 参见（南朝宋）范晔撰，（唐）李贤等注《后汉书》，中华书局1965年版，第1874、2535页。
⑤ 当然，在桓、灵时期，并非只有官僚士大夫才能上疏论政，政治使命感较强的儒学诸生也可以上书陈事。如《后汉书》卷四三《朱穆传》载，太学生刘陶等上书桓帝申救朱穆时，其奏疏中对朱穆的为人多加赞赏，而对宦官集团的所作所为则多有抨击，其中说："当今中官近习，窃持国柄，手握王爵，口含天宪，运赏则使饿隶富于季孙，呼嗟则令伊、颜化为桀、跖。"［（南朝宋）范晔撰，（唐）李贤等注：《后汉书》，中华书局1965年版，第1471页］不仅如此，刘陶在上疏言事中还表现出强烈的愤懑之情，近似于危言深论，如《后汉书》本传载其上疏桓帝曰："陛下既不能增明烈考之轨，而忽高祖之勤，妄假利器，委授国柄，使群丑刑隶，芟刈小民，彫敝诸夏，虐流远近，故天降众异，以戒陛下。陛下不悟，而竟令虎豹窟于麓场，豺狼乳于春囿。斯岂唐咨禹、稷，益典朕虞，议物赋土蒸民之意哉？"［（宋）范晔撰，（唐）李贤等注：《后汉书》，中华书局1965年版，第1843页］除儒学诸生外，未入仕的士人亦可直接上疏陈事，如《后汉书》卷三〇《襄楷传》载，延熹九年（166）襄楷自家诣阙上疏，奏疏中夹杂着为因惩治宦官而受害的刘瓆、成瑨等人的鸣冤之辞，且情绪激愤："李云上书，明主所不当讳，杜众乞死，谅以感悟圣朝，曾无赦宥，而并被残戮，天下之人，咸知其冤。汉兴以来，未有拒谏诛贤，用刑太深如今者也。"［（宋）范晔撰，（唐）李贤等注：《后汉书》，中华书局1965年版，第1077页］另外，未入仕的士人还可借延举贤良方正之机议论时弊，如《后汉书》卷五七《刘瑜传》载，延熹八年（165）太尉杨秉举贤良方正，刘瑜因至京师而上书陈事，其中对宦官之害大加抨击。［（南朝宋）范晔撰，（唐）李贤等注：《后汉书》，中华书局1965年版，第1855页］

呼应，但并未保持同步，党人遭受党锢之后，党人之议也不复存，朝中的一些正直士大夫仍在坚持清议论政。

前文提及，面对阉寺擅权，"匹夫抗愤，处士横议"，党人论政亦"危言深论，不隐豪强"。士林间的这种慷慨任气之风，在以上所述章奏中也有着充分的体现。正是由于士大夫所上章奏言辞激切，所以触怒龙颜并遭受处罚的事件时有发生，甚至有人为此丢掉了性命。如桓帝延熹二年（159），中常侍单超等五人封侯后专权选举，外戚家一连四人封侯且赏赐过甚，忧国将危的白马令李云上书力谏，他在章奏中曰："狠封谋臣万户以上，高祖闻之，得无见非？西北列将，得无解体？孔子曰：'帝者，谛也。'今官位错乱，小人谄进，财货公行，政化日损，尺一拜用不经御省。是帝欲不谛乎？"（《后汉书》卷五七《李云传》）面对这样的大不敬之语，桓帝非常震怒，言曰："帝欲不谛，是何等语"，李云因此被下狱处死。又如太尉陈蕃疏救因党事下狱的李膺等人时曰："以忠忤旨，横加考案，或禁锢闭隔，或死徙非所。杜塞天下之口，聋盲一世之人，与秦焚书坑儒，何以为异？昔武王克殷，表闾封墓，今陛下临政，先诛忠贤。遇善何薄？待恶何优？"（《后汉书》卷六六《陈蕃传》）对于这样直接批判皇帝本人的犀利言辞，桓帝自然"讳其言切"，终以陈蕃辟召非其人为由将其策免。第二次党锢事件之后，汉灵帝熹平五年（176）又有永昌太守曹鸾上书讼党人之冤，其曰："谋反大逆，尚蒙赦宥，党人何罪，独不开恕乎！所以灾异屡见，水旱荐臻，皆由于斯。"① 因"言甚方切"，故"帝省奏大怒"（《后汉书》卷六七《党锢列传·序》），曹鸾被掠杀狱中，党锢牵连范围也再次扩大。可见，士大夫官员在奏疏中的犀利用语及表现出的愤慨之情，与士林中危言深论式的清议及由此体现出的婞直之风具有相似性。

经上所述可见，东汉后期的清议活动对章奏文创作的影响主要表现在内容和风格两个方面。从内容上来说，抨击宦官之害和申救党人的文字增多。从风格上来看，由于清议中抗愤激昂的情感注入行文，从而使章奏文具有了昂扬奔放的气势感。对此，我们还可拿党人名士窦武的奏疏来具体分析：

> 臣闻明主不讳讥刺之言，以探幽暗之实；忠臣不恤谏争之患，以畅万端之事……（陛下）自即位以来，未闻善政。梁、孙、寇、邓虽或诛灭，而常侍黄门续为祸虐，欺罔陛下，竞行谄诈，自造制度，妄

---

① （晋）袁宏撰，周天游校注：《后汉纪校注》，天津古籍出版社1987年版，第669页。

爵非人，朝政日衰，奸臣日强。伏寻西京放恣王氏，佞臣执政，终丧天下。今不虑前事之失，复循覆车之轨，臣恐二世之难，必将复及，赵高之变，不朝则夕。近者奸臣牢修，造设党议，遂收前司隶校尉李膺、太仆杜密、御史中丞陈翔、太尉掾范滂等逮考，连及数百人，旷年拘录，事无效验。臣惟膺等建忠抗节，志经王室，此诚陛下稷、卨、伊、吕之佐，而虚为奸臣贼子之所诬枉，天下寒心，海内失望。惟陛下留神澄省，时见理出，以厌人鬼喁喁之心。臣闻古之明君，必须贤佐，以成政道。今台阁近臣，尚书令陈蕃、仆射胡广、尚书朱寓、荀绲、刘祐、魏朗、刘矩、尹勋等，皆国之贞士，朝之良佐。尚书郎张陵、妫皓、苑康、杨乔、边韶、戴恢等，文质彬彬，明达国典。内外之职，群才并列。而陛下委任近习，专树饕餮，外典州郡，内干心膂。宜以次贬黜，案罪纠罚，抑夺宦官欺国之封，案其无状诬罔之罪，信任忠良，平决臧否，使邪正毁誉，各得其所，宝爱天官，唯善是授。如此，咎征可消，天应可待。间者有嘉禾、芝草、黄龙之见。夫瑞生必于嘉士，福至实由善人，在德为瑞，无德为灾。陛下所行，不合天意，不宜称庆。①

这是第一次党事后，窦武为申救遭党事考逮的李膺、杜密等人，于永康元年（167）上桓帝的奏疏。从行文中可看出，窦武对宦官弄权痛恨至极，称其"竞行谲诈，自造制度，妄爵非人"，并建议桓帝"案罪纠罚，抑夺宦官欺国之封"。因上疏的目的是为党人平反，所以文中更多的是对党人的褒扬，如称他们"建忠抗节，志经王室""国之贞士，朝之良佐""文质彬彬，明达国典"等，并希望汉桓帝能够任用这些贤士，"以成政道"。此外，行文中还夹杂着"二世之难，必将复及，赵高之变，不朝则夕""陛下委任近习，专树饕餮""陛下所行，不合天意，不宜称庆"这些含有忧愤之情和"干上逆旨"意味的言辞，这展现了窦武对朝政弊端的极其不满。《后汉书》卷六九《窦武传》载，窦武上此疏后，"以病上还城门校尉、槐里侯印绶"，可见其贬恶扬善决心之坚决。

从整体上看，东汉末年章奏文受清议活动的影响，并非只限于内容和风格上的简单改变，更表现为传统章奏体散文的创作倾向在一定程度上发生了转变。之所以这么说，是因为通过考察得知，此时针对宦官干政和士

---

① （南朝宋）范晔撰，（唐）李贤等注：《后汉书》卷六九《窦武传》，中华书局1965年版，第2239—2240页。

第四章　东汉清议与士人文化的衍生　119

人受害之事而作的章奏文数量极多。以上列举的诸多例子，只是史料记载的至今我们尚能看到文本的部分作品。除此之外，还有相当多的作品未能流传下来。如白马令李云下狱后，"太常杨秉、洛阳市长沐茂、郎中上官资并上疏请云"（《后汉书》卷五七《李云传》）；朱震为州从事时，"奏济阴太守单匡臧罪，并连匡兄中常侍车骑将军超"（《后汉书》卷六六《陈蕃传》）；第五种任兖州刺史时，"奏匡，并以劾超"（《后汉书》卷四一《第五伦传》）；延熹八年（165），司隶校尉韩演"奏悺罪恶"，又"奏瑗兄沛相恭臧罪"（《后汉书》卷七八《宦者列传·单超传》）；刘淑入朝为官后上疏汉桓帝"宜罢宦官"；魏朗任彭城令时，中官子弟为国相，多行非法，"朗与更相章奏"；羊陟任尚书令时，对公卿大夫"与宦竖相姻私，公行货赂"之事，"并奏罢黜之"；陈翔在扬州刺史任上，"举奏豫章太守王永奏事中官，吴郡太守徐参（注：中常侍璜之弟）在职贪秽"（以上均见《后汉书》卷六七《党锢列传》）；皇甫嵩见中常侍赵忠舍宅逾制，"乃奏没入之"（《后汉书》卷七一《皇甫嵩传》），等等。可惜这些章奏文已经湮没无存，但由此亦透露出，在东汉末年有众多士大夫参与了针砭时弊类章奏文的创作。可以想见，这些章奏文作为汉末文学的组成部分，其中所流露的痛愤之情，与此时文人士子在辞赋和诗歌中所抒发的痛苦与苦闷情绪应该是一致的，① 这是历史环境赋予文学作品的时代特色。

二　清议风气影响下的散文新形式

除章奏体文章外，在东汉末年士人议论时政的氛围中，其他形式的政

---

① 如桓帝延熹二年（159），中常侍徐璜、左悺等五侯擅权，徐璜听说蔡邕善于鼓琴，即想把其召至京师做侍弄之臣。蔡邕不得已启程，到偃师称病返回，其间作《述行赋》以抒愤遣怀。受此影响，蔡邕心有余悸，避居家里，不与世人交往，思考世事，借鉴前人对身世命运的思考，又作《释诲》以抒怀自勉。观其行文，虽亦采用汉大赋主客问答体的形式，但主题思想已由赞颂、规劝转到贬斥、讽刺。文中胡老答言中有曰："是故天地否闭，圣哲潜形，石门守晨，沮、溺耦耕，颜歜抱璞，蘧瑗保生，齐人归乐，孔子斯征，雍渠骖乘，逝而遗轻。夫岂憸主而背国乎？道不可以倾也。"[（南朝宋）范晔撰，（唐）李贤等注：《后汉书》卷六〇《蔡邕传》，中华书局1965年版，第1982—1983页] 这表现出面对世道昏暗甘愿归隐的心理，其中对现实社会亦有间接讽刺。"雍渠骖乘，逝而遗轻"，采用了孔子在卫国的一个典故，《史记》卷四七《孔子世家》记载："（卫）灵公与夫人同车，宦者雍渠参乘，出，使孔子为次乘，招摇市过之。孔子曰：'吾未见好德如好色者也。'于是丑之，去卫，过曹。"[（汉）司马迁：《史记》，中华书局1963年版，第1921页] 蔡邕在这里特意突显宦者"雍渠"，明显是对当时宦官擅权的暗讽。其他又如赵壹的《穷鸟赋》《刺世疾邪赋》，郦炎的《见志诗》二首，蔡邕的《翠鸟诗》，皆有这样的情感表达。

论散文创作无疑也会受到影响。① 而在传统的政论散文之外，受臧否人物风气的影响，汉末又产生了一些新的散文类型。

郭泰是东汉末年善于臧否人物的名士，经他品鉴成名的士人有数十人之多。《世说新语·政事》篇刘孝标注引《泰别传》曰："（郭）泰字林宗，有人伦鉴识。题品海内之士，或在幼童，或在里肆，后皆成英彦六十余人。自著书一卷，论取士之本，未行，遭乱亡失。"② 据这一则材料可知，郭泰把他品评识鉴人才的经验与心得汇集成书，这是清议活动直接催生出的关于人物品评的散文作品，可惜遭乱亡失。与之相似，汉末魏初刘劭又著有《人物志》一书（三卷，十二篇），它"取汉代识鉴人物的事实而探寻其原理，由清议中品评人物的琐碎之言进而变为系统的理论，目的是解决现实的政治问题"③。刘劭在《人物志》中将人才分为不同的类型，在此基础上全面细致地阐述了识鉴人才、任用人才的方式方法。可以说，正是在东汉末年以来浓重的人物品评风气下，才造就出这样的人才学专著，与时代脉搏是切合的。今人杨永泉认为，"刘劭《人物志》是在汉末人物品评新潮中发展起来关于知人、用人的一部理论研究著作，它不仅涉及人的资质、仪容、才能、性格，同时还反映出人的品评是由道德判断深化为既重道德判断又重才性容止鉴赏的探寻"④。也正是由于这个原因，汤用彤在《读〈人物志〉》中提出"汉代清议—魏初清谈"的转变，可"征诸于《人物志》一书"⑤。

东汉末年愈发浓重的人物品评之风，还造就出很多善于人伦臧否的名士。他们在口头品论士人之外，亦好以文品人，从而促进了品评人物类散文的发展。如孔融和陈群曾就"汝、颍人物孰优孰劣"的问题进行过论争。孔融《汝颍优劣论》曰：

> （孔）融以汝南士胜颍川士。陈长文难曰："颇有芜菁，唐突人参也。"融答之曰："汝南戴子高，亲止千乘万骑，与光武皇帝共揖于道中。颍川士虽抗节，未有颉颃天子者也。汝南许子伯，与其友人共说

---

① 像仲长统《昌言》这样批判性较强的政论散文，受时代政治和清议活动的影响，也留有批判宦官和评论党人的内容。[参见《昌言》下"宦竖者"篇，载（清）严可均辑《全后汉文》卷八九，商务印书馆1999年版，第896—897页]
② 余嘉锡笺疏：《世说新语笺疏》，中华书局2007年版，第213—214页。
③ 李崇智：《〈人物志〉校笺》前言，巴蜀书社2001年版，第7页。
④ 杨永泉：《品识人才的一面镜鉴——读刘邵〈人物志〉》，《南京社会科学》2007年第4期。
⑤ 汤用彤：《读〈人物志〉》，《汤用彤学术论文集》，中华书局1983年版，第205页。

第四章　东汉清议与士人文化的衍生　121

世俗将坏，因夜起举声号哭。颍川士虽颇忧时，未有能哭世者也。汝南许掾，教太守邓晨图开稻陂，灌数万顷，累世获其功，夜有火光之瑞。韩元长虽好地理，未有成功见效如许掾者也。汝南张元伯，身死之后，见梦范巨卿。颍川士虽有奇异，未有鬼神能灵者也。汝南应世叔，读书五行俱下。颍川士虽多聪明，未有能离娄并照者也。汝南李洪为太尉掾，弟杀人当死，洪自劾诣阁，乞代弟命，便饮鸩而死，弟用得全。颍川士虽尚节义，未有能杀身成仁如洪者也。汝南翟文仲为东郡太守，始举义兵，以讨王莽。颍川士虽疾恶，未有能破家为国者也。汝南袁公著为甲科郎中，上书欲治梁冀。颍川士虽慕忠谠，未有能投命直言者也。"①

孔融在文中列举了汝南历史上多位名人的事迹，并逐一对他们进行品评，或凸显其功业，或凸显其德行，或凸显其名节，目的是证明汝南士人优于颍川士人。陈群对此的反驳并未留有全文，但据《三国志》卷一〇《荀彧传》注引《荀氏家传》载，陈群在与孔融论汝、颍人物时曰："荀文若（按：荀彧）、公达（按：荀攸）、休若（按：荀衍）、友若（按：荀谌）、仲豫（按：荀悦），当今并无对。"② 可见陈群是以颍川大族（荀氏家族）的当世功勋为例来回应孔融的。孔融与陈群品评士人，一个侧重于历史先贤，一个倾向于当今大族。其实随着人物品评风气的发展，在汉末从这两个角度来评价人物的现象逐渐普遍化，这主要表现在一些杂传性散文的创作上，包括郡书、家传、人物别传等。今人胡宝国说："杂传对人物的关注就是来自于当时的品评风气"，"受人物品评风气的影响，撰写杂传最盛行的阶段是东汉到东晋"③。下面我们对此具体分析。

从品论历史先贤出发，在东汉末年相继出现了一些郡书类的散文。《史通》卷一〇《杂述》载："汝、颍奇士，江、汉英灵，人物所生，载

---

① （清）严可均辑：《全后汉文》卷八三，商务印书馆1999年版，第842页。
② （晋）陈寿撰，陈乃乾校点：《三国志》，中华书局1964年版，第316页。
③ 胡宝国：《杂传与人物品评》，《汉唐间史学的发展》，商务印书馆2003年版，第132、143页。王仲镛也说："在'清议'成风的时代，评论人物，已经成为一代人的共同习尚，而撰写人物传记，一时也成了这一时期历史著作的主要内容。除了《耆旧传》或《先贤传》这种以地区分的人物传记之外，还有以人的行为分的《高士传》、《逸民列传》、《高隐传》、《孝子传》、《孝友传》、《孝德传》、《止足传》、《知己传》、《良吏传》、《忠臣传》、《文士传》以及《高才不遇传》、《阴德传》、《悼善传》之类。同时，各大士族的《家传》与名贤锯公的《别传》、《行状》等等也不少。"［参见王仲镛《陈寿〈益部耆旧传〉探微》，《四川师范大学学报》（社会科学版）1994年第3期］

光郡国。故乡人学者，编而记之，若圈称《陈留耆旧》、周斐《汝南先贤》、陈寿《益部耆旧》、虞预《会稽典录》。此之谓郡书者也。"① 赵岐在东汉末年著有郡书《三辅决录》，其序曰：

> 三辅者，本雍州之地，世世徙公卿吏二千石及高赀，皆以陪诸陵。五方之俗杂会，非一国之风，不但系于《诗·秦》、《豳》也。其为士好高尚义，贵于名行。其俗失则趣势进权，唯利是视。余以不才，生于西土，耳能听而闻故老之言，目能视（而）见衣冠之畴，心能识而观其贤愚……近从建武以来，暨于斯今，其人既亡，行乃可书，玉石朱紫，由此定矣，故谓之《决录》矣。②

由此序可知，《三辅决录》主要记载了东汉初年至东汉末年雍州地区的人物风貌。其中既有"好高尚义，贵于名行"的有德之士，又有"趣势进权，唯利是视"的德薄之人，对这些人物都作出评定，目的是区分"玉石朱紫"。除《三辅决录》外，《隋书》卷三三《经籍志二》还记有汉议郎圈称所撰《陈留耆旧传》二卷，上引《史通·杂述》亦提及此书。从汉末至魏晋时期，郡书的撰写越来越多，③ 裴松之在《三国志》卷六《刘表传》、卷三五《诸葛亮传》及卷三九《刘巴传》中注引过《零陵先贤传》，在卷二三《和洽传》中注引过《汝南先贤传》，在卷二四《高柔传》中注引过《陈留耆旧传》，在卷三一《刘焉传》、卷三八《许靖传》等卷中注

---

① （唐）刘知几撰，（清）浦起龙释：《史通通释》，上海古籍出版社1978年版，第274页。
② （南朝宋）范晔撰，（唐）李贤等注：《后汉书》卷六四《赵岐传》李贤注引，中华书局1965年版，第2124—2125页。
③ 《隋书》卷三三《经籍志二》载，汉魏六朝时期的郡书有：《三辅决录》七卷，汉太仆赵岐撰，挚虞注；《兖州先贤传》一卷；《徐州先贤传》一卷；《徐州先贤传赞》九卷；《海岱志》二十卷，齐前将军记室崔慰祖撰；《交州先贤传》三卷，晋范瑗撰；《益部耆旧传》十四卷，陈长寿撰（按："陈长寿"当为"陈寿"，《隋志》误）；《续益部耆旧传》二卷；《鲁国先贤传》二卷，晋大司农白褒撰；《楚国先贤传赞》十二卷，晋张方撰；《汝南先贤传》五卷，魏周斐撰；《陈留耆旧传》，汉议郎圈称撰；《陈留耆旧传》一卷，魏散骑侍郎苏林撰；《陈留先贤像赞》一卷，陈英宗撰；《陈留志》十五卷，东晋剡令江敞撰；《济北先贤传》一卷；《庐江七贤传》二卷；《东莱耆旧传》一卷，王基撰；《襄阳耆旧记》五卷，习凿齿撰；《会稽先贤传》七卷，谢承撰；《会稽后贤传记》二卷，钟离岫撰；《会稽典录》二十四卷，虞豫撰；《会稽先贤像赞》五卷；《吴先贤传》四卷，吴左丞相陆凯撰；《东阳朝堂像赞》一卷，晋南平太守留叔先撰；《豫章烈士传》三卷，徐整撰；《豫章旧志》三卷，晋会稽太守熊默撰；《豫章旧志后撰》一卷，熊欣撰；《零陵先贤传》一卷；《长沙耆旧传赞》三卷，晋临川王郎中刘彧撰；《桂阳先贤画赞》一卷，吴左中郎张胜撰；《武昌先贤志》二卷，宋天门太守郭缘生撰。[（唐）魏征、令狐德棻：《隋书》，中华书局1973年版，第974—975页]

引过陈寿的《益部耆旧传》。这些耆旧传、先贤传之类的著作，虽然明显受到汉末品评人物风气的影响，但此类著作绝非只是单纯地为品论历史人物而作。《三辅决录》已表明了区分"玉石朱紫"的目的，而太尉袁汤的话似乎更能说明此时士人撰写这类著作的心理：

> 太尉袁汤致仕。汤字仲河。初为陈留太守，褒善叙旧，以劝风俗。尝曰："不值仲尼，夷、齐西山饿夫，柳下东国黜臣，致声名不泯者，篇籍使然也。"乃使户曹吏追录旧闻，以为耆旧传。①

袁汤出于"褒善叙旧，以劝风俗"的需要而作耆旧传。其实在世风每况愈下的东汉末年，褒扬善士、宣示教化以导引风俗，又何尝不是广大清议之士心中的企盼。

从品评当世大族人物出发，一些家传性散文在东汉末年逐渐产生。刘孝标在《世说新语·德行》篇注中引用过《荀氏家传》，且载："（荀）巨伯，汉桓帝时人也。亦出颍川，未详其始末。"② 又在《世说新语·赏誉》篇中注引过《李氏家传》，其中提到了东汉末年名士李膺的事迹。③ 另外，《隋书》卷三三《经籍志二》中记有《何颙使君家传》一卷，④ 何颙为东汉末年名士，郭泰、贾彪等人与之友善。裴松之在《三国志》卷一三《王朗传》中注引过《王朗家传》，其中对东汉末年人王朗的事迹有所记载。⑤ 又，《三国志》卷一四《蒋济传》裴松之注曰："魏武作《家传》，自云曹叔振铎之后。"⑥ 可见，曹操在东汉末年也曾作过《曹世家传》。李贤在《后汉书》卷七〇《孔融传》中多次注引过《孔融家传》。与郡书一样，到了魏晋时期，家传的撰写更为盛行，⑦ 裴松之在《三国志》卷一〇《荀

---

① （晋）袁宏撰，周天游校注：《后汉纪校注》，天津古籍出版社1987年版，第574页。
② 余嘉锡笺疏：《世说新语笺疏》，中华书局2007年版，第13页。
③ 参见余嘉锡笺疏：《世说新语笺疏》，中华书局2007年版，第491页。
④ 参见（唐）魏征、令狐德棻《隋书》，中华书局1973年版，第977页。
⑤ 参见（晋）陈寿撰，陈乃乾校点《三国志》，中华书局1964年版，第407页。
⑥ （晋）陈寿撰，陈乃乾校点：《三国志》，中华书局1964年版，第455页。
⑦ 《隋书》卷三三《经籍志二》载，汉魏六朝时期的家传有：《李氏家传》一卷；《桓氏家传》一卷；《太原王氏家传》二十三卷；《褚氏家传》一卷，褚觊等撰；《薛常侍家传》一卷；《江氏家传》七卷，江祚等撰；《庾氏家传》一卷，庾斐撰；《裴氏家传》四卷，裴松之撰；《虞氏家记》五卷，虞览撰；《曹氏家传》一卷，曹毗撰；《范氏家传》一卷，范汪撰；《纪氏家纪》一卷，纪友撰；《韦氏家传》一卷；《何颙使君家传》一卷；《明氏世录》六卷；《陆史》十五卷；《王氏江左世家传》二十卷；《孔氏家传》五卷；《崔氏五门家传》二卷；《暨氏家传》一卷。[（唐）魏征、令狐德棻：《隋书》，中华书局1973年版，第977页]

或传》中注引过《荀氏家传》、在卷二一《刘劭传》中注引过《庐江何氏家传》、在卷四八《三嗣主传》中注引过《会稽邵氏家传》。刘孝标在《世说新语·文学》篇注引过《裴氏家传》《袁氏家传》，在《世说新语·赏誉》篇注引过《褚氏家传》，在《世说新语·言语》篇注引过《谢车骑家传》，等等。可以想见，家传类著作主要是对家族人物及其事迹的集中记录，从个别家传的引文内容中也能看出这一点。以《荀氏家传》为例，裴松之用其注《三国志》时即提到了荀氏家族的多个人物，如荀衍、荀恽、荀俣、荀诜、荀寓、荀頵、荀恺、荀昙、荀衢、荀祈、荀憺。由于家传多由某一家族中的文人撰写（如前述曹操自作《家传》），所以一般都会侧重于介绍家族中功勋卓著或德行突出的人物，如曹操自云曹叔振铎之后，《何氏家传》追述何敞六世祖比干以美行渐成名族的事迹。① 以此看来，家传这类以凸显人物之美的褒评，透露着夸耀门庭的意味。

与郡书和家传相似，当时还出现了很多人物别传类的散文。前已述及刘孝标在《世说新语·政事》篇注引过《郭泰别传》，其实此类别传在汉晋时期举不胜举。以裴松之注《三国志》为例来看，他在其中引用的人物别传有《郑玄别传》《荀彧别传》《荀勖别传》《邴原别传》《程晓别传》《刘资别传》《孙资别传》《曹志别传》《嵇康别传》《吴质别传》《潘尼别传》《潘岳别传》《刘廙别传》《卢谌别传》《华佗别传》《管辂别传》《赵云别传》《费祎别传》《虞翻别传》《机云别传》《诸葛恪别传》。汉晋时期与之相似的人物别传在其他文史资料中也有多处记载，其中多数别传的作者已不可确考。另外，东汉末年大量出现的述德性碑文，与此类别传有相似性，因为述德性碑文也可看作人物的简单传记。② 从人物品评的角度来说，它们基本都可归为盖棺定论式的品评。③ 当然，受书体、载体的限制，碑文的篇幅相对于别传来说显得短小。又因碑文的性质所在，它只侧重于褒评（这点与家传相似），而别传在论述人物时则是褒贬兼有的，甚至汉晋时期还有专注于人物批评类的别传。如刘昭在《后汉书志·礼仪志下》中注引过《董卓别传》，并述及董卓"发成帝陵，解金缕，探含玑"

---

① 参见（南朝宋）范晔撰，（唐）李贤等注《后汉书》卷四三《何敞传》李贤注引，中华书局1965年版，第1480页。
② 如刘勰《文心雕龙·诔碑篇》曰："夫属碑之体，资乎史才。其序则传，其文则铭。"[（南朝梁）刘勰著，范文澜注：《文心雕龙注》，人民文学出版社1958年版，第214页]
③ 如白马令李云上疏陈述时弊，因言辞犀利触怒桓帝而受罚。当时的清正之士除了以上疏的方式对此论议外，后又有冀州刺史贾琮"过祠云墓，刻石表之"[（南朝宋）范晔撰，（唐）李贤等注：《后汉书》，中华书局1965年版，第1852页]，即以碑文的形式诉诸褒贬，以导风俗。

第四章 东汉清议与士人文化的衍生 125

之事,又在《五行志》中注引过《梁冀别传》,其中提及:"冀之专政,天为见异,众灾并凑,蝗虫滋生,河水逆流,五星失次,太白经天,人民疾疫,出入六年,羌戎叛戾,盗贼略平(民),皆冀所致。"① 可见文体性质不同,品论人物的角度和侧重点也会不同。

综上来看,受东汉末年清议活动的影响,士人文章大概有三变。第一,善于人伦臧否的名士总结人物品评的经验和意义,创作出关于人才识鉴与任用方面的理论性著作,如刘劭的《人物志》。第二,一些文人士大夫把人物品评诉诸文字,这种以文品人的方式促进了人物品评类散文的发展,如孔融的《汝颍优劣论》,《世说新语》中关于人物品评事迹与特征的记载,也可看作清议衍生出的文学作品。第三,人物品评风气逐渐演变为文化思潮,受此影响,汉晋时期又产生了郡书、家传、别传等著作。这些杂传体散文论及的人物,既有历史前贤,又有当世名人,既有不同地域的人物,又有某个家族的系列名人,从而使人物品论的时代范围和地域范围都得到很大的扩展。不仅如此,甚至东汉末年述德性碑文的大量出现,魏晋时期高士传、逸士传、名士传之类著作的出现,② 以及综合性的传记如《海内先贤传》《汉末名士录》等,③ 乃至早期的文论,④ 都是在这一思潮的统摄下产生的。六朝之后,随着人物品评思潮的消退,杂传性散文的

---

① (晋)司马彪撰,(梁)刘昭注补:《后汉书志》,《后汉书》,中华书局1965年版,第3150、3311页。
② 《隋书》卷三三《经籍志二》载魏晋六朝时期的此类作品有:《圣贤高士传赞》三卷,嵇康撰,周续之注;《高士传》六卷,皇甫谧撰;《逸士传》一卷,皇甫谧撰;《逸民传》七卷,张显撰;《高士传》二卷,虞盘佐撰;《至人高士传赞》二卷,晋廷尉卿孙绰撰;《高隐传》十卷,阮孝绪撰;《高隐传》十卷;《续高士传》七卷,周弘让撰;《海内名士传》一卷;《正始名士传》三卷,袁敬仲撰;《江左名士传》一卷,刘义庆撰;《竹林七贤论》二卷,晋太子中庶子戴逵撰;《七贤传》五卷,孟氏撰;《文士传》五十卷,张骘撰。[(唐)魏征、令狐德棻:《隋书》,中华书局1973年版,第975—976页]
③ 刘孝标在《世说新语》的《德行》《赏誉》篇注中引过《海内先贤传》,其中提到汉末陈蕃、李膺、陈谌、许劭之事。(余嘉锡笺疏:《世说新语笺疏》,中华书局2007年版,第1、8、12、492页)裴松之在《三国志》卷六《袁绍传》《刘表传》和卷一〇《荀攸传》中都引用过《汉末名士录》。[(晋)陈寿撰,陈乃乾校点:《三国志》,中华书局1964年版,第192、211、322页]
④ 李世耀说:"汉末三国之间,逐渐兴起的文学批评常常依附于人物品评,并直接将品评人物的方法移之于论文。曹丕的《典论·论文》就是一个突出的代表。"(《人物品评与六朝文学批评》,《文学遗产》1990年第2期)宗白华指出:"中国美学竟是出发于'人物品藻'之美学。美的概念、范畴、形容词,发源于人格美的评赏",并说"中国艺术和文学批评的名著,谢赫的《画品》,袁昂、庾肩吾的《画品》,钟嵘的《诗品》,刘勰的《文心雕龙》,都产生在这热闹的品藻人物的空气中。"(《论〈世说新语〉和晋人的美》,《美学散步》,上海人民出版社1981年版,第209—210页)

创作也就逐渐减少了,诚如胡宝国说:"进入南朝,由于皇权的加强,由于门阀士族制度的凝固,士人不再热衷于人物品评,与此相适应,杂传的撰写明显减少。"① 这也从反面说明,东汉末年时局变故及士人清议活动造就出的人物品评之风,对汉晋时期士人思想和文人文学的影响是巨大的。

以上介绍了清议活动中士人对传统称号文化的运用情况,以及清议活动对士大夫文章创作的影响。关于传统的谣谚文化在东汉末年清议活动中的新变、汉末品评风气催生出的述德性碑文,以及名士研磨士人评语所形成的"题目"文化及其文学意义,我们将设专章来论述。

---

① 胡宝国:《杂传与人物品评》,《汉唐间史学的发展》,商务印书馆 2003 年版,第 132 页。关于人物品评与汉晋时期杂传散文(家传、郡书、高士传、别传)的关系,此文多有论述。

第五章 清议与汉末碑文

碑文在中国历史上形成较早,虽然文体不一、用途各异,但基本上以述人物之德为主。清议活动在东汉中后期的开展也深深地影响着碑文的发展进程,它不仅催生出撰作碑文的群体,而且使述德性碑文在一定程度上成为清议活动的重要组成部分。清议之士多为博学多识之人,因此他们所作的碑文往往具有较强的文学性和艺术性。

第一节 碑文演进及其性质简考

从总体上看,碑文属于石刻文化的范畴,在论述东汉末年述德性碑文兴起之前,有必要对此前石刻文化的发展历程进行简单考察,以便了解碑文本身发展演变的过程及其文体性质。

一 先秦至西汉碑刻的发展

中国石刻文化可谓渊源久远,《墨子·兼爱下》曰:"兼相爱、交相利,此自先圣六王者亲行之……以其所书于竹帛,镂于金石,琢于盘盂,传遗后世子孙者知之。"①《穆天子传》卷二载:"天子五日观于舂山之上。乃为铭迹于县圃之上,以诏后世。"郭璞注曰:"谓勒石铭功德也。"②《吕氏春秋》卷二二《慎行论·求人》曰:"得陶、化益、真窥、横革、之交五人佐禹,故功绩铭乎金石,著于盘盂。"③另外,唐代出土的《石鼓

---

① (清)孙诒让撰,孙启治点校:《墨子间诂》,中华书局2001年版,第120—121页。另外,《天志上》《明鬼下》《非命上》《贵义》等篇亦有相似的记载。
② (晋)郭璞注:《穆天子传》,上海古籍出版社1990年版,第7页。
③ (汉)高诱注:《吕氏春秋》,上海书店1986年版,第292—293页。

文》，以韵文古诗的形式记载了秦国国君的畋猎之事。①宋代出土的《诅楚文》，是战国时期秦、楚两国交战时，秦国诅咒楚国的檄文。②从这些材料中可以看出，我国自上古时期即有了石刻文，其功用主要是颂先圣之德、纪先圣之功，形式多为韵语。《史记》卷六《秦始皇本纪》载秦始皇东行郡县时，"上邹峄山。立石，与鲁诸儒生议，刻石颂秦德，议封禅望祭山川之事"，王离、赵亥、李斯等人认为"古之帝者，地不过千里……犹刻金石，以自为纪……实不称名，故不久长"，因此"群臣相与诵皇帝功德，刻于金石，以为表经"③，且留下了《泰山刻石》《琅玡台刻石》《芝罘刻石》《东观刻石》《碣石门刻石》《会稽刻石》等铭文，这些铭文亦是纪功颂德性的韵文。

西汉承先秦之余韵，亦留有零星的石刻文字，如清代道光年间河北永平县出土的《群臣上寿刻石》为汉文帝时所立，但只有用篆书刻写的15个字来说明立碑的时间及人员。④又有清代道光年间四川巴县出土的《扬量买山刻石》，为汉宣帝时所刻，用隶书刻有5行27字，记载了西汉平民购买山地并希望将其传之子孙之事。⑤与之相似的简单记事性的刻石，在西汉有十余例。⑥当然，西汉亦存在纪功颂德性的石刻，像记载汉武帝功绩的泰山刻石就属此类，《后汉书》卷三五《张纯传》载："中元元年，帝乃东巡岱宗，以纯视御史大夫从，并上元封旧仪及刻石文。"⑦《风俗通义·正失》篇载有此铭文的内容："封者，立石高一丈二赤，刻之曰：事天以礼，立身以义，事父以孝，成民以仁，四守之内，莫不为郡县，四夷八蛮，咸来贡职，与天无极，人民蕃息，天禄永得。"⑧《后汉书志·郡国志四·东莱志》注"黄"地引《地道记》曰："（县）东二百三十里有始皇、汉武帝二碑。"⑨但是从总体上看，西汉刻石相对于西汉二百余年的统治历史来说，显得非常稀少。唐代封演在《封氏闻见记》卷六《碑碣》中

---

① 参见郭沫若《石鼓文研究》，《郭沫若全集》考古编第九卷，科学出版社1982年版，第3页。
② 参见郭沫若《诅楚文考释》，《郭沫若全集》考古编第九卷，科学出版社1982年版，第275页。
③ （汉）司马迁：《史记》，中华书局1963年版，第242—247页。
④ 参见（清）陆增祥《八琼室金石补正》，文物出版社1985年版，第2页。
⑤ 参见（清）陆增祥《八琼室金石补正》，文物出版社1985年版，第2页。
⑥ 参见徐森玉《西汉石刻文字初探》，《文物》1964年第5期。
⑦ （南朝宋）范晔撰，（唐）李贤等注：《后汉书》，中华书局1965年版，第1197页。
⑧ （汉）应劭撰，王利器校注：《风俗通义校注》，中华书局1981年版，第68页。
⑨ （晋）司马彪撰，（梁）刘昭注补：《后汉书志》，《后汉书》，中华书局1965年版，第3475页。

说:"前汉碑甚少。"① 欧阳修在《宋文帝神道碑》跋中曰:"欲求前汉时碑碣,卒不可得。"② 赵明诚《金石录》所载碑文,自秦碑之后,亦皆为东汉碑文。

二 东汉碑刻的勃兴与述德性质

我国以碑刻为主的石刻文化的勃兴始于东汉,这早已成为历代碑刻研究者的共识。《文心雕龙·诔碑篇》曰:"后汉以来,碑碣云起。"范文澜注引《墓志铭考》亦说:"东汉则大行碑文,蔡邕为作者之首,后汉文苑诸人,率皆撰碑。"③ 近代学者刘师培认为:"树碑之风,汉始盛行,而东都尤甚。"④ 祝嘉先生在《书学史》中亦曰:"光武中兴,武功既盛,文事亦隆,书家辈出,百世宗仰,摩崖丰碑,几遍天下。"⑤ 东汉石刻不仅数量多、种类多,而且艺术性强,从其类别上看,有诗、颂、铭、诔、记、传等,这些石刻文在汉代可统称为"碑"。⑥ 而东汉碑文的繁盛局面又是以墓碑文的兴起为标志的,因墓碑文镌刻于石质材料上并用于丧葬之中,所以它在一定程度上又可与铭文、诔文等互通。如刘勰在《文心雕龙·诔碑篇》中曰:"夫碑实铭器,铭实碑文……勒石赞勋者,入铭之域;树碑述己者,同诔之区焉。"⑦ 因而,碑文又常常称作碑铭或诔碑。碑文被看作一种独立的文体是在晋代之后,陆机于《文赋》中曰:"碑披文以相质……铭博约而温润"⑧,把"碑"和"铭"相对。后挚虞《文章流别论》、刘勰《文心雕龙》都把碑文看成一种文体加以阐释,《文选》也把碑文列为一体,共收入四人的五篇碑文,其中东汉蔡邕碑文独占两篇。此后历代文人编纂文集或述及文体概念时,常有"碑文"单独成体的情形。本书所讨论的述德性碑文亦沿用此看法,把其当成一种独立的文体来看待。

---

① (唐)封演撰,赵贞信校注:《封氏闻见记校注》,中华书局2005年版,第57页。
② 参见欧阳修《集古录跋尾》卷四,中国东方文化研究会历史文化分会编《历代碑志丛书》第一册,江苏古籍出版社1998年版,第48页。
③ (南朝梁)刘勰著,范文澜注:《文心雕龙注》,人民文学出版社1958年版,第214、232页。
④ 刘师培:《〈文心雕龙〉讲录二种》,载陈引驰编校《刘师培中古文学论集》,中国社会科学出版社1997年版,第167页。
⑤ 祝嘉:《书学史》,成都古籍书店1984年版,第18—19页。
⑥ 叶昌炽《语石》卷三云:"凡刻石之文皆谓之碑,当是汉以后始。"[(清)叶昌炽撰,王其祎点校:《语石》,辽宁教育出版社1998年版,第62页]
⑦ (南朝梁)刘勰著,范文澜注:《文心雕龙注》,人民文学出版社1958年版,第214—215页。
⑧ (南朝梁)萧统编,(唐)李善注:《文选》卷一七,中华书局1977年版,第241页。

从现存的东汉碑文种类上来说，多数为墓碑文，此外又有摩崖石刻[1]、祭山碑[2]、石阙铭[3]、祠堂或石室题字[4]、庙宇碑[5]，等等。从碑文文体性质上看，除少量的记事性文体外，[6]基本为纪颂性的散文或韵文。但不管碑刻的种类和文体如何，碑文中多数都含有纪功颂德性的内容。

东汉前期的碑文相对简单，以墓碑文为例，如立于东汉建武年间的《三老讳字忌日记》载："三老德业赫烈……难名兮而右九孙"，高文注曰："句意谓三老之德盛大难名，其神灵保佑九个孙子。"[7]立于汉和帝时期的《孟孝琚碑》，其颂辞曰："身灭名存，美称修饬……流惠后昆。"[8]立于汉殇帝时期的《贾武仲妻马姜墓记》，碑文中曰："夫人深守高节，劬劳历载，育成幼媛，光口祖先……以母仪之德，为宗族之覆。"[9]除墓碑文外，其他石刻文字也在刻意展示功德，像汉和帝时期班固为纪颂汉军北征

---

[1] 如刻于汉明帝时的《开通褒斜道摩崖》，记载了开通褒斜道的过程及工程耗费情况；桓帝时期汉中太守王升为司隶校尉杨孟文所立《石门颂》亦是摩崖石刻，表彰了杨孟文开凿石门通道的功绩。[参见高文《汉碑集释》（修订本），河南大学出版社1997年版，第6、88页]

[2] 如刻于汉安帝时期的《祀三公山碑》，记载了常山国相在元氏县祭祀山神、祈求丰年的过程；刻于桓帝时期的《封龙山颂》亦是祀山颂神之作。[参见高文《汉碑集释》（修订本），河南大学出版社1997年版，第32、243页]

[3] 如汉安帝时所立的《嵩山泰室神道石阙铭》《嵩山少室石阙铭》《开母庙石阙铭》。[参见高文《汉碑集释》（修订本），河南大学出版社1997年版，第39、44、48页]

[4] 如刻于桓帝时期的《武梁祠堂画像题字》《武氏石室画像题字》等。[参见高文《汉碑集释》（修订本），河南大学出版社1997年版，第105—154页]

[5] 如立于桓帝时期的《乙瑛碑》和《礼器碑》：前者主要记述了鲁相乙瑛上书请求在孔庙置百石卒史一人，以执掌礼器祭祀之事［参见高文《汉碑集释》（修订本），河南大学出版社1997年版，第166页］，后者主要记述了鲁相韩敕造立礼器、修饰孔庙及众多吏民捐资立此碑颂其德之事。[参见高文《汉碑集释》（修订本），河南大学出版社1997年版，第181页] 另外，立于灵帝时期的《史晨碑》记载鲁相史晨等奏祀孔子之事［参见高文《汉碑集释》（修订本），河南大学出版社1997年版，第324页］，与此相似。

[6] 如汉明帝时的《汉侍廷里父老僤买田约束石券》，是对"父老僤"这一居民组织购买土地及经营方法的记录。[参见高文《汉碑集释》（修订本），河南大学出版社1997年版，第11页]汉桓帝时的《张景碑》记述了地方政府同意张景包修土牛等设施，以此免除其家世代劳役之事。[参见高文《汉碑集释》（修订本），河南大学出版社1997年版，第227页]1966年四川郫县出土的《犀浦东汉"薄书"残碑》，记载了二十余户的田产情况和奴婢、房舍、耕牛之价格。[参见高文《汉碑集释》（修订本），河南大学出版社1997年版，第265页]另据《后汉书》卷七六《循吏列传·王景传》载，东汉章帝建初年间，王景任庐江太守，督促吏民开垦荒地、教授百姓采用牛耕，因此境内丰给，"遂铭石刻誓，令民知常禁"，这里的石刻用来铭记典章制度，以警醒世人。

[7] 高文：《汉碑集释》（修订本），河南大学出版社1997年版，第2、4页。

[8] 高文：《汉碑集释》（修订本），河南大学出版社1997年版，第16页。

[9] 高文：《汉碑集释》（修订本），河南大学出版社1997年版，第20页。

匈奴的赫赫战功而作的《封燕然山铭》,目的是"封山刊石,昭铭上德"(《后汉书》卷二三《窦宪传》)。又,汉安帝时期所立《嵩山泰室神道石阙铭》中亦载:"以颂功德,刻石纪文。"①

到了东汉中后期,碑文文体进一步成熟,行文体例逐渐固定,基本上行成前为序文、后为铭文的形式,且篇幅逐渐扩大,语言特点、句式结构、艺术手法、情感表达亦变得丰富多样。但不管体例和行文风格如何变化,碑文纪功颂德的目的依然如旧。如立于汉顺帝时期的《河间相张平子碑》② 和《景君碑》,前者对张衡的秉性才学颇多夸饰:"君天资濬哲,敏而好学,如川之逝,不舍昼夜。是以道德漫流,文章云浮,数术穷天地,制作侔造化,瑰辞丽说,奇技伟艺,磊落焕炳,与神合契。然而体性温良,声气芬芳,仁爱笃密,与世无伤,可谓淑人君子者矣。"③ 后者在谏辞部分用很大篇幅对死者生前的德行进行追述,其中有曰:"伏惟明府,受质自天。孝弟渊懿,帅礼蹈仁。根道核艺,抱淑守真……流德元城,兴利惠民。"④ 从现存的东汉碑刻来看,桓、灵时期碑文留存较多,立于桓帝时期的《武斑碑》《刘熊碑》《郑固碑》《孔宙碑》《鲜于璜碑》,立于灵帝时期的《武荣碑》《张寿碑》《衡方碑》《夏承碑》《孔彪碑》《鲁峻碑》《耿勋碑》《尹宙碑》《赵宽碑》《校官碑》《孔褒碑》《曹全碑》《张迁碑》,⑤ 这些篇幅普遍较长的碑文,通篇都是对碑主资性、学识、德操、政能等方面的追颂,正因其"诚宜褒显,照其宪则"⑥,故"□石铭碑,以旌明德焉"⑦。述及天资,武斑"幼□颜闵之楙质"⑧,刘熊"诞生照明,岐嶷逾绝"⑨,鲜于璜"天姿明达,彻曒有芳。在母不瘇,在师不烦"⑩;赞赏才学,刘熊

---

① 高文:《汉碑集释》(修订本),河南大学出版社 1997 年版,第 39 页。
② 碑文中未载篆刻时间,但《后汉书》卷五九《张衡传》论中载"数术穷天地,制作侔造化"是崔瑗对张衡的赞语,此赞语正是《河间相张平子碑》中的文辞,李贤亦注曰:"(崔)瑗撰平子碑文也"。[(南朝宋)范晔撰,(唐)李贤等注:《后汉书》,中华书局 1965 年版,第 1940—1941 页] 以此可断定碑即为崔瑗所撰。张衡于顺帝永和四年(139)卒,而据《后汉书》卷五二《崔瑗传》载,崔瑗于顺帝汉安年间(142—144)卒。据此可知,此碑撰作于汉顺帝时期。
③ (清)严可均辑:《全后汉文》卷四五,商务印书馆 1999 年版,第 456 页。
④ 高文:《汉碑集释》(修订本),河南大学出版社 1997 年版,第 62 页。
⑤ 以上碑文皆可参见高文《汉碑集释》(修订本),河南大学出版社 1997 年版。
⑥ 高文:《汉碑集释》(修订本),河南大学出版社 1997 年版,第 206 页。
⑦ 高文:《汉碑集释》(修订本),河南大学出版社 1997 年版,第 78 页。
⑧ 高文:《汉碑集释》(修订本),河南大学出版社 1997 年版,第 77 页。
⑨ 高文:《汉碑集释》(修订本),河南大学出版社 1997 年版,第 205 页。
⑩ 高文:《汉碑集释》(修订本),河南大学出版社 1997 年版,第 284 页。

"敦《五经》之玮图，兼古业，核其妙。行修言道……宜京夏，莫不师卬。《六籍》《五典》，如源如泉"①，武荣"治《鲁诗经韦君章句》。阙帻，传讲《孝经》、《论语》、《汉书》、《史记》、《左氏》、《国语》，广学甄微，靡不贯综"②，鲁峻"治《鲁诗》，兼通《颜氏春秋》，博览群书，无物不刊。学为儒宗，行为士表"③；颂扬德行，郑固"孝友著乎闺门，至行立乎乡党"④，尹宙"体温良恭俭之德，笃亲于九族，恂恂于乡党，交朋会友，贞贤是与……立朝正色，进思尽忠，举衡以处事，清身以厉时，高位不以为荣，卑官不以为耻"⑤，曹全"贤孝之性，根生于心。收养季祖母，供事继母，先意承志，存亡之敬，礼无遗缺"⑥；展现政绩，孔宙使"田畯喜于荒圃，商旅交乎险路。会《鹿鸣》于乐崩，复长幼于酬酢"⑦，鲜于璜"令德高誉，遗爱日新，内和九亲，外睦远邻"⑧，孔彪则"扑马蠲害，丑类已殚。路不拾遗，斯民以安"⑨。

　　以上各篇都属于墓碑文，其他石刻如桓帝时期的《石门颂》，是汉中太守王升为表彰故司隶校尉杨孟文开凿石门通道之功而立的摩崖石刻，因此文辞中承载刻石用意时曰："嘉君明知，美其仁贤，勒石颂德，以明厥勋"⑩。蔡邕所作《陈留东昏库上里社碑》是对社祀庇佑功德的颂赞，因此碑文中曰："宰相继踵，咸出斯里，秦一汉三，而虞氏世焉。虽有积德余庆修身之致，亦斯社之所相也。乃与树碑作颂，以示后昆。"⑪《封龙山颂》是祀山颂神之作，是对山神庇佑之德的歌颂，故其赞辞中曰："赞天休命，德合无疆。惠此邦域，以绥四方。"⑫ 又，《唐公房碑》是为纪念唐公房庙的重建而立，颂扬了道家真人唐公房"德润故乡"，"春夏毋蚊蚋，

---

① 高文：《汉碑集释》（修订本），河南大学出版社1997年版，第205页。
② 高文：《汉碑集释》（修订本），河南大学出版社1997年版，第295页。
③ 高文：《汉碑集释》（修订本），河南大学出版社1997年版，第390页。
④ 高文：《汉碑集释》（修订本），河南大学出版社1997年版，第219页。
⑤ 高文：《汉碑集释》（修订本），河南大学出版社1997年版，第425页。
⑥ 高文：《汉碑集释》（修订本），河南大学出版社1997年版，第473页。
⑦ 高文：《汉碑集释》（修订本），河南大学出版社1997年版，第250页。
⑧ 高文：《汉碑集释》（修订本），河南大学出版社1997年版，第285页。
⑨ 高文：《汉碑集释》（修订本），河南大学出版社1997年版，第366页。
⑩ 高文：《汉碑集释》（修订本），河南大学出版社1997年版，第89页。
⑪ （清）严可均辑：《全后汉文》卷七五，商务印书馆1999年版，第757页。
⑫ 高文：《汉碑集释》（修订本），河南大学出版社1997年版，第244页。另外与其同时的（桓帝时期）《华山碑》与此类似。[详见高文《汉碑集释》（修订本），河南大学出版社1997年版，第268页]

第五章　清议与汉末碑文　133

秋冬鲜繁霜，疠蛊不遏，去其螟蟘，百谷收入"①。此外，各篇碑文在说明立碑目的时，或在其赞辞中，诸如"生播高誉，殁垂令名""垂之亿载，以示昆苗""刊石勒铭，垂示无穷""刊石树碑，式昭令徽""昭示后昆，申锡鉴思""立德流范，作式后昆"之类的词语更是比比皆是。可以说，各类石刻文无不摇曳生姿，或是作颂述情，或是褒贤表善，并以此垂范后人。

当然，碑文在以纪功颂德为主旨的前提下，亦不免含有回顾碑主家世、表示哀悼之情或其他说明性的文字，但相对于整篇文辞来说，其文字比重是很小的。即便是篇幅短小的碑文，也在极力凸显逝去碑主的德行与功绩，如立于桓帝时期的《孔谦碑》共三个部分：第一部分交代碑主的身世："孔谦字德让者，宣尼公廿世孙，都尉君之子也"；第二部分即追述碑主孔谦的德行与才识："幼体兰石自然之姿，长膺清妙孝友之行，祖述家业，修《春秋经》。升堂讲诵，深究圣旨。弱冠而仕，历郡诸曹史"；第三部分交代逝世年龄和时间："年卅四，永兴二年七月，遭疾不禄。"②可以看出，惟有追述碑主功德的第二部分是碑文的重点。我们还可以拿东汉末年碑文创作大家蔡邕的作品来分析。蔡邕擅作碑文，且留有多篇佳作，《后汉书》卷六八《郭泰传》载蔡邕本人对卢植曰："吾为碑铭多矣"③，仅严可均《全后汉文》中便收录蔡邕碑文40余篇。其碑文艺术成就不仅得到时人的肯定，还得到后人的极大推崇，《后汉书》卷八〇《文苑列传下·祢衡传》载："（黄射）尝与衡俱游，共读蔡邕所作碑文，射爱其辞，还恨不缮写。"④《文心雕龙·诔碑篇》曰："后汉以来，碑碣云起。才锋所断，莫高蔡邕。"⑤挚虞《文章流别论》载："蔡邕为杨公作碑，其文典正，末世之美者也。"⑥《文选》共选录四人五篇碑文，其中独录蔡邕两篇：《郭有道碑文》《陈太丘碑文》。这两篇碑文是蔡邕为清议名士郭泰和陈寔所作，我们可以此为例对其碑文性质进行分析。

《郭有道碑文》概可分为四个部分：第一部分叙及郭泰的籍贯和家世：

先生讳泰，字林宗，太原界休人也。其先出自有周，王季之穆，

---

① 高文：《汉碑集释》（修订本），河南大学出版社1997年版，第503页。
② 高文：《汉碑集释》（修订本），河南大学出版社1997年版，第179页。
③ （南朝宋）范晔撰，（唐）李贤等注：《后汉书》，中华书局1965年版，第2227页。
④ （南朝宋）范晔撰，（唐）李贤等注：《后汉书》，中华书局1965年版，第2657页。
⑤ （南朝梁）刘勰著，范文澜注：《文心雕龙注》，人民文学出版社1958年版，第214页。
⑥ （清）严可均辑：《全晋文》卷七七，商务印书馆1999年版，第820页。

有虢叔者，实有懿德，文王咨焉。建国命氏，或谓之郭，即其后也。

第二部分赞颂郭泰的为人风范，赞其天资与秉性曰：

先生诞应天衷，聪睿明哲，孝友温恭，仁笃慈惠。夫其器量弘深，姿度广大，浩浩焉，汪汪焉，奥乎不可测已。若乃砥节厉行，直道正辞，贞固足以干事，隐括足以矫时。

赞其学识、担当及人格魅力曰：

遂考览六经，探综图纬，周流华夏，随集帝学。收文武之将坠，拯微言之未绝。于时缨緌之徒，绅佩之士，望形表而影附，聆嘉声而响和者，犹百川之归巨海，鳞介之宗龟龙也。尔乃潜隐衡门，收朋勤诲，童蒙赖焉。

赞其道德操守曰：

用祛其蔽，州郡闻德，虚己备礼，莫之能致。群公休之，遂辟司徒掾，又举有道，皆以疾辞。将蹈鸿涯之遐迹，绍巢许之绝轨。翔区外以舒翼，超天衢以高峙。

第三部分交代郭泰逝世时日、年龄及立碑概况：

禀命不融，享年四十有二，以建宁二年正月乙亥卒。凡我四方同好之人，永怀哀悼，靡所置念。乃相与惟先生之德，以谋不朽之事。佥以为先民既没，而德音犹存者，亦赖之于见述也。今其如何，而阙斯礼！于是树碑表墓，昭铭景行。俾芳烈奋于百世，令问显于无穷。

第四部分为赞辞：

其辞曰：於休先生！明德通玄。纯懿淑灵，受之自天。崇壮幽浚，如山如渊。礼乐是悦，诗书是敦。匪惟摭华，乃寻厥根。宫墙重仞，允得其门。懿乎其纯，确乎其操。洋洋搢绅，言观其高。栖迟泌丘，善诱能教。赫赫三事，几行其招。委辞召贡，保此清妙。降年不永,民斯悲悼。爰勒兹铭,摘其光耀。嗟尔来世!是则是效。①

很明显,此碑文的四个部分中,叙述郭泰为人风范的第二部分篇幅最长,也是最为重要的部分。其实,第一部分追述显赫家世,第四部分抒写赞辞,虽虚实相间,但都属于对郭泰其人德行的烘托与颂赞,与第二部分的目的是相同的。正如第三部分表明立碑目的时曰:"惟先生之德,以谋不朽之事……树碑表墓,昭铭景行。"也就是说,《郭有道碑文》本来就是述德之作,并非专以追悼述哀。

《陈太丘碑文》的文体结构与《郭有道碑文》大体相同,其立碑目的也是"追叹功德,述录高行",碑主陈寔的高行与德操主要体现在他遭到党事禁锢之后"乐天知命,澹然自逸"的处事原则上,碑文中曰:

> 会遭党事,禁固二十年,乐天知命,澹然自逸。交不谄上,爱不渎下,见机而作,不俟终日。及文书赦宥,时年已七十,遂隐丘山,悬车告老,四门备礼,闲心静居。大将军何公、司徒袁公,前后招辟,使人晓喻,云欲特表,便可入践常伯,超补三事,纡佩金紫,光国垂勋。先生曰:"绝望已久,饰巾待期而已。"皆遂不至。弘农杨公、东海陈公,每在衮职,群僚贺之,皆举手曰:"颍川陈君、绝世超伦,大位未跻,惭于臧文窃位之负。"故时人高其德,重乎公相之位也。

这里叙及陈寔遭党禁后与世隔绝,党解归隐后虽有大将军何进和司徒袁隗前后招辟,欲授以不次之位,但陈寔皆予以婉拒,群僚以此愈高其德、敬其人。碑文还详细介绍了陈寔卒后群官百僚会葬吊唁的场面和寄文哀思的情景:

> 群公百僚,莫不咨嗟;岩薮知名,失声挥涕。大将军吊祠,锡以嘉谥,曰"征士陈君,禀岳渎之精,苞灵曜之纯,天不愁遗老,俾屏我王,梁崩哲萎,于时靡宪。搢绅儒林,论德谋迹,谥曰文范先生。"传曰:"郁郁乎文哉。"《书》曰:"洪范九畴,彝伦攸叙。"文为德表,范为士则。存诲没号,不亦宣乎?三公遣令史祭以中牢,刺史敬

---

① (南朝梁)萧统编,(唐)李善注:《文选》卷五八,中华书局1977年版,第800—801页。

吊。太守南阳曹府君命官作诔曰："赫矣陈君，命世是生。含光醇德，为士作程。资始既正，守终又令。奉礼终没，休矣清声。"遣官属掾吏，前后赴会，刊石作铭。府丞与比县会葬，荀慈明、韩元长等五百余人，缌麻设位，哀以送之。远近会葬，千人已上。河南尹种府君临郡，追叹功德，述录高行，以为远近鲜能及之。重部大掾，以时成铭。①

群官百僚通过各种方式寄托哀情、表达敬慕，蔡邕在碑文中不惜笔墨，对此最大限度地予以表露：对大将军的谥词、太守的诔文全文刊录；对会葬人员、人数及各方吊唁之行悉数铺陈。也就是以身后之哀荣，尽展碑主德望之高、地位之重。诚如碑文中所言："斯可谓存荣没哀、死而不朽者。"其实，蔡邕为陈寔所作碑文共有三篇，除《文选》中所录此篇外，还有其他两篇。三篇碑文虽撰写的时间有先后，操持立碑之人也不同，但碑文无不是以赞颂碑主之德为主要内容。在另外两篇中，其中一篇以凸显陈寔为官之德、政绩之美为主，因此"宜有铭勒表冢墓，俾后生之歌咏德音者"。而另一篇则综合展示了陈寔及其二子的荣德，褒功述德并宣示教化之意，遂"树碑镌石，垂世宠光"②。

经过上述分析可知，从秦代到东汉末年，石刻文概可分为两个用途：适之于人则述美崇德、垂范后昆；以之记事则叙写事实、昭示无穷。前者是纪颂类文字，辞彩华美；后者是说明性文字，铭记实录。总体来看，历史上各类石刻中述美崇德类的作品一直绵延不断，而记事性的作品则非常稀少，并非石刻文的主流。到了东汉后期，诸如买地券、财产单之类的记事性石刻少有留存，而品述人物德行类的碑文则大量兴起，其中又以追述碑主生前之功、盛赞碑主身后之德的墓碑文为主。以此来看，从文体性质上说，碑文的主要功能就是竭力彰显碑主之美德。关于这点时人早有认识，在碑文兴盛的东汉末年，刘熙即释"碑"曰："碑，被也。此本王莽时所设也……臣子追述君父之功美，以书其上，后人因焉。"③蔡邕在《铭论》中亦曰："铭之以慎言，亦所以劝进人主，勖于令德者也……钟鼎礼乐之器，昭德纪功，以示子孙……近世以来，咸铭之于碑。德非此族，不

---

① （南朝梁）萧统编，（唐）李善注：《文选》卷五八，中华书局 1977 年版，第 802—803 页。
② （清）严可均辑：《全后汉文》卷七八，商务印书馆 1999 年版，第 782 页。
③ （汉）刘熙：《释名》，中华书局 1985 年版，第 101—102 页。

在铭典。"① 由"德非此族，不在铭典"一句可知，在蔡邕生活的汉代末年，碑文是突出逝者之德的。

随着东汉碑文艺术的发展，最晚至桓、灵时期，文人士子对碑文性质逐步达成共识，行文体例渐趋统一，最终形成述德性碑文创作的高峰，并造就出一批善于碑文创作的大家。之后，历代文人在述及碑文性质时，皆会提到碑文的述德性功能，如陆机在《文赋》曰："碑披文以相质"，李善注曰："碑以述德，故文质相半。"②裴松之上表禁立私碑时曰："碑铭之作，以明示后昆，自非殊功异德，无以允应兹典。"③《北堂书钞》卷一〇二引晋代李充《起居戒》云："古之为碑者，盖以述德纪功，归于实录也。"④刘勰在《文心雕龙·诔碑篇》中曰："标序盛德，必见清风之华；昭纪鸿懿，必见峻伟之烈：此碑之制也。"唐代陆龟蒙在《野庙碑》中曰："碑者，悲也……后人书之以表其功德，因留之不忍去。碑之名由是而得。自秦汉以降，生而有功德政事者，亦碑之。"⑤清代王兆芳《文体通释》中亦曰："碑者，竖石也……汉以纪功德。"⑥从这个意义上可以说，碑文具有人物品评的性质，且侧重的是褒扬。

另外，从碑主身份来看，史料中所载从先秦到西汉，镌刻碑石、纪颂功德的一般都是王公贵族，而到东汉尤其是东汉末年，情况发生了变化。如以上我们所提及的碑文中，《刘熊碑》以酸枣县令身份而立，《孔彪碑》以博陵太守身份而立，《尹宙碑》以豫州从事身份而立，《曹全碑》以合阳令身份而立，《张迁碑》以荡阴令身份而立。而郭泰作为汉末名士，一

---

① 参见（清）严可均辑《全后汉文》卷七四，商务印书馆1999年版，第751页。蔡邕在这里认为"碑"与"铭"是互通的。而铭文本有颂德的属性，如《荀子·礼论》载："铭诔系世，敬传其名也。"《礼记·祭统》载："铭者，论撰其先祖之有德善、功烈、勋劳、庆赏、声名，列于天下，而酌之祭器，自成其名焉。"另外，《礼记·祭统》还载有春秋时期卫国《孔悝鼎铭》，其中有曰："乃祖庄叔，左右成公……启右献公。献公乃命成叔，纂乃祖服……乃考文叔，兴旧耆欲，作率庆士，躬恤卫国。"郑玄注曰："庄叔，悝七世之祖，卫大夫孔达也"，"成叔，庄叔之孙成子蒸鉏也"，"文叔者，成叔之曾孙文子圉，即悝父也"。［（清）阮元校刻：《十三经注疏·礼记正义》卷四九，中华书局1980年版，第1606、1607页］这是卫庄公褒奖孔悝帮其复位的铭文，从材料中可以看出，铭文是从追述孔悝的七世祖、五世祖及其父亲的功德讲起的，可见铭文自古便有追述先祖功德的传统。
② （南朝梁）萧统编，（唐）李善注：《文选》卷一七，中华书局1977年版，第241页。
③ （梁）沈约：《宋书》卷六四《裴松之传》，中华书局1974年版，第1699页。
④ （唐）虞世南撰，（清）孔广陶校注：《北堂书钞》，中国书店1989年版，第390页。
⑤ （清）董诰等编：《全唐文》卷八〇一，中华书局1983年版，第8418页。
⑥ 参见（南朝梁）刘勰著，范文澜注《文心雕龙注》，人民文学出版社1958年版，第223页，注22。

生未入仕途，却得到碑文创作大家蔡邕撰写的"无愧色"的《郭有道碑文》。蔡邕还为司徒袁隗夫人马伦作有《司徒袁公夫人马氏碑》，为袁隗十五岁的儿子袁满来作有《袁满来碑》，为太傅胡广七岁的孙子胡根作有《童幼胡根碑》，为隐士圈典作有《处士圈典碑》，对征召不仕的李休、周勰、姜肱、范史云等人皆撰有碑文。另外，据《后汉书》卷二三《窦章传》载："（窦）贵人早卒，（顺）帝追思之无已，诏史官树碑颂德。"①《后汉书》卷八四《列女传·孝女曹娥传》载，桓帝元嘉元年（151）上虞县令度尚为民间孝女曹娥立有《孝女曹娥碑》。而桓帝时期的《中常侍樊安碑》和灵帝时期的《小黄门谯敏碑》均是为宦官撰作的碑文。② 可见，东汉末年为普通官吏、地方官员、社会名士立碑颂德的事迹非常普遍，甚至出现为妇孺、宦官撰作碑文的现象。这表明从先秦到两汉，随着刻石立碑技艺的发展、碑文撰作艺术的提高及社会环境的变化，碑主的身份地位也在逐渐下移。

第二节 清议促成汉末述德性碑文兴盛

从现存石刻的数量来看，东汉碑文总体数量可观。而在整个东汉时期的不同阶段，碑文分布又是不均衡的，其中汉末桓、灵之际的碑文数量最多。一些专家学者对此早有考察，如黄金明先生所说："《水经注》中记录有100余座汉碑，《隶释》中收录汉碑文115件。据统计，有明确记年的东汉碑刻有160余品，其中属桓帝年间刻制的59件，灵帝年间刻制的76件，占了绝大多数。"③ 金其桢先生在论及东汉碑文化时言："据查考，在现存的230余种存有原石或存拓本的东汉碑刻中，属东汉早期（汉光武帝建武元年至汉殇帝延平元年，即25—106年）的27种；属东汉中期（汉安帝永初元年至汉质帝本初元年，即107—146年）的28种；属东汉晚期（汉桓帝建和元年至汉献帝建安二十五年，即147—220年）的70余种。"④ 高文的《汉碑集释》是专门收录东汉石刻的著作，载录的主要是存有原石或无原石而有原拓本的碑刻、摩崖及个别墓记，其中桓帝之前的石刻共收

---

① （南朝宋）范晔撰，（唐）李贤等注：《后汉书》，中华书局1965年版，第822页。
② 二碑可参见（宋）洪适《隶释·隶续》卷六、卷一一，中华书局1985年版，第78、126页。
③ 黄金明：《汉魏晋南北朝诔碑文研究》，人民文学出版社2005年版，第45页。
④ 金其桢：《中国碑文化》，重庆出版社2001年版，第78页。

录 13 例，桓帝之后的石刻共收录 43 例。① 另外，严可均《全后汉文》辑东汉末年碑文多篇，仅蔡邕一人便有 43 篇之多。可见，东汉碑文的兴盛主要体现在东汉末年的桓、灵时期。

桓、灵时期正是清议轰轰烈烈开展之时，那么清议与碑文的兴起是否存在一定的联系呢？从表面上看，一是新兴的社会活动，一为传统的石刻文体，二者之间似乎不存在相互映衬的必然因素。但是如果分析一下当时碑文的内容，考察一下当时送葬立碑时的具体情形则会发现，东汉末年的碑文不仅具有浓厚的文化因素，其间还蕴载着那个时期清议士人特有的时代情怀。正是由于清议活动的蓬勃发展，碑文中的述德性文辞才在汉末士人间快速发展并掀起高潮。关于此一些学者也有所论及，如胡宝国指出："东汉时期碑刻的大量涌现同杂传一样，也是由当时的人物品评风气造成的"，"人物品评通常又被称为'清议'。"② 何如月说："碑文也是一种书写于碑载体之上的盖棺定论和人物品评，它不仅体现出汉代社会的价值观念和道德风尚，亦反映了当时朝野清议的内容标准。汉碑中随处可见的对于传主忠孝清廉的道德气节的推崇，对于才性智慧的关注，对于学行修身的重视，都折射出汉代浓厚的清议之风。"③ 徐国荣认为，汉末碑铭承载着朋党义气和清刚贞亮的名士人格，④ 这正道出了名士清议与汉末碑铭文体间的关联。另外，在一些研究碑文化的著作中，提及汉碑勃兴的原因时，个别学者已注意到东汉末年清议对碑文发展的影响。但综观这些论述，或一语带过，或论述欠详，均未能清晰地揭示出二者之间的密切关系。因此，本书欲再从"清议"层面出发，分析东汉末年立碑的具体情形，以碑文内容比照当时清议的方式，探讨清议的目的和碑文的主旨，力求详尽具体地阐明二者之间的关系，以便使人们更加直观地认识到清议对东汉末年碑文发展的促进作用。

上文提及，汉末绝大多数碑文与历史其他时期的碑文一样，皆为述德性之作，也就是说，东汉末年兴起的碑文其实是石刻文的延续。我国石刻文化历史久远，如果说从先秦到两汉，石刻文只是按照固有属性默默发展

---

① 参见高文《汉碑集释》（修订本），河南大学出版社 1997 年版。其中《犀浦东汉薄书残碑》无立碑年代，因其字体风格与《孔宙碑》相似，故高先生将其置于此碑之后。另外，因《熹平石经》非成于一人之手，且有它书辑录，故高先生亦未收录。
② 胡宝国：《杂传与人物品评》，《汉唐间史学的发展》，商务印书馆 2003 年版，第 145—146 页。
③ 何如月：《汉碑文学研究》，商务印书馆 2010 年版，第 256 页。
④ 参见徐国荣《汉末私谥和曹操禁碑的文化意蕴》，《东南文化》1997 年第 3 期。

的话，为何会在东汉走出低调发展的状态而进入全面兴盛的阶段呢？关于东汉碑文兴起的原因，历来研究者都会提到汉代对孝悌观念的提倡及察举制对士人名节的看重，导致厚葬之风、墓祀习俗盛行。士人对自身声名亦颇多顾虑，丧葬间为长辈亲朋造墓树碑也成为尽显孝道和提高名声的方式，且碑刻又可使碑主在有限的生命中积累的德行传之久远，因此碑文即随之而兴。这种崇名重孝的思想确实是汉代社会自上而下存在的普遍现象，其根源可追溯到儒家伦理道德规范的影响。① 另外，社会经济的发展、镌刻技艺的提高、书法艺术的进步及铭文、诔文等文体的成熟，② 都为东汉碑文的兴盛起到了推波助澜的作用。但是这些皆为东汉碑文兴盛的普遍原因，具体到东汉末年的桓、灵时期，政治环境和文化思潮的变化则成为影响碑文发展的重要因素。我们知道，一种文体在某一历史时期能够走向兴盛，除文体自身的发展演变之外，也多会受到时代环境的激发。而东汉桓、灵时期碑文的普及与文体的成熟，则主要受到了社会上清议氛围的影响。

一 清议活动催生撰作碑文的主体

在东汉末年的清议活动中产生了一批志同道合的士人，他们成为主持立碑事宜与撰作述德性碑文的主体。秦汉时期，立碑颂德屡见不鲜，然观其立碑者，一般为臣僚或子孙所为。③ 东汉刘熙在释"碑"时即有"臣子追述君父之功美，以书其上"④ 之语。像秦始皇东巡刻石、汉武帝封泰山刻石、高祖泗水亭碑铭，⑤ 皆为臣僚为帝王所立。进入东汉，随着碑主身份地位的下移，吏民为地方官吏立碑刻石之事常有发生，如马棱于汉章帝

---

① 如王充在《论衡·薄葬》篇中指出："世尚厚葬，有奢泰之失者，儒家论不明，墨家议之非故也……（儒家）以为死人无知，不能为鬼，然而赗祭备物者，示不负死以观生也。"（黄晖：《论衡校释》，中华书局1990年版，第961页）事死如事生，正是儒家孝道观念的体现。
② 根据《后汉书》所载，擅于铭文创作者有崔瑗、崔寔、蔡邕、皇甫规、边韶等人，擅于诔文创作者有桓麟、马融、卢植、服虔、蔡邕、葛龚、张升等人。另外，班固、冯衍、崔骃、李尤等人皆留有铭文作品，苏顺、崔瑗、张衡等人皆留有诔文作品。
③ 除此之外，也存在君主为表彰臣子之德而下诏刻石纪颂之例。如《后汉书》卷三九《淳于恭传》载，淳于恭有美德，章帝建初五年（80）卒于官，"诏书褒叹，赐谷千斛，刻石表闾"。但此种情况为数不多。
④ （汉）刘熙：《释名》卷六《释典艺》，中华书局1985年版，第102页。
⑤ 《高祖泗水亭碑铭》为班固撰文，参见（汉）班固《汉书》卷一《高帝纪下》颜师古注，中华书局1964年版，第72页。此碑全文可参见（清）严可均辑《全后汉文》卷二六，商务印书馆1999年版，第253页。

章和元年（87）任广陵太守时，因谷贵民饥，"奏罢盐官，以利百姓，赈贫赢，薄赋税，兴复陂湖，溉田二万余顷"，故"吏民刻石颂之"（《后汉书》卷二四《马援传》）；何敞于汉和帝永元年间（89—105）任汝南太守时，宽和为政，为百姓修渠垦田，"吏人共刻石，颂（何）敞功德"（《后汉书》卷四三《何敞传》）；汉和帝时许荆出任桂阳太守十二年，以德化民、父老称歌，"桂阳人为立庙树碑"（《后汉书》卷七六《循吏列传·许荆传》）。而东汉初年的《三老讳字忌日记》《贾武仲妻马姜墓记》《国三老袁良碑》①等，根据碑文内容可知，立碑者皆为碑主的子孙。不管是臣子、吏民赞颂君主之功德，还是子孙后代为先辈尽孝表哀，从封建礼制与家庭伦理方面来说，似乎皆为必然。然而，东汉中后期，尤其是碑文迭起的桓、灵时期，情况却发生了改变，立碑者主要变为两大群体：碑主的门生故吏；②碑主的友朋或同僚。③这种现象在汉顺帝末年已见，如立于汉安二年（143）的《景君碑》即由碑主故吏诸生所立，碑阴刻有故吏53人姓名。④又如汉桓帝时期的《吉成侯州辅碑》由碑主的乡人姻族所立。⑤汉灵帝时期的《凉州刺史魏元丕碑》由碑主的故吏所立，⑥《太尉刘宽碑》由碑主的门生所立，⑦等等。

之所以出现这种现象，固然与东汉以孝治国及对士人名节的大力提倡有关，在崇名重孝的社会氛围中，子孙为其长辈、学子为其师长，乃至门生故吏为其举主操持立碑之事，以尽崇德表哀之情，也本在情理之中。但

---

① 参见（宋）洪适《隶释·隶续》卷六，中华书局1985年版，第70页。
② 欧阳修说："自后汉以来，门生故吏，多相与立碑颂德。"参见欧阳修《集古录跋尾》卷四《宋文帝神道碑》跋，中国东方文化研究会历史文化分会编《历代碑志丛书》第一册，江苏古籍出版社1998年版，第48页。
③ 当然，先前亲属为先辈、臣子为君父立碑的现象并未泯灭。如《后汉书》卷五二《崔寔传》载，崔寔"父卒，剽卖田宅，起冢茔，立碑颂"。[（南朝宋）范晔撰，（唐）李贤等注：《后汉书》，中华书局1965年版，第1731页] 又《后汉书》卷七六《循吏列传·童恢传》载，童恢弟童翊任须昌县长期间，"化有异政，吏人生为立碑。"[（南朝宋）范晔撰，（唐）李贤等注：《后汉书》，中华书局1965年版，第2482页] 另外，从前文所提及碑文的内容看，《中常侍樊安碑》《司徒袁公夫人马氏碑》《鲜于璜碑》《郑固碑》《赵宽碑》等均为子孙或其他亲属所立。而《李孟初神祠碑》碑文中有"故吏民追思德化……更讯治立碑"的记载，可见其为吏民所立 [参见高文《汉碑集释》（修订本），河南大学出版社1997年版，第175页]。
④ 其中一人未标示"故"字，只题曰："行义剧张敏字公辅"，高文认为"盖是遗漏"。[参见高文《汉碑集释》（修订本），河南大学出版社1997年版，第63页碑文及第73页注]
⑤ 参见（宋）洪适《隶释·隶续》卷一七，中华书局1985年版，第178页。
⑥ 参见（宋）洪适《隶释·隶续》卷一〇，中华书局1985年版，第118页。
⑦ 参见（宋）洪适《隶释·隶续》卷一一，中华书局1985年版，第124页。

是，桓、灵时期士大夫官员为其师友或同僚立碑之事频频发生，主要还是受到当时清议环境的影响。清议活动将反对宦官擅权和力图挽救时弊的士人结合到一起，这些具有深厚儒学修养的士人群体，有的由举主与门生故吏构成，有的由同僚或友朋组成，有的因地缘关系结合而成，他们在清议活动中为了共同的目标彼此荐引、声援同类，从而结下了深厚的情谊。因此，当志同道合者不幸离世后，立碑颂德就成为他们互推同类的最后呼声。如韩韶有美名，他为嬴县长时，开仓赈济为寇贼盗掠的饥民万余户，且不惧以此获罪，当其因病卒官后，"同郡李膺、陈寔、杜密、荀淑等为立碑颂焉"（《后汉书》卷六二《韩韶传》）；清议名士郭泰于建宁二年（169）卒后，"同志者乃共刻石立碑，蔡邕为其文"（《后汉书》卷六八《郭泰传》）；清议名士巴肃（"八顾"之一）遭党锢被宦官迫害后，"刺史贾琮刊石立铭以记之"（《后汉书》卷六七《党锢列传·巴肃传》）；明于政体、指切时要的崔寔于灵帝建宁三年（170）病卒，"家徒四壁立，无以殡敛，光禄勋杨赐、太仆袁逢、少府段颎为备棺椁葬具，大鸿胪袁隗树碑颂德"（《后汉书》卷五二《崔寔传》）；桓彬"少与蔡邕齐名"，因耻于与中常侍曹节的女婿冯方交通，遂被其以结党为名弹劾，灵帝光和元年（178）卒，"蔡邕等共论序其志，佥以为彬有过人者四：凤智早成，岐嶷也；学优文丽，至通也；仕不苟禄，绝高也；辞隆从窊，洁操也。乃共树碑而颂焉"（《后汉书》卷三七《桓彬传》）。以上事例中无论是碑主，还是主持立碑者，抑或是撰写碑文者，皆与清议之士有关，① 他们同声相求、携手共进，用立碑的方式为碑主颂德褒善，此举在当时每况愈下的社会环境中无疑具有深刻的示范意义。随着"党人清议"的集体力争和"名士清议"的多方努力，清议活动在东汉末年的影响愈加扩大，清议士人的队伍也变得更加庞大。其间虽有党锢之祸对清议之士的长久迫害，但以立碑褒扬士人的方式与党人清议中"激扬名声"式的标榜同类不同，它稍显隐性且符合同僚、友朋间相互吊唁之情理，尤其是碑文中的述德性内容能起到裨益政教、敦风化俗的作用，以此避免了结党之嫌，不易被宦官集团抓住把柄。此外，在党锢之祸发生后，清议之士对皇权渐失信心，他们力图匡正时政弊端的想法亦变得力不从心，因此把拯救国家安危的重点转向以褒

---

① 与清议之士相关的碑作，史书中还有记载，如《后汉书》卷八《孝灵帝纪》李贤注曰："今邓州南阳县北有宗资碑。"［（南朝宋）范晔撰，（唐）李贤等注：《后汉书》，中华书局1965年版，第353页］《后汉书志·郡国志四》"长沙郡条"注"罗"地曰："《湘中记》亦云二妃之神。刘表为之立碑。"［（晋）司马彪撰，（梁）刘昭注补：《后汉书志》，《后汉书》，中华书局1965年版，第3485页］

贤表善来扭转社会不正之风。清议名士识鉴、奖掖士人，为离世的品行高洁之人立碑颂德都是这种心理的表现。而立碑行为，除了能为碑主歌颂功德外，还包含着东汉社会习俗中诸如孝悌、名节、品评、留名①等多种文化因素，因此当清议之士以此作出示范后，立碑颂德便在东汉末年渐渐兴盛起来。《后汉书》卷五三《姜肱传》载，姜肱拒绝并逃避中常侍曹节的征聘，"熹平二年终于家，弟子陈留刘操追慕肱德，共刊石颂之"②。范冉于灵帝中平二年（185）离世，"会葬者二千余人，刺史郡守各为立碑表墓焉"（《后汉书》卷八一《独行列传·范冉传》）。陈寔于灵帝中平四年（187）卒，大将军何进遣使吊祭，海内赴吊者三万余人，"共刊石立碑，谥为文范先生"（《后汉书》卷六二《陈寔传》）。桓帝延熹年间（158—166），宦官专权选举，外戚多人封侯，灾异频降，对此李云上书抨击时政，因此触怒桓帝，被贬死狱中，灵帝中平年末"冀州刺史贾琮使行部，过祠云墓，刻石表之"（《后汉书》卷五七《李云传》）。在汉末时局动乱、奸恶横行的时代，洁身自律、刚直忧国的清正之风，对扭转社会弊俗显得十分重要。在东汉士林普遍注重名节的氛围下，许多关心国势民生的士人不愿与操控政权的阉宦群小同名而列。因此，区分善恶、平决臧否，成了东汉末年清流士人心中的企盼，他们甚至想在死后亦能流芳百世，以免声名被污。而述德性碑文的撰作正符合他们的这一愿望，所以东汉末年虽有士人反对厚葬，但并未反对立碑。③

当然，东汉末年立碑的目的并非仅仅为逝者扬名颂德、追思缅怀，也非专以此引导世风、声援同类，在清议风行的社会背景下，立碑还是一种政治行为，是当时士人表明政治立场和政治态度的一种方式，这尤其体现在会葬立碑时的盛大场面中。从史料的记载中可知，东汉末年参加名士会

---

① 赵岐的行为颇能反映当时士人对死后名声的看重。他三十多岁时得重病，卧床七年，觉病不能治愈，即告诫其兄长之子说，死后在他墓前立碑，碑文为："汉有逸人，姓赵名嘉（按：此为原名，因避祸改为赵岐）。有志无时，命也奈何！"［详见（南朝宋）范晔撰，（唐）李贤等注《后汉书》卷六四《赵岐传》，中华书局1965年版，第2121页］另外，多数碑文内容也显露出对后世之名的看重，如蔡邕《琅邪王傅蔡朗碑》："表行扬名，垂示后昆"，《太尉李咸碑》："名莫隆于不朽，德莫盛于万世。"［两碑可参见（清）严可均辑《全后汉文》卷七五、卷七六，商务印书馆1999年版，第760、772页］
② 此碑文应为蔡邕执笔撰作的《彭城姜肱碑》，参见（清）严可均辑《全后汉文》卷七六，商务印书馆1999年版，第770页。
③ 如《陈太丘碑文》载："（陈寔）临没顾命，留葬所卒，时服素棺，椁财周榇，丧事惟约，用过乎俭"，［参见（南朝梁）萧统编，（唐）李善注《文选》卷五八，中华书局1977年版，第802页］但由蔡邕一人为其撰作的碑文就有三篇，立碑者中不仅有陈寔的同僚、友朋，还有他的儿子。

葬的人数常常众多，立碑多表现为一种集体行为，像郭泰离世后"四方之士千余人，皆来会葬。同志者乃共刻石立碑"（《后汉书》卷六八《郭泰传》），范冉卒后"会葬者二千余人"（《后汉书》卷八一《独行列传·范冉传》），陈寔卒后"海内赴者三万余人，制衰麻者以百数，共刊石立碑"（《后汉书》卷六二《陈寔传》），经学大师郑玄离世后"自郡守以下尝受业者，缞绖赴会千余人"（《后汉书》卷三五《郑玄传》）。又《金乡长侯成碑》载："遐迩（士）仁，祁祁来庭，集会如云……将去白日，归彼玄阴，同盟必至，缟素填街。"① 《外黄令高彪碑》亦载："故吏门生，奔送相随，盈道充涂。"② 可见，东汉末年名士的会葬动辄上千人、上万人参与，这种"集会如云""盈道充涂"的场面除为逝者颂德表哀外，还夹杂着清议士人彼此间的认同感、归属感及朋党义气。这点亦有具体的实例来得到印证，《后汉书》卷六八《郭泰传》载，贾淑是郭泰的同乡，其人"虽世有冠冕，而性险害，邑里患之"，郭泰母亲离世后，贾淑来吊唁，"既而钜鹿孙威直亦至。威直以林宗贤而受恶人吊，心怪之，不进而去"，郭泰只得向孙威直道歉并说明理由。这表明，在与名士相关的会葬中，参与者皆为彼此认同的志同道合者，社会浊流是被排挤在外的。而与儒学名士云集的会葬场面形成鲜明对比的是，窃权弄国的宦官集团的葬礼则没有名士参加，灵帝初年中常侍张让权倾天下，"让父死，归葬颍川，虽一郡毕至，而名士无往者，让甚耻之"（《后汉书》卷六二《陈寔传》），因此当名士陈寔前往吊唁后，张让甚为感念，党锢再起时对其亦予以保全。以此可见，东汉末年会葬场合亦是彰显政治派别或政治立场的途径，众多文人士子正是以此显示了对醇儒名士高洁人格的向往，以及与社会浊流的界限分明。

在东汉末年，不仅有众多士人参与清议名士的会葬，亦有众多士人为离世的名士操持立碑事宜。如上文提到的一些碑文，根据碑文内容或碑阴所录立碑者的信息可知，立于桓帝时期的《武斑碑》是与碑主同年为官的郎署同僚等数人所立，③《孔宙碑》为碑主的门生、故吏、门童、故民数十

---

① 此碑立于灵帝建宁二年（169），参见（宋）洪适《隶释·隶续》卷八，中华书局1985年版，第93页。
② 此碑立于灵帝中平二年（185），参见（宋）洪适《隶释·隶续》卷十，中华书局1985年版，第122页。
③ 立于灵帝时期的《孝廉柳敏碑》亦是碑主同岁为官者所立，参见（清）严可均辑《全后汉文》卷一〇一，商务印书馆1999年版，第1022页。关于汉末"同岁"（同年贡举）孝廉间的关系，可参见阎步克《孝廉"同岁"与汉末选官》，《北大史学》1999年第1期。

人立；立于灵帝时期的《衡方碑》由碑主的门生故吏所立,《孔彪碑》由碑主的故吏十几人所立,《鲁峻碑》由碑主的门生、故吏及义士共三百二十人所立,《校官碑》为碑主属吏十多人所立,《曹全碑》由碑主属吏、故吏及处士、义士数十人立,《张迁碑》为碑主的故吏数十人共立。又如文集中载录的一些碑文,桓帝时期的《太尉杨秉碑》由碑主的门人学徒共立；① 灵帝时期的《金乡长侯成碑》由碑主的儒林众俊所立,②《安平相孙根碑》由碑主的故吏、门生、邦人所立,③《彭城姜肱碑》由碑主的从游弟子等共立,④《太尉乔玄碑》为碑主的故吏与同僚等人所立,⑤《凉州刺史魏元丕碑》由碑主的故吏、门生等人共立,⑥ 等等。赵明诚在《金石录跋尾·汉州辅碑阴》中曰:"自东汉以后,一时名卿贤大夫,死而立碑,则门生故吏往往寓名其阴,盖欲附托以传不朽尔。"⑦ 门生故吏署名碑阴虽有借以传名之嫌,但在党锢森严的桓、灵时期,此举更显示出无所畏惧的朋党义气。统观这些立碑之人,无论是碑主的门生故吏,还是碑主的同僚友朋,抑或是与碑主未有深交或根本没有任何交往的门童、处士、义士、邦人及其他会葬者,都是在东汉末年特殊的社会环境中,受清议思潮的影响而凝聚在一起的志同道合者,正是他们构成了东汉末年主持立碑事宜与撰作碑文的主体,也正是在他们的共同努力下,述德性碑文在东汉末年才渐渐风靡起来。

二 碑文是士人清议活动的组成部分

东汉末年绝大多数碑文辞属于人物品评的范畴,它们是清议活动的重要组成部分。我们知道,东汉末年的"清议"除议论时政外,还对人物进行品评。如果说士人间的相互提拂、臧否是以言论的方式对某人当下人格风范进行品评的话,那么碑文则是以文字的形式对士人进行的盖棺定论式的品评。东汉末年绝大多数碑文并非简单地对碑主述情表哀或单纯地为亡者树碑立传,而是在哀悼与颂赞间夹杂着对逝者生平的品评意味。上文述及在名士云集的会葬场合中,立碑多表现为一种集体行为,虽然碑文可能

---

① 参见（清）严可均辑《全后汉文》卷七五,商务印书馆1999年版,第762页。
② 参见（宋）洪适《隶释·隶续》卷八,中华书局1985年版,第93页。
③ 参见（宋）洪适《隶释·隶续》卷十,中华书局1985年版,第116页。
④ 参见（清）严可均辑《全后汉文》卷七六,商务印书馆1999年版,第770页。
⑤ 参见（清）严可均辑《全后汉文》卷七七,商务印书馆1999年版,第774页。
⑥ 参见（清）严可均辑《全后汉文》卷一○四,商务印书馆1999年版,第1050页。
⑦ （宋）赵明诚:《宋本金石录》卷一五,中华书局1991年版,第349页。

由某个人执笔完成,但为碑主命谥、文辞书写之类,却是大家集体讨论的结果。也就是说,多数碑文内容是经过会葬者们共同认可的,而会葬者们又是经过东汉末年清议思潮洗礼过的士人,以此来看,撰作述德性碑文完全可看成一种有着多数人士参与的人物品评行为,碑文内容自然也就具有了人物品评的味道。当然,受石刻文体性质的影响,碑文只会品及逝者优秀的方面。以下,我们从具体的碑文内容出发对此作出印证。

蔡邕是东汉末年碑文创作大家,他不仅参加过清议名士的会葬,而且为众多士人撰写过碑文,同时他自身也是一位清议名士,《世说新语·品藻》篇即载有他对陈蕃和李膺的品评。[①] 我们可通过这位善于臧否人物的名士的作品,考察碑文中人物品评的概况。因清议是以儒家伦理道德规范来论断是非、裁断士人的,所以士人的学行修身、道德气节、孝行仁政等尤其被看重,这也成为东汉末年人物品评的基本内容。而这些内容在蔡邕碑文中也有着充分的体现,如上文述及的蔡邕为郭泰和陈寔所作的《郭有道碑文》和《陈太丘碑文》,在为这两位清议名士撰碑颂德的同时,也是对他们天资才性、学识修养、道德操守等方面的品评和肯定。除此之外,蔡邕还为另一清议士人度尚撰写过有《荆州刺史度尚碑》,度尚作为党人名士"八厨"之一,其道德品行早已得到公众认可,所以蔡邕在碑文中品其为人曰:

(君)明洁鲜于白珪,贞操厉乎寒松。朗鉴出于自然,英风发乎天骨。事亲以孝,则行侔于曾、闵;结交以信,则契明于黄石。温温然弘裕虚引,落落然高风起世。信荆山之良宝,灵川之明珠也。爰在弱冠,英风固以扬于四海矣。拜为荆州刺史,仗冲静以临民,施仁义以接物,恩惠著于万里,诚信畅于殊俗。由是抚乱以治,绥扰以静也。[②]

这是对度尚秉性、孝行、交友、为政诸方面的中肯评论。其实,在东汉末年品论之风的影响下,蔡邕其他各篇碑文皆有人物品评的味道,如《汝南周勰碑》述及碑主的道德节操曰:"察孝廉,是时郡守梁氏,外戚贵

[①] 《世说新语·品藻》篇载:"汝南陈仲举,颍川李元礼二人,共论其功德,不能定先后。蔡伯喈评之曰:'陈仲举强于犯上,李元礼严于摄下。犯上难,摄下易。'仲举遂在三君之下,元礼居八俊之上。"(余嘉锡笺疏:《世说新语笺疏》,中华书局2007年版,第591页)

[②] (清)严可均辑:《全后汉文》卷七九,商务印书馆1999年版,第787页。

宠，非其好也，遂以病辞。太守复察孝廉，乃俯而就之，以明可否，然犹私存衡门讲诲之乐，不屑已也，又委之而旋。故大将军梁冀，专国作威……闻君洪名，前后三辟，而卒不降身。由是缙绅归高，群公事德。"《太尉杨秉碑》品及碑主的学识曰："公承凤绪，世笃儒教，以《欧阳尚书》、《京氏易》诲授。四方学者，自远而至，盖逾三千。"《陈留太守胡硕碑》品及碑主的孝行曰："孝于二亲，养色宁意，蒸蒸雍雍，虽曾、闵、颜、莱，无以尚也。"①《太傅胡广碑》论及碑主为政之美曰："公乃布恺悌，宣柔嘉，通神化，道灵和，扬惠风以养贞，激清流以荡邪，取忠肃于不言，消奸宄于爪牙。是以君子勤礼，小人知耻，鞠推息于官曹，刑戮废于朝市，余货委于路衢，余种栖于畎亩。"②《太尉乔玄碑》述及碑主人格曰："公秉性贞纯，幼有弘姿，刚而不虐，威而不猛，闻仁必行，睹义斯居，文以典术，守以纯固。"③应该说，蔡邕作为东汉末年臧否人物的名士，在其撰作碑文的过程中，会竭力挖掘逝者身上各方面的优点来展示给后人，这也凝聚着清议士人力图改善社会风俗的愿望在其中。

上文述及，在东汉末年士人云集的会葬场合中，集体立碑之事常有发生，碑文内容的撰写也往往是大家品议的结果，所以会葬场合也是清议氛围最为浓烈之时。我们可拿这样的碑文为例，分析其中的人物品评因素。《孔宙碑》由碑主的门生、故吏、门童、故民数十人共立，碑文内容品及碑主的天资才性曰："天姿醇嘏，齐圣达道，少习家训，治严氏《春秋》，缉熙之业既就，而闺阃之行允恭，德音孔昭"，品及碑主政绩曰："田畯喜于荒圃，商旅交乎险路。会《鹿鸣》于乐崩，复长幼于酬酢。"《鲁峻碑》由碑主的门生、故吏、义士共三百二十人所立，碑文中对碑主的秉性与才识品论曰："体纯和之德，秉仁义之操，治《鲁诗》，兼通《颜氏春秋》。博览群书，无物不刊，学为儒宗，行为士表"，又品及碑主的德行与操守曰："拜司隶校尉，董督京辇，掌察群僚，蠲细举大，权然疏发。不为小威，以济其仁；邴中独断，以效其节，案奏□公，弹绌五卿，华夏祗肃，佞秽者远。"《校官碑》由碑主属吏十多人所立，碑文中品论碑主的德行与政绩曰："矜孤颐老、表孝贞节。重义轻利，制户六百。省无正繇，不责自毕。百姓心欢、官不失实"，又品及碑主完善教学设施的功绩曰："惟泮宫之教，反失俗之礼，构修学宫，宗懿招德，既安且宁，干侯用张，笾豆

---

① 以上三例均见（清）严可均辑《全后汉文》卷七五，商务印书馆1999年版，第761—763页。
② （清）严可均辑：《全后汉文》卷七六，商务印书馆1999年版，第767页。
③ （清）严可均辑：《全后汉文》卷七七，商务印书馆1999年版，第775页。

用陈。发彼有的，雅容其闲，钟磬县矣，于胥乐焉。"《张迁碑》亦由碑主的故吏数十人共立，碑文内容对碑主的孝道、忠贞、才行、仁爱、政绩等方面皆有品论：

> 孝弟于家，中謇于朝，治京氏《易》，聪丽权略，艺于从畋，少为郡吏，隐练职位，常在股肱。数为从事，声无细闻。征拜郎中，除谷城长。蚕月之务，不闭四门。腊正之祭，休囚归贺。八月算民，不烦于乡。随就虚落，存恤高年。路无拾遗，犁种宿野。

可见，随着东汉末年清议思潮的强势发展和清议士人间朋党义气的驱使，为志同道合者树碑论德已成为司空见惯的事情，再加上碑文撰作者多是善于臧否人物的名士，从而使得碑文承担了过多的人物品评因素。其实，即便是那些作者失考或未署有立碑者信息的碑文，在东汉末年"清议"背景下，受碑文体例的趋同性影响，也无不充满了人物品评的味道，如《从事武梁碑》《郎中王政碑》《议郎元宾碑》《封丘令王元宾碑》《成皋令任伯嗣碑》《冀州刺史王纯碑》①等皆是如此，这是我们从碑文内容中能够直接考察到的结果。

而从人物品评的方式来看，清议名士在以言论品评人物时多采用比喻、对比、衬托等修辞手法，亦多以谣谚、称号的方式增强评论效果。其实这些品评方式也是汉末碑文在用文字品论人物时惯用的手法。此类例子举不胜举，如蔡邕《郭有道碑文》用比喻性言辞形容郭泰的人格魅力："缨緌之徒，绅佩之士，望形表而影附，聆嘉声而响和者，犹百川之归巨海，鳞介之宗龟龙也"，又以尧帝时隐士洪涯、巢父、许由的事迹来映衬郭泰的德行与名节："辟司徒掾，又举有道，皆以疾辞。将蹈鸿涯之遐迹，绍巢许之绝轨。"蔡邕的《陈留太守胡硕碑》和《荆州刺史度尚碑》亦用衬托方法形容碑主的孝行，前者曰："孝于二亲，养色宁意，蒸蒸雍雍，虽曾、闵、颜、莱，无以尚也"②，后者曰："事亲以孝，则行侔于曾、闵；结交以信，则契明于黄石。"③而另一篇作者失考的《荆州刺史度尚碑》则用隐喻的方式述及度尚德行："仁隆春暖，义高秋云，行洁冰霜。"④又，

---

① 以上各例见（清）严可均辑《全后汉文》卷九九、卷一〇〇，商务印书馆1999年版，第994、995、1000、1004、1005、1006页。
② （清）严可均辑：《全后汉文》卷七五，商务印书馆1999年版，第763页。
③ （清）严可均辑：《全后汉文》卷七九，商务印书馆1999年版，第787页。
④ （清）严可均辑：《全后汉文》卷一〇〇，商务印书馆1999年版，第1013页。

蔡邕的《琅邪王傅蔡朗碑》用对比手法描述碑主功绩："其国用靖，虽安国之辅梁孝，仲舒之相江都，靡以加焉"①，《太尉乔玄碑》比喻碑主高风亮节曰："拔贤如旋流，讨恶如霆击""如渊之浚，如岳之嵩。威壮虣虎，文繁雕龙"，以历史名人衬托其刚正曰："史鱼之劲直，山甫之不阿，于是始形。"② 其他作者不太明朗的碑文，如《刘熊碑》比喻碑主仁义曰："仁恩如冬日，威猛烈炎夏。"《北军中侯郭仲奇碑》比喻碑主秉性人格曰："君幼有岐嶷天然之资，长有明肃弘雅之操，刚毅多略，有山甫之踪，沈懿敦笃。"③《鲁峻碑》以前贤衬托碑主政绩曰："穆若清风，有黄霸、召信臣在颍南之歌。"《司隶从事郭究碑》以前贤对比碑主政绩曰："虽赵武之佐晋，宋甫之疠色，操筹撰功，君其越诸。"④《曹全碑》引用乡人谚"重亲致欢曹景完"（按：曹全，字景完）来评论碑主的孝行。《巴郡太守樊敏碑》采用时人称号来品论碑主的为人原则："州里金然，号曰吏师。"⑤ 可见，东汉末年的碑文与士人清议同步，在对人物进行多方位的品论中，亦夹杂着共同的品评方法。

经上所述可知，东汉末年多数碑文不仅内容中含有人物品评的因素，而且品评方式也与士人用言论品评人物时基本相同。因此可以说，这样的碑文亦属于人物品评的范畴，即静态的碑文与动态的言论同为东汉末年士人清议的组成部分。

三 清议目的与碑文主旨的一致性

述德性碑文体现了清流士人对正常社会秩序的渴慕，这与士人"厉清议以督俗"的主观愿望是一致的。汉代中后期，随着政治形势的渐趋恶化，清议现象在士人间渐渐兴起。《荀子·儒效篇》载："儒者在本朝则美政，在下位则美俗。"⑥ 党人清议后长达20余年的党锢之祸，使得儒者在本朝实现"美政"的愿望破灭，因此他们只得通过在野的清议行为来美化社会风俗：抨击社会丑陋、奖掖拔举优秀儒士，皆是这种行为的表现方式。可以说，清流士人发动清议的根本目的就是重建被破坏的社会秩序，即恢复儒家伦理纲常作为社会统治基础的地位。述德性碑文作为汉末清议

---

① （清）严可均辑：《全后汉文》卷七五，商务印书馆1999年版，第760页。
② （清）严可均辑：《全后汉文》卷七七，商务印书馆1999年版，第774、775页。
③ （清）严可均辑：《全后汉文》卷一〇二，商务印书馆1999年版，第1027页。
④ （清）严可均辑：《全后汉文》卷一〇五，商务印书馆1999年版，第1054页。
⑤ （清）严可均辑：《全后汉文》卷一〇五，商务印书馆1999年版，第1060页。
⑥ （清）王先谦撰，沈啸寰、王星贤点校：《荀子集解》，中华书局1988年版，第120页。

活动的组成部分，多数是从人物品评的角度撰写的，与树碑立传式的摩崖石刻或述哀表情式的诔文有别。碑文中无论是对碑主天资才性、学行修身的赞美，还是对碑主忠孝仁爱、道德气节的推崇，抑或是对碑主卓越功勋、清廉政绩的关注，无不彰显出清议者心目中对儒学贤达完美人格的崇敬和向往，所以多数碑文在述及撰碑目的时都表达了"立德流范""以士后昆"之类的愿望。其实述德性碑文在汉末的应用与普及，又何尝不是立德流范和美化风俗之举，这正是清议之士普遍向往的。

关于此，我们可从清流士人为志同道合者树碑扬善的过程中对"私谥"的运用上去体会。谥号本是帝王、君侯、大臣、士大夫等离世后，朝廷根据其生平事迹和德行修身拟定的一个带有评价性的称号。它本属于朝廷礼仪的一部分，在周代既已出现，行谥过程一般都要由礼仪之官议定并经朝廷审核后方可定谥，两汉时期这项礼制依然实行。但是到了汉末桓、灵时期，由于君权旁落、阉寺弄权，行谥之礼也走出朝廷，形成朝廷与士林共同定谥的局面，而士林的定谥行为一般被称为"私谥"①。谥号本为亡者所加，可看作浓缩的盖棺定论式的品评。《玄文先生李休碑》载碑主永寿二年（156）卒，"凡其亲昭朋徒，臭味相与，大会而葬之……时令戴君，临丧命谥"②。《鲁峻碑》载碑主熹平元年（172）卒，门生三百廿人为其作谥："君事帝则忠，临民则惠，乃昭告神明，谥君曰忠惠父。"《娄寿碑》载碑主熹平三年（174）卒，"国人乃相与论悫处谥"③。《范丹碑》载碑主中平二年（185）卒，"太尉张公、衮州刘君、陈留太守淳于君、外黄令刘君佥有休命，使诸儒参案典礼，作诔著谥，曰贞节先生"④。又《后汉书》卷四三《朱穆传》载："穆父卒，穆与诸儒考依古义，谥曰贞宣先生。及穆卒，蔡邕复与门人共述其体行，谥为文忠先生。"⑤范冉中平二年（185）离世，"大将军何进移书陈留太守，累行论谥，佥曰宜为贞节先生"（《后汉书》卷八一《独行列传·范冉传》）。陈寔中平四年（187）卒后，赴吊者"共刊石立碑，谥为文范先生"（《后汉书》卷六二《陈寔传》）。可见，这些不经朝廷，任由碑主同僚、友朋、门生或诸儒所定的私

---

① 私谥概出现于春秋时期，刘向《列女传》卷二《贤明传·柳下惠妻》载："柳下既死，门人将诔之。妻曰：'将诔夫子之德耶？则二三子不如妾知之也。'乃诔曰：'……夫子之谥，宜为惠兮。'"（详见张涛《列女传译注》，山东大学出版社1990年版，第75页）
② （清）严可均辑：《全后汉文》卷七五，商务印书馆1999年版，第760页。
③ 以上二碑引文参见高文《汉碑集释》（修订本），河南大学出版社1997年版，第391、412页。
④ 参见（清）严可均辑《全后汉文》卷七七，商务印书馆1999年版，第779页。
⑤ （南朝宋）范晔撰，（唐）李贤等注：《后汉书》，中华书局1965年版，第1473页。

谥，已风行于整个汉末。①

当然，私谥可视为"夺朝廷之礼"的僭越行为，也会遭到时人或后人的非议。《后汉书》卷四三《朱穆传》李贤注引《袁山松书》载，蔡邕与朱穆门人为朱穆论定谥号后，"荀爽闻而非之"，又载张璠论曰："夫谥者，上之所赠，非下之所造，故颜、闵至德，不闻有谥。朱、蔡各以衰世臧否不立，故私议之。"②桓范在《世要论·铭诔篇》中亦曰："赏生以爵禄，荣死以诔谥，是人主权柄而汉世不禁，使私称与王命争流，臣子与君上俱用，善恶无章，得失无效，岂不误哉！"③从传统的儒礼纲常来看，对私谥行为进行批判并不为过。但是，在汉末特殊的社会环境中，"私谥"却夹杂着清流士人对朝廷过多的失望与无奈。此时皇权旁落、群小擅权、儒士受阻、朝礼不行，凡此种种，清流士人虽早已心知肚明，但却心急如焚、无力挽转，随着政治形势、世风世俗愈加恶化，他们力求改善这种局面的举动也变得更加力不从心。尤其是天下善士遭受党锢之害后，那些怀有恻隐之心的士人也只有在自己力所能及的范围内，通过不温不火的方式给日趋腐化的世俗增添一丝忠贞与正义。为德高望重者褒善扬名就是这种表现方式之一，而私谥行为又是为逝去的贤达士人褒善扬名的方法之一。太平时期，典谥之礼由国家执掌，社会贤达皆能得到合理的评价与公允的谥号，但在时局动荡的汉末，国家政体遭到破坏，行谥礼仪亦受阻，若要使逝者得到应有的重视和敬重，则只有清流士人自己承担起"行谥"这一历史任务了。

而对于清流士人来说，他们又何尝不知"行谥"属于国家之礼、"私谥"有僭越之嫌，但他们甘愿冒僭越的危险亦坚决为社会贤良行私谥，这从反方面证明了清流士人力图改善社会弊俗的愿望之强。举例来看，蔡邕是学养深厚的儒学名士，为汉末儒林所宗，他不可能不知典谥属于朝廷礼仪，但由他本人参与的私谥行为却很多。据载，蔡邕为朱穆论定谥号时说："昔在圣人之制谥也，将以劝善彰恶，俾民兴行，贤愚臧否，依事从实……自王公以降，至于列国大夫，皆用配号，传于无穷"，并认为"汉兴以来，惟天子与五等之爵，然后有之，公卿大臣，其礼阙焉。历世弥久，莫之或修"，而益州府君为朱穆定谥则是"贯综典术，率由旧章"之举，且"纂袭前业，不忘遗则，孝既至矣，礼实宜之"，故蔡邕依《春

---

① 与之并存的朝廷赐谥只发生在少数重臣身上，如《太傅胡广碑》："天子悼痛，赠策遂赐诔，谥曰文恭"；《太尉刘宽碑》："（天子）复使五官中郎将何夔持节，谥曰昭烈侯。"
② （南朝宋）范晔撰，（唐）李贤等注：《后汉书》，中华书局1965年版，第1474页。
③ （清）严可均辑：《全三国文》卷三七，商务印书馆1999年版，第389页。

秋》古义对各位大夫定谥之例来议定朱穆的谥号。① 此外，记有私谥的碑文如《玄文先生李休碑》《范丹碑》都是由蔡邕撰作的，他从未对私谥进行掩饰，反而是操笔直录。这些均可看出，以蔡邕为代表的清议之士极尽文字之功能以化导风俗之用心，此与张璠所说"朱、蔡各以衰世臧否不立，故私议之"的情形是符合的。由此可见，清流士人行私谥的行为，除了欲用朝廷之礼来弥补对社会贤良忽视的不公外，主要是要以此践行自己敦风化俗的理想。

除为同道之士所立的载有私谥的墓碑文外，我们还可从其他类型的石刻碑文中更多地体会清议之士敦风化俗的迫切愿望。

第一，对修缮孔庙、拜祭孔子之人之事进行记载的碑文，是清流士人以此告诫世人勿忘汉家根本的表现。我们知道，汉代本以儒学立国，东汉崇儒重孝之风尤甚。所以，上自皇帝，下至地方官吏，有过多次祭祀孔子之举，② 这充分显示出朝廷对儒学圣人的尊敬和推崇。但是，到了汉末桓、灵时期，孔庙失修严重，朝廷未能管理，更不必说会有祭祀孔子之事了。桓帝永兴元年（153）所立的《乙瑛碑》载，褒成侯四时来祠孔庙的事已成过往，"庙有礼器，无常人掌领"。灵帝建宁二年（169）所立《史晨碑》亦载，孔子宅"无公出酒脯之祠"。③ 这正符合当时政局动荡、宦官擅权、儒生仕宦受阻的现实。面对这种情形，一些忧国忧民的士大夫不会无动于衷，他们或上书陈述祭祀孔子的重要性，或上书奏天子修饰孔庙、加强管理，并把这一过程篆刻成碑文以行于世。如《乙瑛碑》主要记述了司徒吴雄与司空赵戒借前鲁相乙瑛之言向桓帝上书，请求在孔庙置百石卒史一人，以执掌礼器祭祀之事。《礼器碑》④ 主要记述了鲁相韩敕造立礼

---

① 参见蔡邕《朱公叔谥议》，载（清）严可均辑《全后汉文》卷七二，商务印书馆1999年版，第736页。
② 如汉高祖刘邦过鲁地时，以太牢祭祀孔子［详见（汉）班固《汉书》卷一《高帝纪下》，中华书局1964年版，第76页］；汉元帝曾下诏让关内侯孔霸以所食邑八百户祀孔子［详见（汉）班固《汉书》卷八一《孔光传》，中华书局1964年版，第3364页］；光武帝刘秀幸鲁，使大司空祠孔子［详见（南朝宋）范晔撰，（唐）李贤等注《后汉书》卷一《光武帝纪上》，中华书局1965年版，第40页］；汉章帝曾祠孔子及七十二弟子［详见（南朝宋）范晔撰，（唐）李贤等注《后汉书》卷三《肃宗孝章帝纪》，中华书局1965年版，第150页］；汉安帝亦曾祀孔子及七十二弟子［详见（南朝宋）范晔撰，（唐）李贤等注《后汉书》卷五《孝安帝纪》，中华书局1965年版，第238页］。
③ 以上二碑引文参见高文《汉碑集释》（修订本），河南大学出版社1997年版，第166、325页。
④ 此碑立于桓帝永寿二年（156），参见高文《汉碑集释》（修订本），河南大学出版社1997年版，第181页。

第五章　清议与汉末碑文　153

器、修饰孔庙及众多吏民捐资立此碑颂其德之事。《史晨碑》记载了鲁相史晨等人上奏天子，希望祭祀孔子之事得到应有的重视。清流士人对这些礼尊儒圣的人和事用碑文的形式予以记录，目的就是使其传之久远并以之警示后人。这体现了清流士人对现实政治趋势的极力反拨，也体现了对国家前途的无比担忧，他们希望儒学圣人和儒家伦理纲常得到足够的重视，所以《礼器碑》在篆刻过程中有百余人争相捐资赞助，① 这充分显现出清流士人对现实政治能够回归正轨的渴望。

　　第二，为生者立碑，是清流士人以此砥砺名节、净化士林风气的表现。为生者立碑的现象早已有之，上文我们曾提到百姓为表彰地方官吏的功德与政绩，往往为其刻石颂之，章帝、和帝时都有这样的事件发生。而桓、灵时期为生者立碑的状况则与此不同，它同此时为亡者所立的墓碑文一样，主持立碑者多为碑主的门生故吏或同僚使臣，《曹全碑》《汉成阳令唐扶颂》② 等，都是如此。也许有人会提出，为生者立碑也可能是某些腐儒俗士对碑主的奉承，即所谓的"谀碑"，当然不排除有此类情况发生。汉末社会动乱、世风衰敝，士人中也有"以浮华相尚，儒者之风盖衰"③ 的弊病，沽名钓誉之徒也多有存在。尤其是高名善士遭受党锢之害后，世风更加颓败，逢迎宦官、博取功名者大有人在。在这种局面下"谀碑"确有产生的可能。但也不可否认，虽然汉末社会环境渐趋恶化，但仍有一批怀有恻隐之心的清流士人，他们以德行相感召，极力划清与浊流的界限，并力图净化社会风俗，也正是这些人构成了为生者立碑宣德的主体。像《曹全碑》由数十人共立，其中还包含一些处士、义士，如果用"谄谀"统一这些人的思想恐怕是行不通的，只有碑主的道德品行确实过硬，才会出现这样前赴后继争相立碑的现象。应该说，墓碑文是清议之士褒扬同类的最后呼声，也是他们敦化风俗、勉励同志的终结努力。而为志同道合的生者立碑，则比墓碑文更具示范意义，它除能凸显碑主的人格魅力并激发朋党义气外，还能促成碑主以士林领袖的身份发挥团结友朋、净化士林风气的作用，如时人品评社会贤良时常曰"言为士则，行为世

---

① 《礼器碑》碑阳、碑阴、碑左、碑右，详细记载了捐资立碑者的姓名、籍贯（或官职）及出资钱数。
② 此碑内容可参见（清）严可均辑《全后汉文》卷一〇四，商务印书馆1999年版，第1051页。
③ （南朝宋）范晔撰，（唐）李贤等注：《后汉书》卷七九《儒林列传上》，中华书局1965年版，第2547页。

范"之类语，① 正体现了清流士人对理想人格的企盼。

　　第三，为平民百姓立碑，是清流士人以此宣示教化、化导乡俗的表现。东汉后期，随着述德性碑文的大量出现，碑文褒颂的主体身份也变得更加多样：既有古之帝王与贤臣，如帝尧、尧母、孙叔敖；② 又有名气较大的官吏与名士，如胡广、陈寔、郭泰；还有为数众多的一般官吏或地方官员，如衡方、孔彪、刘熊、曹全等。除此之外，在汉末还存在为平民百姓立碑颂赞的现象，且是清流士人的特意所为。《后汉书》卷八四《列女传·孝女曹娥传》载，曹娥为会稽上虞人，其父作为巫祝在汉安二年（143）迎神时溺水死亡，曹娥当时十四岁，"沿江号哭，昼夜不绝声，旬有七日，遂投江而死"，至桓帝元嘉元年（151），清议名士度尚任此地县长，将曹娥改葬于江南道旁，并为其立碑赞颂孝德。又据李贤注引《会稽典录》，度尚本想让另一位清议名士魏朗作《曹娥碑》，但良久未成，适度尚弟子邯郸淳造访，会宴之余邯郸淳操笔而成此碑；又载，其后蔡邕为此碑题八字曰："黄绢幼妇，外孙齑臼。"③ 可见，三位清议名士都对这位民间孝女的事件关怀备至，竭力为其立碑颂赞。另外，《都乡孝子严举碑》④ 由地方官吏立于桓帝延熹七年（164），赞颂了庶民严举的孝行，从碑文中不难看出立碑目的与汉家以孝治国理念的呼应，并借此呼吁世人：治国根本不可忽视。与之形成对比的是，在此之前朝廷非常重视孝行，汉章帝、汉顺帝都有过诏奖孝悌的行为。⑤ 又，立于熹平元年（172）的《故民吴

---

① 如《世说新语·德行》篇载名士陈蕃"言为士则，行为世范，登车揽辔，有澄清天下之志"（余嘉锡笺疏：《世说新语笺疏》，中华书局2007年版，第1页）；蔡邕《陈太丘碑文》评陈寔曰："文为德表，范为士则"［参见（南朝梁）萧统编，（唐）李善注《文选》卷五八，中华书局1977年版，第802页］；邓艾读陈寔碑文后曰："文为世范，行为士则"［参见（晋）陈寿撰，陈乃乾校点《三国志》卷二八《邓艾传》，中华书局1964年版，第775页］。

② 济阴太守张宠等人于灵帝熹平四年（175）立有《帝尧碑》，是对远古圣王的颂赞［参见（清）严可均辑《全后汉文》卷一〇三，商务印书馆1999年版，第1037页］；立于灵帝建宁五年（172）的《成阳灵台碑》，赞颂了尧母庆都的功德［参见（清）严可均辑《全后汉文》卷一〇二，商务印书馆1999年版，第1028页］；期思县长段光访问邦内耆年旧齿后，知春秋楚相孙叔敖为本邦良辅，即于桓帝延熹三年（160）立《楚相孙叔敖碑》［参见（清）严可均辑《全后汉文》卷九九，商务印书馆1999年版，第1001页］。

③ 详见（南朝宋）范晔撰，（唐）李贤等注《后汉书》，中华书局1965年版，第2794—2795页。

④ 此碑可参见（清）严可均辑《全后汉文》卷一〇〇，商务印书馆1999年版，第1007页。

⑤ 对此可参汉章帝《制诏齐相》［详见（南朝宋）范晔撰，（唐）李贤等注《后汉书》卷三九《江革传》，中华书局1965年版，第1303页］和汉顺帝《增封东海王臻诏》［详见（南朝宋）范晔撰，（唐）李贤等注《后汉书》卷四二《光武十王传》，中华书局1965年版，第1426页］。

仲山碑》①记颂了少立名迹、不贪仕进、守鲜贫苦的民人吴仲山。我们知道，阉宦用事前后，贡举制度中出现了"举秀才，不知书；察孝廉，父别居。寒素清白浊如泥，高第良将怯如鸡"②的现象。面对世风日下的社会形势，清议之士不仅要净化士林风气，还要矫正乡风民俗，可以说，为平民百姓的孝行高德立碑是清议士人自下而上宣示教化的一种方式，他们试图以此砥砺乡俗，促使人心向善。

从立碑的目的来说，我们所知的有臣子追述君父之功德、亲属为先辈尽孝表哀、吏民表彰地方官吏政绩，汉末又有门生故吏、同僚友朋为逝去的同类品赞扬名。而以上所述清流士人的立碑行为，则是借碑文的述德性特点而进行的立德流范、美化风俗之举，这与当时士人发动清议的主观愿望也是一致的。与之相似，清流士人为前贤立碑，③甚至为德行昭著的妇人立碑，④皆是这种愿望的体现。

第三节 清议与汉碑文学的融合

经过上述分析不难看出，在汉末特殊的时代背景下，清议之士对碑刻这种文化载体寄予了较多的期望，碑文也得到众多文人士子的共同经营，其中不乏儒学素养较深的名士。正是在他们的不懈努力下，碑文一体不仅具有了较强的实用价值，而且其艺术性和文学性也得到极大的开拓。

一 碑文对汉末文学体裁的充实

提到汉代文学，我们首先想到的可能是辞赋、史传、乐府诗，汉末又

---

① 此碑可参见（宋）洪适《隶释·隶续》卷八，中华书局1985年版，第100页。
② 杨明照：《抱朴子外篇校笺》（上册），中华书局1991年版，第393页。
③ 清流士人为前贤立碑，除尧母、帝尧、孙叔敖等先贤外，还包括为同时代贤良追立碑文的行为。如《汉故太尉杨公神道碑铭》（简称《杨震碑》）是由杨震孙沛相杨统的门生陈炽等人所立，据洪适考证，此碑刻时已距杨公物故四十余年。[参见（宋）洪适《隶释·隶续》卷一二，中华书局1985年版，第136—137页]又《孝廉柳敏碑》[参见（清）严可均辑《全后汉文》卷一〇一，商务印书馆1999年版，第1022页]立于灵帝建宁二年（169），据碑文内容可知，碑主逝于质帝本初元年（146），二十余年后，与碑主同岁为官者立此碑。另据《后汉书》卷五七《李云传》载，桓帝延熹年间李云因上书抨击宦官、外戚特权，而被贬死狱中，后灵帝中平年末冀州刺史贾琮为其刻石表之。
④ 蔡邕作有《司徒袁公夫人马氏碑》《太傅安乐侯胡公夫人灵表》《交趾都尉胡府君夫人黄氏神诰》等，从碑文内容可知，碑主皆具母仪之德，符合儒家理想中的妇德标准。

有《古诗十九首》为后世文人所称道。①但是，对于汉末碑文来说，多数人却稍感陌生。其实，汉末多数文人在进行辞赋、散文、诗歌创作之余，也在研习着碑文的创作。《文心雕龙·诔碑篇》注引《墓志铭考》曰："东汉则大行碑文，蔡邕为作者之首，后汉文苑诸人，率皆撰碑。"②蔡邕一人流传下来的碑文就有四十余篇，与其同时及其前后的其他文人亦多有涉猎碑文者，这在史料中有明确的记载，如桓麟"所著碑、诔、赞、说、书凡二十一篇"（《后汉书》卷三七《桓彬传》）；马融"著赋、颂、碑、诔、书、记、表、奏、七言、琴歌、对策、遗令，凡二十一篇"（《后汉书》卷六〇《马融传》）；边韶"著诗、颂、碑、铭、书、策凡十五篇"（《后汉书》卷八〇《文苑列传上·边韶传》）；卢植"著碑、诔、表、记凡六篇"（《后汉书》卷六四《卢植传》）；皇甫规"著赋、铭、碑、赞、祷文、吊、章表、教令、书、檄、笺记，凡二十七篇"（《后汉书》卷六五《皇甫规传》）；崔寔"所著碑、论、箴、铭、答、七言、祠、文、表、记、书，凡十五篇"（《后汉书》卷五二《崔寔传》）。此外，据《后汉书》所载，张升、高彪、张超、服虔、孔融、杨修等人都撰写过碑文。以此可见，碑文与其他文体一样，在汉末有着较高的历史地位，它已成为汉末众多文人士子所青睐的创作对象。

当然，汉末碑文是一门综合性的艺术体裁，从其文辞上来看，它融合了诸如诗歌、铭文、诔文、颂文、传记等多种文体，所以碑文又有碑铭、诔碑、碑传等称谓。而碑文被视为一种独立文体也有一个过程，蔡邕的《铭论》可看作在汉末碑文兴盛的背景下对碑文一体的理论性总结，他在文中认为碑文和古之铭文是一脉相承的，二者之间存在千丝万缕的联系。但是，汉代至六朝时期，碑文逐渐从铭、诔等文体中分离开来，晋代陆机在《文赋》中始把"碑"与"铭"对立，后挚虞的《文章流别论》、刘勰的《文心雕龙》都把碑文看成独立的文体加以阐释。《文心雕龙》中既有《诔碑篇》，又有《铭箴篇》；在《文选》对文体的分类中，箴、铭、诔、碑文亦皆有，且收录蔡邕碑文两篇。虽然碑文被视作独立的文体是晋代之后的事，但是如果没有汉末清议之士的集体努力，没有他们从实际需要出发创作出极富艺术表现力的碑文，或许碑文

---

① 赵敏俐对《古诗十九首》产生的时间有不同的看法，他说："以《古诗十九首》为代表的汉代文人五言诗，最早可能会产生于西汉后期，其中绝大部分当是东汉初中期的产物。"（详见赵敏俐、吴思敬主编《中国诗歌通史·汉代卷》，人民文学出版社2012年版，第425页）

② （南朝梁）刘勰著，范文澜注：《文心雕龙注》，人民文学出版社1958年版，第232页。

将长期被当作多种文学体裁的混合体，也不会得到后人的认可和仿作。所以说，正是由于清议士人在世风日下的社会环境下，通过会葬或集体立碑的方式进行的推贤达善之举，无意中使碑文创作得到研磨，从而带动了更多的文人儒士参与碑文的创作，遂有大量的碑文作品面世，亦终使碑文艺术达到登峰造极的地步。虽然汉末碑文蕴含着清议者对社会秩序无比关怀的特殊情愫，或者说这些碑文在一定程度上充当了清议中的舆论工具，但客观地说，述德性碑文在现实生活中本就是应用于丧葬的一种实用性文体。经清议之士立碑树德之风的影响，汉末掀起刻铸述德性碑文的潮流，从此碑文撰写的体例结构、语体规范、情感诉求，皆趋于固定并为后世所宗。① 也正是因此，汉末碑文才得到后世的极大推崇，并进而被视为一种独立的文体。

现在我们重新审视汉末文学，在当时，碑文相对于其他文体来说，可能不算主流，因而会有很多无名的作品，更有许多知名文士的作品失载不传。但是也不可否认，汉末碑文的发展壮大不仅丰富了当时文学创作的体裁，而且对汉末文学水准的整体提高起着重要的推动作用。汉世之后，当碑文文体确立后，历朝历代有许多文人学者或关注碑文，或亲自撰写碑文及相关题材的作品。从唐代姚铉的《唐文粹》到宋代李昉的《文苑英华》、吕祖谦的《宋文鉴》，再到明代吴讷的《文章辨体》，清代姚鼐的《古文辞类纂》，皆对碑文一体有所论及。自才子型文人蔡邕在汉末开碑文创作之先后，南朝的庾信，唐代的张说、韩愈，宋代的欧阳修，金元时期的元好问等人，都是碑文创作的大家。可见，因清议而兴盛的碑文创作，不仅在东汉末年成为文人士子文学创作的新体裁，而且渐趋发展为后世文体中不可分割的一部分。

二 汉末碑文体例规范的确立

汉末创作实践使得碑文的体例规范基本确立。碑文在我国早已有之，但撰写体例并不统一，既有纪颂性的韵文，又有记事性的散体。而对于碑文来说，或侧重于为逝者尽孝表哀，形同诔文；或侧重于为逝者赞功举德，形同铭文。但到东汉中晚期，从整体上看碑文体例逐渐走向统一，形成前序后铭的形式，序用散体、铭为韵文，且碑文内容以述德为主。这主

---

① 汉末碑文以蔡邕留存作品最多，刘师培曰："碑铭之体应以蔡中郎为正宗，然自齐梁以迄唐五代，碑文虽较逊于伯喈，而其体式则无殊于两汉，盖惟辞采增华，篇幅增长而已。"（参见刘师培《中古文学论著三种》，辽宁教育出版社1997年版，第169页）

要是受东汉末年清议风气的影响,众多儒学士人参与碑文的撰写造成的。当然,东汉前期、中期撰作碑文者中也不乏文士,如生活于和帝、安帝时期的葛龚"著文、赋、碑、诔、书记凡十二篇"(《后汉书》卷八〇《文苑列传上·葛龚传》);虞诩约为顺帝永和年间卒,《水经注》云:"武平城西南七里有《汉尚书令虞诩碑》,题云'君讳诩,字定安,虞仲之后'"(《后汉书》卷五八《虞诩传》李贤注引);崔瑗生活于和帝至顺帝时代,"所著赋、碑、铭、箴、颂……凡五十七篇"(《后汉书》卷五二《崔瑗传》)。可惜这些碑文多数已经失传,我们无法了解其间创作的整体面貌。从现存的桓、灵之前无主名的碑文来看,约立于建武 28 年后的《三老讳字忌日记》主要记述了碑主的姓名和忌日,虽颂及碑主的德业,但行文皆为散体。立于殇帝延平元年(106)的《贾武仲妻马姜墓记》、立于安帝元初四年(117)的《袁安碑》和《袁敞碑》,① 只是简单记述了逝者的姓名、身世、卒年或仕宦经历等,篇幅短小,全文皆散体,后无赞颂性韵文。而立于顺帝汉安二年(143)的《景君碑》,由碑主的故吏诸生数十人共立,篇幅明显增长:

  惟汉安二年,仲秋□□,故北海任城景府君卒,歔欷哀哉!国□□宝,英彦失畴。列宿亏精,晚学后时。于何穹仓,布命授期,有生有死,天寔为之。岂夫仁哲,攸克不遗。于是故吏诸生相与论曰:上世群后,莫不流光□于无穷,垂芬耀于书篇。身殁而行明,体亡而名存。或著形象于列图,或毂颂于管弦。后来咏其烈,竹帛叙其勋。乃作诔曰:
  伏惟明府,受质自天。孝弟渊懿,帅礼蹈仁,根道核艺,抱淑守真。皛白清方,克已治身,寔渌寔刚,乃武乃文。遵考孝谒,假阶司农。流德元城,兴利惠民。强衙改节,微弱蒙恩。威立泽宣,化行如神。帝嘉厥功,授以符命。守郡益州,路遐孥亲。躬作逊让,凤宵朝庭。建策忠说,辨秩东衍。玺追嘉锡,据北海相。部城十九,邻邦归向。分明好恶,先以敬让。残伪易心,轻黠逾境。鸱枭不鸣,分子还养。元元鳏寡,蒙佑以宁。蓄道修德,□祉以荣。纷纷令仪,明府体

---

① 《袁安碑》未录立碑年代,但袁安卒于和帝永元四年(92),而碑中称"孝和皇帝",故知此碑非葬时所立。据高文推断,或因其子袁敞葬时,同时并立此碑。[参见高文《汉碑集释》(修订本),河南大学出版社 1997 年版,第 25 页]

之。仁义道术，明府膺之。黄朱邵父，明府三之。台辅之任，明府宜之。以病被征，委位致仕。民□思慕，远近搔首。农夫醳耒，商人空市，随舆饮泪。奈何朝廷，夺我兹父？去官未旬，病乃困危。珪璧之质，临卒不回。歔欷霣绝，奄忽不迕，孝子惨凓，颠倒剥摧。遂不勉瘳，永潜长归。州里乡党，陨涕奉哀。故吏忉怛，歔欷低徊。四海冠盖，惊忡伤怀。大命□期，实惟天□。明王设位，明府不就。臣子欲养，明府弗留。歇歇哀哉！

辞曰：孝积幽岁，丧至□兮。□□□□，翔议郎兮。再命虎将，绥元元兮。规策矩谟，主忠信兮。羽卫藩屏，抚万民兮。□□□□，恩弥盛兮。宜参鼎绋，坚干祯兮。不永糜寿，弃臣子兮，仁敦海岱，著《甘棠》兮。刊石勒铭，□不亡兮。

这篇碑文中既有序文，又有诔文和乱辞。其中序文短小，主要记载了碑主的姓名、卒年和故吏诸生作诔的缘由，文用散体。诔文部分是碑文的主体，全篇为碑主述德叙哀，情感炽烈，行文皆为四言。乱辞部分，总括碑主的德勋，用楚辞体兮字句，皆为四言。与之相似的还有立于和帝永元八年（96）的《孟孝琚碑》：

□□□□，□□丙申，月建临卯。严道君曾孙武阳令之少息孟广宗卒。□□□□，□□遂，广四岁失母，十二随官，受韩诗，兼通《孝经》二卷，博览□□，□□□□，□改名为琼，字孝琚。闵其敦仁，为问蜀郡何彦珍女，未娶□□。□□□□□十月癸卯，于茔西起坟，十一月□卯辨。下怀抱之恩，心□□□，□□□□。其辞曰：□□□□，□□□结。四时不和，害气蕃溢。嗟命何辜，独遭斯疾。中夜奄丧，□□□□劳，忽然远游。将即幽都，归于电丘。凉风渗淋，寒水北流。□□□□，□□□期。痛哉仁人，积德若滋。孔子大圣，抱道不施。尚困于世，□□□□，□□□渊，亦遇此灾。守善不报，自古有之。非独孝琚，遭此百离。□□□□，□□□覆。恨不伸志，翻扬隆洽。身灭名存，美称修饬。勉崇素意。□□□□。□□□时，流惠后昆。四时祭祀，烟火连延。万岁不绝，勖于后人。□□：□□□□失雏。颜路哭回孔尼鱼。澹台忿怒投流河，世所不闵如□□。①

虽此碑碑体上一些文字已经磨灭不存，但综观碑文的整体结构，前为散体性序文，中间为四言体颂文，后又有七言体乱辞。② 这样的碑文体式应受当时诔文和辞赋的影响比较大。

虽然此时碑文创作体例显得杂乱无章，但其中也不乏为后人所宗者。如崔瑗于顺帝永和至汉安年间所作的《河间相张平子碑》即为序文与铭文的合体：

河间相张君，南阳西鄂人，讳衡，字平子。其先出自张老，为晋大夫，纳规赵武，而反其侈，书传美之。君天姿濬哲，敏而好学，如川之逝，不舍昼夜。是以道德漫流，文章云浮，数术穷天地，制作侔造化，瑰辞丽说，奇技伟艺，磊落焕炳，与神合契。然而体性温良，声气芬芳，仁爱笃密，与世无伤，可谓淑人君子者矣。初举孝廉，为尚书侍郎，迁太史令，实掌重黎历纪之度，亦能焞燿敦大，天明地德，光照有汉。迁公车司马令侍中，遂相河间。政以礼成，民是用思。遭命不永，暗忽迁徂。朝失良臣，民陨令君，天泯斯道，世丧斯文。凡百君子，靡不伤焉。乃铭斯表，以旌厥问。其辞曰：

于惟张君，资质懿丰，德茂材羡，高明显融。焉所不学，亦何不师，盈科而逝，成章乃达。一物不知，实以为耻，闻一善言，不胜其喜。包罗品类，禀授无形，酌焉不竭，冲而复盈。廪廪其庶，亹亹其几，膺数命世，绍圣作师。苟华必实，令德惟恭，柔嘉伊则，孝友祗容。允出在兹，维帝念功，往才女谐，化洽民雍。愍天不吊，降此咎凶，哲人其萎，罔不时恫。纪于铭勒，永终誉兮，死而不朽，芳烈著兮。③

---

① 此碑未有立碑时间，但高文先生根据碑文首句残留的"丙申"二字推测，唯有和帝永元八年值丙申，故推测立碑时间当为此年。[参见高文《汉碑集释》（修订本），河南大学出版社1997年版，第15—16页]
② 碑文中"乱辞"部位已经磨灭，但根据碑文句式变换，并参照《景君碑》体例，此应为"乱曰"二字。[参见高文《汉碑集释》（修订本），河南大学出版社1997年版，第16页及第18页注释]
③ （清）严可均辑：《全后汉文》卷四五，商务印书馆1999年版，第456—457页。

第五章　清议与汉末碑文　161

　　碑文前面为韵散结合的序文，主要记述了张衡的名讳、籍贯、家世，赞颂了张衡的天资才性、德行才识、仕宦经历，并说明了立碑目的；碑文后面为韵文性的铭文，主要为碑主颂德表哀，全文皆为四言。碑文在总体行文中，始终贯穿着饱满的情感因素，且文辞典雅、语句洗练，比喻、用典等修辞手法运用其中，文辞接近骈偶，从而为碑文增添了较强的文学色彩。崔瑗能作出艺术性如此高的碑文，取决于他的出身与学行修养，《后汉书》卷五二《崔瑗传》载其为崔骃中子，"锐志好学，尽能传其父业。年十八，至京师，从侍中贾逵质正大义，逵善待之，瑗因留游学，遂明天官、历数、《京房易传》、六日七分。诸儒宗之"，又载其"高于文辞，尤善为书、记、箴、铭，所著赋、碑、铭、箴、颂、《七苏》、《南阳文学官志》、《叹辞》、《移社文》、《悔祈》、《草书势》、七言，凡五十七篇"①。可见崔瑗不仅家学传统深厚，而且是诸儒所宗的儒学大家，所以他在包括碑文在内的各个文学领域皆取得了不斐的成就。我们知道，汉代经学本注重家法与师法，汉代文士著文亦多以儒学名士为宗。因而可以想象，崔瑗在碑文艺术领域的开拓，必为后代文人所敬仰、模仿，像《河间相张平子碑》那样前序后铭的碑文结构及行文语言也将会得到继承和发展。从现存的汉末碑文来看，不管是蔡邕这样的儒学名士所作，②还是那些没有主名的作品，基本都是前序后铭的形式，各类文学手法亦运用娴熟。而对于清议之士来说，这种体例和行文方法能为其继承和发展，除宗仰前贤之作外，更为重要的原因是，它符合汉末清议活动的需要，清议之士能用其更好地褒扬同类，以服务于敦风化俗的需要。因为不管是序文还是铭文，皆有纪功颂德的功能，能最大限度地发挥褒善扬名的作用。当然，散体序文相对于韵体铭文来说，更易于为碑主述德表善，所以经清议之士多方发展，述德性碑文的序文往往要长于铭文。拿汉末多数述德性碑文来看，虽然它们与《河间相张平子碑》前序后铭的体例基本相同，但仔细比较后会发现，《河间相张平子碑》的序文与铭文篇幅比例相当，而在汉末述德性

---

① （南朝宋）范晔撰，（唐）李贤等注：《后汉书》，中华书局1965年版，第1722—1724页。
② 刘勰在《文心雕龙·铭箴篇》曰："蔡邕铭思，独冠古今……朱穆之鼎，全成碑文，溺所长也。"詹锳《文心雕龙义证·铭箴篇》引张立斋《文心雕龙注订》曰："铭体之变，始于蔡中郎，多有散体居前，韵语缀后之作"，詹锳又释"溺所长"一句曰："蔡邕惯于写碑文，在他擅长处犯错误，把铭写成碑文。"（詹锳义证：《文心雕龙义证》，上海古籍出版社1989年版，第404页）以此可见，蔡邕的碑文融合了传体散文和铭体韵文的写法，即构成了前序后铭的特有形式。此间又可看出，汉末名士对碑文一体的研磨之深。

碑文中，实录碑主各类德行的散体序文明显长于讲究文辞技巧的铭文。正是出于此种原因，随着汉末社会环境的变迁和众多清流儒士皆参与碑文的创作，碑文一体的体例规范也就逐渐走向了统一，即形成以序文为主、铭文为辅的结构。① 其中序文一般为散体或韵散结合体，② 主要用来介绍碑主的名讳、卒年、家世，并颂赞碑主的天资才性、品行学识、道德节操或仕宦功勋等人格之美；而铭文部分则主要是用抒情性文辞为碑主颂德述哀，一般为整齐的四言体，个别篇章用三言体或五言体。③ 由此亦可见，"前序后铭"的体例虽早已有之，但至汉末因清议出现大量述德性碑文时才发挥到极致。

---

① 从时代上来看，碑文发展虽在整体上表现出这样的趋势，但具体到每个人或不同地域的创作来看，还是存在一定差异的。如立于桓帝和平元年（150）的《严䜣碑》，由短序和诔文构成，诔文部分为主体，述及碑主的名讳、才识、仕宦等［详见（清）严可均辑《全后汉文》卷九八，商务印书馆1999年版，第993页］。与之相似的还有立于桓帝延熹六年（163）的《平舆令薛君碑》［参见（清）严可均辑《全后汉文》卷一〇〇，商务印书馆1999年版，第1007页］，立于灵帝熹平六年（177）的《堂邑令费凤碑》及《费凤别碑》［参见（清）严可均辑《全后汉文》卷一〇三，商务印书馆1999年版，第1039、1040页］。立于桓帝永兴二年（154）的《孔谦碑》只有形同序文的散体，述及碑主的姓名、家世、才性、仕宦、逝世年龄和日期，没有赞辞。与之相似的还有立于桓帝永康元年（167）的《车骑将军冯绲碑》［参见（清）严可均辑《全后汉文》卷一〇〇，商务印书馆1999年版，第1014页］。而较为偏远地区的碑作与中原地区亦有不同，如《都乡孝子严举碑》由荆州地方官吏所立，主要用来表彰孝子、宣示教化，碑文有序、有颂、有乱辞［详见（清）严可均辑《全后汉文》卷一〇〇，商务印书馆1999年版，第1007页］。其他体例杂芜者还有桓帝永寿元年（155）的《益州太守无名碑》［参见（宋）洪适《隶释·隶续》卷一七，中华书局1985年版，第176页］、灵帝建宁二年（169）的《孝廉柳敏碑》［参见（清）严可均辑《全后汉文》卷一〇一，商务印书馆1999年版，第1022页］。
② 序文虽整体上表现为散体，但其中又以四言体叙述为主。
③ 三言体，如建宁元年（168）所立的《竹邑候相张寿碑》［参见（宋）洪适《隶释·隶续》卷七，中华书局1985年版，第88页］、建宁五年（172）所立《北军中侯郭仲奇碑》［参见（宋）洪适《隶释·隶续》卷九，中华书局1985年版，第99页］、中平二年（185）所立《曹全碑》、蔡邕《太尉杨秉碑》等。五言体，如熹平六年（177）所立的《堂邑令费凤碑》和《费凤别碑》皆以五言古诗缀于篇末［参见（清）严可均辑《全后汉文》卷一〇三，商务印书馆1999年版，第1039、1040页］。其中《费凤别碑》中的五言诗较长，其曰："闻君显令名，举宗为欢喜。不悟奄忽终，藏形而匿景。耕夫释耒耜，桑妇投钩莒。道阻而且长，望远泪如雨。荚马循大路，骞裳而涉洧，悠悠歌《黍离》，黄鸟集于楚。恫恫之临穴，送君于厚土。嗟嗟悲且伤，每食□不绝。夫人笃旧好，不以存亡改。文平感渭阳，凄怆益以甚。诸姑咸辟踊，爰及君伯姊。孝孙字元宰，生不识考妣。追惟厥祖恩，蓬首斩缞杖。世所不能为，流称于乡党。见吾若君starting，剥裂而不已。壹别会无期，相去三千里。绝翰永慷慨，泣下不可止。"可见，其表现手法已非常成熟，完全可与《古诗十九首》相媲美。

三　汉末碑文取得的文学成就

汉末碑文的艺术成就得到了时人和后人的莫大推崇，历来研究者关注较多的是汉碑的形制、书法艺术及其史料价值，近年来对其文学意义的研究也渐趋增多，但以探究蔡邕个人碑文特色者居多，① 或者是对东汉碑文的文学特征作出整体性观照，② 而专门针对东汉末年特定背景下碑文文学性的分析则相对缺乏。以下结合这个时段的清议背景，从行文语言、情感表达、布局谋篇三个方面入手，探讨碑文所取得的文学成就。

（一）从行文语言上看，汉末碑文多引经据典，多用修辞手法。汉末碑主多是儒学士大夫，而碑文撰作者又多为碑主的同僚、友朋或门生故吏。汉代文人儒士能走向仕途、儒生官吏间能够彼此结交，主要是因为在汉家以儒学立国的政治体制下，他们成为研习并熟识儒家及相关领域各类经典或先贤事迹的同类，除在国家政治与日常生活中能够彼此认同、彼此援引外，在朝堂奏议或个人行文中，隶事用典、援引经义也成为他们践行自己生活方式的表现。所以，在古代文人儒士各类文体著作中，我们能找到许多引经据典的例子。而在汉代中晚期，当碑文在清议之风影响下成为众多文人儒士的创作体裁后，运典自然也会被带入碑文的写作中。如前举《河间相张平子碑》形容张衡"敏而好学，如川之逝，不舍昼夜"，即化用《论语·子罕》所载孔子之语"逝者如斯夫，不舍昼夜"一句。汉末碑文作为清议活动的组成部分，主要用来品评士人，因此隶事用典也多是对人物的形容，这样的例子在汉末碑文中不胜枚举。

形容人品行正直，会以"羔羊"作比，如《郎中王政碑》："有羔羊之洁，无申棠之欲"，《武斑碑》："孝深《凯风》，志洁《羔羊》"，《夏承碑》："《羔羊》在公，四府归高"等，此典出自《诗经·召南·羔羊》，其序曰："召南之国，化文王之政，在位皆节俭正直，德如羔羊也。"③ 褒扬以德化民的地方官吏，会借"甘棠"为喻，如《冀州刺史王纯碑》："圣朝嘉君，旋拜徐州，流化甘棠"，《沛相杨统碑》："甘棠遗爱，东征企

---

① 相关研究有刘跃进：《蔡邕的生平创作与汉末文风的转变》，《文学评论》2004 年第 3 期；王银忠：《蔡邕碑文文学研究》，《内蒙古农业大学学报》（社会科学版）2006 年第 2 期；赵德波：《蔡邕碑颂对〈尚书〉典故、体式的运用及其风格特征——汉代文学与经学之关系管窥》，《齐鲁学刊》2010 年第 6 期。
② 相关研究有任群英：《东汉碑铭创作的文学史意义》，《学术论坛》2008 年第 9 期；何如月：《汉碑文学研究》，商务印书馆 2010 年版。
③ （清）阮元校刻：《十三经注疏·毛诗正义》卷一，中华书局 1980 年版，第 288 页。

皇。念彼恭人，怒焉永伤"①，《严䜣碑》："所在若神，宣布政声，□□甘棠"等，此典出自《诗经·召南·甘棠》，其序云："甘棠，美召伯也。召伯之教，明于南国。"郑玄笺云："召伯听男女之讼，不重烦劳百姓，止舍小棠之下而听断焉。国人被其德，说其化，思其人，敬其树。"② 颂安贫乐道的士人则以居"衡门"来指代，如《从事武梁碑》："安衡门之陋，乐朝闻之义"，《山阳太守祝睦碑》："君惟老氏，名遂身退，色斯翻翔，纡精衡门"，③《繁阳令杨君碑》："处靖衡门，童冠如云，故乃名问愈高，休声益著"④，等等，出自《诗经·陈风·衡门》，毛传曰："衡门，横木为门，言浅陋也"，郑玄笺云："贤者不以衡门之浅陋则不游息于其下，以喻人君不可以国小则不兴治致政化。"⑤ 赞士人天资聪敏会以"岐嶷"一词形容，如蔡邕《陈留太守胡硕碑》："君幼有嘉表，克岐克嶷"，《娄寿碑》："先生童孩多奇，岐嶷有志"，《刘熊碑》："诞生照明，岐嶷逾绝"等，此典出自《诗经·大雅·生民》，其文曰："诞实匍匐，克岐克嶷"，毛传曰："岐，知意也。嶷，识也"，郑玄笺云："能匍匐，则岐岐然意有所知也。其貌嶷嶷然，有所识别也。"⑥ 除这些较为常见的典故外，汉末碑文在品评人物时化用《诗经》篇名或辞句为典的例子还有一些。《鲁峻碑》中"悲蓼莪之不报，痛昊天之靡嘉"一句借用《诗经·小雅·蓼莪》诗意，⑦ 以称颂碑主对父母的孝心；《夏承碑》中"高山景行，慕前贤列"一句化用《诗经·小雅·车舝》"高山仰止，景行行止"，⑧ 以喻碑主心存慕德行善之高识。《诗经》之外的其他典籍文辞，在汉末碑文中化用为典

---

① 此碑立于建宁元年（168），参见（清）严可均辑《全后汉文》卷一〇一，商务印书馆1999年版，第1016页。
② （清）阮元校刻：《十三经注疏·毛诗正义》卷一，中华书局1980年版，第287页。
③ 此碑立于延熹七年（164），参见（清）严可均辑《全后汉文》卷一〇〇，商务印书馆1999年版，第1009页。
④ 此碑立于熹平三年（174），参见（清）严可均辑《全后汉文》卷一〇三，商务印书馆1999年版，第1035页。
⑤ （清）阮元校刻：《十三经注疏·毛诗正义》卷七，中华书局1980年版，第377页。
⑥ （清）阮元校刻：《十三经注疏·毛诗正义》卷一七，中华书局1980年版，第530页。
⑦ 《蓼莪》序曰："民人劳苦，孝子不得终养尔。"诗中有曰："哀哀父母，生我劬劳"，郑玄笺云："哀哀者，恨不得终养父母，报其生长己之苦。"［（清）阮元校刻：《十三经注疏·毛诗正义》卷一三，中华书局1980年版，第459页］可见，此诗用以赞颂怀有报孝父母之心的士人。
⑧ 郑玄笺云："庶几古人有高德者则慕仰之，有明行者则而行之。"［（清）阮元校刻：《十三经注疏·毛诗正义》卷一四，中华书局1980年版，第482页］

的情况也很多:《山阳太守祝睦后碑》① 中"色斯举矣,复身衡门"及蔡邕《陈寔碑》中"以所执不协所属,色斯举矣",直接化用《论语·乡党》"色斯举矣,翔而后集",② 以指代退世归隐、洁身自爱的操守;蔡邕《太傅胡广碑》"生荣死哀,流统罔极"、《武斑碑》"生荣死哀,是为万年"及《司隶从事郭究碑》"生荣死哀,弈贵遗称",借用《论语·子张》"其生也荣,其死也哀"来评论碑主生前身后功勋荣誉之卓著;③《娄寿碑》"下学上达,有朋自远"语出《论语·学而》"有朋自远方来,不亦乐乎",以此称颂碑主人格魅力之大;《堂邑令费凤碑》"有耻且格,牧守旌功"借用《论语·为政》"齐之以礼,有耻且格"④,用以称颂碑主的克己修身、明德守礼;《孔彪碑》"丑类已殚,路不拾遗"合用《左传·文公十八年》"丑类恶物,顽嚚不友"和《韩非子·外储说左上》"国无盗贼,道不拾遗"之句,以此赞颂碑主为政之美;又《孔彪碑》"云行雨施,□□大和",直接化用《易·乾》卦之《象》辞"云行雨施,品物流行"⑤,以赞碑主广施恩惠之德;蔡邕《处士圈典碑》"童蒙来求,彪之用文"借用《易·蒙》卦辞"匪我求童蒙,童蒙求我"⑥,以喻碑主学行修身对求学者吸引之大;《司隶从事郭究碑》"昭德塞违,克纪克纲",直接借用《左传·桓公二年》"君人者,将昭德塞违,以临照百官"⑦,以此夸饰碑主昭明善德之举;《金乡长侯成碑》"安贫乐道,忽于时荣"化用

---

① 此碑立于延熹九年(166),参见(宋)洪适《隶释·隶续》卷七,中华书局1985年版,第84页。
② 何晏注"色斯举矣"曰:"马(融)曰:'见颜色不善则去之。'"邢昺正义曰:"此言孔子审去就也。谓孔子所处,见颜色不善,则于斯举动而去之。"[(清)阮元校刻:《十三经注疏·论语注疏》卷一〇,中华书局1980年版,第2496页]
③ 何晏曰:"孔曰:'言孔子为政,其立教则无不立,道之则莫不兴行,安之则远者来至,动之则莫不和睦,故能生则荣显,死则哀痛。'"[(清)阮元校刻:《十三经注疏·论语注疏》卷一九,中华书局1980年版,第2533页]
④ 邢昺正义曰:"民或未从化,则制礼以齐整,使民知有礼则安,失礼则耻。如此则民有愧耻而不犯礼,且能自修而归正也。"[(清)阮元校刻:《十三经注疏·论语注疏》卷二,中华书局1980年版,第2461页]
⑤ 孔颖达正义曰:"云行雨施,品物流行者,此二句释'亨'之德也,言乾能用天之德,使云气流行,雨泽施布,故品类之物,流布成形,各得亨通,无所壅蔽,是其'亨'也。"[(清)阮元校刻:《十三经注疏·周易正义》卷一,中华书局1980年版,第14页]
⑥ 王弼注曰:"童蒙之来求我,欲决所惑也。"[(清)阮元校刻:《十三经注疏·周易正义》卷一,中华书局1980年版,第20页]
⑦ 孔颖达正义曰:"昭德,谓昭明善德,使德益章闻也。塞违,谓闭塞违邪使违命止息也。"[(清)阮元校刻:《十三经注疏·春秋左传正义》卷五,中华书局1980年版,第1741页]

《论语·学而》"未若贫而乐"和《文子·上仁》"圣人安贫乐道,不以欲伤生"①之语,以此形容碑主坚守道德准则的节操,等等。

除化用古代典籍文辞或文意外,古代的先贤良士亦是汉末碑文品评人物时借以为典的对象。以儒学才士蔡邕的碑文为例,《琅邪王傅蔡朗碑》:"云龙感应,养徒三千",借"孔门弟子三千"来影衬碑主处居讲学的成绩;《陈留太守胡硕碑》:"孝于二亲,养色宁意,蒸蒸雍雍,虽曾、闵、颜、莱,无以尚也",以严守孝道的孔门弟子曾参、闵子骞、颜渊和道家人物老莱子来比赞碑主的孝行;《太傅胡广碑》:"劳思万机,身勤心苦,虽老莱子婴儿其服,方叔克壮其猷,公旦纳于台屋,正考父俯而循礼,曷以尚兹",以西周贤臣周公旦、方叔及春秋时期老莱子、正考父这些先贤来比衬碑主的美德;而《太尉李咸碑》用典尤多:"夙夜严栗,孝配大舜""操迈伯夷,德追孔父""协德魏绛,和戎绥边""虽元凯翼虞,周、召辅姬,未之或逾",这里以舜帝比配碑主孝行,以伯夷比配碑主操守,以孔子比配碑主德行,以魏绛比配碑主戍边之功,以"八元""八凯"和周公、召公比配碑主的辅佐之德。另外,蔡邕的《郭有道碑》《太尉刘宽碑》《陈寔碑》《司空房桢碑》②《荆州刺史度尚碑》等,文中都有取用前人为典的情形。当然,"以前人为典"在蔡邕之外的其他无主名碑文中亦多有存在。《郑固碑》:"穷究于典籍,膺游夏之文学,襄冉季之政事",以孔门名徒子游、子夏和冉有、季路比拟碑主在文学、政治上的成就;《荆州刺史度尚碑》:"深入则轻冠军,附士渥于李广"③,以西汉名将霍去病和李广比附碑主军事上的功绩;《鲁峻碑》:"视事四年,比纵豹、产","有黄霸、召信臣在颍南之歌",以春秋战国时期子产、西门豹及西汉黄霸、召信臣这些贤臣,来映衬碑主治理地方的美政;《校官碑》:"履菰竹之廉,蹈公仪之洁",以孤竹君之子伯夷、叔齐和春秋时期鲁人公仪休,来比拟碑主的廉洁,等等。

当然,汉末碑文的撰作者多为儒学文士,他们有着较为深厚的学识与素养,因而在人物品评之外亦多引事运典,如《巴郡太守张纳碑》:"杼柚其空,溯流转漕"④,直接化用《诗经·小雅·大东》"小东大东,杼柚其

---

① 参见王利器《文子疏义》,中华书局2000年版,第457页。
② 严可均在此碑文后注曰:"《后汉·桓帝纪》作'房植',未知孰是。"[(清)严可均辑:《全后汉文》卷七八,商务印书馆1999年版,第786页]
③ 参见(宋)洪适《隶释·隶续》卷七,中华书局1985年版,第85页。
④ 此碑立于中平五年(188),参见(宋)洪适《隶释·隶续》卷五,中华书局1985年版,第62页。

空"一句，① 以此形容社会生产遭受破坏，而"腾前付冀，道回且艰"一句则从《诗经·秦风·蒹葭》"溯洄从之，道阻且长"引申而来，喻为人理事之艰难。《太尉杨震碑》："鸿渐衡门，群英云集"，② 从《易·渐》卦爻辞发展而来，以指代仕途升迁。③《平舆令薛君碑》："不慭遗君。奄忽薨徂"④，从《诗经·小雅·十月之交》"不慭遗一老，俾守我王"一句演化而来，以表达哀悼之意。⑤《荆州刺史度尚碑》："恩信并宣，令行禁止"，出自《管子·立政》"令则行，禁则止……政之所期也"⑥，指代政令亨通。蔡邕《汝南周勰碑》："厥初生民，天赐之性"，从《诗经·大雅·生民》"厥初生民，时维姜嫄"借用而来，将描摹伟人之语加诸碑主之身，以凸显其人格的伟大。可见，汉末碑文隶事用典不仅使用频繁，而且方式多样，但不管是以之品评人物，还是用其作为行文语言，皆恰到好处。当然，汉末碑文作品众多，这些典故并非零散地偶见于各篇碑文中，一篇碑文多处用典的现象也是常见的，如上文提到的《太尉李咸碑》就是如此。又如《衡方碑》：

> 君之烈祖，少以儒术，安贫乐道。履该颜原，兼修季由"闻斯行诸"……长发其祥，诞降于君……少以文塞，敦庞允元……即丘侯相，胶东令。遵尹铎之导，保鄐二城……□本肇末，化速邮置……迁会稽东部都尉，将继南仲、邵虎之轨……会丧太夫人，感背人之《凯风》，悼《蓼仪》之劬劳……征拜议郎，右北平太守，寻李广之在边，恢魏绛之和戎……迁颍川太守……归来洙泗，用行舍藏……恩降

---

① 郑玄笺云："小也、大也，谓赋敛之多少也。小亦于东，大亦于东，言其政偏，失砥矢之道也。谭无他货，维丝麻耳，今尽杼柚不作也。"［（清）阮元校刻：《十三经注疏·毛诗正义》卷一三，中华书局1980年版，第460页］与之相似的还有建宁元年（168）的《竹邑侯相张寿碑》："征役赋弥年，萌于□戈，杼轴罄殚。"［参见（清）严可均辑《全后汉文》卷一〇一，商务印书馆1999年版，第1017页］
② 参见（宋）洪适《隶释·隶续》卷一二，中华书局1985年版，第136页。
③ 《渐》卦爻辞："初六，鸿渐于干；六二，鸿渐于盘；九三，鸿渐于陆；六四，鸿渐于木；九五，鸿渐于陵；上九，鸿渐于陆。"其《彖》曰："渐，之进也……进得位，往有功也。进以正，可以正邦也。其位，刚得中也。"王弼注曰："以渐进得位也"，"鸿，水鸟也。适进之义，始于下而升者也，故以鸿为喻之。"［（清）阮元校刻：《十三经注疏·周易正义》卷五，中华书局1980年版，第63页］
④ 参见（清）严可均辑《全后汉文》卷一〇〇，商务印书馆1999年版，第1007页。
⑤ 陆德明注"慭"曰："《尔雅》云：'愿也，强也，且也。'"郑玄笺云："慭者，心不欲自强之辞也。言尽将旧在位之人与之皆去，无留卫王。"［（清）阮元校刻：《十三经注疏·毛诗正义》卷一二，中华书局1980年版，第447页］
⑥ 黎翔凤撰，梁运华整理：《管子校注》，中华书局2004年版，第80—81页。

《乾》《泰》，威肃《剥》《坤》……祎隋在公，有单襄穆典谟之风……其年九月十七日辛酉葬。盖《雅》《颂》兴而清庙肃，《中庸》起而祖宗□……仲尼既殁，诸子缀《论》，《斯干》作歌……其辞曰……冯隆鸿轨，不悉前人……揽英接秀，踵迹晏平……显显令闻，济康下民……克长克君，不虞不阳。维明维允……能哲能惠，克亮天功……兢兢业业，素丝《羔羊》……訚訚侃侃，颙颙昂昂……謇謇王臣，群公宪章。乐旨君子，□□无疆……

其中"安贫乐道"出自《论语·学而》和《文子·上仁》。"履该颜原，兼修季由"，此句所涉人物为孔门弟子颜渊、原宪、季路。① "长发其祥"语出《诗经·商颂·长发》。"少以文塞，敦庞允元"化用《尚书·舜典》中"惇德允元"句意。"遵尹铎之导"，尹铎为春秋时期人物，赵简子曾使其治晋阳。② "化速邮置"，化用《孟子·公孙丑》中"德之流行，速于置邮而传命"。"将继南仲、邵虎之轨"之句，其中南仲为周文王时的武臣，③ 邵虎为周宣王时平淮夷的武臣。④ "感背人之《凯风》，悼《蓼仪》之劬劳"，此句借用《诗经·邶风·凯风》和《诗经·小雅·蓼莪》文意。⑤ "寻李广之在边，恢魏绛之和戎"，魏绛和李广分别为春秋时期和西汉时期的著名武将。"归来洙泗"，洙泗为鲁国曲阜的洙水和泗水，本指代孔子于此间删诗定礼、聚众讲学。⑥ "恩降《乾》《泰》，威肃《剥》《坤》"，此处借用《易》乾卦、泰卦、剥卦、坤卦之含义。"有单襄穆典

---

① 季由，即仲由，字季路。[参见高文《汉碑集释》（修订本），河南大学出版社1997年版，第311页注释六]
② 参见徐元诰撰，王树民、沈长云点校《国语集解·晋语九》，中华书局2002年版，第448页。
③ 《诗经·大雅·常武》："王命卿士，南仲大祖。"郑玄笺云："南仲，文王时武臣也。"[（清）阮元校刻：《十三经注疏·毛诗正义》卷一八，中华书局1980年版，第576页]
④ 《诗经·大雅·江汉》："王命邵虎"，毛传曰："召公，召穆公，名虎。"序云："能兴衰拨乱，命召公平淮夷。"[（清）阮元校刻：《十三经注疏·毛诗正义》卷一八，中华书局1980年版，第573页]
⑤ 《诗经·邶风·凯风》："凯风自南"，毛传曰："南风谓之凯风。"郑玄笺云："以凯风喻宽仁之母。"[（清）阮元校刻：《十三经注疏·毛诗正义》卷二，中华书局1980年版，第301页]《蓼仪》即《蓼莪》，已见上文。
⑥ 《礼记·檀弓上》载："曾子怒曰：'商，女何无罪也？吾与女事夫子于洙泗之间。'"郑玄注曰："洙、泗，鲁水名。"[（清）阮元校刻：《十三经注疏·礼记正义》卷七，中华书局1980年版，第1282页]

第五章 清议与汉末碑文　169

谟之风",其中"单襄穆"指单襄公和单穆公,① 典谟指《尚书》。②
"《雅》《颂》兴而清庙肃,《中庸》起而祖宗□",此处分别借用《诗
经》③和《中庸》题旨。"诸子缀《论》,《斯干》",《论》指《论语》,
《斯干》借用《诗经·小雅·斯干》文意。④ "不忝前人"借用《国语·周
语》中文辞。⑤ "揽英接秀,踵迹晏平",晏平指晏婴。⑥ "显显令闻"从
《诗经·大雅·假乐》中"显显令德"演化而来。"克长克君,不昊不阳。
维明维允"分别借用《诗经·大雅·皇矣》《诗经·鲁颂·泮水》和《尚
书·舜典》中文句。⑦ "能哲能惠,克亮天功"分别化用《尚书·皋陶谟》
"能哲而惠"和《尚书·舜典》"惟时亮天功"。"兢兢业业,素丝《羔
羊》"借用《尚书·皋陶谟》和《诗经·召南·羔羊》之寓意。⑧ "訚訚侃
侃,颙颙昂昂"化用《论语·乡党》"侃侃如也,訚訚如也"和《诗经·
大雅·卷阿》"颙颙卬卬,如圭如璋"之句。"謇謇王臣,群公宪章",分
别化用《易·蹇》卦爻辞"王臣蹇蹇,匪躬之故"和《礼记·中庸》"宪
章文武"。"乐旨君子,□□无疆",又化用《诗经·小雅·南山有台》
"乐只君子,万寿无疆"。可见,《衡方碑》中隶事用典现象何其繁多,其
实这些典故只是从碑文表面上看到的比较明显的例子,《衡方碑》其他文

---

① 韦昭在《国语·周语》注中云:"单襄公,王卿士单朝也""穆公,王卿士,单靖公之曾孙。"(参见徐元诰撰,王树民、沈长云点校《国语集解·周语》,中华书局 2002 年版,第 61、105 页)
② 孔安国《尚书》序云:"典谟训诰誓命之文凡百篇。"[(清)阮元校刻:《十三经注疏·尚书正义》卷一,中华书局 1980 年版,第 114 页]
③ 《诗经·周颂·清庙》:"于穆清庙,肃雝显相。"[(清)阮元校刻:《十三经注疏·毛诗正义》卷一九,中华书局 1980 年版,第 583 页]
④ 《诗经·小雅·斯干》序曰:"《斯干》宣王考室也。"郑玄笺云:"考,成也。"孔颖达注疏:"宣王成室之时,与群臣燕乐,诗人述其事以作歌,谓作此诗。"[(清)阮元校刻:《十三经注疏·毛诗正义》卷一一,中华书局 1980 年版,第 436 页]
⑤ 《国语·周语上》:"亦世载德,不忝前人。"(参见徐元诰撰,王树民、沈长云点校《国语集解·周语上》,中华书局 2002 年版,第 5 页)
⑥ 《论语·公冶长》:"晏平仲善与人交。"何晏集解引周氏曰:"晏姓,平谥,名婴。"[(清)阮元校刻:《十三经注疏·论语注疏》卷五,中华书局 1980 年版,第 2474 页]
⑦ 《诗经·大雅·皇矣》:"其德克明,克明克类,克长克君。王此大邦,克顺克比。"[(清)阮元校刻:《十三经注疏·毛诗正义》卷一六,中华书局 1980 年版,第 520 页]《诗·鲁颂·泮水》:"烝烝皇皇,不吴不扬。"[(清)阮元校刻:《十三经注疏·毛诗正义》卷二〇,中华书局 1980 年版,第 612 页]《尚书·舜典》:"五流有宅,五宅三居。惟明克允。"[(清)阮元校刻:《十三经注疏·尚书正义》卷三,中华书局 1980 年版,第 130 页]
⑧ 《尚书·皋陶谟》:"兢兢业业,一日二日万几。"[(清)阮元校刻:《十三经注疏·尚书正义》卷四,中华书局 1980 年版,第 139 页]《诗·召南·羔羊》寓意已见前文。

辞中隐性的用典还有不少。但只是这些已足以让我们感觉到，此篇碑文句句有来历、句句有深意。汉末这样的碑文还有很多。从一篇碑文多处用典的情形中可以看出，汉末碑文作者在叙事用典方面的娴熟程度及在碑文语言上的研磨之功。前文我们述及，汉末清议之士在述德性碑文中出于褒扬同类的需要，大量运用比喻、对比、衬托等修辞手法，其实这与碑文中化用古代典籍文辞、文意或取用古之先贤之事之语为典的现象是同步的，多数典故的运用即以比喻、对比、衬托等方式出现。这些方式在为人物品评润色添彩的同时，又增加了一定的修辞效果，从而使文辞含蓄隽永、耐人寻味，为汉末碑文增添了较强的文学色彩。正如刘师培评价蔡邕碑文时曰："涵咏《诗》、《书》之音节，而摹拟其声调，不讲平仄而自然和雅"[1]，此评语亦适用于汉末同类碑文中。

（二）从情感表达方面来看，汉末多数碑文不仅表现力和渲染力强，而且辞采华美、哀婉动人。尤其是那些述德性碑文，在为逝者抒发孝道与哀情外，又能让人真真切切地感受到当时士林间的诚挚深义及其担负的时代使命。这是因为汉末撰作碑文者皆是受到儒家伦理纲常熏陶过的士人，他们研习儒家经典，熟谙交结之礼，且都曾心怀通经入仕的梦想，这在无意间拉近他们之间的距离。当汉末政局变故、仕途受阻后，尤其是同道之人遭受党锢迫害或政治打压后，这些文人儒士间的关系更加微妙，同病相怜、同忧相救之感油然而生，他们彼此荐引、声援同类，期盼社会正常秩序能够重建。当这种情感倾注于为同类所作的碑文时，文辞自然感情饱满、深挚炽烈，读之则觉跌宕起伏、情真意切。如蔡邕《范丹碑》："见嫉时政，用受禁锢。君罹其罪，闭门静居，九族中表，莫见其面。晚节禁宽，困于屡空，而性多检括，不治产业……仕不为禄，故不牵于位；谋不苟合，故特立于时，是则君之所以立节明行，亦其所以后时失途也"，文辞中充满了对碑主固守节操的敬意和对碑主遭受政治迫害的惋惜与同情。又如蔡邕《陈太丘碑文》："会遭党事，禁固二十年，乐天知命，澹然自逸。交不谄上，爱不渎下，见机而作，不俟终日。及文书赦宥，时年已七十，遂隐丘山，悬车告老，四门备礼，闲心静居。大将军何公、司徒袁公，前后招辟……先生曰：'绝望已久，饰巾待期而已。'皆遂不至。弘农杨公、东海陈公，每在衮职，群僚贺之，皆举手曰：'颍川陈君、绝世超伦，大位未跻，惭于臧文窃位之负。'故时人高其德，重乎公相之位也。临没顾命，留葬所卒，时服素棺，椁财周榇，丧事惟约，用过乎俭。群公

---

[1] 刘师培：《中国中古文学史·汉魏六朝专家文研究》，商务印书馆2010年版，第130页。

百僚,莫不咨嗟;岩薮知名,失声挥涕……"这里不厌其烦地把碑主的对话、临终遗命和时人对碑主的赞语引入碑文,淋漓尽致地描绘出汉末同道士人间的惺惺相惜及对社会贤良的渴慕。正如《文心雕龙·诔碑篇》赞辞中曰:"铭德慕行,文采允集。观风似面,听辞如泣",也只有在汉末清议氛围的浸染下,才会出现这样主观色彩鲜明和情感表现突出的碑文。

另外,语句上趋向骈偶,也为汉末碑文的情感表达增添了一股贯气通神的力度美和气势美。我们知道,从汉末开始散文文体趋向骈俪,这是散文自身发展的结果。而碑文作为汉末散文之一,无疑也会受到骈俪化倾向的影响,再加上汉末碑文创作者亦是参与其他散文创作的文人儒士,因而碑文文辞趋向骈偶似不可避免。但是,由于汉末碑文既要尽孝表哀,又要品评人物,以褒贤举善为目的,所以骈偶性的文辞除错落有致、声律铿锵外,又蕴含着充沛的情感。像蔡邕《琅邪王傅蔡朗碑》述及碑主才识时曰:"知机达要,通含神契,既讨三五之术,又采《二南》之业";《太傅胡广碑》述及碑主政绩曰:"公乃布恺悌,宣柔嘉,通神化,道灵和,扬惠风以养贞,激清流以荡邪,取忠肃于不言,消奸宄于爪牙。是以君子勤礼,小人知耻,鞫推息于官曹,刑戮废于朝市,余货委于路衢,余种栖于畎亩";《太尉杨赐碑》述及碑主人格风尚曰:"其教人善诱,则恂恂焉罔不伸也。引情致喻,则闿闿焉罔不释也。迄用有成,缉熙光明";《司空房桢碑》述及碑主德行时曰:"治身,则伯夷之洁也;俭啬,则季文之约也;尽忠,则史鱼之直也;刚平,则山甫之励也。总兹四德,式是百辟,夙夜匪懈,以事一人。枉丝发,树私恩,不为也。讨无礼,当强暴,弗避也";《荆州刺史度尚碑》述及碑主道德与秉性曰:"事亲以孝,则行侔于曾、闵;结交以信,则契明于黄石。温温然弘裕虚引,落落然高风起世。信荆山之良宝,灵川之明珠也。"这些骈俪句式长短错落、工整有致,一气呵成、气脉贯通,声律和谐、情韵四溢,不仅使对碑主的赞颂效果更加含蓄、深刻,读之又能强烈地感知清议者敦风化俗的责任感和使命感。诚如《文心雕龙·丽辞篇》在述及包括蔡邕作品在内的丽辞体创作时曰:"如宋画吴冶,刻形镂法,丽句与深采并流,偶意共逸韵俱发。"[①] 而《文心雕龙·诔碑篇》在述及蔡邕的碑文时曰:"其叙事也该而要,其缀采也雅而

---

① (南朝梁)刘勰著,范文澜注:《文心雕龙注》,人民文学出版社1958年版,第588页。

泽。清词转而不穷，巧义出而卓立。"① 蔡邕被看作汉末骈文大家，②与包括这些碑文在内的骈俪化创作分不开的。当然，受清议风气的影响、经清议名士的带动，汉末不少碑文在品评人物的同时，渐趋表现出骈俪化的倾向。如《冀州刺史王纯碑》："穷则乐善，达则□人，进则延宾分禄，退则却扫闭门"；《沛相杨统碑》："德以化圻民，威以怀殊俗，慕义者不肃而成，帅服者变衽而属，疆易不争，障塞无事，功显不伐，委而退焉"；《尹宙碑》："立朝正色，进思尽忠，举衡以处事，清身以厉时，高位不以为荣，卑官不以为耻。含纯履轨，秉心惟常"，等等。从这些骈辞丽句中又可看出，汉末述德性碑文的序文部分虽以散体叙述为主，但具体到每个人的创作，却往往笔法不一、风格多变，其间或韵散结合，或兼杂骈偶，其内容或侧重亡者家世，或侧重亡者才学，或侧重亡者仕途。但从整体上看，受文体自身发展和时代因素的影响，骈俪化的述德性碑文更具抑扬顿挫与声情并茂之美。蔡邕的《郭有道碑文》常被看成我国骈文史上初期的作品，被收入各种骈文选集中。③ 拿其序文部分来看："先生诞应天衷，聪睿明哲，孝友温恭，仁笃慈惠。夫其器量弘深，姿度广大，浩浩焉，汪汪焉，奥乎不可测已。若乃砥节厉行，直道正辞，贞固足以干事，隐括足以矫时。遂考览六经，探综图纬；周流华夏，随集帝学。收文武之将坠；拯微言之未绝。于时缨绥之徒，绅佩之士，望形表而影附，聆嘉声而响和者，犹百川之归巨海，鳞介之宗龟龙也。"其行文方式虽看似未有章法，时而四字句，时而六字句，其间穿插三字句、七字句等，但往往两两对照、前呼后应，读之又觉错落有致，荡气回肠，舒缓有节，收放自如。而其铭文部分虽为整齐的四言，但亦音韵和谐、淡雅有致、情感真挚、耐人寻味。正如刘师培先生评价蔡邕碑文时曰："汉文气味，最为难学，只能浸润自得，未可模拟而致。至于蔡中郎所为碑铭，序文以气举词，变调多方；铭词气韵光彩，音节和雅。"④ 能使碑文达到此种境界，非一般文学儒士刻意模拟即可使然，唯有在汉末特殊的社会环境下，那些心怀天下并自觉承担起褒贤举善以化风俗重任的清议士人，才能造就出这样以气运词的

---

① （南朝梁）刘勰著，范文澜注：《文心雕龙注》，人民文学出版社1958年版，第214页。
② 除《文心雕龙·丽辞篇》述及蔡邕崇尚丽辞外，又如姜书阁说："蔡邕是东汉末一个真正的全面的骈俪文学大作家，言骈文史者所不可忽也。"（《骈文史论》，人民文学出版社1986年版，第266页）
③ 如李兆洛《骈体文钞》卷二四、任继愈《骈文类纂》卷三二、谭家健《历代骈文名篇注析》等，都收录有《郭有道碑文》。
④ 刘师培：《中国中古文学史·汉魏六朝专家文研究》，商务印书馆2010年版，第119页。

佳作。

（三）从布局谋篇上看，汉末多数碑文具有"写实追虚"的特点。《文心雕龙·诔碑篇》曰："写实追虚，碑诔以立。"[1] 因丧葬需要产生的碑文，本为一种实用性较强的文体，但同时它又是一种纪颂性的文体，所以在铭记实录之外，衔实以佩华，极力铺张碑主的功德也是碑文的主要特征。[2] 尤其是在汉代末年，因清议活动的需要，多数碑文以褒德扬善、敦风化俗为撰作目的，所以，碑文在实录逝者名讳、籍贯、生平仕宦、离世日期的同时，还通过各种方式竭力盛赞碑主的天资才性、品行才识、道德节操、政绩功勋等，从而使得碑文虚实相间、韵味深远。如前所述，汉末碑文在颂赞碑主人格风范时多用历史典故来比拟、衬托，夸饰性的文辞屡见不鲜。这种现实与理想的交错，华辞与朴语的交叠，是碑文"写实追虚"的主要表现。另外，汉末碑文开篇还存在一个普遍的现象，那就是对逝者的先祖、家世进行追述，这样行文的目的当然也是凸显碑主人格的伟大，但是一些碑文追溯到远古时期，甚至着意向古代帝王身上靠拢，则显得虚华不实。这样的碑文非常普遍，如《衡方碑》："肇先盖尧之苗，本姓□□，则有伊尹，在殷之世，号称阿衡，因而氏焉"；《冀州从事郭君碑》："其先出高辛，兴自于周"；《尹宙碑》："其先出自有殷。乃迄于周，世作师尹，赫赫之盛，因以为氏"；《安平相孙根碑》："厥先出自有殷，玄商之系，子汤之苗"；《曹全碑》："其先盖周之胄。武王秉乾之机，翦伐殷商，既定尔勋，福禄攸同，封弟叔振铎于曹国，因氏焉。"从其中多用的"盖"字来看，所述碑主先祖及家世多为推测之词。又如蔡邕《郭有道碑文》谓："其先出自有周，王季之穆，有虢叔者，实有懿德，文王咨焉。建国命氏，或谓之郭，即其后也。"而《后汉书》卷六八《郭泰传》中涉及郭泰家世时只曰："家世贫贱。早孤，母欲使给事县廷。"[3] 蔡邕《陈寔碑》谓："其先出自有虞氏，中叶当周之盛德。有妫满者，武王配以大姬，而封诸太昊之墟，是为陈胡公。春秋之末，失其爵土，遂以国氏焉。"而《后汉书》卷六二《陈寔传》只载其为"颍川许人也。出于单微"[4]。以此来看，汉末碑文对碑主的家世及其先祖的强调多有虚构或夸大的成分。

---

[1] （南朝梁）刘勰著，范文澜注：《文心雕龙注》，人民文学出版社1958年版，第215页。
[2] 曹丕《典论·论文》曰："铭诔尚实"，注云："铭诔述人德行，故不可虚也，丽美也。"〔参见（南朝梁）萧统编，（唐）李善、吕延济、刘良、张铣、吕向、李周翰注《六臣注文选》卷五二，中华书局1987年版，第967页〕
[3] （南朝宋）范晔撰，（唐）李贤等注：《后汉书》，中华书局1965年版，第2225页。
[4] （南朝宋）范晔撰，（唐）李贤等注：《后汉书》，中华书局1965年版，第2065页。

随着碑文在东汉末年的强势发展，及碑文中虚化与夸饰成分的增大，汉末魏晋时期的碑文创作在一定程度上出现弊端：一些无德无名之徒受时俗浸染，亦倾慕碑文纪功述德的特性，死后亦大造功德之碑，因而给后人造成贻误。这种现象当然也会遭到时人的批判，甚至进而攻击碑文之体的弊端。曹魏桓范在《世要论·铭诔篇》中即曰："门生故吏，合集财货，刊石纪功，称述勋德，高邈伊、周，下陵管、晏，远追豹、产，近逾黄、邵，势重者称美，财富者文丽。后人相踵，称以为义，外若赞善，内为己发，上下相效，竞以为荣，其流之弊，乃至于此，欺曜当时，疑误后世，罪莫大焉！"① 后裴松之以"世立私碑，有乖事实"为据而上表陈曰："孔悝之铭，行是人非；蔡邕制文，每有愧色。而自时厥后，其流弥多，预有臣吏，必为建立，勒铭寡取信之实，刊石成虚伪之常，真假相蒙，殆使合美者不贵，但论其功费，又不可称。"② 这也是汉世之后禁碑的重要原因。不可否认，有乖事实的碑文确实存在德薄者位厚、名与实相违的现象，并导致浮夸相尚、贻误后人的弊端，对这类碑文予以禁止有其合理性，诚如裴松之所言："碑铭之作，以明示后昆，自非殊功异德，无以允应兹典。"但我们也不能完全否定，汉末因敦风化俗的需要，清议之士在碑文中略带夸饰性的推贤达善之举，是他们主观向善的愿望导致的。我们知道，汉末名士清议对人物的品评一度出现"每所称述，多过其才"的现象，庞统对此解释道："当今天下大乱，雅道陵迟，善人少而恶人多。方欲兴风俗，长道业，不美其谭即声名不足慕企，不足慕企而为善者少矣。今拔十失五，犹得其半，而可以崇迈世教，使有志者自励，不亦可乎？"③ 述德性碑文作为汉末清议活动的组成部分，与名士清议这种"矫枉过正"的现象是同步的。也就是说，诸如蔡邕作碑文有愧色、碑文中有虚构或夸张的成分，以及汉末无名无德之辈亦竞相造作述德性碑文的情况，除继承了铭文"称美而不称恶"的传统外，④ 也是汉末儒学名士欲以此感召人心向善、扭转汉末弊俗的表现，这与他们识鉴、奖掖士人的心理是一样的，应与后来

---

① 参见（清）严可均辑《全三国文》卷三七，商务印书馆1999年版，第389页。
② （梁）沈约：《宋书》卷六四《裴松之传》，中华书局1974年版，第1699页。
③ （晋）陈寿撰，陈乃乾校点：《三国志》卷三七《庞统传》，中华书局1964年版，第953页。
④ 蔡邕《铭论》和《文心雕龙·诔碑篇》都认为"碑"起源于"铭"，只是"以石代金"而已。而《礼记·祭统》载："夫鼎有铭，铭者自名也。自名以称扬其先祖之美，而明著之后世者也。为先祖者，莫不有美焉，莫不有恶焉，铭之义，称美而不称恶。此孝子孝孙之心也。"[（清）阮元校刻：《十三经注疏·礼记正义》卷四九，中华书局1980年版，第1606页]

那些盲目拔高、偏离事实较远的品评方式有所区别。① 此外，这些看似不实或稍有夸大性的文辞，却正是文学表现功能的凸显之处，它们作为汉末述德性碑文的重要组成部分，直接丰富了碑刻文化的内涵，这从反方面证明了汉碑文学的兴盛。也正是由于此，汉末碑文才会被收入后世各种文学典籍中，并为众多的文人学士推崇和模仿。

经上所述可见，除文体结构外，汉末文人儒士受清议氛围的影响，在碑文写作手法方面亦多有开拓。多数碑文在行文语言上可读性强，在情感表达上极富感染力，甚至布局谋篇上也具有一定的吸引力，已完全不像桓、灵之前那些简单记事性的质木无文的碑作。也正是出于这些原因，碑文这种实用性较强的文体在汉末表现出强烈的文学色彩。

---

① 如《洛阳伽蓝记》卷二"景兴尼寺"载北魏隐士赵逸曰："生时中庸之人耳，及其死也，碑文墓志，莫不穷天地之大德，尽生民之能事，为君共尧舜连衡，为臣与伊皋等迹。牧民之官，浮虎慕其清尘；执法之吏，埋轮谢其梗直。所谓生为盗跖，死为夷齐，佞言伤正，华辞损实。"〔（魏）杨炫之撰，周祖谟校释：《洛阳伽蓝记校释》，中华书局1963年版，第81—82页〕

第六章　清议与汉末谣谚文化

歌谣谚语在汉末士人清议活动中发挥着较强的舆论宣传功能，这与谣谚本身的特性有关，此外汉末也有适宜谣谚艺术生长的土壤和广大的接纳群体。清议活动中的谣谚，经文人士大夫之手，显示出特有的政治价值，此外它还具有一定的文化价值，从中又可观汉末士人文化观念的变化。

第一节　《后汉书·党锢列传》序以谣谚
揭示党议源起

前文述及，谣谚作为汉末清议的传播手段，既可被清议者用来评论时政，又可用来评价士人，这在党人清议前后体现得尤为明显。范晔在《后汉书》卷六七《党锢列传》序中用三则谣谚来揭示东汉末年"党人之议"的兴起和发展，兹录如下：

初，桓帝为蠡吾侯，受学于甘陵周福，及即帝位，擢福为尚书。时同郡河南尹房植有名当朝，乡人为之谣曰："天下规矩房伯武，因师获印周仲进。"二家宾客，互相讥揣，遂各树朋徒，渐成尤隙，由是甘陵有南北部，党人之议，自此始矣。后汝南太守宗资任功曹范滂，南阳太守成瑨亦委功曹岑晊，二郡又为谣曰："汝南太守范孟博，南阳宗资主画诺。南阳太守岑公孝，弘农成瑨但坐啸。"因此流言转入太学，诸生三万余人，郭林宗、贾伟节为其冠，并与李膺、陈蕃、王畅更相褒重。学中语曰："天下模楷李元礼，不畏强御陈仲举，天下俊秀王叔茂。"又渤海公族进阶、扶风魏齐卿，并危言深论，不隐豪强。自公卿以下，莫不畏其贬议，屣履到门。①

表面上来看，材料中的三则谣谚只是对时政人物的评论，其间透露着政治层面的矛盾和斗争。但是细究起来会发现，甘陵"乡人谣"作于桓帝刚刚即位的时候，而汝南、南阳"二郡谣"和太学生"学中语"则作于党人与宦官发生激烈冲突的桓帝延熹末年，二者相差近二十年。在此期间还有大量反映时政的谣谚作品存在，范晔特将此三则结合到一起，是因其体现了政治斗争方面的连续性，且其中所涉政治人物亦较具代表性，故三则谣谚非闲来之笔。本节试结合当时的社会背景，来揭示这三则谣谚的本质。

一 甘陵"乡人谣"

甘陵"乡人谣"曰："天下规矩房伯武，因师获印周仲进。"这首歌谣既含有对房植（字伯武）的称颂，又含有对周福（字仲进）的讥讽。周福与房植虽是同郡人，但二人晋升的途径却不一样。房植是靠真才实学有名当朝的，而周福则是因做过桓帝的老师而被擢升。以此可推知，这首歌谣的作者应该是站在房植一边的"党人"。以现代人的观念来看，此歌谣的褒贬可算公允，但如果结合当时的社会环境来考量的话，又觉这首歌谣的讽刺似乎有些刻薄。因为在汉代尊师重教的社会风气下，皇帝擢升自己的老师或对自己有恩者，是常有的事情。如西汉末年，欧阳地余以太子中庶子教授太子，"元帝即位，地余侍中，贵幸，至少府"，孔霸"以帝师赐爵号褒成君，传子光"；张山拊以博士授太子，"成帝即位，赐爵关内侯"②；又如，成帝时，"丞相故安昌侯张禹以帝师位特进，甚尊重"③。再如东汉，建武时期，桓荣教授太子，"显宗即位，尊以师礼，甚见亲重，拜二子为郎"④；张酺以《尚书》教授皇太子，"及肃宗即位，擢酺为侍中、虎贲中郎将"⑤；顺帝为太子时遭谮，被废为济阴王，太中大夫第五颉与太仆来历

---

① （南朝宋）范晔撰，（唐）李贤等注：《后汉书》，中华书局1965年版，第2185—2186页。
② 以上三例参见（汉）班固《汉书》卷八八《儒林列传》，中华书局1964年版，第3603—3605页。
③ （汉）班固：《汉书》卷六七《朱云传》，中华书局1964年版，第2915页。
④ （南朝宋）范晔撰，（唐）李贤等注：《后汉书》卷三七《桓荣传》，中华书局1965年版，第1252页。
⑤ （南朝宋）范晔撰，（唐）李贤等注：《后汉书》卷四五《张酺传》，中华书局1965年版，第1529页。

等共守阙固争,"帝即位,擢为将作大匠"①。由此来看,周福也是以帝师的身份被擢升,本非违礼违制的大事。周福能够成为公侯之师,也说明他并非没有真才实学。即便周福真的学疏才浅,但其毕竟为皇帝的老师,甘陵党人这样肆无忌惮地进行讽刺,未免让人觉得有失体统。所以,吕思勉认为甘陵"乡人谣"只不过是"食客之好事者为之耳,无与大局也"②。

但是,汉桓帝刘志"即帝位,擢(周)福为尚书"时只有十五岁,且是外戚梁冀为继续把持朝政才选立他继承帝位的,所以桓帝当时并不具备亲政的条件。以此推测,周福的擢升也应该是梁冀授予的。这样来看,这首歌谣针对的也许并非周福其人,而是其背后外戚梁冀的势力。也就是说,歌谣的本质是清流士大夫对外戚梁氏集团擅权谋私行为的讥讽。我们知道,梁冀毒杀质帝后,围绕立嗣问题,与以李固、杜乔为首的清流士大夫展开了激烈的论争。李固、杜乔等人认为应立年长有德的清河王刘蒜,但梁冀坚决拥立自己的妹夫且年龄较小的刘志(桓帝)。桓帝即位后岁余,甘陵人刘文与魏郡人刘鲔谋立刘蒜为天子,梁冀趁此诬陷李固、杜乔与刘鲔交通,将二人杀害。此次政争后,"梁冀恶清河名,明年,乃改为甘陵"③。而甘陵"乡人谣"正是在这个敏感的时期和地点流传开来的。而在此之前,又有李固举荐杜乔、房植,④ 光禄勋杜乔、少府房植举荐荀淑之事。⑤ 据此不能不让人想到,房植作为站在李固一边的清流士大夫,只因他是甘陵人,遂被当作典型放入歌谣,来对抗以梁冀为首的浊流一派。因此,牟发松说:"房植、周福的'甘陵南北部'之争,实即桓帝、梁冀与李固、杜乔之争的乡邑版。"⑥ 吕宗力亦说:"歌谣表面讥刺的是周福,潜台词中指斥的应是周福的靠山桓帝及梁冀;歌谣直接推崇的是房植,其实也赞颂了与房植政治立场一致的李固、杜乔、陈蕃等人。"⑦ 由此来看,

---

① (南朝宋)范晔撰,(唐)李贤等注:《后汉书》卷四一《第五伦传》,中华书局1965年版,第1402页。
② 吕思勉:《秦汉史》,上海古籍出版社1983年版,第325页。
③ (南朝宋)范晔撰,(唐)李贤等注:《后汉书》卷五五《章帝八王传》,中华书局1965年版,第1806页。
④ 参见(南朝宋)范晔撰,(唐)李贤等注《后汉书》卷六三《李固传》,中华书局1965年版,第2081页。
⑤ 参见(南朝宋)范晔撰,(唐)李贤等注《后汉书》卷六二《荀淑传》,中华书局1965年版,第2049页。
⑥ 牟发松:《范晔〈后汉书〉对党锢成因的认识与书写——党锢事件成因新探》,《华东师范大学学报》(哲学社会科学版)2012年第6期。
⑦ 吕宗力:《略论民间歌谣在汉代的政治作用及相关迷思》,《社会科学战线》2008年第9期。

就更深层次而言，甘陵"乡人谣"反映的是桓帝即位前后不同政治派系间的党争。故范晔引录此谣后曰："党人之议，自此始矣。"通常来说，汉末党人特指桓帝、灵帝时期对抗宦官擅权并遭受党锢迫害的士大夫群体，如按范晔所说，党人的范围尚包括党锢士人的诸多前辈。牟发松也认为"李固、杜乔是党锢名士的前辈和楷模，无论政治立场上还是人脉关系上他们与后来的党锢名士都有紧密的联系"，他所列举的理由有如下几点：

> 党锢名士最具代表性的人物李膺、杜密，因二人"名行相次，故时人亦称'李杜'焉"，当时人即以李固、杜乔相比拟。魏文帝曹丕曾在代汉称帝前夕旌表二十四贤，皆为东汉后期清流名士，不少是党人（如陈蕃、李膺、杜密、王畅等），为首的就是杜乔，李固、房植亦名列其中。宋孝宗亦认为"东汉杜乔之徒，激成党锢之风"。金发根发表于上世纪60年代的名作《东汉党锢人物的分析》，列有党人地域分布表，李固、杜乔皆在表中。①

以此可见，桓帝、灵帝之际的党人与李固等先前的名士实为同流与同道。汉世之后很多文人儒士也都持有这样的看法，晋人山简上疏晋怀帝时曰："郭泰、许劭之伦，明清议于草野；陈蕃、李固之徒，守忠节于朝廷。"② 山简把陈蕃和李固并列，可见在他的意识中，二人皆是汉末党人名士的代表。

除此之外，从李固、杜乔等人的为政理念看，他们除与外戚势力做斗争外，宦官干政也是他们抨击的重要方面。如顺帝阳嘉年间（132—135），李固在时政对策中除建议"权去外戚，政归国家"外，又建议"罢退宦官，去其权重"；顺帝汉安年间（142—144），面对"梁冀子弟五人及中常侍等以无功并封"，杜乔上书陈述其弊；汉安元年（142）诏遣侍中杜乔、周举等八使巡行风俗时，"多所劾奏，其中并是宦者亲属"③。可见李固等清流士大夫与之后的党人有着共同的抨击对象。况且，党锢之祸发生

---

① 牟发松：《范晔〈后汉书〉对党锢成因的认识与书写——党锢事件成因新探》，《华东师范大学学报》（哲学社会科学版）2012年第6期。
② （唐）房玄龄等：《晋书》卷四三《山涛传》，中华书局1974年版，第1229页。
③ 以上三例参见（南朝宋）范晔撰，（唐）李贤等注《后汉书》卷六三，中华书局1965年版，第2077—2092页。

时，甘陵南北党也被考逮，① 因此，范晔引甘陵"乡人谣"把"党人之议"追溯到李固等清流士大夫所处的时代，有其合理性。②

二 汝南、南阳"二郡谣"

"二郡谣"曰："汝南太守范孟博，南阳宗资主画诺。南阳太守岑公孝，弘农成瑨但坐啸。"这首歌谣中涉及的人物都是极力打击宦官集团的清流士人，其中范滂（字孟博）、岑晊（字公孝）分别为党人名士的"八顾"和"八及"之一。但是我们不能就此断定这首歌谣原本是用来褒扬党人名士的。因为，如果仔细品味这首歌谣即会发现，其中还蕴含着一定的讽刺性，歌谣中"主画诺""但坐啸"这样的词语，明显含有对太守"失权"、功曹"弄权"的暗讽。汝南太守本是宗资，歌谣中却说成范滂，南阳太守本是成瑨，歌谣中却说成岑晊，也就是说，功曹范滂、岑晊因为权力过重，成为事实上的太守。

功曹职权过重，在范滂身上体现得尤为明显。他任职汝南功曹期间，"严整疾恶。其有行违孝悌，不轨仁义者，皆扫迹斥逐，不与共朝"，其外甥李颂经中常侍唐衡请托，被太守宗资任用为吏，李颂虽为公族子孙，但为乡曲所弃，因此范滂"以非其人，寝而不召"，当宗资迁怒于书佐朱零时，朱零仰曰："今日宁受笞死，而（范）滂不可违"，宗资也只得作罢。③ 可见，在官署最重要的选吏任人问题上，基本是功曹范滂一人做主，太守宗资也无可奈何。至于南阳郡功曹岑晊秉事用权如何，史料中没有明确记载，但从歌谣内容来看，恐是与范滂较为相似。

其实，功曹权重并非范滂、岑晊个人方面的原因所致，还有汉代选官任人机制上的原因。汉代官制，每郡置太守一人，各郡皆置诸曹掾史。其中最高长官郡守由中央任命，且要避免任用本籍人士，而诸曹掾史则由长

---

① 《后汉书》卷六四《史弼传》载，青州从事曰："诏书疾恶党人，旨意恳恻。青州六郡，其五有党，近国甘陵，亦考南北部。"［（南朝宋）范晔撰，（唐）李贤等注：《后汉书》，中华书局1965年版，第2110页］

② 当然，关于"党人之议"开始的具体时间，史家学者有着不同的认识。与范晔不同，袁宏认为"党人之议"发生在第一次党事之后，其《后汉纪·桓帝纪下》载："（延熹九年）九月，诏收（李）膺等三百余人，其逋逃不获者，悬千金以购之，使者相望于道，其所连及死者不可胜数，而党人之议始于此矣。"［（晋）袁宏撰，周天游校注：《后汉纪校注》，天津古籍出版社1987年版，第621页］

③ 参见（南朝宋）范晔撰，（唐）李贤等注《后汉书》卷六七《党锢列传·范滂传》，中华书局1965年版，第2205页。

官自行任命本地的贤士,①像范滂、岑晊就是汝南和南阳当地的大族名士。②而功曹的职能,据《后汉书志·百官志》"州郡条"载:"功曹史,主选署功劳",③《汉官仪》曰:"督邮、功曹,郡之极位。"④由此可见,功曹职位本来就是主管署吏任免的,地位重要。他们熟谙本地乡论对士人的评价,因此选贤任能、惩恶扬善亦能得心应手。从这方面来说,范滂、岑晊的"职权过重",并未超出体制规定。况且,范滂所罢黜之人皆为"行违孝悌,不轨仁义者"。

再从范滂、岑晊的为人来看,《后汉书》本传载范滂"少厉清节,为州里所服""有澄清天下之志",在三府掾属"举谣言"时,他"奏刺史、二千石权豪之党二十余人",太守宗资也是"先闻其名,请署功曹,委任政事"的。南阳太守成瑨同样是"闻晊高名,请为功曹"的,并且"委心晊、牧,褒善纠违,肃清朝府"。谢承《后汉书》对成瑨的为政之美给予了充分肯定:"成瑨少修仁义,笃学,以清名见……迁南阳太守。郡旧多豪强,中官黄门磐(牙)互境界。瑨下车,振威严以捡摄之",又载宗资委任范滂为功曹之事,时人给予了极大的赞誉:"署范滂为功曹,委任政事,推功于滂,不伐其美。任善之名,闻于海内也。"⑤《后汉书》卷六六《陈蕃传》亦载,成瑨以经术著称,"处位敢直言,多所搏击,知名当时"⑥。可见,不管是太守宗资、成瑨,还是功曹范滂、岑晊,都可谓当时清流士大夫的代表,他们之间也不存在很大的冲突。⑦

由此来看,"二郡谣"虽有讽刺意味,但并非针对太守与功曹间的矛盾所发。至于这首歌谣的始作俑者及传播目的,我们可从史料的蛛丝马迹

---

① 关于汉代的地方行政制度,可参见严耕望《中国地方行政制度史·秦汉地方行政制度》,上海古籍出版社2007年版,第73—99、108—122、145—146、348—359页。
② 据《后汉书》本传,范滂是汝南征羌人,岑晊是南阳棘阳人。岑晊父为南郡太守。李贤注引谢承《后汉书》载,范滂父为龙舒侯相。[参见(南朝宋)范晔撰,(唐)李贤等注:《后汉书》卷六七《党锢列传》,中华书局1965年版,第2203、2207、2212页]
③ (晋)司马彪撰,(梁)刘昭注补:《后汉书志·百官志五》,《后汉书》,中华书局1965年版,第3621页。
④ (南朝宋)范晔撰,(唐)李贤等注:《后汉书》卷四五《张酺传》注引,中华书局1965年版,第1530页。
⑤ (南朝宋)范晔撰,(唐)李贤等注:《后汉书》卷六七《党锢列传》序注引,中华书局1965年版,第2186页。
⑥ (南朝宋)范晔撰,(唐)李贤等注:《后汉书》,中华书局1965年版,第2165页。
⑦ 顾炎武认为:"汝南太守宗资任功曹范滂,南阳太守成瑨委功曹岑晊,并谣达京师,名标史传。"[(清)顾炎武著,黄汝成集释:《日知录集释》卷八"掾属"条,上海古籍出版社2006年版,第479页]

中作出推论。《后汉书》卷六七《党锢列传·范滂传》载，范滂违背太守意愿斥退李颂后，"郡中中人以下，莫不归怨，乃指滂之所用以为'范党'"①。《后汉纪·桓帝纪下》"延熹九年"提及范滂"进善退恶"行为时亦载："郎中不便者，咸共疾之，所举者谓之朋党……中人耻惧，怀谋害正矣。"② 可以想见，材料中所提到的"归怨"者、"郎中不便者"之类，应多为范滂在执政中罢黜的大批不合格的官吏及其追随者。司马彪《续汉书》称："汝南太守宗资任用功曹范滂，中人以下共嫉之，作七言谣曰：汝南太守范孟博，南阳宗资主画诺。"③ 据此推断，"二郡谣"应为范滂的政敌所作，其目的是讥讽或诬陷范滂"以权结党"。南阳郡也应有相似的情况发生。

既然如此，那么范晔在《党锢列传》序中引用这首歌谣时持有怎样的态度呢？如果将其所引用的三则谣谚连贯起来审视的话会发现，范晔对"二郡谣"颇有称颂之心。因为他在《党锢列传》序中引用谣谚是为揭示"党人之议"的源起做铺垫的，而"二郡谣"中的成瑨、范滂、岑晊都是当时清流士人中反对宦官、不法之徒弄权祸国的地方代表，且谣谚内容的创作与传播又反映了当时党派间的相互讥讽和矛盾之深，这就是范晔执意凸显此谣的原因所在。

三 太学生"学中语"

"学中语"曰："天下模楷李元礼，不畏强御陈仲举，天下俊秀王叔茂。"④ 此则七言谣是在"二郡谣"流传至京师时，太学诸生受此激励为褒扬正直的官僚士大夫而作的。其中涉及的三个人物，李膺（字元礼）、王畅（字叔茂）为党人名士"八俊"成员，陈蕃（字仲举）为党人名士"三君"之一。第一次党事的兴起，就是由于河南尹李膺处死交通宦官张

---

① （南朝宋）范晔撰，（唐）李贤等注：《后汉书》，中华书局1965年版，第2205页。
② （晋）袁宏撰，周天游校注：《后汉纪校注》，天津古籍出版社1987年版，第618—619页。
③ （宋）李昉等：《太平御览》卷四六五《人事部》"谣"条引，中华书局1960年版，第2139页。
④ 从语境上看，这种"学中语"与谣谚基本等同。《后汉纪·桓帝纪》叙及此时即称"谣言"曰："不畏强御陈仲举，天下模楷李元礼。"[（晋）袁宏撰，周天游校注：《后汉纪校注》，天津古籍出版社1987年版，第624页］而晋人袁山松《后汉书》叙及此时则直言太学生作七言谣曰："不畏强御陈仲举，九卿直言有陈蕃。"[（晋）陶潜著，杨勇校笺：《陶渊明集校笺》卷九《集圣贤群辅录上》注引，上海古籍出版社2007年版，第358页]

成之子而引起的；陈蕃官至太尉、太傅，他痛恨宦官擅权，后因谋诛宦官事泄反遭杀害；而王畅因"清方公正"得到过太尉陈蕃的举荐，其拜南阳太守期间，力惩豪强，推行教化，矫治侈靡之风。可见，三人都是抨击宦官之害或公卿豪族违法违制行为的权臣代表，因此太学诸生作此谣为他们褒善扬名，并以此加强士人与宦官集团对抗的声势。

值得一提的是，像"学中语"这样的七言谣，在"党人之议"中流传的范围应该非常广，且不仅只此一则，范晔所录与其他史料亦不相同。范晔《后汉书·党锢列传》序引录"学中语"时写作"天下模楷李元礼，不畏强御陈仲举"，其始流传时间定于党锢之前。而袁宏《后汉纪·桓帝纪下》在述及"学中语"时则写作"不畏强御陈仲举，天下模楷李元礼"，其始流传时间定于第一次党锢之后。① 除流传的起始时间不同外，两则史料的记载只是颠倒了位置，虽是如此，但其中却涉及党人名士的排序问题，这在当时士人心目中其实是很重要的。从《后汉纪》凸显"陈蕃为三君之冠，王畅、李膺为八俊之首"之类的语句中既可体会到这一点。② 又，《世说新语·品藻》篇载："汝南陈仲举，颍川李元礼二人，共论其功德，不能定先后。蔡伯喈评之曰：'陈仲举强于犯上，李元礼严于摄下。犯上难，摄下易。'仲举遂在三君之下，元礼居八俊之上。"③ 以此可推知，太学诸生不仅特意为党人名士创作七言谣来扬名，而且在创作谣谚过程中还会考虑到各位名士的功德大小以论资排序。因名行相次之人多有，所以此类歌谣在创作和流传时可能会出现不同的版本。后世史料叙及此时，若据有的版本不同，或叙事时有所取舍，那么记载上也可能会出现偏差。

从实际情况来看，汉世之后文人述及的太学生七言谣，其版本确实多有不同。如袁山松《后汉书》载："不畏强御陈仲举，九卿直言有陈蕃，天下楷模李元礼"；元人李公焕曰："天下忠诚窦游平"，"天下义府陈仲举"，又曰："天下模楷李元礼"，"天下英秀王叔茂"。④ 从中可见，陈蕃一人就具有三个赞语：不畏强御、九卿直言、天下义府。又，袁宏《后汉纪》所载的太学生七言谣，其结构为简单式的"不畏……天下……"，李公焕引用的太学生七言谣为"天下……天下……"或"海内……海内……"的结构。而范晔《后汉书》卷六七《党锢列传》序引录的党锢

---

① 参见（晋）袁宏撰，周天游校注《后汉纪校注》，天津古籍出版社1987年版，第624页。
② 参见（晋）袁宏撰，周天游校注《后汉纪校注》，天津古籍出版社1987年版，第624页。
③ 余嘉锡笺疏：《世说新语笺疏》，中华书局2007年版，第591页。
④ 参见（晋）陶潜著，杨勇校笺《陶渊明集校笺》卷九《集圣贤群辅录上》，上海古籍出版社2007年版，第354、358页。

前夕的太学生七言谣，与《后汉纪》和李公焕所引都不同，其所载"天下模楷李元礼，不畏强御陈仲举，天下俊秀王叔茂"，结构为"天下……不畏……天下……"，这让人有叙述尚未完毕之感，下文应该还有赞誉其他名士的七言谣，只是因范晔的取舍需要而省略了。这似乎也证明了第一次党锢前夕，应该流传着很多类似的七言谣。由李公焕所引还可看出，与范晔《后汉书》和袁宏《后汉纪》不同，他没有将"天下模楷李元礼"与"不畏强御陈仲举"连在一起叙述。按范晔《后汉书》卷六七《党锢列传》所载，陈蕃为"三君"之一，李膺为"八俊"之一，前引蔡邕（字伯喈）评此二人亦有"仲举遂在三君之下，元礼居八俊之上"之语，所以赞誉陈蕃与李膺的七言谣确应分开排序才对，但时间应在"三君""八俊"等名号确立之后。范晔《后汉书》卷六七《党锢列传》把其连为一体叙述，可能是因为党锢之前"三君""八俊"等名号尚未确立，当时的七言谣本来就是那样排序的。而袁宏《后汉纪》把其连为一体叙述，并定其流传时间为第一次党锢后，说明袁宏面对第一次党锢后出现的多则七言谣，因叙事需要而有所取舍。这些，也充分说明了在第一次党锢之后，太学生七言谣的创作更多、流传更广。当各位党人名士都被加号扬名，并都有了称誉性的七言谣后，他们在歌谣中又被重新论资排序。[①] 故范晔在揭示"党人之议"的发展时，只是在流传于党锢前后众多而纷杂的太学生七言谣中，选择了其中代表性人物（李膺、王畅、陈蕃）和赞誉这些人物的代表性谣谚作品。

在汉末社会动乱之际，在各地普通民众及士人阶层中，流传着多首反映社会乱象或时政弊端的谣谚，上已述及太学生七言谣在当时即数量多、流传广，其他诸如甘陵乡人谣、二郡谣之类反映政治派系斗争的谣谚亦应有不少。而与这些歌谣所反映的类似之人与事，在当时也是普遍存在的。

---

① 若比较《后汉书》卷六七《党锢列传》序和陶渊明《集圣贤群辅录上》所载"三君""八俊"等名号下的党人名士会发现，二者之间并不统一。如《党锢列传》序中刘儒为"八厨"之一，而《集圣贤群辅录》则为"八顾"之一；《党锢列传》序中范滂为"八顾"之一，而《集圣贤群辅录》则为"八及"之一。至于同一名号下各位名士的排序，二者更是无一相同，如《党锢列传》序"三君"次序为：窦武、刘淑、陈蕃；《集圣贤群辅录》则为：窦武、陈蕃、刘淑。《党锢列传》序"八俊"次序为：李膺、荀翌、杜密、王畅、刘祐、魏朗、赵典、朱㝢；《集圣贤群辅录》则为：李膺、王畅、杜密、朱㝢、魏朗、荀昱、刘祐、赵典。[参见（晋）陶潜著，杨勇校笺《陶渊明集校笺》，上海古籍出版社 2007 年版，第 353—356 页] 又，《后汉纪·桓帝纪下》曰："陈蕃为三君之冠，王畅、李膺为八俊之首"[（晋）袁宏撰，周天游校注：《后汉纪校注》，天津古籍出版社 1987 年版，第 624 页]，与二者所述也不相同。

以范晔《党锢列传》序中引用的二郡谣为例，此谣主要凸显了清流士大夫严惩宦官的行为及因此而遭到的迫害。其实此类行为与事件在当时很多，如小黄门赵津依靠宦官的势力贪横放恣，为一县巨患，太原太守刘瓆与郡吏王允（太原人）考案其罪后杀之，宦官因此怀恨诬告，太守刘瓆下狱而死。又如山阳郡太守翟超请张俭（山阳人）为东部督邮，当时中常侍侯览家在山阳防东，"残暴百姓，所为不轨"，张俭劾奏其罪，但侯览遏绝章表不得通，反而是太守翟超因没收侯览家财受到髡刑处罚。其他又如，东海相黄浮因处死为非作歹的下邳令徐宣（宦官徐璜兄子），被诉怨于帝后遭处罚；太山太守苑康因配合张俭剪灭侯览的宗党宾客，被诬告下狱、贬黜。以此可见，范晔只是选择了其中较具代表性的谣谚贯穿于党人事件之中，他之所以如此行文，除当时谣谚议政普遍盛行外，还主要是因为，"党人之议"可归结为一种口诛笔伐的行为，而口诛笔伐的一个重要方式就是通过创作流传性极强的谣谚，来达到舆论抨击或舆论宣扬的目的。由上所述可知，范晔《后汉书》卷六七《党锢列传》序中三则谣谚背后蕴载的信息量非常多，范晔以此揭示"党人之议"的源起和发展，切合当时的历史背景。

第二节 谣谚在清议活动中的创作与应用

歌谣谚语作为信息传递的载体，在汉代民众的日常生活中是很常见的文化现象。谣谚的特性之一，就是具有极强的流传性，这能使谣谚所反映的内容以较快的速度传播。汉代政治人物正是看到了谣谚的这一特点，为了达到某个政治目的或宣泄情感，开始对谣谚这一艺术形式加以利用，特意创作一些作品投入民众间，从而取得一定的舆论宣传效果。在东汉后期的士人清议活动中，歌谣谚语即充当着舆论工具的角色。

一 谣谚在党人清议中的舆论宣传功能

谣谚在清议活动中主要起到营造舆论的作用。桓、灵时期，谣谚作为党人清议的传播手段，其舆论宣传作用主要表现在三个方面。

其一，用谣谚相互标榜，结成党派。我们知道，汉末清议运动是太学诸生与朝廷士大夫联合进行的，其中谣谚作为宣传党派结盟的口号，对壮大集体的声势起到很大的作用。据《后汉书》卷六七《党锢列传》，"朋党"兴起之始便与谣谚有着难以分割的关系。自甘陵乡人谣对房植与周福仕途之路的评价始，党人之议便开始以谣谚为舆论宣传工具。进而，经历汝南、南阳二郡用谣谚对太守与功曹进行评议，这一语言形式得到了太学生们更多的赏识，他们也把谣谚作为舆论宣传工具，与以李膺、陈蕃、王畅为首的朝廷士大夫结成党派来壮大力量、对抗奸邪。第一次党锢之祸后，儒生和士大夫又以谣谚为舆论宣传工具，欲结成更为广阔的同盟。他们在为天下名士加号扬名的同时，又作七言谣对"三君""八俊"等三十五名士进行称颂、宣扬，这是党人针对自身进行的清议。陶渊明《集圣贤群辅录上》李公焕注引太学生七言谣曰：

天下忠诚窦游平。天下义府陈仲举。天下德弘刘仲承。（三君）

天下模楷李元礼。天下英秀王叔茂。天下良辅杜周甫。天下冰凌朱季陵。天下忠贞魏少英。天下好交荀伯条。天下稽古刘伯祖。天下才英赵仲经。（八俊）

天下和雍郭林宗。天下慕恃夏子治。天下英藩尹伯元。天下清苦羊嗣祖。天下琚金刘叔林。天下雅志蔡孟喜。天下卧虎巴恭祖。天下通儒宗孝初。（八顾）

海内贵珍陈子鳞。海内忠烈张元节。海内謇谔范孟博。海内通士檀文友。海内才珍孔世元。海内彬彬苑仲真。海内珍好岑公孝。海内所称刘景升。（八及）

海内贤智王伯义。海内修整蕃嘉景。海内贞良秦平王。海内珍奇胡母季皮。海内光光刘子相。海内依怙王文祖。海内严恪张孟卓。海内清明度博平。（八厨）①

拿此处"三君""八俊"下的名士与范晔《后汉书》卷六七《党锢列传》序比较会发现，二者排序虽有不同，但人员基本相同。② 七言谣中的"三君""八俊"等名士基本都是敢于同宦官集团做斗争的代表，窦武、陈蕃、李膺、郭泰、张俭、岑晊、苑康这些人自不必多言，其他党人名士，如刘淑曾上疏桓帝"宜罢宦官，辞甚切直"；杜密任太山太守和北海相期间，"宦官子弟为令长有奸恶者，辄捕案之"；刘祐任大司农期间，对中常侍苏康、管霸侵占的良田美业、山林湖泽"移书所在，依科品没入

---

① （晋）陶潜著，杨勇校笺：《陶渊明集校笺》卷九，上海古籍出版社 2007 年版，第 354—359 页。

② 李公焕所注多了刘翊（字子相），却少了范晔《党锢列传》序中的孔昱和翟超。

之";巴肃、尹勋皆参与了窦武、陈蕃谋诛宦官的行动;蔡衍任冀州刺史期间,中常侍具瑗请托他举荐其弟具恭为茂才,"衍不受,乃收赍书者案之",又上书劾奏河间相曹鼎(中常侍曹腾之弟)之罪;羊陟为尚书令时,三府等官署"与宦竖相姻私,公行货赂"者,即"并奏罢黜之";陈翔任扬州刺史时,"举奏豫章太守王永奏事中官,"又劾举时任吴郡太守的徐参(中常侍徐璜之弟)"在职贪秽"(以上均见《后汉书》卷六七《党锢列传》);荀翌为沛相,"正身疾恶,志除阉宦"。(《后汉书》卷六二《荀淑传》)可以看出,在清议活动中以太学诸生为主的创作团体,充分利用谣谚这一舆论载体,竭尽全力地标榜与宦官集团对抗的士人,他们所创作的七言谣也成为团结同志、壮大声势的口号。

其二,用谣谚讽刺或抨击宦官集团的不良行径。我们知道,汉桓帝于延熹二年(159),借助宦官单超、徐璜、具瑗、左悺、唐衡五人之力,铲除了外戚梁冀的势力,此后五人同日封侯,世人谓之"五侯","又封小黄门刘普、赵忠等八人为乡侯。自是权归宦官,朝廷日乱矣"。稍后单超病死,其余四侯专横,行同盗贼。清议者即为之作语曰:"左回天,具独坐,徐卧虎,唐两堕。"(以上均见《后汉书》卷七八《宦者列传·单超传》)这首谣谚的意思为:左悺的权势具有回天之力,能挽回难堪局面;具瑗自高自大、唯我独尊;徐璜如同猛虎,凶暴无比;唐衡可恣意横行、为所欲为。此时宦官集团的凶恶贪婪,在谣谚的简单用语中皆体现了出来,极具讽刺性。《抱朴子外篇·审举篇》又载:"灵、献之世,阉宦用事……州郡轻贡举于下……故时人语曰:'举秀才,不知书;察孝廉,父别居。寒素清白浊如泥,高第良将怯如鸡。'又云:'古人欲达勤诵经,今世图官勉治生'。"[①] 这是讽刺察举失实的谣谚:举荐的秀才不识字,孝廉与父亲分居;"寒素清白"者实际很污浊,所谓"高第良将"实际胆子很小。这首谣谚形象地描绘出宦官集团的自私自利和媚俗竞利者的颠倒黑白,与《后汉书》卷五七《李云传》所载的"五侯"并封后"专权选举"及《后汉书》卷七八《宦者列传》序中所描述的"有更相援引,希附权强者,皆腐身熏子,以自炫达"的情况是符合的。此类谣谚表现出清议之士对社会制度遭受破坏的严重不满和力求净化社会风气的用心,是他们针砭时弊的清议行为。另外,灵帝光和五年(182),"诏公卿以谣言举刺史、二千石为民蠹害者",李贤注曰:"谣言谓听百姓风谣善恶而黜陟之也";此次举"谣言",由于宦官弄权,"太尉许馘、司空张济承望内官,受取货赂,其宦者

---

① 杨明照:《抱朴子外篇校笺》(上册),中华书局1991年版,第393页。

子弟宾客,虽贪污秽浊,皆不敢问,而虚纠边远小郡清修有惠化者二十六人",后经司徒陈耽与议郎曹操等人诣阙陈诉,灵帝责备了许馘和张济,"由是诸坐谣言征者悉拜议郎"(《后汉书》卷五七《刘陶传》)。由此可知,当时反映宦官子弟宾客贪污秽浊的歌谣是很多的。

其三,用谣谚反映敢于同宦官集团作斗争的人与事。汉桓帝因宦官单超除外戚梁冀有功,而拜其为车骑将军,其弟单安之子单匡亦被任为济阴太守,其行对百姓蠹害尤甚。《后汉书》卷六六《陈蕃传》载:"(朱)震字伯厚,初为州从事,奏济阴太守单匡臧罪,并连匡兄中常侍车骑将军超。桓帝收匡下廷尉,以谴超,超诣狱谢",因此三府为朱震作谚曰:"车如鸡栖马如狗,疾恶如风朱伯厚。"① 此谚影射出宦官集团的势力很大,他们的车如鸡窝一样多,他们的马如狗一样多,虽然如此,刚正不阿的朱震还是无所畏惧,他对宦官邪恶行为的憎恨如疾风一般强烈。此时的三府官员,如太尉黄琼、太尉掾属范滂、大鸿胪陈蕃、太常虞放②等人,都是憎恶宦官之害的正直士大夫,其府第臣僚、门生故吏忌恨宦官者亦应多有。因此可以说,三府为朱震所作的这条谣谚,透露着清议者对敢于同宦官集团对抗之士的褒颂之意。③ 与之相似,《后汉书》卷三七《桓典传》载:"(桓)典字公雅……(灵帝时)拜侍御史。是时宦官秉权,典执政无所回避。常乘骢马,京师畏惮,为之语曰:'行行且止,避骢马御史。'"④此则谣谚体现了清议之士对宦官集团的蔑视和对清正士大夫的敬意。《后汉书》卷八一《独行列传·范冉传》载,范冉"遭党人禁锢,遂推鹿车,载妻子,捃拾自资,或寓息客庐,或依宿树荫。如此十余年,乃结草室而居焉。所止单陋,有时粮粒尽,穷居自若,言貌无改,闾里歌之曰:'甑中生尘范史云,釜中生鱼范莱芜。'"⑤ 这首歌谣无疑包含着时人对党人遭禁锢迫害后生活窘况的同情。

窦武是党人名士"三君"之一,《后汉书》卷六九《窦武传》注曰:"(窦)武字游平。与陈蕃合策戮力,唯德是建,咸得其人,豪贤大姓皆绝望矣",又引《续汉志》载桓帝初年京都童谣曰:"游平卖印自有评,不

---

① (南朝宋)范晔撰,(唐)李贤等注:《后汉书》,中华书局1965年版,第2171页。
② 第二次党锢之祸时,大长秋曹节讽有司奏捕的前党人中即有故司空虞放。[参见(南朝宋)范晔撰,(唐)李贤等注《后汉书》卷六七《党锢列传》,中华书局1965年版,第2188页]
③ 詹福瑞也认为,"这一谣谚实际上就是士人的清议。"(詹福瑞:《东汉士风与个体意识的初萌》,《汉魏六朝文学论集》,河北大学出版社2001年版,第246页)
④ (南朝宋)范晔撰,(唐)李贤等注:《后汉书》,中华书局1965年版,第1258页。
⑤ (南朝宋)范晔撰,(唐)李贤等注:《后汉书》,中华书局1965年版,第2689页。

避贤豪及大姓。"以此可见，窦武的道德操守得到了时人的认可和歌颂。窦武诛宦官失利，反被宦官集团围捕而自杀。《后汉书》卷六九《窦武传》在叙及此事时，注引《续汉志》又载桓帝末年京师童谣曰："茅田一顷中有井，四方纤纤不可整。嚼复嚼，今年尚可后年饶。"①《后汉书志·五行志一》"谣"条亦录有这首童谣，并对其解释道：

> 《易》曰："拔茅茹以其汇，征吉。"茅喻群贤也。井者，法也。于时中常侍管霸、苏康憎疾海内英哲，与长乐少府刘嚣、太常许咏、尚书柳分、寻穆、史佟、司隶唐珍等，代作唇齿。河内牢川诣阙上书："汝、颍、南阳，上采虚誉，专作威福；甘陵有南北二部，三辅尤甚。"由是传考黄门北寺，始见废阁。茅田一顷者，言群贤众多也。中有井者，言虽陁穷，不失其法度也。四方纤纤不可整者，言奸慝大炽，不可整理。嚼复嚼者，京都饮酒相强之辞也。言食肉者鄙，不恤王政，徒耽宴饮歌呼而已也。今年尚可者，言但禁锢也。后年饶者，陈、窦被诛，天下大坏。②

以此解释来看，这首童谣正是桓、灵之际党人名士与宦官集团进行斗争的历史缩影。上引解释稍显隐晦，我们可结合当时的历史情景，对其作出更加详细的解读。童谣中以"茅"喻群贤，这里的群贤即以党人名士为主的正直士大夫，"茅田一顷"喻群贤众多，也就是党人群体对宦官集团的不法行为发起强大的舆论攻势。当时虽有李膺、范滂等党人被宦官诬告下黄门北寺狱，但尚有一些正直的朝廷官员如太尉陈蕃、尚书霍谞、城门校尉窦武等人上表求救，并继续惩恶扬善、维护法度，亦如童谣中所说的"中有井"。至此是对第一次党事的描述。但是汉末政治黑暗、奸邪横行，虽有党人名士的集体努力，但世风已难以挽救，即"四方纤纤不可整"。"嚼复嚼"，说明了一些世族官僚不思进取、徒耽享乐，这致使政治局势进一步恶化。最后，童谣感叹"今年尚可后年硗"③，"今年尚可"，即桓帝末第一次党锢时，赖于窦武等人的申救，党人虽被禁锢，但法度尚不至于丧失殆尽，但是灵帝即位之初，窦武与陈蕃等人谋除宦官失败反而被杀，

---

① （南朝宋）范晔撰，（唐）李贤等注：《后汉书》，中华书局1965年版，第2242—2244页。
② （晋）司马彪撰，（梁）刘昭注补：《后汉书志》，《后汉书》，中华书局1965年版，第3283页。
③ 《后汉书志·五行志一》中"硗"作"饶"。[参见（晋）司马彪撰，（梁）刘昭注补《后汉书志》，《后汉书》，中华书局1965年版，第3283页]

从此"凶竖得志，士大夫皆丧其气"(《后汉书》卷六九《窦武传》)，世道也就真的无法挽救了。这是对第二次党事的描述。其实，《后汉书志·五行志一》定此童谣出现的时间为桓帝末年，录此童谣也是以此显示其所预示的内容与桓、灵之际的党人之事相符。当然，受思想观念的影响，此类童谣在汉代有生存的土壤。但是，以现代人的观念来看，童谣是不可能有预见性的，它应是适应某一政治需要而创作的。① 《后汉书志·五行志一》中所载的这则童谣，如果真的是反映桓、灵之际党人之事的，那么其作者定是熟知此次政治斗争的士人，从童谣内容中所流露出的对党人贤士崇敬、对耽于享乐者讽刺、对党人遭受迫害惋惜等方面来看，其作者至少应为党人的同情者。即便这首童谣真的作于桓帝末年，也应被后来的清议之士或党人的同情者，重新加以解读并赋予新意了。

二 士人品论时政与人物的谣谚

桓、灵时期，谣谚艺术除明显地应用于党人清议中外，针对其他一些社会现象，士人亦乐以谣谚为评。党人清议中，谣谚主要用于抨击宦官和褒扬名士，而在这两个方面之外，士人用谣谚品论的社会现象，则主要表现在议论敏感的时政和品评时政人物两个方面。

首先来看士人用谣谚议论时政的情形。桓帝初年京都有童谣曰："城上乌，尾毕逋。公为吏，子为徒。一徒死，百乘车。车班班，入河间。河间姹女工数钱，以钱为室金为堂。石上慊慊舂黄粱。梁下有悬鼓，我欲击之丞卿怒。"《后汉书志·五行志一》说此谣的主旨为揭露"政贪"，并详细解释其意：

城上乌，尾毕逋者，处高利独食，不与下共，谓人主多聚敛也。公为吏，子为徒者，言蛮夷将畔逆，父既为军吏，其子又为卒徒往击之也。一徒死，百乘车者，言前一人往讨胡既死矣，后又遣百乘车往。车班班，入河间者，言上将崩，乘舆班班入河间迎灵帝也。河间

---

① 具有预示性的童谣在我国西周时期即已出现，如《国语·郑语》载周宣王时童谣："檿弧箕服，实亡周国。"(徐元诰撰，王树民、沈长云点校：《国语集解》，中华书局 2002 年版，第 473 页)历经春秋战国到秦汉，数量不断增多。尤其是东汉，受谶纬思想的影响，此类童谣更为盛行，因此后人又将其称为"谶谣"。但从反映内容、语言习惯、思维方式、表达情感等方面来看，童谣并不具"儿童性"，明显为成人化的作品。这体现了此类童谣的比附性或伪造性，它们真正产生的时间、方式，不一定就如典籍中所载的那样，预言能够得到"验证"，也与解谶者的附会水平有着很大的关系。

姹女工数钱，以钱为室金为堂者，灵帝既立，其母永乐太后好聚金以为堂也。石上慊慊舂黄粱者，言永乐虽积金钱，慊慊常苦不足，使人舂黄粱而食之也。梁下有悬鼓，我欲击之丞卿怒者，言永乐主教灵帝，使卖官受钱，所禄非其人，天下忠笃之士怨望，欲击悬鼓以求见，丞卿主鼓者，亦复谄顺，怒而止我也。①

对其中"一徒死，百乘车者"一句，刘昭又解释道："志家此释岂未尽乎？往徒一死，何用百乘？其后验竟为灵帝作。此言一徒，似斥桓帝，帝贵任群阉，参委机政，左右前后莫非刑人，有同囚徒之长，故言寄一徒也。且又弟则废黜，身无嗣，魁然单独，非一而何？百乘车者，乃国之君。解犊后征，正膺斯数，继以班班，尤得以类焉。"② 不难看出，这首歌谣内容包罗广泛，主要揭露了桓帝的贪婪无度、边境战争给人民带来的苦难、灵帝继位后的奢靡腐化及卖官卖爵后官场的堕落。如按刘昭的解释，此谣还讽刺了桓帝任用阉宦参与政事的情形。由这些内容可以看出，虽然史书定这首童谣为"桓帝初童谣"，但很有可能作于灵帝时期，是士人遭受党锢之祸的接连打击后比较隐晦的社会舆论。

与之相似，《后汉书志·五行志一》又载有桓帝末年一首京都童谣："白盖小车何延延。河间来合谐，河间来合谐！"并对其解释为：

> 解犊亭属饶阳河间县也。居无几何而桓帝崩，使者与解犊侯（按：即后之灵帝）皆白盖车从河间来。延延，众貌也。是时御史刘儵建议立灵帝，以儵为侍中，中常侍侯览畏其亲近，必当间己，白拜儵泰山太守，因令司隶迫促杀之。朝廷（少）长，思其功效，乃拔用其弟邰，致位司徒，此为合谐也。③

这首童谣反映了桓帝驾崩、灵帝继位时期的一段宫廷争斗事件，其创作者应为灵帝时期熟知此次政治斗争原委之士大夫。说其反映的是宫廷争斗事件，并不仅仅是因为宦官侯览杀了侍御史刘儵，而是其背后隐藏的以

---

① （晋）司马彪撰，（梁）刘昭注补：《后汉书志》，《后汉书》，中华书局 1965 年版，第 3281—3282 页。
② （晋）司马彪撰，（梁）刘昭注补：《后汉书志》，《后汉书》，中华书局 1965 年版，第 3282 页。
③ （晋）司马彪撰，（梁）刘昭注补：《后汉书志》，《后汉书》，中华书局 1965 年版，第 3283—3284 页。

窦武为首的清流名士与宦官集团的斗争。《后汉书》卷六九《窦武传》载，桓帝崩后无嗣，窦武"召侍御史河间刘儵，参问其国中王子侯之贤者，儵称解渎亭侯宏。武入白太后，遂征立之，是为灵帝"。① 可以说灵帝的选立是窦武与刘儵共同议定的结果。我们知道，窦武是极力反对宦官干政的党人名士，又是身处显位的外戚，此时灵帝未能亲政，所以中常侍侯览"畏其亲近，必当间己"，应是担心刘儵亲近窦武的势力。宦官无力迫害窦武，只得杀害刘儵。窦武在灵帝初年已死，所以朝廷后擢拔刘儵弟刘郃之事应为宦官所为。而歌谣内容中的"合谐"则蕴含着清议者对此事的讽刺意味。

除以上议论宫廷政事的谣谚外，汉末还有反映选举失实方面的谣谚。《后汉书》卷六一《黄琼传》载："旧制，光禄举三署郎，以高功久次才德尤异者为茂才四行。时权富子弟多以人事得举，而贫约守志者以穷退见遗，京师为之谣曰：'欲得不能，光禄茂才'。"② 桓帝初年，旧制多违，世风日下，此则歌谣就是对此时用人制度遭受破坏的反映，愤慨与无奈之情蕴含其中。上文我们还提到过，《抱朴子外篇·审举篇》载有灵、献之世讽刺察举失实的谣谚："举秀才，不知书；察孝廉，父别居。寒素清白浊如泥，高第良将怯如鸡。"又云："古人欲达勤诵经，今世图官勉治生。"其实，这里的两则谣谚除了讥讽宦官集团专权选举外，也一并贬斥了那些自私自利或谄媚宦官以获取晋身机会的庸俗士大夫。

其次来看士人用谣谚品核人物的现象。《后汉书》卷六七《党锢列传·贾彪传》载："（贾）彪兄弟三人，并有高名，而彪最优，故天下称曰'贾氏三虎，伟节最怒'。"③ 贾彪与郭泰同为太学生领袖，与朝中士大夫相互褒重，着力挽救时弊。所以，这首谣谚倾向于对贾彪为人风范的颂扬。《后汉书》卷七六《循吏列传·仇览传》载，仇览任蒲亭长时，有一个叫陈元的人独与母亲居住，其母状告陈元不孝，仇览亲自到陈元家，"与其母子饮，因为陈人伦孝行，譬以祸福之言"，陈元因此受到感化最终成为孝子。据此，乡邑为仇览作谚"父母何在在我庭，化我鸱枭哺所生"④，以表颂赞。与之相似，《太平御览》卷二二《时序部》引《襄阳耆旧传》载："黄穆，字伯开，博学，为山阳守，有德政。弟奂，字仲开，

---

① （南朝宋）范晔撰，（唐）李贤等注：《后汉书》，中华书局1965年版，第2241页。
② （南朝宋）范晔撰，（唐）李贤等注：《后汉书》，中华书局1965年版，第2040页。
③ （南朝宋）范晔撰，（唐）李贤等注：《后汉书》，中华书局1965年版，第2217页。
④ （南朝宋）范晔撰，（唐）李贤等注：《后汉书》，中华书局1965年版，第2480页。

为武陵太守，贪秽无行。武陵人谚曰：'天有冬夏，人有二黄。'"①

除以谣谚褒扬贤士外，又可用谣谚贬斥浊流。如灵帝中平年间（184—189）的"董逃歌"："承乐世董逃，游四郭董逃，蒙天恩董逃，带金紫董逃，行谢恩董逃，整车骑董逃，垂欲发董逃，与中辞董逃，出西门董逃，瞻宫殿董逃，望京城董逃，日夜绝董逃，心摧伤董逃。"这首歌谣是讽刺董卓的，《后汉书志·五行志一》载："'董'谓董卓也，言虽跋扈，纵其残暴，终归逃窜，至于灭族也。"② 又如京师为胡广（字伯始）语："万事不理问伯始，天下中庸有胡公"，《后汉书》卷四四《胡广传》载有此谚创作的背景：灵帝即位后胡广为太傅，"时年已八十，而心力克壮。继母在堂，朝夕瞻省，傍无几杖，言不称老。及母卒，居丧尽哀，率礼无愆。性温柔谨素，常逊言恭色。达练事体，明解朝章。虽无謇直之风，屡有补阙之益"，以此来看，此谚的评论较切合胡广的为人。但《胡广传》载此则谣谚后又云："及共李固定策，大议不全，又与中常侍丁肃婚姻，以此讥毁于时。"③ 其中的"共李固定策"，是追述质帝崩时，胡广与太尉李固、司空赵戒共议欲立清河王刘蒜之事，当时慑于梁冀的威胁，他与赵戒不复争论，而李固与杜乔坚守本议。联系这些综合来看，这首谣谚似乎含有士林的些许讽刺之意。

经上所述可见，在桓、灵时期的党人清议中，清议者既可以用谣谚标榜同类、壮大力量，又可以用谣谚抨击奸邪、赞颂良善。同时，谣谚也是清议之士日常生活中议论时政、品评人物的重要方式。在这个过程中，谣谚作为清议的传播手段，其舆论宣传功能也得到了极大的发挥。由于谣谚艺术在汉末清议活动得到广泛应用并产生很大反响，因此范晔在《后汉书》卷六七《党锢列传》序中特意用谣谚系于政事的方式，揭示党人之议的源起。

第三节 谣谚舆论功能在汉末强化的社会根源

谣谚具有极强的流传性，这是它成为汉末清议传播手段的主要原因。

---

① （宋）李昉等：《太平御览》，中华书局1960年版，第107页。另据《后汉书》卷六七《党锢列传·范滂传》，第一次党事发生时，与范滂同囚的乡人即有黄穆。
② （晋）司马彪撰，（梁）刘昭注补：《后汉书志》，《后汉书》，中华书局1965年版，第3284页。
③ （南朝宋）范晔撰，（唐）李贤等注：《后汉书》，中华书局1965年版，第1510页。

但我们也要看到，在先秦两汉时期，以谣谚论政品人也是常有的社会现象。其实，汉末谣谚舆论功能的强化，除与谣谚自身的特性有关外，还取决于当时"名行善恶，托以谣言"的社会思潮和"广求民瘼，观纳风谣"的时政措施。

一 名行善恶，托以谣言

袁宏在《后汉纪·桓帝纪》中描述党人清议时的情景曰："由是学生同声竞为高论，上议执政，下议卿士……以臧否为谈，名行善恶，托以谣言。"[1] 当时三万余人的太学诸生共同议论时政、臧否人物，并托以谣言，可以想见当时的舆论声势之大。但是，太学诸生能在清议运动中娴熟地运用谣谚来烘托舆论氛围，并非他们的一时创意之举，也不是他们单方面即可做到的，还必须有适宜此类谣谚生长的土壤和广大的接纳群体。

我国谣谚文化源远流长。其实，"名行善恶，托以谣言"的现象，并非在汉末党人清议时才出现的，它在先秦两汉时期就曾长期存在。从艺术性上来说，歌谣谚语感染力强，易于传诵和被群众接受，所以它长期被各阶层人士用来抒发情感、表达意见或总结生活经验，这也是它被用于舆论传播的重要原因。以谣谚议论时政来说，周宣王时即有预言西周灭亡的童谣，[2] 春秋时期有预言晋国必灭虢国的童谣，[3] 战国时期又有楚人谣："楚虽三户，亡秦必楚"（《史记》卷七《项羽本纪》）。到了汉代，时政类谣谚更为盛行，试举几例如下：

"一尺布，尚可缝。一斗粟，尚可舂。兄弟二人不能相容。"（《史记》卷一一八《淮南厉王传》）这是民众为淮南厉王作的歌谣。孝文帝时，淮南厉王（高帝少子）常废法不轨，文帝不忍置于法，乃载以辎车，"处蜀郡严道邛邮，遣其子母从居"，淮南厉王绝食而死。这首歌谣，代表了时人对这一事件的看法。

"颍水清，灌氏宁。颍水浊，灌氏族。"（《史记》卷一〇七《魏其武

---

[1]（晋）袁宏撰，周天游校注：《后汉纪校注》，天津古籍出版社1987年版，第624页。
[2]《国语·郑语》载周宣王时的童谣："檿弧箕服，实亡周国。"（徐元诰撰，王树民、沈长云点校：《国语集解》，中华书局2002年版，第473页）
[3]《春秋左传·僖公五年》载卜偃引童谣："丙之晨，龙尾伏辰，均服振振，取虢之旂，鹑之贲贲，天策焞焞，火中成军，虢公其奔。"[（清）阮元校刻：《十三经注疏·春秋左传正义》，中华书局1980年版，第1795页] 这首童谣多用四字整齐句式，叠字运用表达更形象生动，从中可看出其受到了《诗经》诗句的影响。童谣中所提到的龙尾、鹑、策、火都是天文中的星宿，并且提到了"取虢之旂""虢公其奔"这些与战争相关的场面，可见这首童谣的作者一定是位懂得天文地理知识的官吏。

安侯列传》）汉武帝时期，横行乡里的灌氏家族，强取豪夺，食客众多，家累数万，人民对此痛恨，这首童谣可谓对灌氏家族的诅咒。

"燕燕尾涎涎，张公子，时相见。木门仓琅根，燕飞来，啄皇孙，皇孙死，燕啄矢。"（《汉书》卷二七《五行志中》）汉成帝刘骜喜欢游乐，经常与富平侯张放外出作乐，于阳阿公主家遇赵飞燕而幸之，召入宫，后立为皇后，其妹合德亦被立为昭仪，两姐妹受到专宠，显赫一时。"燕燕尾涎涎"形容赵飞燕的美貌，"木门仓琅根"是说她将为皇后。后合德贼害后宫皇子，两姊妹具伏罪。这首童谣描述的就是这一历史事件。

"弃我戟，捐我矛，盗贼尽，吏皆休。"（《后汉书》卷三六《张霸传》）张霸于和帝永元年间（89—105）拜为会稽太守，"始到越，贼未解，郡界不宁，乃移书开购，明用信赏，贼遂束手归附，不烦士卒之力"（《后汉书》卷三六《张霸传》）。民众为此作谣以歌颂。

以谣谚品核人物的现象在汉代也为频见。时政人物是民众关注的焦点，因此对人物的品评也就主要体现在这些时政人物身上，且往往与政事结合在一起。

"宁见乳虎，无值宁成之怒。"（《史记》卷一二二《酷吏列传》）汉景帝时，酷吏宁成出任关都尉，这是民众对他残酷统治的评价。

"牢邪石邪，五鹿客邪。印何累累，绶若若邪。"（《汉书》卷九三《佞幸传·石显传》）汉元帝时，中书令石显与仆射牢梁、少府五鹿充宗结为党友，诸附倚者皆得宠位，这首歌谣是民众对他们的讽刺。

"桑无附枝，麦穗两岐。张君为政，乐不可支。"（《后汉书》卷三一《张堪传》）东汉初年，张堪拜为渔阳太守，捕击奸猾，赏罚必信，吏民皆乐为用，并开稻田八千余顷，劝民耕种，以致殷富。百姓因此作歌谣以颂。

除此之外，前文我们还提到过，乡举里选在士人阶层中的施行，使乡邑清议为士人所重，为取得好评以抬高身价，他们往往以作谣谚式品评语的方式相互标榜。如杨震"明经博览，无不穷究"，诸儒为之语曰："关西孔子杨伯起"（《后汉书》卷五四《杨震传》）；周举"博学洽闻，为儒者所宗"，故京师为之语曰："五经从横周宣光"（《后汉书》卷六一《周举传》）；任安"少游太学，受《孟氏易》，兼通数经。又从同郡杨厚学图谶，究极其术"，时人称"欲知仲桓问任安"，又曰："居今行古任定祖。"（《后汉书》卷七九《儒林列传上·任安传》）自汉代确立"学仕结合""通经入仕"的教育模式后，儒学士人不断增多，尤其是在东汉，饱读经书的文人士子规模庞大。所以在他们之间品评性、标榜性的谣谚也逐渐增多，其他又如"五经复兴鲁叔陵"（《后汉书》卷二五《鲁丕传》）；"问事不休贾长头"（《后汉书》卷三六《贾逵传》）；"道德彬彬冯仲文"（《后汉书》卷二八《冯衍传》）；"说经铿铿杨子行"（《后汉书》卷七九《儒林列传上·杨政传》）；"五经无双许叔重"（《后汉书》卷七九《儒林列传下·许慎传》），等等。分析这类文人谣会发现，他们结构简单、体式单一、句式相对固定，这与清议运动中太学诸生褒扬党人名士时所作的七言谣，如"天下规矩房伯武""不畏强御陈仲举""海内珍好岑公孝"等完全相同。因此有学者指出："'清议'源自于人物品评的'风谣'，开始时是经师及其生徒们用简单的韵语标榜个人学术成就和品德风格，代表着一个人的社会评判。"① 此中尤可看出，清议运动中以谣谚褒善扬名，是有历史渊源的。

其实，汉代的谣谚资料非常丰富，其涉及的内容和领域也非常广泛，并非仅仅限于议论时政和品评人物两个方面。从清议运动发生的桓、灵时期来看，在清议之士用谣谚论政、品人之外，社会上还流传着各种各样反映其他生活现象的谣谚作品，兹举如下。

反映边境战争及民生疾苦的童谣，如："小麦青青大麦枯，谁当获者妇与姑。丈人何在西击胡，吏买马，君具车，请为诸君鼓咙胡。"据《后汉书志·五行志一》，这首童谣创作于桓帝元嘉年间（151—153），时凉州诸羌反叛，朝廷征召大量士卒抗击却屡屡战败，征调愈加无度，农事生产遭到很大破坏，麦田多数遭委弃，田中只有妇女从事劳作。对此民众未敢多言，只能私下议论，因此有了这首抒发苦闷心情的歌谣。

反映兵民暴动的歌谣，如交阯兵民为贾琮歌："贾父来晚，使我先反。今见清平，吏不敢饭。"《后汉书》卷三一《贾琮传》载，灵帝中平元年（184）交阯屯兵反，执刺史及合浦太守。有司举荐贾琮为交阯刺史，其到任后了解到兵民反叛的原因是赋敛过重、民不聊生。因京师遥远，告冤无所，故兵民聚为盗贼。贾琮遂采取措施，招抚人民、蠲复徭役、诛斩祸首、精选良吏，社会得以安定。因此兵民作此歌谣表达心中的喜悦之情。

歌颂平乱英雄的歌谣，如百姓为皇甫嵩歌："天下大乱兮市为墟，母不保子兮妻失夫，赖得皇甫兮复安居。"《后汉书》卷七一《皇甫嵩传》载，灵帝时黄巾军作乱，朝廷先后任皇甫嵩为左中郎将、左车骑将军、冀州牧，平定黄巾军。皇甫嵩奏请减除冀州一年田租，以赡养饥民，因此冀

---

① 臧知非：《汉儒价值观念变迁的几个问题——答陈启云先生》，《史学集刊》2007年第1期。

州百姓为其作歌以颂之。

描述宫廷政变的童谣,如灵帝末京都童谣:"侯非侯,王非王,千乘万骑上北芒。"《后汉书志·五行志一》载,灵帝"中平六年,史侯登蹑至尊,献帝未有爵号,为中常侍段珪等数十人所执,公卿百官皆随其后,到河上,乃得来还。此为非侯非王上北芒者也"①。灵帝驾崩后,士人集团与宦官集团争斗加剧,以袁术、袁绍兄弟为首的士人集团为芟除宦官而攻击皇宫,中常侍段珪等劫汉献帝和陈留王,连夜奔走至北芒山,公卿百官亦随其后。此歌谣就是对此段历史的形象描述。

展现生活片段的揶揄性谣谚,如时人为葛龚作奏语:"作奏虽工,宜去葛龚。"《后汉书》卷八〇《文苑列传·葛龚传》李贤注曰:"龚善为文奏。或有请龚奏以干人者,龚为作之,其人写之,忘自载其名,因并写龚名以进之。故时人为之语曰:'作奏虽工,宜去葛龚。'"②此外,儒生文吏于日常生活间亦好作谣谚以自娱,《后汉书》卷八〇《文苑列传·边韶传》载:"边韶……以文章知名,教授数百人。诏口辩,曾昼日假卧,弟子私嘲之曰:'边孝先,腹便便。懒读书,但欲眠。'韶潜闻之,应时对曰:'边为姓,孝为字。腹便便,五经笥。但欲眠,思经事。寐与周公通梦,静与孔子同意。师而可嘲,出何典记?'嘲者大惭。"③

描述山岳地形的谣谚,如《风俗通义·山泽》篇"陵"条载:"殽在弘农渑池县,其语曰:'东殽、西殽,渑池所高。'"④

一些文人士大夫对农事谣谚和哲理性谣谚也时常引用。如崔寔《四民月令》引农家谚曰:"上火不落,下火滴泞。"⑤《齐民要术》卷二"大豆"条引崔寔语:"二月昏参夕,杏花盛,桑椹赤。"⑥陈蕃上疏中引鄙谚"盗不过五女门"(《后汉书·陈蕃传》)来说理。应劭在其著作中引用谣谚作解或说理的情形更是频见,如《风俗通义·正失》篇"王阳能铸黄金"引有谚语"金不可作,世不可度"。《风俗通义·正失》篇"宋均令虎渡江"引有俚语"狐欲渡河,无奈尾河"。《风俗通义·愆礼》篇引用俚语"妇

---

① (晋)司马彪撰,(梁)刘昭注补:《后汉书志·五行志一》,《后汉书》,中华书局1965年版,第3284页。
② (南朝宋)范晔撰,(唐)李贤注:《后汉书》,中华书局1965年版,第2618页。
③ (南朝宋)范晔撰,(唐)李贤注:《后汉书》,中华书局1965年版,第2623页。
④ (汉)应劭撰,王利器校注:《风俗通义校注》,中华书局1981年版,第467页。
⑤ 参见(明)杨慎编《风雅逸篇 古今风谣 古今谚》,古典文学出版社1958年版,第159页。
⑥ (后魏)贾思勰:《齐民要术》,中华书局1956年版,第18页。

死腹悲,唯身知之"①。《汉官仪》引有俚语"仕宦不止车生耳"②。郑玄注释《礼记·曲礼上》时亦用谚语"隐疾难为医"作附加说明。③ 之后高诱注释《淮南子·说林训》亦有引用谣谚作解的情况。④ 可见汉代谣谚作品不仅数量多、类别多,而且涵盖时间长、关注者广。

以上是在典籍的偶然记载中直接见到的谣谚信息。可以想象,汉代民间应该还有各类不同的谣谚作品在口耳相传,只是由于缺乏记载或时代久远而湮没于历史长河中了。但只是从上面的例子中,我们已足以感受到,谣谚是汉代社会普遍存在的文化现象,民众生活的方方面面皆可以谣谚述之,完全可称得上"名行善恶,托以谣言",从中又可看出汉代谣谚文化的多样与成熟。以此来看,至汉末桓、灵时期,谣谚成为清议活动中的传播手段,本是有着长期的历史传统和经验积累在其中的。具体来看,议论时政、品评人物类谣谚在汉代的长期存在,为桓、灵时期清议之士将其作为传播手段提供了直接的经验。而汉代民众将生活现象寄以谣谚的行为,直接影响着人们的思想、情感,广大群众对谣谚艺术愈加敏感,以谣谚论断是非的形式也造就出共同的文化心理,从而谣谚创作也几成一种文化思潮,人们越来越多地用谣谚来抒发情感、发表看法、总结经验。随着这种思潮的不断发展,至汉末它作为清议传播手段已具备了广大的接受群体,较易于形成舆论效应。对于广大文人士子来说,他们受谣谚文化的影响,或在行文中引谣谚来说理,或在日常生活中作谣谚以自娱。另外受汉代选官任人制度的影响,在文人儒士间本就长期流行着品评性谣谚的创作,这与汉末清议之士创作的谣谚在文本样式上是一脉相承的。综合这些来看,东汉末年有着适宜谣谚文化成长的土壤,谣谚文化也有广大的接纳群体,而清议之士又是较为擅长品评类谣谚创作的群体,他们懂得如何借此营造舆论,所以谣谚成为清议活动的传播手段,也就顺理成章了。

二 广求民瘼,观纳风谣

《后汉书》卷七六《循吏列传》序载,光武帝"数引公卿郎将,列于

---

① 以上三例参见(汉)应劭撰,王利器校注《风俗通义校注》,中华书局1981年版,第120、124、142页。
② 参见(宋)李昉等《太平御览》卷四九六《人事部·谚下》,中华书局1960年版,第2269页。
③ 参见(清)阮元校刻《十三经注疏·礼记正义》卷二,中华书局1980年版,第1241页。
④ 《淮南子》卷一七《说林训》:"田中之潦,流入于海;附耳之言,闻于千里也。"高诱注曰:"闻于千里,千里知之。语曰:'欲人不知,莫如不为'。"(何宁:《淮南子集释》,中华书局1998年版,第1211页)

禁坐。广求民瘼，观纳风谣。故能内外匪懈，百姓宽息"①。光武帝长于民间，了解民间疾苦，同时他也知道，百姓间流传的歌谣往往是民情、民意的反映，所以借"观纳风谣"来"广求民瘼"，就成了他的一项施政措施。

其实，以谣谚体察民情、览观风俗的方式在中国古代渊源久远。《左传·襄公十四年》载师旷语："《夏书》曰：'遒人以木铎徇于路。官师相规，工执艺事以谏。'正月孟春，于是乎有之，谏失常也。天之爱民甚矣。"杜预注解："遒人，行人之官也。木铎，木舌金铃。徇于路，求歌谣之言。"②虽然传统称之为"采诗"，但真正采集到的应多是包含"谣谚"性质的作品，因为这是"遒人"于民间之路上采得的。杜预注中也认为是"采歌谣之言"。正是这一制度使散落全国各地的诗歌、谣谚会聚到王廷。也许《诗经》总集的出现确实与此制度存在不可否定的联系，从《国风》部分各国不同的曲调中，我们还可体察各个地区不同的民俗风习。通过采诗制度，统治者欲达到"观风俗、知得失"（《汉书》卷三〇《艺文志》）的政治目的。汉代多数学者都相信周代的这一制度及其带来的政治效果，如《礼记·王制》载："天子五年一巡守。岁二月东巡守，至于岱宗……命大师陈诗，以观民风，命市纳贾，以观民之所好恶，志淫好辟。"③《孔丛子·巡守篇》载："（古者天子）命史采民诗谣，以观其风。"④《汉书》卷二四《食货志上》载："孟春之月，群居者将散，行人振木铎徇于路，以采诗，献之大师，比其音律，以闻于天子。故曰王者不窥牖户而知天下。此先王制土处民富而教之之大略也。"⑤此外，何休《春秋公羊传·宣公十五年解诂》、《汉书·艺文志》、刘歆《与扬雄书》也有相似的记载。

其实汉代政府对周代的这一文化制度也有所继承，《汉书》卷二二《礼乐志》载："至武帝定郊祀之礼……乃立乐府，采诗夜诵，有赵、代、秦、楚之讴"，颜师古注曰："采诗，依古遒人徇路，采取百姓讴谣，以知

---

① （南朝宋）范晔撰，（唐）李贤注：《后汉书》，中华书局1965年版，第2457页。
② 参见（清）阮元校刻《十三经注疏·春秋左传正义》卷三二，中华书局1980年版，第1958页。
③ 参见（清）阮元校刻《十三经注疏·礼记正义》卷一一，中华书局1980年版，第1327—1328页。
④ 傅亚庶：《孔丛子校释》，中华书局2011年版，第152页。另，关于《孔丛子》的成书年代，傅亚庶引日本学者冢田虎的观点说："此书之出焉，虽则在东汉，然此书之所编至第十篇，则其家所旧藏焉。第十二篇以下，则是往往所附录，而将非一手之笔焉。"（参见傅亚庶《孔丛子校释》附录四《孔丛子的成书年代与真伪》，中华书局2011年版，第614页）
⑤ （汉）班固：《汉书》，中华书局1964年版，第1123页。

政教得失也。"①《汉书》卷三〇《艺文志》亦载:"自孝武立乐府而采歌谣,于是有代赵之讴,秦楚之风,皆感于哀乐,缘事而发,亦可以观风俗,知薄厚云。"② 可见汉代的乐府机构在一定程度上承担了"采歌谣,观风俗"的任务。当然,汉武帝立乐府主要是制作祭祀歌曲以配合大规模的祭祀活动,但宫廷的娱乐活动则需要一些世俗之音来满足他们的享乐需求,所以汉乐府机构又仿效先秦旧制到各地采集歌谣,这在客观上达到了"观风俗、知薄厚"的社会效果。正是因为歌谣中蕴含着丰富的社会信息,能起到了解各地风俗人情的作用,所以在汉代史料中存在"谣俗"这一词语,如《史记》卷一二九《货殖列传》:"……皆中国人民所喜好,谣俗被服饮食奉生送死之具也"③,《汉书》卷二六《天文志》:"谣俗车服,观民饮食。五谷草木,观其所属。"④ 这一制度无疑会对汉代吏治产生影响,如一些官员为治理好地方,极力从民间谣谚中了解民俗民情。韩延寿为治理好颍川,而"略依古礼",采取了一些深得民心的措施,其中包括"人人问以谣俗,民所疾苦",颜师古注曰:"谣俗谓闾里歌谣,政教善恶也。"⑤ 王莽篡位前,为制造民意支持,派"风俗使者"到各地考察民情民俗,并"诈为郡国造歌谣"(《汉书》卷九九《王莽传上》)以颂扬他的功德。这从反面说明了"采歌谣、观风俗"这一文化政策在当时的实施。

由此可见,光武帝采用的"广求民瘼,观纳风谣"的政治措施,无疑与周代旧制和汉家故典是一脉相承的。但是,光武时期"观纳风谣"的举措并非仅仅是继承,还在之前基础上有了进一步的强化。《后汉书》卷七六《循吏列传》又载:"建武、永平之间,吏事刻深,亟以谣言单辞,转易守长"⑥,也就是根据谣谚褒贬来选拔、黜陟官员。可见,此时谣谚的政治功能不仅是限于"观风俗、知薄厚",还要借此访求民瘼之机来整顿吏治。

另外,光武帝作为中兴之主,他所施行的法令政策也定会对之后的东汉诸帝及公卿官吏的施政理念形成影响。上引《循吏列传》言"亟以谣言单辞,转易守长",即行之于光武帝至明帝时期。和帝即位后,"分遣使者,皆微服单行,各至州县,观采风谣"(《后汉书》卷八二《方术列传

---

① (汉)班固:《汉书》,中华书局1964年版,第1045页。
② (汉)班固:《汉书》,中华书局1964年版,第1756页。
③ (汉)司马迁:《史记》,中华书局1963年版,第3254页。
④ (汉)班固:《汉书》,中华书局1964年版,第1298页。
⑤ (汉)班固:《汉书》卷七六《韩延寿传》,中华书局1964年版,第3210—3211页。
⑥ (南朝宋)范晔撰,(唐)李贤注:《后汉书》,中华书局1965年版,第2457页。

上·礼部传》)。在汉代末年君权旁落的时期，朝廷也未舍弃以谣谚督查吏治的措施。如桓帝时曾"诏三府掾属举谣言"，范滂通过这一措施弹劾"权豪之党二十余人"(《后汉书》卷六七《党锢列传·范滂传》)。蔡邕于熹平六年(177)上封事中也提到"五年制书，议遣八使，又令三公谣言奏事"(《后汉书》卷六〇《蔡邕传》)。《后汉书》卷五七《刘陶传》亦载，灵帝光和五年(182)，"诏公卿以谣言举刺史、二千石为民蠹害者"，李贤注曰："谣言谓听百姓风谣善恶而黜陟之也。"[1] "举谣言"的施行，"从其重视社会舆论的立意来看，有其高明之处。它打破了通过官方渠道了解官场情况的局限性，扩大了信息来源，获得了虽属片断却是真实的情况"[2]。汉末因谣言贬斥遭罢免的官员也多有存在，如"益州刺史郤俭在政烦扰，谣言远闻"(《后汉书》卷七五《刘焉传》)。又，汉末"(公孙度)迁冀州刺史，以谣言免"(《三国志》卷八《公孙度传》)。汉末朝廷力行举谣言的措施和因此造成的免官现象的频发，不能不说与此时风气大坏、寓以褒贬性风谣的增多有关，这与此时的士人清议是同步的。

光武帝"观纳风谣"时本是"数引公卿郎将，列于禁坐"的，这对东汉公卿百官的影响是不言而喻的，从此以谣谚体民情、观风俗的意识也渐渐深入人心。影响所及，后世官僚士大夫甚至会以民间谣谚作为上书陈事时的依据。如何敞上疏谏和帝曰："臣闻圣王辟四门……立敢谏之旗，听歌谣于路……故天人并应，传福无穷。"(《后汉书》卷二九《郅恽传》)刘陶上疏桓帝时亦劝其"听民庶之谣吟，问路叟之所忧"(《后汉书》卷五七《刘陶传》)。朱传誉认为，东汉"皇帝不一定听百官所说的话，但却相信谣谚。因此臣僚也常在奏疏或谏章中引用谣谚，以加强他的发言力量，表示他是反映民意，代表大多数人的意见，使皇帝不能不接受，不尊重"[3]。此外一些文人儒士在总结历史成败经验时，亦将失听歌谣作为君失其政的原因之一，像王符即认为秦朝速亡的原因"过在于不纳卿士之箴规，不受民氓之谣言"[4]。当然，在东汉听闻歌谣已成为开明官吏体察民情的重要手段，延熹八年(165)刘瑜上书陈事时即曰："臣在下土，听闻歌谣，骄臣虐政之事，远近呼嗟之音，窃为辛楚。"(《后汉书》卷五七《刘瑜传》)灵帝中平年间(184—189)羊续拜为南阳太守，"当入郡界，乃

---

[1] (南朝宋)范晔撰，(唐)李贤注:《后汉书》，中华书局1965年版，第1851页。
[2] 邱永明:《中国古代监察制度史》，上海人民出版社2006年版，第126页。
[3] 朱传誉:《中国民意与新闻自由发展史》，正中书局1974年版，第108页。
[4] (汉)王符著，(清)汪继培笺:《潜夫论笺校正》卷二《明暗》，中华书局1985年版，第59页。

赢服间行……采问风谣,然后乃进"(《后汉书》卷三一《羊续传》)。可以看出,至汉末桓、灵时期,官僚士大夫依然奉行以谣谚"观风俗、知薄厚"的政策。

由此可见,自光武帝实行"广求民瘼,观纳风谣"的举措后,通过谣谚考察政治得失的方式始终为官方所重,且一直得到沿用,汉室朝廷常以谣谚为参考来整顿吏治,公卿百官亦以谣谚为参照来体察民情,直到汉末桓、灵时期依然如此。其中原委,诚如吕宗力所说:"民间歌谣虽然不一定能代表大多数民众的心声,但由于先秦以来政治思想家的着意推崇和精致论述,令它拥有论证君主统治正当性、认受性的象征意义,以及制衡专制权威的民意代表性。汉代的当政者及有头脑的政治领袖凭其丰富的实践经验,既对民间歌谣的强烈批判精神及对时政的高度关注和迅速反应深具戒心,也对它凝聚民心、表达民意、影响舆论走向的能力心领神会。于是这一非官方非主流言论形式在当时难得地同时受到思想界和统治当局的高度重视,成为专制政治体制下得以自发、公开发声的舆论形式。"① 在这样的政治环境中,清议之士以歌谣谚语作为清议的传播手段,也可谓一种民情上达的方式,其舆论效果可想而知,《后汉纪·桓帝纪》即载,党人以"名行善恶,托以谣言"后,"公卿以下皆畏,莫不侧席"②。从另一方面来说,在清议活动中,清议之士以谣谚寄托情志,依循的不仅是古制,同时也是汉家祖制,这在汉代尊崇古礼和先帝旧典的时代,不失为一种警醒统治者的良方。

综上来看,谣谚艺术能够成为汉末清议活动的传播手段,除谣谚本身的特性之外,又与汉代"名行善恶,托以谣言"的社会思潮和"广求民瘼,观纳风谣"时政措施有很大的关系。"名行善恶,托以谣言"的现象,不仅在汉代造就出适宜谣谚生长的社会环境和广大的接纳群体,而且促使汉代统治阶层对谣谚亦"另眼相看",以至他们因吏治需要而"广求民瘼,观纳风谣"。而受这种文化政策的影响,汉代社会又兴起了"谣谚热",越来越多的民众会用谣谚来寄予褒贬以求上达,文人士大夫也会引用谣谚进行应对或说理,从而谣谚的社会功能、舆论功能在汉代愈加强化。从这一层面上来看,"名行善恶,托以谣言"与"广求民瘼,观纳风谣"又是相辅相成、彼此促进的关系。如果汉代各阶层民众都能做到名行善恶寄之歌

---

① 吕宗力:《略论民间歌谣在汉代的政治作用及相关迷思》,《社会科学战线》2008年第9期。
② (晋)袁宏撰,周天游校注:《后汉纪校注》,天津古籍出版社1987年版,第624页。

谣，朝廷上下因吏治需要也能做到广求民瘼于歌谣的话，那么这种政治现象与后人所描述的"道化隆于上，清议行于下"（《晋书》卷四七《傅玄传》）的政治理想是非常相似的。但是，汉末桓、灵时期的政治却是另一番情景：皇权旁落、宦官擅权，政治达不到"道化隆于上"的境地，所以清流士人只得以"清议行于下"的方式来惩恶扬善、净化风俗。这些清流士人多是由饱读经书、学识渊博的士大夫组成，他们熟知朝廷的各项政策法令，其中也包括"广求民瘼，观纳风谣"的举措。这也是他们在政局动乱、世俗恶化之时，即刻想到以谣谚作为清议传播手段的原因。所以在汉末清议活动中，我们会看到三府作谚、儒生文吏作七言谣的情况，谣谚的舆论功能不断被强化。由此亦可看出，凡清议之士，不管是位高权重的朝臣，还是尚未入仕的儒学诸生，都欲将名行善恶"托以谣言"，以求君主能够"观纳风谣"，知政得失。只可惜，汉末桓、灵之世，主荒政缪、纲纪大乱，清议之士的集体努力换来的竟是残酷的镇压。在这种情况下，虽然"名行善恶，托以谣言"的思潮依然存在，谣谚的舆论功能也不断强化，但朝廷"广求民瘼，观纳风谣"的举措却只能徒留形式了。

第四节　清议活动中时政类谣谚的文化价值

汉代各个时期，谣谚文化都很兴盛。从作品类别上看，汉代谣谚大体可分为时政类谣谚、经济类谣谚和哲理性谣谚。而在东汉后期的清议运动中，士人集团以谣谚相互标榜，作谣谚抨击宦官集团的恶行丑闻，用谣谚赞颂敢于同宦官斗争的正义之士，亦多有运用谣谚"品核公卿，裁量执政"，这无疑丰富了汉代时政类谣谚的内容。可以说，清议之士所创造的谣谚本身及频繁使用谣谚的行为，在汉代清议活动中展现出很高的政治价值，并具有特有的文化价值。

一　时政类谣谚蕴含的文化特征

从谣谚作品所体现的社会功用上来看，一般来说主要有两个方面：一是适应民众日常生活需要；二是适应民众情感需要。前类作品往往在生活实践中经过了长时间的流传和反复验证后，依然具有生活指导性。汉代社会中那些哲理性、格言性的谣谚和反映农事类的谣谚作品多数属于这一类。这类作品是民众生活经验的积累，可使人避免走弯路，亦可使人明智。汉代士人无论是在日常生活中，还是在学术著作中，对此类谣谚皆有引用。后类作品具有社会即创性，即人们在日常生活中遇事乐以歌谣谚语来抒发感情或表达态度，从中可观民众的喜怒哀乐之情，清议活动中的谣谚作品都属于这一类。我们知道，谣谚在清议活动中是作为清议传播工具出现的，主要用来抨击奸邪或褒扬名士，故而其中情感倾向较为分明，如抨击宦官类的谣谚往往隐含着愤懑之情，褒扬善士类的谣谚则往往透露着同道之间的激励之情。

　　从内容和主旨上来说，清议中的谣谚作品皆为时政类谣谚，是对社会政治、时事人物、社会现象的反映，其中既有对宦官集团和赃官污吏进行讽刺的怨谣，又有对正直官吏和敢于同宦官集团作斗争之士进行褒扬称赞的颂谣。时政是汉代士人街谈巷议的主题，谣谚的创作使这些时政要闻在社会中迅速传播，并传达着汉代民众的情感与心声。桓、灵之世是政治复杂混乱的时期，相关的谣谚创作大量出现，其中又以怨谣居多。从这些谣谚作品中可以看出，汉代士人不仅对关系切身利益的政治关心，而且对与自身利益无甚直接关联的政治事件也颇为关注；不仅关注自己所处地方的官吏政治，而且也关注京都、宫廷的政事。这表明汉代士人有着强烈的时势观及参政意识，他们对国政大事、官场官风的强烈的关注，都在清议中的歌谣谚语中体现了出来。

　　从形式与结构上看，原本来自民间的汉代谣谚作品形式多种多样，这一方面是由于谣谚从一开始就产生于不同的群体、不同的地域中，无统一标准而言；另一方面是因为松散、杂样的体式，能使创作思维自由、不受拘束。也正是由于此，汉代谣谚的创作异常丰富。综观两汉的相关作品，有的是简洁的一句话，有的两句一首、三句一首直至六句一首，乃至多句一首。清议中的谣谚和汉代绝大多数时期的谣谚一样，形式自由、结构多样。两句一首的如"欲得不能，光禄茂才""贾氏三虎，伟节最怒""天有冬夏，人有二黄""游平卖印自有评，不避豪贤及大姓""父母何在在我庭，化我鸱枭哺所生"。三句一首的如"白盖小车何延延。河间来合谐，河间来合谐"。四句一首的如"举秀才，不知书；察孝廉，父别居。寒素清白浊如泥，高第良将怯如鸡"。此外还有杂言多句体，如"城上乌，尾毕逋。公为吏，子为徒。一徒死，百乘车。车班班，入河间。河间姹女工数钱，以钱为室金为堂。石上慊慊舂黄粱。梁下有悬鼓，我欲击之丞卿怒"。以上例子中，三言、四言、五言、七言乃至杂言句式都有，以四言句和七言句为主，大多数为押韵之作。而且结构工整、句法整齐，多数讲究对仗、对偶。这些无统一体式的谣谚，内容表现丰富、形式伸缩有度，其中透露出明显的文人化气息，从语气风格、用词及所描写内容看，应为文人所作或经过文人的改编。而太学生为清议名士"三君""八俊""八顾""八及""八厨"所作的七言谣,是按人物数量所作的连章体。儒生文吏对歌谣谚语体式的运用和开创,应该会对汉末诗歌创作产生一定的影响,五言诗、七言诗的出现与完善也许与谣谚艺术有着一定的联系。①

从风格上看,汉代谣谚艺术呈现出多样化的风格特征。清议活动中多数谣谚都直取主题,未经雕饰,保留着口语化的色彩,相对于文人诗歌而言,显得通俗易懂、质朴自然、活泼直露。这主要是因为谣谚隶属于大众文化,一些谣谚在社会中起着舆论宣传的作用,也有一些起着传递某些信息的作用,力求在大多数人中传播并为多数人所理解,单章短小的结构和通俗易懂的语言有利于普通民众记诵、传颂。所以平实直率、自然直露的风格显得尤为重要。当然作者的文化素养、社会的创作风气也会影响这些作品的风格。仔细分析清议中的谣谚还会发现,某些作品又体现出异样的风格特征,显得趣味横生、耐人寻味。有些谣谚显得诙谐幽默,如"车如鸡栖马如狗,疾恶如风朱伯厚","举秀才,不知书;察孝廉,父别居。寒素清白浊如泥,高第良将怯如鸡"。有的隐晦风趣,如"千里草,何青青。十日卜,不得生",这是东汉末年民众诅咒董卓的童谣,"千里草"为"董"字,"十日卜"为"卓"字,这种猜谜式的谣谚在群众中悄然传播,而快意一时。此类隐晦性的谣谚多是针对政治人物所发,因而一般不会直接披露,隐晦中透露着风趣,天真烂漫之情蕴含其中。多样风格的谣谚作品,给汉末社会文化带来了蓬勃的生机。

结合上述分析可见,时政类谣谚作为汉代社会文化中的一支,在为清议活动助燃推力的同时,亦丰富着汉代社会的文化结构,活跃着汉末社会的文化氛围。这些谣谚作品是对特定对象或时政事件的描述,但从中又可看出汉末士人对现实生活中各类现象的敏感,及汉末民众对清明政治和安逸生活的渴求。所以,时政类谣谚作为汉末社会文化的重要组成部分,完全可以将其理解为史料,能再现汉末社会生活的一角。它在丰富史书内容的同时,还可以弥补史书之不足,让我们看到更多有血有肉的东西,能使我们更加直接、深刻地了解到汉末历史的发展特点、社会风貌和民俗

---

① 如刘勰《文心雕龙·明诗篇》中载:"邪径童谣,近在成世;阅时取证,则五言久矣。"所谓"邪径童谣",就是指西汉成帝时的童谣:"邪径败良田,谗口乱善人。桂树华不实,黄爵巢其颠。故为人所羡,今为人所怜。"(《汉书》卷二七《五行志》)这是一首整齐的五言六句童谣,可以看作早期完整的五言诗。随着历史的发展及汉代文人对谣谚的继续研磨,东汉末年出现了更多的五言谣、七言谣,这必然会对文人诗歌的创作产生相应的影响。

民情。

二 创作群体的扩大与文化观念之变

严格来说，谣谚最初来自民间，并在民间自发传播。汉代有很多谣谚作品体现了民间多彩的生活内容，表达了下层民众的普遍心声，并保留着通俗易懂的表达方式。如"百里不贩樵，千里不贩籴"（《史记》卷一二九《货值列传》），"东家有树，王阳妇去。东家枣完，去妇复还"（《汉书》卷七二《王吉传》），"坏陂谁？翟子威。饭我豆食羹芋魁。反乎覆，陂当复。谁云者？两黄鹄"（《汉书》卷八四《翟方进传》），"桑无附枝，麦穗两岐。张君为政，乐不可支"（《后汉书》卷三一《张堪传》），等等。从典籍中所记载的"民为某某歌""百姓为某某歌"，以及"乡里为之语""闾里歌之曰"①等说法上来看，也能看出这些谣谚于民间创作、流传的特点。这样的谣谚作品代表着谣谚文化的主流，是真正的民间文学之作。另外，由于谣谚语言质朴、通俗易懂，其创作与流传具有群体性、地域性的特点，没有具体的创作者，古代典籍中记载的也多是范围性或群体性的作者，因此谣谚多被认为是民间的口头文学。

但是，谣谚文化发展至汉代已非常丰富，且在社会生活中发挥着各种不同的作用，其创作者也不仅局限于下层民众，社会各阶层都有参与。这在桓、灵时期的清议活动中体现得尤为明显。前文述及，《后汉书》卷六六《陈蕃传》载有三府为朱震作谚曰："车如鸡栖马如狗，疾恶如风朱伯厚"，此谚反映了刚正不阿的朱震对宦官集团的势力无所畏惧，对宦官邪恶行为的憎恨如疾风一般强烈。这里提到作谚者为"三府"，即太尉府、司徒府、司空府，"太尉、司空、司徒"三公并列，以太尉居首，这是汉代吏治实行的三公制。"三府"官吏作谚，可见谣谚创作者已扩展至汉代社会最顶层。另外，在党人清议过程中，太学诸生正是通过作七言谣为"三君""八俊"等三十五人褒善扬名的，应该说太学诸生就是当时有意识地进行谣谚创作的重要力量。他们同时又是官僚集团的后备军，代表着汉代社会最活跃的群体，谣谚创作之风在他们之间迅速传播，又为文人的继续创作打下了基础。一旦太学诸生走上仕途，分散各地，便会形成文人、官吏创作谣谚的阵营，把谣谚创作之风带到全国各地，从而大大扩展了谣谚艺术的创作群体。我们上面所述及的清议活动中的部分谣谚，像

---

① 如"乡里为之语"："道德彬彬冯仲文"（《后汉书·冯衍传》）；"闾里歌之曰"："五侯治丧楼君卿"（《汉书·游侠传·楼护传》）。

"茅田一顷中有井"童谣、"城上乌"童谣等,从字面上看,此类童谣的含义是很难理解的。所以,《后汉书志》在引用时基本皆附有解释,因后人缺乏对当时历史情景的了解,如不解释恐非一般人所能理解,况且一些谣谚作品反映的是宫廷、官场争斗的内容。因此我们可以推测,熟悉当时政治情形和官场事件的谣谚作者定非平民百姓,而是官僚士大夫或对其接触比较多的士人。由此来看,因清议活动的推动,致使汉末谣谚创作风气相当浓厚,谣谚作者也扩展至社会各个阶层,其中官僚士大夫亦成为谣谚创作与传播的群体之一,这在客观上促进了汉末文人谣的发展。

不难看出,汉末谣谚创作者和传播者范围的扩大,主要是因为广大清议之士需用其来为政治斗争服务,这使得谣谚的政治职能得到了加强。而谣谚职能的这一转变,又促使文人士大夫对谣谚的观念在一定程度上发生转变。我们知道,文人儒士参与谣谚创作、引用谣谚说理的现象,事实上在桓、灵之前早已存在。虽然一些谣谚从文本内容、描写意向、遣词造句方面来看,明显带有文人色彩,但是具体作者为谁,或倾向于哪个群体,并不为人所知。史料中对其记载时也往往采用"天下歌之曰""长安歌之曰""百姓歌之曰"等类似模糊的用语,[1] 由此可见作者的"隐秘性"。出现这种现象,原因无外乎有两点。一是因涉及事件敏感,不宜透露姓名。这表明,在文人士大夫的意识中,谣谚是反映政治问题的隐性方式。二是谣谚创作属于末流,不值得署名。这表明,谣谚的艺术价值,尚未得到文人士大夫的认可。与之相关的还有谣谚的称谓,如"鄙语""俗语"之类

---

[1] 如《史记》卷四九《外戚世家》载,卫子夫立为皇后,弟卫青以大将军封为长平侯,四子也贵震天下,因此天下歌之曰:"生男无喜,生女无怒,独不见卫子夫霸天下!"[(汉)司马迁:《史记》,中华书局1963年版,第1983页]《汉书》卷九〇《酷吏列传·尹赏传》载,尹赏"杂举长安中轻薄少年恶子……得数百人……以次内虎穴中,百人为辈,覆以大石……百日后,乃令死者家各自发取其尸。亲属号哭,道路皆歔欷。长安中歌之曰:'安所求子死?桓东少年场。生时谅不谨,枯骨后何葬?'"[(汉)班固:《汉书》,中华书局1964年版,第3673—3674页]《后汉书》卷一一《刘玄传》载,更始政权"所授官爵者,皆群小贾竖,或有膳夫庖人,多著绣面衣、锦裤、襜褕、诸于,骂詈道中。长安为之语曰:'灶下养,中郎将。烂羊胃,骑都尉。烂羊头,关内侯。'"[(南朝宋)范晔撰,(唐)李贤等注:《后汉书》,中华书局1965年版,第471页]《汉书》卷九八《元后传》载:"河平二年,上悉封舅谭为平阿侯,商成都侯,立红阳侯,根曲阳侯,逢时高平侯。五人同日封,故世谓之'五侯'。……而五侯群弟,争为奢侈,赂遗珍宝,四面而至;后庭姬妾,各数十人,僮奴以千百数,罗钟磬,舞郑女,作倡优,狗马驰逐;大治第室,起土山渐台,洞门高廊阁道,连属弥望。百姓歌之曰:'五侯初起,曲阳最怒,坏决高都,连竟外杜,土山渐台西白虎。'"[(汉)班固:《汉书》,中华书局1964年版,第4018—4024页]

贬义性称谓,①无不体现了文人意识中的鄙视。但这些谣谚既然能为文人所载、所引,也说明了谣谚作品并不完全是"鄙陋不堪"的东西,文人也不得不承认其中所蕴含的群众性力量或群众性的经验,正如司马迁所说"此言虽小,可以谕大"(《史记》卷一〇九《李将军列传》)。

　　随着谣谚的发展,到了桓、灵时期,人们对谣谚的观念发生了改变,这在清议活动中体现得尤为明显。无论是甘陵南北部党,还是太学诸生,抑或是三府官吏,都公开把谣谚作为党人之议的舆论工具。以太学诸生为党人名士所作的七言谣为例,在他们之前,此类品评性谣谚早已存在。如诸儒为张禹语:"欲为《论》,念张文"(《汉书》卷八一《张禹传》);诸儒为贾逵语:"问事不休贾长头"(《后汉书》卷三六《贾逵传》);京师为井丹语:"五经纷纶井大春"(《后汉书》卷八三《逸民列传》);时人为王君公语:"避世墙东王君公"(《后汉书》卷八三《逸民列传》);等等。这里提到的"诸儒",显然是文人。但当时对此类品评性谣谚来源的称谓,不管是"诸儒",还是"京师为之语""时人为之语",作者依然是隐性的。如果对诸儒等所作的这些谣谚稍作分析还会发现,它们更似一种关于人格品评的口头流行语,其内容范围多局限于文人儒士狭窄的圈子内。当然,桓、灵时期隐性的谣谚和文人间简单品评性的谣谚也多有存在,但是此时太学诸生作七言谣来褒扬名士的行为,则是公开的,且有多首。分析他们所作的七言谣即可看出,因清议活动的需要,此类谣谚已从简单地品评士人转向了复杂政治斗争层面的应用。随之而来的则是谣谚作品艺术性的加强和表现力的提高:结构上扩为连章体,描述内容扩大;人物形象刻画具体,情感表现炽烈。这些皆表明,在清议活动中,文人士大夫不再把谣谚看成反映政治问题的隐性方式,也不再对谣谚心存明显的鄙视态度。

　　不仅如此,在太学诸生之外,以朝臣为主的士大夫还极力提倡将"举谣言"应用于政治体系中。李贤曰:"谣言谓听百姓风谣善恶而黜陟之也"②,《汉官仪》曰:"三公听采长史臧否,人所疾苦,还条奏之,是为举谣言也。顷者举谣言,掾属令史都会殿上,主者大言,州郡行状云何,善者同声称之,不善者默尔衔枚。"③桓帝延熹二年(159),诏三府掾属

---

① 如桓谭《新论·祛蔽》引关东鄙语:"人间长安乐,则出门西向而笑。知肉味美,则对屠门而大嚼。"[(汉)桓谭:《新论》,上海人民出版社1977年版,第29页]又如《汉书》卷五一《路温舒传》载路温舒引俗语:"画地为狱,议不入;刻木为吏,期不对。"[(汉)班固:《汉书》,中华书局1964年版,第2370页]
② (南朝宋)范晔撰,(唐)李贤等注:《后汉书》,中华书局1965年版,第1851页。
③ (南朝宋)范晔撰,(唐)李贤等注:《后汉书》,中华书局1965年版,第2204页。

举谣言，此时范滂被太尉黄琼辟为掾属，他"奏刺史、二千石权豪之党二十余人"（《后汉书》卷六七《党锢列传·范滂传》）。灵帝时朝廷亦有举谣言之举，蔡邕熹平六年（177）上封事中曰："（熹平）五年制书，议遣八使，又令三公谣言奏事。"（《后汉书》卷六〇《蔡邕传》）又，灵帝光和五年（182）"诏公卿以谣言举刺史、二千石为民蠹害者。"（《后汉书》卷五七《刘陶传》）

我们知道，光武帝时期即有"广求民瘼，观纳风谣"的举措，观纳风谣时"数引公卿郎将，列于禁坐"，可见其与桓、灵时期"举谣言"的措施相似，不同的是，前者为皇帝亲自听公卿郎将臧否，后者为三公听采长史臧否。光武帝通过这项措施虽然可以了解民情和地方官吏是否胜任其职，但是"亟以谣言单辞，转易守长"又显得草率，对于那些"自临宰邦邑"的官员来说，可以得到谣言的褒贬，但是那些"感物而行化"者、"导德齐礼"之士，并非皆有赞誉性的谣言加身，因而建武、永平年间"中兴之美，盖未尽焉"，面对这种情况，"朱浮数上谏书，箴切峻政，钟离意等亦规讽殷勤"（《后汉书》卷七六《循吏列传》）。《后汉书》卷三三《朱浮传》载有朱浮的谏言，其中曰："今牧人之吏，多未称职，小违理实，辄见斥罢，岂不粲然黑白分明哉！然以尧舜之盛，犹加三考，大汉之兴，亦累功效……盖以为天地之功不可仓卒，艰难之业当累日也。而间者守宰数见换易，迎新相代，疲劳道路……"对此建议"帝下其议，群臣多同于浮"。汉代旧制，州牧奏二千石长吏不任其位者，皆先下三公，三公遣掾史案验，然后黜退。据此，朱浮又谏言光武帝曰："不用旧典，信刺举之官，黜鼎辅之任，至于有所劾奏，便加免退，覆案不关三府，罪谴不蒙澄察。"对于朱浮的谏言，光武帝多有采纳，"自是牧守易代颇简"[1]。另外，从后世的"举谣言"来看，不管是桓帝时期的"诏三府掾属举谣言"，还是灵帝时期的"令三公谣言奏事"，都改变了光武帝"覆案不关三府"的行为，可见朱浮的谏言得到了采纳，桓、灵时期亦遵循。

光武、明帝之后，至桓、灵之前，"举谣言"是否还继续施行，史料中没有明确的记载。据《后汉书》卷八二《方术列传上》，和帝即位后，"分遣使者，皆微服单行，各至州县，观采风谣"[2]。《后汉书》卷六一《周举传》亦载，顺帝汉安元年（142），诏遣侍中杜乔、周举等人巡行风俗、分行天下。"其刺史、二千石有臧罪显明者，驿马上之；墨绶以下，

---

[1] （南朝宋）范晔撰，（唐）李贤等注：《后汉书》，中华书局1965年版，第1142—1143页。
[2] （南朝宋）范晔撰，（唐）李贤等注：《后汉书》，中华书局1965年版，第2717页。

便辄收举。其有清忠惠利,为百姓所安,宜表异者,皆以状上。"① 联系到蔡邕上封事中亦有"议遣八使,又令三公谣言奏事"之语,似乎可推知,武帝、明帝之后朝廷"举谣言"的政策已变为"遣使巡行、观采风谣"。由此可见,桓、灵时期的"举谣言"措施,应该是在社会矛盾加深、各地风谣频见的情形下,清议之士为净化风俗重新提倡并予以施行的。

之所以如此说,还可从桓、灵时期"举谣言"的具体情况来分析。可以想见,面对社会诸多弊端,提出"举谣言"的定是清流士大夫,浊流的所作所为正是谣言所纠察的,他们对这项举措反感才对。事实确是如此,桓、灵时期"举谣言"虽多有施行,但并不顺利。桓帝延熹二年(159)诏三府掾属举谣言时的情况是,前有外戚梁冀专权,后有宦官势力渐兴,因而范滂奏举权豪之党后,"尚书责滂所劾猥多,疑有私故",对此责备范滂虽明言"若臣言有贰,甘受显戮",但"睹时方艰,知意不行",还是弃官而去。灵帝熹平五年(176)"令三公谣言奏事",此举刚刚议定时,"奉公者欣然得志,邪枉者忧悸失色",但结果却"未详斯议,所因寝息"(《后汉书》卷六〇《蔡邕传》)。此次"举谣言"未能施行的原因,应是擅权的宦官集团阻断所致,这从光和五年(182)的"举谣言"中可得到印证。灵帝光和五年(182)"诏公卿以谣言举刺史、二千石为民蠹害者",但此时的三府官员,如太尉许馘、司空张济,接受宦官的贿赂,"其宦者子弟宾客,虽贪污秽浊,皆不敢问,而虚纠边远小郡清修有惠化者二十六人"(《后汉书》卷五七《刘陶传》)。以此可见,桓、灵时期每次"举谣言"都会遭到贪浊不法官员的搪塞或压制,这也从反方面说明了此时的"举谣言"只能是由清议之士所提倡。

如果说光武帝"广求民瘼,观纳风谣"的措施,只是因其"长于民间,颇达情伪"(《后汉书》卷七六《循吏列传》序)而形成的个案的话,那么清议之士对"举谣言"的提倡及其在三府的推行,可以说使得谣谚"名正言顺"地上升到国家行政管理措施的地位上来。此时谣谚已不再是民间反映问题的隐性方式,而是被公卿百官带入朝堂来公开论政。这同时也表明,士大夫对谣谚的态度和观念发生了改变,谣谚在他们心目中的地位得到了提升。

经上所述可见,桓、灵时期谣谚在清议活动中的应用,使得谣谚创作者的队伍在无形中得以扩展了。其中太学生、官僚士大夫都参与了当时谣谚的创作。他们不仅毫不讳言作谣谚,而且对谣谚的应用也在不断加强。

---

① (南朝宋)范晔撰,(唐)李贤等注:《后汉书》,中华书局1965年版,第2029页。

可以说，谣谚文化在此时得到一次全新的弘扬。谣谚文化在清议活动中的新变，又展现出汉末士人文艺观念的变化，他们不再单以诗歌、散文、辞赋这些雅文雅语逞才，歌谣谚语亦成为他们尝试的文学样式。这不仅扩展了士人文化创作的体裁，活跃了汉末社会文化的氛围，还使谣谚的社会地位得到提升。如果拿汉末文人的诗歌与谣谚作品作比较的话会发现，两者之间有着相同的情感内蕴，它们在取材、风格、用语等方面存在很大的相似性。这是因为，经清议之士的推动，文人士大夫或多或少参与了谣谚的创作，他们在心理上、观念上已不排斥谣谚，所以谣谚作品与文人诗歌之间存在一定的内在联系也是必然。由此亦可看出，虽然中国古代文化大概可分为民间文化和士大夫文化两大类，但二者之间并没有严格的界限，它们之间总会存在必不可少的联系或相通之处。

第七章 清议与汉末题目文化

题目是汉末名士清议中的一种议论方式，同时它又是从清议中衍生出的一种士人文化。汉末至魏晋时期，题目文化逐步完善，它在充实汉晋士人生活方式的同时，又对文人文学产生不可忽视的影响，这深深地影响了中国文化的进程。题目文化虽直接起源于汉末的清议活动，但是其文化根源却与中国早期的称号文化和谣谚艺术有着千丝万缕的联系。

第一节 题目的含义及其与清议的关系

在汉末，"题目"一词有着不同的含义。一是指标题或篇目，如《后汉书》卷三〇《襄楷传》载："顺帝时，琅邪宫崇诣阙，上其师干吉于曲阳泉水上所得神书百七十卷，皆缥白素朱介青首朱目，号《太平清领书》。"李贤注曰："目，题目也。"① 王充《论衡·正说》曰："《尚书》、《春秋》事较易，略正题目麤粗之说，以照篇中微妙之文。"② 这两则材料中的"题目"显然指的是总括文意的篇题。"题目"此意应用广泛而长久，至今仍在沿用。题目的另一含义是评论、品藻。《后汉书》卷六八《许劭传》载许劭与其从兄许靖"俱有高名，好共核论乡党人物，每月辄更其品题"。又载"曹操微时，常卑辞厚礼，求为己目。"李贤注曰："令品藻为题目。"③ 袁宏《后汉纪·献帝纪》亦载："（许劭）少读书，雅好三史，善与人论臧否之谈，所题目，皆如其言，世称'郭许之鉴'焉。"④ 以此可见，题目又指识鉴人才、品藻人物，本书所讨论的题目文化，即集

---

① （南朝宋）范晔撰，（唐）李贤等注：《后汉书》，中华书局1965年版，第1084页。
② 黄晖：《论衡校释》，中华书局1990年版，第1123页。
③ （南朝宋）范晔撰，（唐）李贤等注：《后汉书》，中华书局1965年版，第2234—2235页。
④ （晋）袁宏撰，周天游校注：《后汉纪校注》，天津古籍出版社1987年版，第770页。

中于题目的这一含义。

一　品藻性题目的含义与文辞界定

题目并非仅仅是对士人做一番评论而已，它需要为士人总结能体现其人特征或利于其名声传扬的语句，此语句即为题目的内容，也是最具代表性的品评语。如许劭为曹操题目为"清平之奸贼，乱世之英雄"①。《三国志》卷三七《庞统传》载周瑜逝世，"统送丧至吴，吴人多闻其名。及当西还，并会昌门，陆绩、顾劭、全琮皆往。统曰：'陆子可谓驽马有逸足之力，顾子可谓驽牛能负重致远也'"。裴松之注引张勃《吴录》曰："或问统曰：'如所目，陆子为胜乎？'统曰：'驽马虽精，所致一人耳。驽牛一日行三百里，所致岂一人之重哉！'"②这里，"驽马有逸足之力"是庞统对陆绩的题目，"驽牛能负重致远"是庞统对顾劭的题目，此则材料也记载在《世说新语·品藻》篇中。③《世说新语》把士人间的题目现象归入《品藻》篇中，亦可看出"题目"与"品藻"的同构关系，所不同的是，品藻侧重于行为，题目侧重于文辞，只有留下经典评语的品藻行为才能称为"题目"。所以，余嘉锡说："凡题目人者，必亲见其人，把其风流，听其言论，观其气宇，察其度量，然后为之品题。其言多用比兴之体，以极其形容。"④李世耀论及《世说新语》中的题目文辞时说："凝聚着批评者独特感受和精心雕琢的'题目'，实际上已经成为一种艺术作品。它除了表明批评者的观点之外，还以其凝炼、优美和形象鲜明的语言形式为自身赢得了独立的审美价值。"⑤

由于史书并不以士人文化作为其主要书写职能，我们只能从史料的偶尔记载中得知士人题目行为的大概。因此，汉末清议活动虽开展得轰轰烈烈，士人间相互品藻的现象频频发生，但由于缺乏史料的详细记载，我们

---

① 《后汉书》卷六八《许劭传》载："曹操微时，常卑辞厚礼，求为己目。劭鄙其人而不肯对，操乃伺隙胁劭，劭不得已，曰：'君清平之奸贼，乱世之英雄。'操大悦而去。"[（南朝宋）范晔撰，（唐）李贤等注：《后汉书》，中华书局1965年版，第2234页]

② （晋）陈寿撰，陈乃乾校点：《三国志》，中华书局1964年版，第953—954页。

③ 《世说新语·品藻》篇载：庞士元至吴，见陆绩、顾劭、全琮而为之目曰："陆子所谓驽马有逸足之用，顾子所谓驽牛可以负重致远。"或问："如所目，陆为胜邪？"曰："驽马虽精速，能致一人耳。驽牛一日行百里，所致岂一人哉？"（余嘉锡笺疏：《世说新语笺疏》，中华书局2007年版，第592页）

④ 余嘉锡笺疏：《世说新语笺疏》，中华书局2007年版，第533页。

⑤ 李世耀：《人物品评与六朝文学批评》，《文学遗产》1990年第2期。

很难了解题目文化的细节。好在之后有专门辑录汉末魏晋时期士人思想言行、社会风俗习尚的《世说新语》面世，从中我们能较为具体地观察那个时期的士人风貌，了解那个时期的士人文化。《世说新语》中的《识鉴》《赏誉》《品藻》等篇是对汉晋时期士人间识鉴人才、品评人物现象的记载，其中即包含题目现象。如《赏誉》篇共 156 则，记载了很多士人间的题目行为，多数都保存着相对完整的评语，充分彰显了汉晋时期的士人风尚，又让我们最大限度地体会到当时士人间品评风气的强烈。这些赏鉴、赞誉性的评语有的直接标示为"目"，如公孙度目邴原："所谓云中白鹤，非燕雀之网所能罗也"；裴令公（裴楷）目夏侯太初："肃肃如入廊庙中，不修敬而人自敬"；王戎目山巨源："如璞玉浑金，人皆钦其宝，莫知名其器"；王戎目阮文业："清伦有鉴识，汉元以来，未有此人"；武元夏目裴（楷）、王（戎）曰："戎尚约，楷清通"；庾子嵩目和峤："森森如千丈松，虽磊砢有节目，施之大厦，有栋梁之用"；等等。但也有的评语未标为"目"，如王戎云："太尉神姿高彻，如瑶林琼树，自然是风尘外物"；谢幼舆曰："友人王眉子清通简畅，嵇延祖弘雅劭长，董仲道卓荦有致度"；刘尹（刘真长）每称王长史（王濛）云："性至通而自然有节"；殷中军（殷浩）道右军（王羲之）："清鉴贵要"；等等。但如果对每则评语的内容和性质进行对比则会发现，这些未标"目"之评语与标"目"之评语并无二致，它们都是对所评士人个性特征的概括，或是一个词语，或是一段语句，或是直接品评，或是比喻衬托。因此，这些未标"目"的评语，亦应归为"题目"文辞。况且《赏誉》篇的主旨即集中展现有代表、有个性、有文采的士人评语，每条评语的性质应该是相似的。所以我们有理由说，汉魏六朝时期凡是让人容易生发同感、印象深刻，并易于传诵的士人评语，即可视为题目文辞。

之所以这样说，亦可找到旁证。我们知道，《世说新语》中《赏誉》《品藻》诸篇集中展现士人品评之风时，是将"汉末魏晋"时期作为一个整体的，篇中凡是成文的评语皆可视为题目文辞。[①] 其中载有汉末士人品藻题目行为的，如《赏誉》篇第三则谢子微评论许劭、许虔兄弟曰："平舆之渊，有二龙焉。"谢子微的这条题目文辞在《后汉书》卷六八《许劭

---

① 题目行为并非只是集中在《赏誉》《品藻》二篇中，其他如：《言语》篇载顾恺之为江陵城题目曰："遥望层城，丹楼如霞"；《容止》篇载时人目夏侯太初"朗朗如日月之入怀"，李安国"颓唐如玉山之将崩"。（余嘉锡笺疏：《世说新语笺疏》，中华书局 2007 年版，第 168、716 页）

传》中亦有记载，但并未标示为"目"。① 又，陈寿在《三国志》卷二一篇末评曰："刘廙以清鉴著，傅嘏用才达显云。"这则看似题目文辞的评语亦未标示为"目"，而裴松之作注时则认为："傅嘏识量名辈，寔当时高流。而此评但云'用才达显'，既于题目为拙，又不足以见嘏之美也。"② 可见，裴松之不仅把陈寿的评语看作题目行为，而且对此题目文辞的恰当与否作出了分析。汉魏六朝时期，品藻之风已渐趋成为士人间的生活时尚，品评性的言辞在他们心目中较为敏感，并自觉把品评性的名词语句看作"题目"行为。因此，我们若想观摩汉晋间题目文化的细节，可从文史资料对士人品藻行为的记载中，寻找那些有特色且成文的士人评语。

二 题目与汉末清议的关系

宋人沈作喆曰："晋人之好品藻人物而高自标致也……盖其端起于东汉之末，甘陵南北部三君八俊之流造为语言，以相明目。"③ 沈作喆认为，晋代人物品藻起源于东汉末年党人议论时政、品核人物的清议活动，题目亦是他们之间"造为语言"的标榜、品评之辞。所谓"三君""八俊"，指的是陈蕃、李膺、郭泰等三十五位党人名士；"造为语言"就是当时士人为标榜"三君""八俊"这些党人领袖而作的七言谣，如"天下规矩房伯武""天下模楷李元礼""不畏强御陈仲举"之类。④ 侯外庐等的《中国思想通史》对汉末的风谣、题目亦有介绍，认为这"正是当时之所谓清议"。⑤ 笔者赞同题目与汉末清议的同构关系，但是从另一方面看，随着汉末清议之风的发展，题目本身也在发生着变化。

为了清晰地揭示题目与清议的关系，以及题目本身的发展演变，我们可再找一些东汉末年的题目来分析。除以上所述《世说新语·赏誉》篇载录的谢子微对许劭兄弟的题目外，《世说新语》中还有对汉末士人"题目"的记载。《德行》篇第八则载陈寔评论陈纪（字元方）与陈谌（字季方）曰："元方难为兄，季方难为弟。"《赏誉》篇第一则载陈蕃评论周乘："治国之器，譬诸宝剑，则世之干将"，第二则载世人题目李膺曰"谡

---

① 《后汉书》卷六八《许劭传》载："（许劭）兄虔亦知名，汝南人称平舆渊有二龙焉。"[（南朝宋）范晔撰，（唐）李贤等注：《后汉书》，中华书局1965年版，第2235页]
② （晋）陈寿撰，陈乃乾校点：《三国志》，中华书局1964年版，第629页。
③ （宋）沈作喆：《寓简》卷三，商务印书馆1959年版，第19页。
④ 参见（南朝宋）范晔撰，（唐）李贤等注《后汉书》卷六七《党锢列传》，中华书局1965年版，第2185—2186页。
⑤ 侯外庐等：《中国思想通史》第二卷《两汉思想》，人民出版社1957年版，第364—380页。

谡如劲松下风",第三则又载谢子微评论年轻时的许虔:"干国之器。正色忠謇,则陈仲举之匹;伐恶退不肖,范孟博之风。"《品藻》篇第一则载蔡邕评论陈蕃和李膺:"陈仲举强于犯上,李元礼严于摄下。犯上难,摄下易。"又《赏誉》篇刘孝标注引《李氏家传》:"(李)膺岳峙渊清,峻貌贵重。华夏称曰:'颍川李府君,颀颀如玉山。汝南陈仲举,轩轩若千里马。南阳朱公叔,飂飂如行松柏之下。'"[1] 分析《世说新语》所载的这些例子会发现,参与题目者如许劭、陈寔、陈蕃、李膺、蔡邕等人,皆为汉末清议名士,他们或是品评其他士人,或是被其他名士所品评。据此可知,题目的兴起与汉末清议活动中的名士有着很大关系。

另外,《世说新语》载录的汉末题目文辞,一些可与史书互鉴。如《德行》篇第三则载郭泰评论黄宪(字叔度)曰:"叔度汪汪如万顷之陂。澄之不清,扰之不浊,其器深广,难测量也。"[2] 谢承《后汉书》亦载,郭泰评袁奉高与黄叔度曰:"奉高之器,譬之(氿)滥,虽清而易挹。叔度之器,汪汪若千顷之陂,澄之不清,扰之不浊,不可量也。"[3] 《德行》篇第五则载李膺评论荀淑、钟皓曰:"荀君清识难尚,钟君至德可师。"[4]《后汉书》卷六二《钟皓传》亦载:"时(钟)皓及荀淑并为士大夫所归慕。李膺常叹曰:'荀君清识难尚,钟君至德可师。'"[5]《识鉴》篇第二则载裴潜评论刘备曰:"使居中国,能乱人,不能为治。若乘边守险,足为一方之主。"[6]《三国志》卷二三《裴潜传》亦载:"太祖(曹操)问潜曰:'卿前与刘备俱在荆州,卿以备才略何如?'潜曰:'使居中国,能乱人而不能为治也。若乘间守险,足以为一方主。'"[7] 可见在魏晋南北朝时期,不同文人对相关题目文辞的记载,虽在个别文字上稍有出入,但文意是相同的,可称得上熟识于心、铭记于册。因此,文人在对个别名士的生平事迹进行叙述时,极有可能引用时人对此名士的题目文辞,或引用此名士品评其他士人的题目文辞,以丰富行文内容,增强文章感染力。据此,我们可以《后汉书》《三国志》为例,试着从中寻找更多的汉末题目文

---

[1] 以上示例分别见余嘉锡笺疏《世说新语笺疏》,中华书局2007年版,第13、489—492、591、491—492页。

[2] 余嘉锡笺疏:《世说新语笺疏》,中华书局2007年版,第5页。

[3] (南朝宋)范晔撰,(唐)李贤等注:《后汉书》卷六八《郭泰传》李贤注引,中华书局1965年版,第2227页。

[4] 余嘉锡笺疏:《世说新语笺疏》,中华书局2007年版,第7—8页。

[5] (南朝宋)范晔撰,(唐)李贤等注:《后汉书》,中华书局1965年版,第2064页。

[6] 余嘉锡笺疏:《世说新语笺疏》,中华书局2007年版,第454页。

[7] (晋)陈寿撰,陈乃乾校点:《三国志》,中华书局1964年版,第672页。

辞，以助于我们了解当时题目行为的具体状况。

除《后汉书》卷六八《许劭传》记载的许劭对曹操的题目外，《后汉书》卷六八《郭泰传》亦载有范滂对郭泰的评语："隐不违亲，贞不绝俗，天子不得臣，诸侯不得友。"① 而郭泰身为汉末万人倾慕的名士，其品评人物的行为更是频繁，上文已引他对袁奉高与黄叔度的评论，此外他又评王允曰"王生一日千里，王佐才也"；评刘儒曰"口讷心辩，有珪璋之质"；评史叔宾曰"墙高基下，虽得必失"；评谢甄与边让曰"二子英才有余，而并不入道"；评王柔（字叔优）与其弟王泽（字季道）曰"叔优当以仕进显，季道当以经术通"②。郭泰始入京师，身份未显之时，符融对其评论曰："海之明珠，未耀其光，鸟之凤凰，羽仪未翔。"③ 许劭评陈寔（字太丘）与陈蕃（字仲举）曰："太丘道广，广则难周；仲举性峻，峻则少通"④；评荀爽（字慈明）与荀靖（字叔慈）曰："二人皆玉也，慈明外朗，叔慈内润。"⑤ 庞统评全琮曰："卿好施慕名，有似汝南樊子昭。虽智力不多，亦一时之佳也。"⑥ 另外，在党人清议中，士人为党人领袖等所作的那些七言谣，诸如"天下模楷李元礼""不畏强御陈仲举"等，合称来看是为谣谚，单分来看则属于题目。⑦

汉末清议从内容上概可分为议论时政和品评人物两类，经过上述分析不难看出，题目属于清议中的品评人物之类。张旭华谈及汉末襄阳名士清议时也说："名士题目人物，起于东汉之末。所谓'品题'、'题目'，就是汉末名士对人物优劣所作的评语，是名士评议人物的一种重要表现形式。"⑧ 在汉末清议中，涉及人物品评时，除了创作谣谚予以传扬或抨击

---

① （南朝宋）范晔撰，（唐）李贤等注：《后汉书》，中华书局1965年版，第2226页。
② 以上示例，参见（南朝宋）范晔撰，（唐）李贤等注《后汉书》，中华书局1965年版，第2172、2215、2230、2231页。
③ （南朝宋）范晔撰，（唐）李贤等注：《后汉书》卷六八《符融传》李贤注引《谢承书》，中华书局1965年版，第2232页。
④ （南朝宋）范晔撰，（唐）李贤等注：《后汉书》卷六八《许劭传》，中华书局1965年版，第2234页。
⑤ （晋）陈寿撰，陈乃乾校点：《三国志》卷一〇《荀彧传》裴松之注引皇甫谧《逸士传》，中华书局1964年版，第307页。
⑥ （晋）陈寿撰，陈乃乾校点：《三国志》卷三七《庞统传》，中华书局1964年版，第953页。
⑦ 牟发松在述及此类七言谣时直接称为"题目"，参见牟发松《范晔〈后汉书〉对党锢成因的认识与书写——党锢事件成因新探》，《华东师范大学学报》（哲学社会科学版）2012年第6期。
⑧ 张旭华：《汉末襄阳名士清议》，《襄樊学院学报》2008年第10期。

外，还往往采用比喻、对比等修辞手法来突出人物特征，这与我们所讨论的题目在一定程度上可以互通，因为多数题目中也夹杂着比喻、对比这样的修辞手法，或以品评性谣谚的方式出现。这说明，汉末士人清议的方式同样适用于题目行为中，以上举例既是汉末名士在清议中的品藻人物之举，又是在品评活动中留有评语的题目行为。用谣谚做舆论工具来论政、品人，以"三君""八俊"之类的称号为士人扬名，采用比喻、对比等修辞手法增强品评的效果，为士人总结出具体而形象的"题目"，由此可以看出，汉末士人对清议多有研磨，而题目则可视作议论方式得到研磨后，名士间出现的一种清雅之议。阎步克在论及汉末士人七言谣及"三君""八俊"等名号时说："已大有向专制权势挑战之意味"，但论及"叔度汪汪若千顷陂""李元礼谡谡如劲松下风"之类较文雅的题目文辞时又说："纯粹表达了当时士人注重人格境界的文化风尚，一种在精神生活中自由表现自我的追求，这与吏治政务，相去更远了。"[①] 从这个意义上可以说，题目既是清议的一种议论形式，同时它又是从清议活动中衍生的士人新文化。

第二节 题目的表现特征及其文化意义

题目是随着汉末清议活动的发展，在士人间兴起的一种新文化，具有多样的表现特征。汉世之后，朝代的更迭并未阻断文化发展的脚步，魏晋时期题目文化走向兴盛，这对士人文化风尚和语言文学的发展均产生很大影响。

一 题目的表现特征分析

汉末名士的题目行为没有固定规则，品评角度各有侧重，内容和形式也多有不同。题目文辞亦不像文人诗歌、辞赋那样，有着严格的内在规范性。其具体表现特征可从以下几个方面来看。

对于题目性质而言，既可褒又可贬，褒扬性的题目文辞蕴含着品藻者的提携、推崇之意，如符融评论郭泰曰："海之明珠，未耀其光，鸟之凤皇，羽仪未翔。"贬斥性的题目文辞则蕴含着品藻者的叮嘱、劝导之意，像郭泰评史叔宾："墙高基下，虽得必失"，评谢甄与边让："二子英才有

[①] 阎步克：《察举制度变迁史稿》，辽宁大学出版社1991年版，第85页。

余，而并不入道。"不管是褒评还是贬评，名士题目品藻的目的并没有攻击他人之意，因为题目针对的对象多以正面人物为主，并不似党人清议与名士清议那样，含有反对宦官集团或官僚士大夫违礼背德行径的成分。当然大多数的题目文辞是客观中性的评论，像蔡邕评论陈蕃和李膺："陈仲举强于犯上，李元礼严于摄下。犯上难，摄下易"，裴潜评论刘备："使居中国，能乱人，不能为治。若乘边守险，足以为一方主。"这样的题目文辞多含有名士交流品藻经验与展示自身才识之意。

对于题目内容来说，多是灵活多变，只要抓住士人某方面的特征评论即可。如："隐不违亲，贞不绝俗，天子不得臣，诸侯不得友"是对郭泰处事原则的品评，而"海之明珠，未耀其光，鸟之凤皇，羽仪未翔"则侧重于郭泰的才识；"谡谡如劲松下风"是对李膺人格禀性的评论，"李元礼严于摄下"是对李膺为人风尚的品评，"天下模楷李元礼"则侧重于李膺的德行与地位。又如"季道当以经术通"是对王泽（字季道）才学的赏识，"王生一日千里，王佐才也"是对王允处事能力的看重，"口讷心辩，有珪璋之质"是对刘儒品性超俗的肯定。

从题目方式上来看，也是多种多样的。可以单论，即一次只给一个人题目，这样的题目行为很多。可以双论，即一次评论两个人，或是二人共用一目，如"二子英才有余，而并不入道"，或是采用对比的手法，一人一目并列，如"荀君清识难尚，钟君至德可师""太丘道广，广则难周；仲举性峻，峻则少通"。题目文辞多采用比喻、衬托等修辞手法，如"叔度汪汪如万顷之陂，澄之不清，扰之不浊，其器深广，难测量也"，"治国之器。譬诸宝剑，则世之干将"，是比喻手法；而谢子微评论许虔："干国之器。正色忠謇，则陈仲举之匹；伐恶退不肖，范孟博之风"，则是衬托手法，以他人之风尚衬托被品评之人物。从题目方式上还可看出，题目文辞的形式也是随意多样的，可是一句简单评语，可是一个对偶句，还可为多句杂言体。

关于题目的动机，多数名士是抱着识鉴人才的目的而进行的。因为在汉末动荡的社会背景下，有着社会责任感的名士自觉承担起挽救社会安危的重任，他们希望识得更多有用之才来扭转江河日下的时局，或壮大士人集团反对社会不良风气的力量。所以名士在对士人进行品藻题目的同时，亦是对士人进行的奖掖、提携之举，其间或是推荐、提拔，或是鼓励、引导，或是叮嘱、教诲，从郭泰、陈蕃、李膺、符融等汉末名士的品藻中都能看出这一点。但是，当题目行为逐渐发展为士人生活的一种常态，题目活动亦渐趋成为一种行为艺术时，题目动机也就产生了变化。

对于名士品藻而言，题目除继续用于识鉴人才外，还可能成为他们交流品评经验或展现自身才识的方式。如《世说新语·德行》篇载，陈纪（字元方）子长文与陈谌（字季方）子孝先，各论其父功德，争之不能决，咨于太丘（陈寔）。太丘曰："元方难为兄，季方难为弟。"《世说新语·品藻》篇载："汝南陈仲举，颍川李元礼二人，共论其功德，不能定先后。蔡伯喈评之曰：'陈仲举强于犯上，李元礼严于摄下。犯上难，摄下易。'仲举遂在三君之下，元礼居八俊之上。"可见，士人对同一人物的品评往往会有所不同，此时他们会与才识突出的名士交换品评意见，并寻得他们的品评经验。又如庞统曾评论陆绩与顾劭曰："陆子可谓驽马有逸足之力，顾子可谓驽牛能负重致远也。"面对此题目，有人问及庞统曰："如所目，陆子为胜乎？"庞统答曰："驽马虽精，所致一人耳。驽牛一日行三百里，所致岂一人之重哉！"① 庞统通过对比的方式对二人做出题目，从其对此评语的解释中可看出，题目内容尚有着较深的含义，一般士人可能会误解，但名士皆能自圆其说。另外，名士之间亦渐把谈论、品藻应用于交游或集会的场合，《后汉书》卷六八《郭泰传》载："谢甄……与陈留边让并善谈论，俱有盛名。每共候林宗，未尝不连日达夜。"② 由于此风习渐行，名士在回答他人问题时，如涉及对人物的看法，亦热衷于用题目文辞来作出评价。《后汉书》卷六八《郭泰传》李贤注引《谢承书》曰："（郭）太始至南州，过袁奉高，不宿而去；从（黄）叔度，累日不去。或以问太。太曰：'奉高之器，譬之（氿）滥，虽清而易挹。叔度之器，汪汪若千顷之陂，澄之不清，扰之不浊，不可量也。'已而果然。"③《后汉书》卷六八《许劭传》载："劭尝到颍川，多长者之游，唯不候陈寔。又陈蕃丧妻还葬，乡人（毕）至，而劭独不往。或问其故，劭曰：'太丘道广，广则难周；仲举性峻，峻则少通。故不造也。'"④ 用题目文辞作解，展现了名士识鉴人物的能力及其自身才识的出众，这与当时渐趋浓重的品评之风无疑是吻合的，但也与以题目识鉴人才的倾向有所背离。

而对于被题目者而言，开始时多数人只是在接触名士之时，因某方面特征出众而被偶然品及，如以上所述符融见郭泰、谢子微见许虔、郭泰见王允、郭泰见史叔宾等，皆是如此。另外，名士在与他人谈论或对话时，

---

① 参见（晋）陈寿撰，陈乃乾校点《三国志》卷三七《庞统传》及裴松之注引张勃《吴录》，中华书局1964年版，第953—954页。
② （南朝宋）范晔撰，（唐）李贤等注：《后汉书》，中华书局1965年版，第2230页。
③ （南朝宋）范晔撰，（唐）李贤等注：《后汉书》，中华书局1965年版，第2227页。
④ （南朝宋）范晔撰，（唐）李贤等注：《后汉书》，中华书局1965年版，第2234页。

亦有可能涉及对人物的题目品论，但这种情况下，被品评之人并不在现场，自己也未必详知，如以上所述郭泰对谢甄和边让的题目、郭泰对袁奉高和黄叔度的题目、许劭对陈寔和陈蕃的题目，都是如此。也就是说，因清议而兴起的题目行为，开始只是名士不自觉为之，被品评者也应不会太在意或太留意，这也是可想而知的事情。但随着名士品藻活动的进一步发展，且在社会上产生越来越大的影响时，一些士人为更好地把握自身处境或欲得到名士的指点，便会自觉请名士为其品藻题目。《后汉书》卷六八《郭泰传》载："王柔……弟泽……林宗同郡晋阳县人也。兄弟总角共候林宗，以访才行所宜。林宗曰：'叔优当以仕进显，季道当以经术通，然违方改务，亦不能至也。'"[1] 当然，能得到名士的题目，也是宣扬名声的最好方法。正是这个原因，有人不惜代价欲得到名士的品评，如曹操卑辞厚礼请许劭为其题目，遭拒后甚至采取胁迫的方法，就是例证。

由上可见，汉末名士对题目有着充分的把握，能对士人各方面的特征进行品评，可以采用不同的评论方式和造就不同的文辞体式，题目过程也愈发表现出多样的动机。因此可以说，题目已成为汉末士人文化生活的组成部分，并逐渐走向成熟。

二 题目行为的文化意义

题目行为在汉末的发展，一方面作为士人清议的方式，为发掘、识鉴人才服务；另一方面作为士人文化的构成部分，又影响着中国传统文化的走势。归纳起来，其对汉晋士人文化的影响主要表现在以下两个方面。

首先，汉末及以后，虽社会动乱、朝代更迭，但并未因此阻断文化的延续，题目行为继续发展，一大批擅长题目的名士相继产生，这促成了人物品藻风尚的盛行，改变了士人的构成，并开创了魏晋士人一种新的生活方式。单就题目行为本身而言，在汉末属于政治行为，以名士识鉴人才为主，虽名士中有以品藻题目作为集会、交游或展示自身才识的倾向，但总体上看这种风气尚未形成气候。而到了魏晋时期，题目则由政治行为渐渐发展成审美性文化行为，虽传统的以题目识鉴、提携士人之举还多有存在，但更多的士人已把其看作一种清雅之议，且多表现在文人雅集活动中。这种现象有利于文人集团的形成，增进彼此切磋，增强文化认同感，如《三国志》卷二八《诸葛诞传》裴松之注引《世说新语》曰："散骑常侍夏侯玄、尚书诸葛诞、邓飏之徒，共相题表，以玄、畴四人为四聪，

---

[1] （南朝宋）范晔撰，（唐）李贤等注：《后汉书》，中华书局1965年版，第2231页。

诞、备八人为八达，中书监刘放子熙、孙资子密、吏部尚书卫臻子烈三人，咸不及比，以父居势位，容之为三豫。"①《三国志》卷五九《吴主五子传》裴松之注引《江表传》载，孙登使侍中胡综作《宾友目》曰："英才卓越，超逾伦匹，则诸葛恪。精识时机，达幽究微，则顾谭。凝辨宏达，言能释结，则谢景。究学甄微，游夏同科，则范慎"，（羊）衜乃私驳（胡）综曰："元逊才而疏，子嘿精而狠，叔发辨而浮，孝敬深而狭。"②《世说新语·品藻》篇亦载："正始中，人士比论，以五荀方五陈：荀淑方陈寔，荀靖方陈谌，荀爽方陈纪，荀彧方陈群，荀顗方陈泰。又以八裴方八王：裴徽方王祥，裴楷方王夷甫，裴康方王绥，裴绰方王澄，裴瓒方王敦，裴遐方王导，裴顾方王戎，裴邈方王玄。"③自此，文人在诗赋、散文创作之余，有了新的创作体裁，即题目文辞。

魏晋时期擅长题目的名士，在史料中更是不乏记载，《三国志》卷五二《步骘传》裴松之注引《吴书》曰："（李）肃字伟恭……善论议，臧否得中，甄奇录异，荐述后进，题目品藻，曲有条贯，众人以此服之。"④《世说新语·政事》篇载："山司徒（按：山涛）前后选，殆周遍百官，举无失才。凡所题目，皆如其言。"⑤《晋书》卷四三《王澄传》载："有经澄所题目者，衍不复有言，辄云'已经平子矣'。"⑥从这些例子中也可以看出，"题目"荐举人才的目的在魏晋仍旧存在，其他如山公（山涛）举荐阮咸为吏部郎时，为其题目曰："清真寡欲，万物不能移也"（《世说新语·赏誉》篇），亦是此类情况。可以说，始于汉末的题目文化对后世文人生活产生了较大的影响，尤其是在魏晋时期，题目已成为士人生活的一种常态。

魏晋时期题目行为盛行之貌，我们仍可征诸《世说新语》一书。《世说新语》中的《识鉴》《赏誉》《品藻》等篇中记载了此时期很多士人间的题目行为，除第一节中所举之例外，又如《赏誉》篇载，王公（王导）目太尉（王衍）"岩岩清峙，壁立千仞"；庾公（庾亮）目中郎（庾敳）"神气融散，差如得上"；世目周侯（周顗）"嶷如断山"，⑦等等。这些题

---

① （晋）陈寿撰，陈乃乾校点：《三国志》，中华书局1964年版，第769页。
② （晋）陈寿撰，陈乃乾校点：《三国志》，中华书局1964年版，第1364页。
③ 余嘉锡笺疏：《世说新语笺疏》，中华书局2007年版，第599页。
④ （晋）陈寿撰，陈乃乾校点：《三国志》，中华书局1964年版，第1238页。
⑤ 余嘉锡笺疏：《世说新语笺疏》，中华书局2007年版，第201页。
⑥ （唐）房玄龄等：《晋书》，中华书局1974年版，第1239页。
⑦ 以上三例参见余嘉锡笺疏《世说新语笺疏》，中华书局2007年版，第524、527、539页。

目行为多发生在地位显著的知名士人之间，并不存在举荐、提携人才之意，完全是他们之间标榜性的"清雅之谈"。至于其中体现的历史作用，诚如梁人刘之遴所说："生有七尺之形，终为一棺之土。不朽之事，寄之题目，怀珠抱玉，有殁世而名不称者，可为长太息，孰过于斯。"① 也就是说，对于士人而言，留有题目文辞者，会因此将自身名声传扬久远，这与清议影响下的述德性碑文、人物别传类散文是相似的。

以此可见，魏晋士人对汉末兴起的题目文化不仅仅是继承，其中还多有发展和创新之处，这还体现在其他诸方面。从题目对象上来说，除人物外，其他事物亦纳入品藻题目的范畴，如《世说新语·言语》篇第八十五则载："桓征西（按：桓温）治江陵城甚丽，会宾僚出江津望之。云：'若能目此城者，有赏。'顾长康时为客，在坐，目曰：'遥望层城，丹楼如霞。'桓即赏以二婢。"② 这是桓温集合宾僚对城池景观的题目，因是有赏竞赛，让人不禁有宾客集会、切磋技艺之感。实际上，就题目方式来说，魏晋时期确实向着相互交流、相互切磋的方向发展，如《世说新语·赏誉》篇载王子猷说："世目士少为朗，我家亦以为彻朗。"③ 又如上面所举之例"有经澄所题目者，衍不复有言，辄云'已经平子矣'"（《晋书》卷四三《王澄传》），言外之意是，如果不是王澄所题目，王衍可能还会斟酌。再如陈寿在《三国志》卷二一篇末评语中曰"傅嘏用才达显"，裴松之为其作注时，即对此题目提出质疑，他认为："傅嘏识量名辈，寔当时高流。而此评但云'用才达显'，既于题目为拙，又不足以见嘏之美也。"可见，士人间对他人的题目内容或认可或质疑，已完全把其作为相互交流和展示才识的方式，大大超越了汉末少数名士单向的题目行为。另外，晋代士人在突破单向题目方式的同时，还出现了相互题目的现象，《世说新语·赏誉》篇第二十七则载："王平子目太尉：'阿兄形似道，而神锋太俊。'太尉答曰：'诚不如卿落落穆穆。'"④ 据《晋书》卷四三《王澄传》，王澄获得王衍此目，由是显名。由此可见，题目文化已完全融入魏晋时期的社会生活中，从此在中国文化史上，开启了一代士人文化的新

---

① （唐）姚思廉：《梁书》卷四〇《刘显传》，中华书局1973年版，第571页。
② 余嘉锡笺疏：《世说新语笺疏》，中华书局2007年版，第167—168页。熊国华在《论魏晋人物品评对中国美学的贡献和影响》一文中，举有很多《世说新语》中对自然美和艺术美进行品评的例证，并说："魏晋时期人们由对人物美的品评，发展到对自然山水、文学、绘画、书法、音乐、建筑等的品评，扩大了审美的对象和范围。"（熊国华：《论魏晋人物品评对中国美学的贡献和影响》，《江西社会科学》1990年第5期）
③ 余嘉锡笺疏：《世说新语笺疏》，中华书局2007年版，第578页。
④ 余嘉锡笺疏：《世说新语笺疏》，中华书局2007年版，第516页。

风尚。

其次，题目本为一种语言艺术，题目文化风尚的形成及士人对题目文辞的探究，无疑促进了语言艺术的提高，对文人文学的发展影响颇大。我们知道，题目是对某个人作出的可传诵的评语，此评语之所以能为其宣声扬名，就是因为它的"经典性"，① 况且随着题目文化的发展及士人集团内部文化的认同，评论言语逐渐向着文人化、雅化的方向发展，分析汉末到魏晋时期的题目文辞，能清晰地看出这一倾向。② 所以，在题目的过程中，对被品评者而言，他们得到经典评语后，则拥有了展现自身特长的"标志"，有利于名声的传扬；而对于品评者而言，题目不仅是对自身才识和身份地位的展示，而且会在无意中促成士人间对语言艺术的研磨与探讨。李世耀说，晋人眼中的题目是"'遇之于默会意象之表'的艺术创造。在那种赏心悦目、神契心悟的氛围中，江山寥落、思与境偕；风花水月，情随物迁，兴会意得之处，自是难以言述、难以形状。然而，这种'不可言之理，不可述之事'正是对批评者——创作者鉴赏力与表达能力的最好检验，无怪乎两晋名士每每为一两句品状而殚思竭虑，又屡屡为三两字妙语而击节不已"③。从实际情况看，魏晋时期的题目文辞，或是一个诗意般的对偶句，或是一段简练概括性的短语，或是恰到好处的一个字、一个词；其间修辞手法也运用自如，或是直截了当，或是侧面烘托，即便一个代表性的词语也寓意深刻。从这个意义上可以说，题目文辞既含有哲理散文的因素，又蕴含着十足的诗意韵味，完全可把其当作文学作品来鉴赏，这对语言艺术的提高无疑有着很大的推动作用。因此，随着题目风尚的进一步发展，不可避免地影响到文人诗歌和散文的创作，《世说新语·赏誉》篇载："殷允出西，郗超与袁虎书云：'子思求良朋，托好足下，勿以开美求之。'世目袁为'开美'，故子敬诗曰：'袁生开美度。'"④ 又《晋书》卷四三《山涛传》载："涛所奏甄拔人物，各为题目，时称《山公启事》。"⑤

---

① 当然，名士的题目文辞风格不同，艺术水平也各异，有些题目也并非"经典"才流传开来，如名士身份地位影响所及，其评语亦能得到广泛关注，并形成舆论效应。但是，从总体上看，多数士人的题目文辞是具有一定修辞性且艺术水平较高的评语，尤其到了魏晋时期，其艺术特色更加明显。
② 随着题目文化的发展，魏晋雅化的题目文辞，从南朝至唐代又向着戏谑调侃的方向发展。关于此，参见朱红《人物品藻与戏谑娱乐：唐代"题目"源流考》，《文学遗产》2014年第4期。
③ 李世耀：《人物品评与六朝文学批评》，《文学遗产》1990年第2期。
④ 余嘉锡笺疏：《世说新语笺疏》，中华书局2007年版，第583页。
⑤ （唐）房玄龄等：《晋书》，中华书局1974年版，第1226页。

刘孝标在《世说新语·政事》篇即注引过《山公启事》。可见，题目不仅成了诗句中的典故，而且擅作题目者将其作为文学创作体裁结撰成新类型的散文集。另外，人物品评中的题目，还"对中国的文艺批评和美学产生了很大影响"①。

经上可见，汉末至魏晋时期，题目风尚逐步发展完善，它在充实汉晋士人生活方式的同时，又对文人文学产生了不可忽视的影响，这深深地影响着中国文化的进程。随着历史文化的继续发展，题目作为浓缩的语言艺术如同成语一般，其含义已固定。因此，后世文人越来越多地把其作为典故应用于诗文创作中，如因汉末名士李膺而起的"登龙门"②，唐诗中的"于何车马日憧憧，李膺门馆争登龙"（王季友《酬李十六岐》）、"昔为扬子宅，今是李膺门"（杜牧《川守大夫刘公早岁寓居敦行里肆今之置第乃获旧居辄献此诗》）等，这些都是题目文化的余响所在。此外，魏晋雅化的题目文辞，自南朝至唐代又向着戏谑调侃的方向演变，唐人视其为诸体文学中的一小类文学。③

第三节　题目文化渊源探析

综上所述，既然题目作为汉末士人的清雅之议，是伴随汉末清议活动中士人品藻风尚而发展起来的，那么我们有理由相信，题目文化即直接来源于汉末清议活动。在第一节中我们对此也有所分析，《世说新语》中《识鉴》《赏誉》《品藻》诸篇集中展现士人品评、识鉴之风时，是将"汉末魏晋"作为一个整体的，而述及其他社会风尚时，则可能扩展到汉代前期，甚至秦代。④ 以此似可推知，至少从《世说新语》编纂的时代起，人们既已认定，从汉代末年到魏晋时期，士人间的品藻题目现象是一脉相承的。再加上《世说新语》所涉汉代题目人物都与汉末清议名士有关，汉世

---

① 熊国华：《论魏晋人物品评对中国美学的贡献和影响》，《江西社会科学》1990年第5期。
② 《后汉书》卷六七《党锢列传》载，李膺"独持风裁，以声名自高。士有被其容接者，名为登龙门"。[（南朝宋）范晔撰，（唐）李贤等注：《后汉书》，中华书局1965年版，第2195页］"登龙门"是否为题目性词语，第三节中有述。
③ 参见朱红《人物品藻与戏谑娱乐：唐代"题目"源流考》，《文学遗产》2014年第4期。
④ 如《规箴》篇首则述及东方朔对汉武帝乳母的劝诫，第二则述及京房对汉元帝的劝谏；《贤媛》篇首则载秦末陈婴之母对陈婴的劝导之词，第二则载汉元帝时和亲宫女王昭君，第三则载汉成帝时赵飞燕诬告班婕妤之事。（参见余嘉锡笺疏《世说新语笺疏》，中华书局2007年版，第648—649、780—785页）

之后多有学者认为题目与汉末人物品藻相关联,① 这就更证实了题目起源于汉末清议的说法。

虽然题目直接来源于东汉末年的人物品评活动,但这只是题目作为士人文化形式成型的时间。任何文化的新生都不是一蹴而就的,题目文辞能在汉末品评活动中传播开来,题目行为能成为名士间流行的一种生活方式,也定非一时创意之举,还应有较深的文化渊源以及相关的文化积累。如果从题目文辞本身出发,考察时人对其特质的认识便会发现,某些题目确实与其他文化样式存在一致性。如上举汉末"三君""八俊"等名士间的"以相名目"之辞,本为一组品评类的七言谣谚,将其拆分来看才是针对某一名士的"题目"。而"三君""八俊"等称号在袁宏《后汉纪·桓帝纪》中却被直接称为"目"。② 又《三国志》卷三七《庞统传》裴松之注引《襄阳记》曰:"诸葛孔明为卧龙,庞士元为凤雏,司马德操为水镜,皆庞德公语也。"③ 按常理来说,这里的"卧龙""凤雏""水镜"应为人物称号才对,但唐代白居易在《白孔六帖》"藻鉴"条目下对"题目"释例时,引用的就是这则材料。④ 也就是说,从一些题目文辞的形式上来看,多有与"称号"或"谣谚"相仿者,其实这种现象也存在于魏晋时期较为成熟的题目文辞中。以此而言,题目与称号、谣谚同为品评人物的方式,它们之间有着很大的共通之处。侯外庐等的《中国思想通史》在论述汉末"题目"时也提到,人物称号"实为题目的滥觞","这种称号是风谣蜕变出来的……可说是风谣的简化形式","题目的最初形式,与称号有着密切关系"⑤,但论述不详或一语带过。为此我们可进一步探析题目与传统的称

---

① 除前文述及的宋人沈作喆在《寓简》卷三认为晋代品藻活动源于东汉末党人清议外,又如朱红指出:"作为一种对人物的品鉴,题目自东汉末开始,在魏晋时期尤为兴盛。"(《人物品藻与戏谑娱乐:唐代"题目"源流考》,《文学遗产》2014 年第 4 期)

② 《后汉纪·桓帝纪》载:"由是学生同声竞为高论,上议执政,下议卿士……又为三君、八俊、八顾、八及之目,犹古之八元、八凯也。"[(晋)袁宏撰,周天游校注:《后汉纪校注》,天津古籍出版社 1987 年版,第 624 页] 又宋人洪适在《玄儒先生娄寿碑》注中曰:"末流之弊,故更相标榜,三君八顾之目纷然而奇,祸作矣。"[参见(宋)洪适《隶释·隶续》,中华书局 1985 年版,第 103 页]

③ (晋)陈寿撰,陈乃乾校点:《三国志》,中华书局 1964 年版,第 953 页。

④ 参见(唐)白居易《白孔六帖》卷四三,台北新兴书局 1969 年版,第 640 页。此外,今人张旭华也说:"庞德公评论诸葛亮、庞统、司马徽为'卧龙'、'凤雏'、'水镜',就是人所共知的品题、题目之作。"[《汉末襄阳名士清议》,《襄樊学院学报》2008 年第 10 期]

⑤ 侯外庐等:《中国思想通史》第二卷《两汉思想》,人民出版社 1957 年版,第 371—372 页。

号风尚、谣谚艺术之间的关联，这样也许有助于我们更清晰地了解东汉末年题目文化的来龙去脉。

一 题目与人物称号的互通性

《后汉书》卷六七《党锢列传》述及"三君""八俊""八顾""八及""八厨"这些名士称号时曰："犹古之'八元'、'八凯'也。"① "八元""八凯"，即《左传》中所载的高阳氏才子八人和高辛氏才子八人。② 可见，称号是中国古老的文化之一。及至东汉，这种针对人物的称号已完全发展为大众化的社会文化，诸多文史资料显示，上自王侯，下至普通士人乃至平民百姓，都有称号加身的现象。此外，某些权势重或威望高的士大夫离世后，还会得到与称号类似的谥号。在这样的背景下，汉末士人用称号来宣扬党人名士的声名也在情理之中。

"称号"给人的第一印象是简单、通俗，因是对人物性格、特征、能力等方面的概括，故简单通俗的称号又个个有来历。冠以党人名士的"三君""八俊"等称号，采用了数字式称号的方式，虽看上去有文字堆砌之感，但其中却有着明确的意指："君者，言一世之所宗也……俊者，言人之英也……顾者，言能以德行引人者也……及者，言其能导人追宗者也……厨者，言能以财救人者也。"③ 据此来看，称号也是对人物某方面特征进行的品评，它与题目有着相同的文化内涵，二者都是浓缩的语言艺术，具有概括性和凝练性。当然，细致来看，二者之间也存在差异，比如"称号"应用范围广泛，除了人物外，学术流派、山岳名胜、特定事件等皆可加号称谓，而"题目"则多用于对人物的称论；又如"称号"简便、通俗，创作者或传播者不拘身份，而"题目"则多表现为诗意的语言或修辞性较强的语句，主要流行于文士之间。

单就品论人物而言，称号和题目还是有着很大的相似性的。所以，在汉晋时期的诸多题目文辞中，我们会看到有不少与称号相似的简约化题目，除上述"三君""八俊"等称号在《后汉纪·桓帝纪》中被直接称为"目"外，又如《三国志》卷二八《诸葛诞传》裴松之注引《世说新语》曰："散骑常侍夏侯玄、尚书诸葛诞、邓飏之徒，共相题表，以玄、畴四人为四聪，诞、备八人为八达，中书监刘放子熙、孙资子密、吏部尚书卫

---

① （南朝宋）范晔撰，（唐）李贤等注：《后汉书》，中华书局1965年版，第2187页。
② 参见杨伯峻编著《春秋左传注》，中华书局1981年版，第636页。
③ 参见（南朝宋）范晔撰，（唐）李贤等注《后汉书》卷六七《党锢列传》，中华书局1965年版，第2187页。

臻子烈三人，咸不及比，以父居势位，容之为三豫。"① 这里的"四聪""八达""三豫"皆为"共相题表"之词，也就是对人物的题目内容，其与"三君""八俊"等称号类同。② 又据《三国志》卷六《刘表传》裴松之注引《傅子》，傅巽题目庞统为"半英雄"。③ 此外，《世说新语·赏誉》篇所载的大量题目文辞中，诸如武陔目王戎为"尚约"、目裴楷为"清通"，周侯目高坐道人为"卓朗"，世人目杜乂为"标鲜"、褚衮为"穆少"，世人目谢尚为"令达"，晋简文帝目王恬为"朗豫"，吴四姓（张、朱、陆、顾）旧目分别为"张文""朱武""陆忠""顾厚"，④ 等等，都是简约通俗性的单言片语式的"题目"。其实，与之相似的情形在东汉前期早有端倪，《后汉书》卷四五《韩棱传》载，尚书令韩棱与仆射郅寿、尚书陈宠俱以才能著称，三人获得了章帝赐予的宝剑，自手署其名曰："韩棱楚龙渊，郅寿蜀汉文，陈宠济南椎成。"时论者为之说："以棱渊深有谋，故得龙渊；寿明达有文章，故得汉文；宠敦朴，善不见外，故得椎成。"⑤ 这里的"龙渊""汉文""椎成"，可视为代表三人特性的称号，其与汉晋时期简约化的题目文辞也非常相似。

除形式上与称号相似的简约性题目外，在那些短语式的题目文辞中，我们也可找到称号性的言辞。如《世说新语·赏誉》篇载谢子微评论许劭、许虔兄弟为"平舆之渊，有二龙焉"，⑥ 这条题目在《后汉书》卷六八《许劭传》中亦有记载，在当时数字式称号盛行的背景下，我们完全可把文辞中的"二龙"看作称号。又《赏誉》篇载公孙度目邴原："所谓云中白鹤，非燕雀之网所能罗也"⑦，这条题目文辞中的"云中白鹤"，也可看作称号。其实，《世说新语》在记载晋代士人间频繁题目行为的同时，

---

① （晋）陈寿撰，陈乃乾校点：《三国志》，中华书局1964年版，第769页。
② 与之类似的"共相题表"现象一直延续在魏晋士人的生活中，如《晋书》卷四九《羊曼传》载："时州里称陈留阮放为宏伯，高平郗鉴为方伯，泰山胡毋辅之为达伯，济阴卞壶为裁伯，陈留蔡谟为朗伯，阮孚为诞伯，高平刘绥为委伯，而曼为䰄伯，凡八人，号兖州八伯，盖拟古之八隽也。"又载："先是，兖州有八伯之号，其后更有四伯。大鸿胪陈留江泉以能食为谷伯，豫章太守史畴以大肥为笨伯，散骑郎高平张嶷以狡妄为猾伯，而聃以狼戾为琐伯，盖拟古之四凶。"［（唐）房玄龄等：《晋书》，中华书局1974年版，第1382—1383页］
③ （晋）陈寿撰，陈乃乾校点：《三国志》，中华书局1964年版，第214页。
④ 参见余嘉锡笺疏《世说新语笺疏》，中华书局2007年版，第505、532、547、566、567、582页。
⑤ （南朝宋）范晔撰，（唐）李贤等注：《后汉书》，中华书局1965年版，第1535页。
⑥ 余嘉锡笺疏：《世说新语笺疏》，中华书局2007年版，第492页。
⑦ 余嘉锡笺疏：《世说新语笺疏》，中华书局2007年版，第495页。

亦有把"称号"直接看作"题目"的倾向，像《赏誉》篇第三十则载："庾子躬有废疾，甚知名。家在城西，号曰城西公府。"① "城西公府"的称号与《赏誉》篇中其他题目文辞并列，与那些简约性的题目相得益彰，实无二致。

由上可见，传统的称号本具有人物品评的性质，当东汉末年人物品评之风兴起之后，它自然会得到品论者的借鉴，从而使相对简单通俗的语言艺术，变成较为文雅的题目文辞。所以，品藻人物的"题目"与人物"称号"这两种文化形态，在一定程度上可以互通。当魏晋时期题目行为愈加盛行，并且题目的形式变得更加多样后，某些擅作题目者依然沿用称号式的简约、通俗之体，因此我们会看到其间有很多与称号相似的题目。

二 题目与人物品评类谣谚的互通

我国谣谚文化历史悠久，先秦时期即已表现出蓬勃发展的趋势，其发展至汉代更是蔚为壮观。因谣谚具有易于传播的特点和广泛的接受群体，所以它作为舆论宣传的工具被应用于东汉后期的清议活动中，或议论时政，或评论士人。前文提及，谣谚在汉代并非都是来自下层民众间的"俗谣鄙语"，实际情况是汉代社会各阶层都参与了谣谚的创作，并表现出不同的创作动机。在汉代多种多样的谣谚类型中，有一类是专门品评和标榜人物的谣谚，主要在文人儒士之间创作和传播。此类谣谚与汉末"题目"也存在某些相似的特征。在分析它们之间的关系前，我们有必要对品评类谣谚在汉代的发展及其特性，作一简要的考释。

人物品评类谣谚的创作，在西汉初年已见端倪，如隐居淮阳山中的应曜与商山四皓一同被征做官，而应曜独不至，因此时人语之曰："南山四皓，不如淮阳一老。"② 又《史记》卷一〇〇《季布传》载楚人谚"得黄金百，不如得季布一诺"③，此谚歌颂了季布重然诺的品质。至西汉后期，随着察举制的推行，这种品评人物的谣谚也逐渐增多。如元帝时诸儒为朱云作语曰："五鹿岳岳，朱云折其角"④，赞颂了朱云的经学才识压过充宗。诸儒为匡衡（少时字鼎）语："无说《诗》，匡鼎来；匡说

---

① 余嘉锡笺疏：《世说新语笺疏》，中华书局2007年版，第519页。
② 参见蔡梦麒《广韵校释》，岳麓书社2007年版，第423页。
③ （汉）司马迁：《史记》，中华书局1963年版，第2731页。
④ （汉）班固：《汉书》卷六七《朱云传》，中华书局1964年版，第2913—2914页。

《诗》,解人颐"①,称赞了匡衡的经学才识。而京师为诸葛丰语:"间何阔,逢诸葛"②,则赞颂了诸葛丰的节操。汉成帝时期至西汉末年,此类谣谚又有诸儒为张禹语:"欲为《论》,念张文",长安为张竦语:"欲求封,过张伯松;力战斗,不如巧为奏",京师为扬雄语:"惟寂寞,自投阁;爰清静,作符命"③,时人为戴遵语:"关东大豪戴子高"④,等等。东汉之后,文人儒士间这种以谣谚品评他人德行、学识、节操诸方面品质的现象更为常见。诸如"关东觥觥郭子横"(《后汉书》卷八二《方术列传上》),"五经纷纶井大春"(《后汉书》卷八三《逸民列传》),"桴鼓不鸣董少平"(《后汉书》卷七七《酷吏列传》),"德行恂恂召伯春"(《后汉书》卷七九《儒林列传下》),"殿中无双丁孝公"(《后汉书》卷三七《丁鸿传》),"道德彬彬冯仲文"(《后汉书》卷二八《冯衍传》),"五经从横周宣光"(《后汉书》卷六一《周举传》),等等,可谓比比皆是。

  分析这些"文人谚",从形式上看,它们短小精悍,模式单一、趋同;从内容上看,它们以突出人物某方面的特征为主,品论性质明显;从风格上看,它们简单通俗,读之易于上口,似文士间的文字游戏,情感色彩稍显缺乏。这与传统谣谚存在些许不同,传统谣谚作品中不乏反映时代人物的作品,以汉代为例,如桓帝时期顺阳吏民为刘陶所做歌谣:"悒然不乐,思我刘君。何时复来,安此下民。"⑤ 灵帝时期有"京兆为李燮谣":"我府君,道教举。恩如春,威如虎。刚不吐,弱不茹。爱如母,训如父。"⑥

---

① (汉)班固:《汉书》卷八一《匡衡传》,中华书局1964年版,第3331页。
② (汉)班固:《汉书》卷七七《诸葛丰传》,中华书局1964年版,第3248页。
③ 以上三则分别见(汉)班固《汉书》(中华书局1964年版)卷八一《张禹传》,第3352页;卷九九《王莽传上》,第4086页;卷八七《扬雄传下》,第3584页。
④ (南朝宋)范晔撰,(唐)李贤等注:《后汉书》卷八三《逸民列传》,中华书局1965年版,第2773页。
⑤ 《后汉书》卷五七《刘陶传》载:"(桓帝时)陶举孝廉,除顺阳长。县多奸猾,陶到官,宣募吏民有力气勇猛,能以死易生者,不拘亡命奸臧,于是剽轻剑客之徒过晏等十余人,皆来应募。陶责其先过,要以后效,使各结所厚少年,得数百人,皆严兵待命。于是覆案奸轨,所发若神。以病免,吏民思而歌之曰:'邑然不乐,思我刘君。何时复来,安此下民。'"[(南朝宋)范晔撰,(唐)李贤等注:《后汉书》,中华书局1965年版,第1848页]
⑥ 《乐府诗集》卷八七载:"《续汉书》曰:李燮拜京兆,诏发西园钱。燮上封事,遂止不发。吏民爱敬,乃为此谣。"[(宋)郭茂倩编:《乐府诗集》,中华书局1979年版,第1224页]

献帝初有京都童谣:"千里草,何青青。十日卜,不得生。"① 不难看出,这些传统意义上的歌谣章法谨严,内容充裕,形象生动,或歌颂或贬斥,皆具声情并茂之特性。据此,也许会有人认为这些"文人谚"不应归属于"谣谚"的范畴,况且其间尚夹杂着一定的调侃意味,只能当作文人于日常生活中创作的韵律小调或流行时语。这种看法,似也不为过,上面列举的例子确也如此。如果还原一下这些文人之作产生时的社会情形,会发现它们多数被称为"语"。"语"是否等同于"谚语"呢?我们可拿当时人对传统谚语的称谓来作出印证,如"尺有所短,寸有所长",在《史记》卷七三《白起王翦列传》中被司马迁称为"鄙语";"当断不断,反受其乱",在《史记》卷七八《春申君列传》中被司马迁称为"语";"虽有亲父,安知其不为虎?虽有亲兄,安知其不为狼?",在《史记》卷一〇八《韩长孺列传》和《汉书》卷五二《韩安国传》中都被称为"语";"腐木不可以为柱,卑人不可以为主",在《汉书》卷七七《刘辅传》中被称为"俚语";"三军可夺帅,匹夫不可夺志",在《后汉书》卷五一《桥玄传》中被称为"语";"善人在患,饥不及餐",在《后汉书》卷五六《王龚传》中被李固引用时称为"语"。在《史记》《汉书》《后汉书》等史料中,关于此类现象的记载还有多处。另外,"有白头如新,倾盖如故",《史记》在述及邹阳所引时称为"谚",②而在《汉书》中则称为"语"。③凡此种种,似乎印证了"语"即为"谚语"。如果这还不能清晰地说明问题的话,我们还能找到更为直接的证明,那就是这些被称为"语"的流行语中,有被时人直接称为"谣"或"谚"的情形,如楚人谚"得黄金百,不如得季布一诺"(《史记》卷一〇〇《季布传》);甘陵乡人谣"天下规矩房伯武,因师获印周仲进"(《后汉书》卷六七《党锢列传》);京师为唐约谣"治身无嫌唐仲谦"(谢承《后汉书》卷八《唐约传》④);敦煌乡

---

① 《后汉书志·五行志》:献帝践祚之初,京都童谣曰:"千里草,何青青。十日卜,不得生。"案千里草为董,十日卜为卓。凡别字之体,皆从上起,左右离合,无有从下发端者也。今二字如此者,天意若曰:卓自下摩上,以臣陵君也。青青者,暴盛之貌也。不得生者,亦旋破亡。[(晋)司马彪撰,(梁)刘昭注补:《后汉书志·五行志一》,《后汉书》,中华书局1965年版,第3285页]

② 《史记》卷八三《邹阳列传》载:"邹阳客游,以谗见禽,恐死而负累,乃从狱中上书曰:'……愿大王孰察,少加怜焉。谚曰:"有白头如新,倾盖如故。"何则?知与不知也。'"[(汉)司马迁:《史记》,中华书局1963年版,第2469—2471页]

③ 《汉书》卷五一《邹阳传》载邹阳"客游以谗见禽,恐死而负累",乃从狱中上书曰:"……愿大王孰察,少加怜焉!语曰'有白头如新,倾盖如故'。何则?知与不知也。"[(汉)班固:《汉书》,中华书局1964年版,第2343—2345页]

④ 参见周天游辑注《八家后汉书辑注》,上海古籍出版社1986年版,第261页。

人为曹全谚"重亲致欢曹景完"(《曹全碑》①)。此外,后世专门辑录谣谚作品的文集中,亦纳入了这样的韵律短语。如以上所举各例,在明代杨慎《古今风谣》、清代杜文澜《古谣谚》、今人逯钦立《先秦汉魏晋南北朝诗》中多数被收录,这表明后世文人已把它们归入谣谚作品的行列。郭绍虞先生曾说过:"从广义方面而言,则不论何种言语,只须有一定的形式而传唱于社会上的,都是谚语。即如一种形容的辞句,因其有一定形式而又脍炙人口,亦可名为谚语。"② 因此,我们还是把这些韵律小句归入谣谚文化的范畴为妥。可以说,汉代文人的这些创作使得"谚"的概念范畴无形中得以扩展了。

了解了汉代人物品评类谣谚的基本特性后,接下来我们分析其与题目的关系。我们知道,题目属于人物品藻行为,而品藻人物又多用歌谣谚语来传诵,所以二者之间存在交集的可能性。从汉魏六朝时期的文史资料中,我们能明确看出某些题目与人物品评类谣谚之间的同构关系。甚至可以说,有些评论人物的谣谚能直接理解为"题目",这在题目较为盛行的魏晋时期便有充分的体现。还是以《世说新语·赏誉》篇所载的题目文辞为例,其中有一则为:"谚曰:后来领袖有裴秀",刘孝标注引虞预《晋书》亦载:"时人为之(按:裴秀)语曰:'后进领袖有裴秀'";又有一则为:"谚曰:扬州独步王文度,后来出人郗嘉宾",刘孝标注引《续晋阳秋》中也有相似的记载:"时人为一代盛誉者,语曰:'大才槃槃谢家安,江东独步王文度,盛德日新郗嘉宾。'"③《世说新语》的编纂者把这种品论人物的谣谚与诸多的题目文辞并列,由此可看出,在其观念中这些谣谚亦为"题目"。其中"后来领袖"是对裴秀的题目,"扬州独步"是对王坦之(字文度)的题目,"后来出人"是对郗超(字嘉宾)的题目。又《三国志》卷三九《马良传》载:"(马良)兄弟五人,并有才名,乡里为之谚曰:'马氏五常,白眉最良。'良眉中有白毛,故以称之。"④ 今人张旭华据此说:"所谓'乡里为之谚曰',其实是当地大族、名士对乡党人士所作的品题、题目之语。"⑤ 牟发松也说:"汉末乡里清议以及名士人物评

---

① 《曹全碑》:"收养季祖母,供事继母,先意承志,存亡之敬,礼无遗阙。是以乡人为之谚曰:'重亲致欢曹景完。'"(《历代碑帖法书选》编辑组:《汉曹全碑》,文物出版社1982年版)
② 郭绍虞:《谚语的研究》,商务印书馆1925年版,第7页。
③ 余嘉锡笺疏:《世说新语笺疏》,中华书局2007年版,第499、575页。
④ (晋)陈寿撰,陈乃乾校点:《三国志》,中华书局1964年版,第982页。
⑤ 张旭华:《汉末襄阳名士清议》,《襄樊学院学报》2008年第10期。

论，通常采取简明扼要的韵语、谣谚形式，称为'题目'或'品题'。"①以此而言，汉末"题目"和品评类谣谚同为人物评议性质的文字创作，本就存在一种天然的联系。由此我们可反观东汉文人儒士间那些品评性、标榜性的"文人谚"，按照魏晋南北朝士人对题目的理解，它们似乎都可被视作题目文辞。如"五经纷纶井大春"，"五经纷纶"是对井丹（字大春）的题目；"德行恂恂召伯春"，"德行恂恂"是对召驯（字伯春）的题目；"道德彬彬冯仲文"，"道德彬彬"是对冯豹（字仲文）的题目。②从这个意义上可以说，在汉末之前虽无题目之概念，但已有题目之事实。

有了西汉和东汉前期人物品评类谣谚的创作经验，到东汉中后期，文人儒士自然又把此类谣谚应用到人物品评活动中，或用其讽刺、抨击某人的不良之举，或以此褒扬、传颂某人的美好声名。如桓帝时期，朋党的兴起是由甘陵"乡人"谣"天下规矩房伯武，因师获印周仲进"对房植（字伯武）和周福（字仲进）的品评引起的。此后便出现了士人为"三君""八俊"等党人领袖所作的七言谣，这些七言谣被用来宣扬党人的名声，并以此加强与宦官集团对抗的声势。稍后又有时人同情党人遭遇而作的"梁沛间里为范史云歌"："甑中生尘范史云，釜中生鱼范莱芜。"③灵帝时，还有京师士人为胡广作语曰："万事不理问伯始，天下中庸有胡公"，④以此评价胡广的为人风尚。由此可以看出，在汉末名士对人物进行品藻题目前后，早已有了谣谚式的题目作为基础。

当然，这种谣谚式的题目，不管是在汉末题目刚刚兴起之时，还是在题目行为较为频繁的魏晋时期，都不占主流，《世说新语》等文史资料对此类题目的记载很少。汉晋时期的题目还是以修辞性较强、艺术性较高的文句为主。由此只能说，在汉晋多种形式的题目文辞中，部分对人物品评

---

① 牟发松：《范晔〈后汉书〉对党锢成因的认识与书写——党锢事件成因新探》，《华东师范大学学报》（哲学社会科学版）2012年第6期。
② 这里只限于东汉士人间的"文人谚"，因为通过文史资料考察发现，虽然西汉早期已经出现品评人物的谣谚，但是这些谣谚并没有为被评之人留下代表性评语（词）。如上文所举的西汉时期评论人物的谚语："南山四皓，不如淮阳一老""得黄金百，不如得季布一诺""五鹿岳岳，朱云折其角""欲为《论》，念张文"等，皆作整体性评价，文辞中没有能概括人物特征的固定性词语出现。而东汉之后的谣谚，如"关东觥觥郭子横"中的"关东觥觥"、"前有召父，后有杜母"中的"召父"和"杜母"、"德行恂恂召伯春"中的"德行恂恂"等，皆为概括人物某方面特性的词语，即汉末之后士人理解的"题目"。
③ （南朝宋）范晔撰，（唐）李贤等注：《后汉书》卷八一《独行列传》，中华书局1965年版，第2689页。
④ （南朝宋）范晔撰，（唐）李贤等注：《后汉书》卷四四《胡广传》，中华书局1965年版，第1510页。

类的谣谚进行了借鉴。据此而言，谣谚式的题目虽早已发端，但只能算作汉晋士人题目行为的参照模式，或曰前期准备阶段，题目文化之实还是从汉末名士品评人物时开始的，这也是《世说新语》从汉末开始收集题目文辞的原因所在。从这方面来说，题目行为虽然能引起普通士人的广泛关注，但题目文化的主体却主要以汉末清议名士为主，名士毕竟是有限的，所以题目文化的创作主体稍显狭窄。而谣谚艺术则与此不同，它并非只是名士清议的"专利"，一般士人或普通民众也可创作谣谚、传播谣谚。此外，题目文辞只限于对人物的评论，而谣谚内容既涉及评论人物，又涉及议论时政。为便于传播并获取广泛的群众基础，有些谣谚的创作显得通俗易懂，用词倾向于口语化，甚至粗俗鄙语亦运用其中，这比起名士清议中艺术性较高的题目文辞来说，似乎缺少一定的文采性和雅观性。当然，就谣谚和题目本身来说，虽艺术风格有别，但二者都有其特有的文化价值所在。

以上叙述了"题目"与人物称号和人物品评类谣谚的互通性。其实，人物品评类谣谚与人物称号之间，也在一定程度上存在共通之处。

从品评类谣谚的内容上看，多数谣谚中含有"称号"式的词。如安顺之际，汝阴令宋登为政清明，号称"神父"，而杜诗为南阳太守时为民谋利，时人将其比之召信臣，并因此作语曰："前有召父，后有杜母。"① 此谚中的"召父""杜母"与称号"神父"属性相似。又《后汉书》卷三六《张霸传》称"（张霸）年数岁而知孝让，虽出入饮食，自然合礼，乡人号为'张曾子'"②。而《后汉书》卷五四《杨震传》亦载："震少好学，受《欧阳尚书》于太常桓郁，明经博览，无不穷究。诸儒为之语曰：'关西孔子杨伯起。'"③ 这里的"关西孔子"与"张曾子"类似。

从品评类谣谚的形式上看，一些数字式的称号自然融于品评类谣谚中。汉晋时期对于集体人物的称号，主要采取数字式称号的方式，如上文提及的"三君""八俊""二龙""四聪""八达"等，皆属此类。其实，这样的数字式称号在品评类谣谚中也能见到。如《汉书》卷七二《王吉传》载："成帝……出（王）骏为京兆尹，试以政事。先是京兆有赵广汉、张敞、王尊、王章，至骏皆有能名，故京师称曰：'前有赵、张，后

---

① （南朝宋）范晔撰，（唐）李贤等注：《后汉书》卷三一《杜诗传》，中华书局1965年版，第1094页。
② （南朝宋）范晔撰，（唐）李贤等注：《后汉书》，中华书局1965年版，第1241页。
③ （南朝宋）范晔撰，（唐）李贤等注：《后汉书》，中华书局1965年版，第1759页。

有三王。"①《后汉书》卷六四《延笃传》载,延笃任京兆尹时为政宽松仁爱、体恤百姓疾苦,陈留人边凤也曾是有名的京兆尹,因此郡人作语曰:"前有赵张三王,后有边延二君。"李贤注"赵张三王"曰:"赵广汉、张敞、王遵、王章、王骏俱为京兆尹也。"② 以此可见,这里的"三王""二君"是对前后任职京兆尹之人的称号,巧妙地融于郡人创作的谣谚中。与之相似的还有"贾氏三虎,伟节最怒"③,"公沙六龙,天下无双"④,"天有冬夏,人有二黄"⑤,"荀氏八龙,慈明无双",⑥ 等等。

从时人对谣谚的称谓上看,多数品评人物类的谣谚被称为"号"。如《汉书》卷九二《游侠传》载长安为谷永、楼护号:"谷子云笔札,楼君卿唇舌",⑦ 此谚描述了谷永与楼护二人,一个善于工笔札,一个善于发议论。又《后汉书》卷七六《循吏列传》李贤注引《东观汉记》曰:"(茨充)之京师,同侣马死,充到前亭,辄舍车持马还相迎,乡里号之曰:'一马两车茨子河'也。"⑧《太平御览》引《东观汉记》曰:"杨政,字子行,治梁丘易,与京兆祁圣元同好,俱名善说。京师号曰:'说经铿铿杨子行,论难僠僠祁圣元。'"⑨《后汉书》卷二五《鲁恭传》也载:"(鲁丕)兼通五经,以鲁诗、尚书教授,为当世名儒……门生就学者常百余人,关东号之曰'五经复兴鲁叔陵。'"⑩ 可见,在《东观汉记》《汉书》及《后汉书》中,都有将品评类谣谚冠以"号"这一称谓的现象。据此可看出,在当时人的意识中,此类谣谚与人物称号在某种程度上有着相同的语言感观。

综上所述可知,与品评人物相关的称号、谣谚、题目,三者是一脉相承、交错杂糅的文化现象。称号与谣谚是先秦时期即已存在的社会文化形

---

① (汉)班固:《汉书》,中华书局1964年版,第3066—3067页。
② (南朝宋)范晔撰,(唐)李贤等注:《后汉书》,中华书局1965年版,第2103—2104页。
③ (南朝宋)范晔撰,(唐)李贤等注:《后汉书》卷六七《党锢列传》,中华书局1965年版,第2217页。
④ (宋)李昉等:《太平御览》卷四九五《人事部》引袁山松《后汉书》,中华书局1960年版,第2264页。
⑤ (宋)李昉等:《太平御览》卷二二《时序部》引《襄阳耆旧传》,中华书局1960年版,第107页。
⑥ (南朝宋)范晔撰,(唐)李贤等注:《后汉书》卷六二《荀淑传》,中华书局1965年版,第2051页。
⑦ (汉)班固:《汉书》,中华书局1964年版,第3707页。
⑧ (南朝宋)范晔撰,(唐)李贤等注:《后汉书》,中华书局1965年版,第2460页。
⑨ (宋)李昉等:《太平御览》卷六一五《学部》,中华书局1960年版,第2764页。
⑩ (南朝宋)范晔撰,(唐)李贤等注:《后汉书》,中华书局1965年版,第883页。

态，品类繁多，题目在汉末兴起的过程中对二者有所借鉴。故同为语言艺术，它们之间有着很大的共通性：人物称号可算作品评人物最原始的方式，汉晋时期这种称号与某些题目雷同；称号亦蕴含于人物品评类的谣谚中，甚至此类谣谚被直接称为"号"；谣谚中含有品评人物的词，所以它们有时被直接看作题目文辞；题目行为没有内在的规范性，只要能留下可记诵的评语即可视作"题目"，所以称号或谣谚式的简易性题目也多有存在。三者在汉末人物品评活动中的有机结合，于士人为"三君""八俊"等党人名士所作的七言谣中最能体现。具体来看，称颂"三君"的七言谣为："天下忠诚窦游平""天下义府陈仲举""天下德弘刘仲承"；称颂"八俊"的七言谣为："天下模楷李元礼""天下英秀王叔茂""天下良辅杜周甫""天下冰凌朱季陵""天下忠贞魏少英""天下好交荀伯条""天下稽古刘伯祖""天下才英赵仲经"。[1] 这里整体行文表现为"谣谚"，而谣谚中每个分句又是对不同人物的褒扬性评语，其中像"天下忠诚""天下义府""天下良辅""天下忠贞"之类又可理解为对每位党人名士的题目，前又以"三君""八俊"的称号来统称，以此更可看出三者之间的同构关系。故此，我们在探究题目文化的渊源时，绝不可忽视称号和谣谚对题目语言艺术的促成作用。

三　题目盛行与选官制度之关系

朱红《人物品藻与戏谑娱乐：唐代"题目"源流考》一文指出，诸体文学中，有一类被唐人称为"题目"。[2] 文中考证，题目作为一种对人物的品鉴，自东汉末年开始，魏晋时期尤为兴盛，可大致分为比拟和短评两类。笔者基本赞同这一结论。但是，文中在提到题目风习广泛存在的原因时，认为："与魏晋时期官员的选拔制度有着密切关系"，"题目人物，因其具有主宰仕途命运的影响力而显得格外重要，这也正是魏晋时期出现大量题目的原因所在"，此观点似乎可再行商榷。

朱红文中所说的官员选拔制度，指的是魏晋时期施行的九品中正制。她认为，在这一选官制度下，察访官员对士子的评价定论乃仕途所系，尤为重要，这也是题目大量出现的关键因素。文中还举李肃（三国）、山涛（魏晋）、辛术（北朝）三位善于题目、拔擢人才的官员为例，来说明九

---

[1] 参见（晋）陶潜著，杨勇校笺《陶渊明集校笺》卷九《集圣贤群辅录上》李公焕注引，上海古籍出版社2007年版，第354—359页。
[2] 朱红：《人物品藻与戏谑娱乐：唐代"题目"源流考》，《文学遗产》2014年第4期。

品中正制对题目风习的促进。尤其是对山涛"题目选拔官员"的情况作了详细介绍,他主持官员选拔有十余年之久,眼光独到而精准,令人信服。诚然,九品之法选举官吏除核查士人家世外,还需参考体现士人德才的行状,因行状多采取题目之法,[①] 这无疑会促使题目之风一度兴起。虽是如此,但笔者认为不能就此认定魏晋题目盛行唯与九品中正制选官存在着密切关系。

第一,从当时参与题目的人员上看,并非只有拔举人才的官员才可题目,在王公贵族或位高权重的高官中,题目行为也很普遍。如《世说新语·赏誉》篇载,王平子目太尉"阿兄形似道,而神锋太儁";王公目太尉"岩岩清峙,壁立千仞";丞相目子躬"入理泓然,我已上人";庾太尉目庾中郎"家从谈谈之许";庾公目中郎"神气融散,差如得上";世目周侯"嶷如断山";简文帝目庾赤玉"省率治除";简文帝目王恬为"朗豫";王右军目陈玄伯"垒块有正骨";司马太傅为二王目曰"孝伯亭亭直上,阿大罗罗清疏";[②] 等等。可见,魏晋时期的丞相、公侯,甚至皇帝本人都参与了题目,他们或是题目他人,或是被他人所题目。如果说这些身份地位显赫的知名人士的题目,也是以选拔官员为目的,或是主宰着对方的仕途命运,显然是说不通的。

第二,从题目的对象上来看,并非只有人物才可题目,其他事物亦被纳入品藻题目的范畴。上文已提及,《世说新语·言语》篇载:"桓征西治江陵城甚丽,会宾僚出江津望之,云:'若能目此城者,有赏。'顾长康时为客,在坐,目曰:'遥望层城,丹楼如霞。'桓即赏以二婢。"[③] 这是桓温集合宾僚对城池景观的题目,与选举官吏更是不存在任何关系。熊国华《论魏晋人物品评对中国美学的贡献和影响》一文,举有很多《世说新语》中对自然美和艺术美进行品评的例证,并说:"魏晋时期人们由对人物美的品评,发展到对自然山水、文学、绘画、书法、音乐、建筑等的品评,扩大了审美的对象和范围。"[④]

第三,从题目的内容上来看,除选官所参照的鉴人才识、德行类的题目之外,形容士人容止、风貌类的题目也有很多。如《世说新语·赏誉》

[①] 唐长孺:《九品中正制度试释》,《魏晋南北朝史论丛》,生活·读书·新知三联书店1955年版,第107—108页。
[②] 余嘉锡笺疏:《世说新语笺疏》,中华书局2007年版,第516、524、526、527、539、558、567、589页。
[③] 余嘉锡笺疏:《世说新语笺疏》,中华书局2007年版,第167—168页。
[④] 熊国华:《论魏晋人物品评对中国美学的贡献和影响》,《江西社会科学》1990年第5期。

篇载，庾公目中郎："神气融散，差如得上。"①《世说新语·容止》篇载，时人目王右军："飘如游云，矫若惊龙。"②《晋书》卷四三《王戎传》载："（王）戎幼而颖悟，神彩秀彻。视日不眩，裴楷见而目之曰：'戎眼烂烂，如岩下电。'"③《晋书》卷八四《王恭传》载："恭美姿仪，人多爱悦，或目之云：'濯濯如春月柳'。"④这类针对人物容貌或精神面目的题目，显然不能说与仕途相关，拔擢人才更不能据此为标准。

第四，就题目的性质而言，并非只有褒扬性的题目，贬抑性的题目亦有存在。《世说新语·容止》篇载，时人目："李安国颓唐如玉山之将崩。"⑤《世说新语·轻诋》篇载，旧目韩康伯："将肘无风骨。"⑥此类题目更不可能与拔举官吏相关，与官员察访者侧重于从正面对士人作出精准独到的题目，亦不相符。

第五，考察士人题目的具体情形，有些可明显看出不是因选官需要才行题目之举的。如《世说新语·赏誉》篇载："王恭始与王建武甚有情，后遇袁悦之间，遂致疑隙。然每至兴会，故有相思时。恭尝行散至京口谢堂，于时清露晨流，新桐初引。恭目之曰：'王大故自濯濯。'"⑦王恭对王忱的这条题目，只是因友情笃厚、触景生情而作。《世说新语·豪爽》篇载，王大将军自目："高朗疏率，学通左氏。"⑧自己为自己题目，显然是一种自我标榜行为。

第六，从九品中正制在当时施行的状况来看，它能在多大程度上吸引官员察访者（或曰中正官）去为士人题目，亦值得斟酌。我们知道，九品中正制在设立之初，以家世出身和道德才识作为选任官吏的依据，有一定的积极作用。朱红在文中也指出："通过对人才的题目推选，九品中正制在设立之初以家世、才德并列，本欲避免仅凭门第选取而造成官员品质良莠不齐的情况。"但是她没有具体论及九品中正制在之后出现的弊端：由于中正官多为门阀世族兼任，导致品第备选官员时愈发看重家世出身，而才德标准渐被忽视。对此，魏晋时期的士大夫也深有觉察，刘毅、李重、卫瓘等人都曾上疏抨击九品中正制发展的弊端。如卫瓘与太尉王亮等上疏

---

① 余嘉锡笺疏：《世说新语笺疏》，中华书局2007年版，第527页。
② 余嘉锡笺疏：《世说新语笺疏》，中华书局2007年版，第733页。
③ （唐）房玄龄等：《晋书》，中华书局1974年版，第1231页。
④ （唐）房玄龄等：《晋书》，中华书局1974年版，第2186页。
⑤ 余嘉锡笺疏：《世说新语笺疏》，中华书局2007年版，第716页。
⑥ 余嘉锡笺疏：《世说新语笺疏》，中华书局2007年版，第994页。
⑦ 余嘉锡笺疏：《世说新语笺疏》，中华书局2007年版，第588—589页。
⑧ 余嘉锡笺疏：《世说新语笺疏》，中华书局2007年版，第702页。

晋武帝曰:"九品之制,粗且为一时选用之本耳。其始造也,乡邑清议,不拘爵位,褒贬所加,足为劝励,犹有乡论余风。中间渐染,遂计资定品,使天下观望,唯以居位为贵,人弃德而忽道业……尽除中正九品之制,使举善进才,各由乡论。"① 其中"计资定品""以居位为贵"的现象,逐渐造成"上品无寒门,下品无势族"②的局面。既然选官看重的是门第,那么会有多少中正官去认真地甄别士人,并热衷于为士人品藻题目呢?当然,如果严格按照九品之法选官,除核查士人家世外,还需参考体现士人德才的行状,此行状多采取题目之法。即便是因荐官流程所需而必须有"题目",可是那些被门阀所垄断的"抑功实而隆虚名"③类的题目,又有多少可公之于世并折服世人呢?魏晋南北朝时期,虽然也有李肃、山涛、辛术这样"题目品藻、曲有条贯",并为众人信服的选职官员,但是毕竟数量较少,如此他们也才被史料作为个案而凸显,像《北齐书》在述及辛术题目人物时曰:"唯(辛)术性尚贞明,取士以才器,循名责实。"④ 可以想见,与辛术形成鲜明对比的那些不顾才实的选官者,应大有人在,他们定不会贸然将"虚饰名誉,相为好丑"⑤ 的立品设状之为公之于众的,至少从《世说新语》所载的大量题目中我们看不到中正官的存在。所以说,李肃、山涛、辛术这些善于臧否人物且举无失才的少数选官者,虽然一度为多位士人品藻题目,但不能据此以偏概全地认为,官员拔举制度会促使大量题目出现。

九品中正制的创制实受到汉末以来人物品评风气的影响,如许劭等汉末名士"善与人论臧否之谈,所题目,皆如其言"⑥。关于这点朱红在文中已有所说明。汉末名士的题目主要以识鉴人才为目的,但是当题目发展为士人的一种生活常态,并表现为一种行为风尚时,题目的性质也就发生了变化。如上文提及,阎步克在论及汉末"叔度汪汪若千顷陂""李元礼谡谡如劲松下风""荀君清识难尚,钟君至德可师"之类的题目时说:"纯粹表达了当时士人注重人格境界的文化风尚,一种在精神生活中自由表现自我的追求,这与吏治政务,相去更远了。"⑦ 这样来看,题目一方面是汉

---

① (唐)房玄龄等:《晋书》卷三六《卫瓘传》,中华书局1974年版,第1058页。
② (唐)房玄龄等:《晋书》卷四五《刘毅传》,中华书局1974年版,第1274页。
③ (唐)房玄龄等:《晋书》卷四五《刘毅传》,中华书局1974年版,第1276页。
④ (唐)李百药:《北齐书》卷三八《辛术传》,中华书局1972年版,第502页。
⑤ (唐)房玄龄等:《晋书》卷四五《刘毅传》,中华书局1974年版,第1276页。
⑥ (晋)袁宏撰,周天游校注:《后汉纪校注》,天津古籍出版社年版1987年版,第770页。
⑦ 阎步克:《察举制度变迁史稿》,辽宁大学出版社1991年版,第85页。

末人物品评的方式，另一方面又是从人物品评中衍生出的士人新文化。从当时的实际情况来看，题目除用于品鉴人才外，又渐成为名士间交流品评经验或展现自身才识的方式（详见本章第二节）。

　　由上可见，在九品中正制实施之前，汉末名士题目已经兴起，且正在由政治行为向艺术行为演变。魏晋以后，虽然以题目识鉴、提携士人的传统依然存在，但把题目作为艺术形式来交流、切磋的倾向更加明显。如上面我们提到的那些例子，不管是王公贵族或权臣之间的题目，还是桓温召集宾僚对城池景观作题目竞赛，甚或王恭触景生情而为题目，都可看出这一点。此外我们还可以再举其他的例子来看，《世说新语·赏誉》篇载："王平子目太尉：'阿兄形似道，而神锋太俊。'太尉答曰：'诚不如卿落落穆穆。'"①《世说新语·赏誉》篇刘孝标注引《高坐传》曰："庾亮、周顗、桓彝一代名士，一见和尚，披衿致契。曾为和尚作目，久之未得。有云：'尸利密可称卓朗。'于是桓始咨嗟，以为标之极似。"② 又如上文述及陈寿在《三国志》卷二一篇末评语中言："傅嘏用才达显"，裴松之作注时对这条题目提出质疑："傅嘏识量名辈，寔当时高流。而此评但云'用才达显'，既于题目为拙，又不足以见嘏之美也。"③ 可见，题目多发生在名士交游或集会的场合，士人对其他人的题目内容或认可或质疑，也出现相互题目的现象，士人间为作出妥帖精准的题目而彼此交流。据此可看出，魏晋题目是在汉末名士题目基础上的延续和发展。当题目成为一种艺术行为并完全融入魏晋名士的生活中后，它作为社会生活风尚的一部分，与主宰仕途命运不再有很大关系，名士最为注重的还是追求题目技艺的高超，并以此抒发情怀。故李世耀说："凝聚着批评者独特感受和精心雕琢的'题目'，实际上已经成为一种艺术作品。它除了表明批评者的观点之外，还以其凝炼、优美和形象鲜明的语言形式为自身赢得了独立的审美价值。"④ 笔者认为，在官员选拔制度之外，魏晋名士对题目艺术价值的这种孜孜追求，亦是题目盛行的重要原因。

---

① 余嘉锡笺疏：《世说新语笺疏》，中华书局2007年版，第516页。
② 余嘉锡笺疏：《世说新语笺疏》，中华书局2007年版，第532页。
③ （晋）陈寿撰，陈乃乾校点：《三国志》，中华书局1964年版，第629页。
④ 李世耀：《人物品评与六朝文学批评》，《文学遗产》1990年第2期。

第八章 清议在汉晋时期的走向及其价值与影响

魏晋时期，清议一度被统治者利用，或把其与选官制度相结合，或把其写入法律条文，也就是说，清议已成为专制统治的辅助手段，这无疑是汉末士人清议活动影响的结果。清议在魏晋时期依然存在，只是它在士人阶层间的存在状况发生了很大变化，这与此时清议的走向相连，对此历代学人谈及最多的是清议与清谈的演进问题。魏晋之后，虽然清议向清谈转化，但清议传统并未消亡，每当社会问题发生或社会矛盾迭起之时，"清议"又被有识之士重新加以提倡和运用，这在历代士大夫的政治斗争中尤能看出，文人儒士的文学作品中亦多有反映。

第一节 汉晋时期士人清议的走向

关于汉末清议的走向，多数人会想到魏晋时期的"清谈"。清议与清谈分别是东汉末年和魏晋时期重要的社会现象，相关研究历来不绝，有的侧重于政治层面，有的注重于文化方面。关于二者的谈论内容、方式、影响等细则方面也有诸多研究成果。但时至今日，也有一些问题并未解决，不同观点依然存在。争论的焦点主要集中在清议与清谈的关系上，或者说是清谈的起源问题上。考察魏晋时人的看法，并征诸汉末清议名士郭泰、汉末述德性碑文及士大夫"题目"文辞品议人物的特征可知，清议与清谈在某些方面有着渊源关系，但二者并非完全等同。"清议"一词概出现于魏晋时期，而"清谈"一词在汉末即见记载，他们之间的演进并非简单性的承续式衔接关系，而是一个交错发展、主次升降的过程。魏晋时期，清议的式微与清谈的兴起，其外因是政治暴力对士人的打击，而内因则是士人学理思想的演变，而士人学理思想的变化又主要受到道家思想自汉代以来不断发展的影响。

一 "清议"与"清谈"是否有关联

由前面章节的相关论述可知,汉末清议是太学生与士大夫官员联合,大肆营造舆论,"品核公卿,裁量执政"(《后汉书》卷六七《党锢列传》)的行为,以抨击宦官擅权为主。此外,"清议"还指汉末影响力较大的名士对士人进行的品评、识鉴活动,其目的是激浊扬清,敦风化俗。"清谈"是魏晋时期崇尚老庄的名流对宇宙、社会、人生进行的哲理论说,故社会上充斥着一股谈玄论道之风。除谈玄外,"清谈"还包括对人物才性优劣、流品高下的洞察识鉴。

从时间上看,魏晋"清谈"上接汉末"清议";从形式上看,他们都是士人论说的方式;从内容上看,他们都有对人物的品鉴行为。所以,二者之间的关系引起过众多学者的讨论。一些学者认为"清谈"起源于"清议",鲁迅、宫崎市定、陈寅恪、汤用彤、唐长孺等都持有这样的观点。如鲁迅说:"清谈,本从汉之清议而来。"[1] 汤用彤也认为:"魏初清谈,上接汉代之清议,其性质相差不远。其后乃演变而为玄学之清谈。"[2] 与之相反,因"清议"与"清谈"的指导思想及所议方式、内容等,也存在诸多不同之处,故一些学者不认同"清谈"起源于"清议",而是另有其他的来源,其中一个重要的观点是认为"清谈"来源于东汉士人间逐渐增多的游谈活动。如钱穆认为"清谈"起源于东汉末年士人间的游谈之风;[3] 冈村繁认为"清谈"起源于汉代士人间早已存在的交游式谈论;[4] 唐翼明认为"清谈"起源于东汉末太学里的游谈之风,以及士人对两汉讲经的扬弃。[5]

诸位前贤在清议与清谈的关系问题上提出了很多有价值的看法,但并未形成统一观点,故可再次商榷。笔者参考了前人诸多研究成果,并在重

---

[1] 鲁迅:《中国小说的历史的变迁·六朝时之志怪与志人》,《中国小说史略》,人民文学出版社1973年版,第277页。
[2] 汤用彤:《读〈人物志〉》,《汤用彤学术论文集》,中华书局1983年版,第205页。
[3] 钱穆:《国学概论》,商务印书馆1931年版,第144页。
[4] 〔日〕冈村繁:《汉魏六朝的思想和文学》,《冈村繁全集》第三卷,陆晓光译,上海古籍出版社2002年版,第41页。刘季高认为,清议也属于东汉士人"谈论"的范畴,清谈是由"谈论"转化而成的。(详见刘季高《东汉三国时期的谈论》,上海古籍出版社1999年版,第21、147页)
[5] 唐翼明:《魏晋清谈》,人民文学出版社2002年版,"各章内容提要"第2页,第121—129页。

新搜集资料的基础上认为,魏晋清谈与汉末清议还是有一定渊源的,但二者并非完全等同,其理由如下。

第一,"清议"与"清谈"是否有关联,我们可征诸魏晋时期当事人的看法。李康《家诫》载司马昭言曰:"天下之至慎者,其唯阮嗣宗乎?每与之言,言及玄远,而未尝评论时事,臧否人物,可谓至慎乎!"① 相似的材料还有嵇康《与山巨源绝交书》:"阮嗣宗口不论人过,吾每师之,而未能及。"《晋书》卷四九《阮籍传》载:"(阮)籍虽不拘礼教,然发言玄远,口不臧否人物。"② 材料中提及的"评论时事""臧否人物""不论人过"之类,皆属于"清议"的范畴,而"言及玄远""发言玄远"之类,则属于"清谈"的范畴。虽然阮籍、司马昭、嵇康作为魏晋人士,离清议发生的汉末稍远,但汉末"清议"的影响却是深远的,魏晋时期所实行的九品中正制即从清议传统发展而来,各大小中正官以主持地方清议的方式为朝廷核查、推举人才。③ 可以想见,因选官之需,以"臧否人物"为尚的清议在魏晋时期必当盛行。所以,上述材料谈及阮籍时,将"清议"与"清谈"对比来说,符合当时的实际情况。既然如此,至少表明在魏晋时人看来,清议与清谈之间是有一定关系的,二者只是在谈论内容和方式上有所不同,具体到阮籍那里,就是"议论时事,臧否人物"的"清议"变为"言及玄远"的"清谈"。故陈寅恪谈及此事时也说:"不独用此免杀身之祸,并且将东汉末年党锢诸名士具体指斥政治表示天下是非之言论,一变而为完全抽象玄理之研究,遂开西晋以降清谈之风派。"④ 这进一步说明了魏晋"清谈"与汉末"清议"之间的渊源关系。

第二,"清议"与"清谈"是否有关联,可拿二者谈论的方式和内容

---

① (南朝宋)刘义庆撰,(梁)刘孝标注:《世说新语·德行》篇注引,上海古籍出版社 1982 年版,第 30 页。
② (唐)房玄龄等:《晋书》,中华书局 1974 年版,第 1361 页。
③ 《傅子》载:"魏司空陈群,始立九品之制,郡置中正,平次人才之高下,各为辈目,州置都而总其议。"[(宋)李昉等:《太平御览》卷二六五,中华书局 1960 年版,第 1243 页]晋人潘尼答傅咸诗序曰:"司徒左长史傅长虞,会定九品,左长史宜得其才,屈为此职,此职执天下清议,宰割百国。"[(唐)欧阳询撰,汪绍楹校:《艺文类聚》卷三一《人部》,上海古籍出版社 1965 年版,第 549—550 页]沈约在《宋书》卷九四《恩幸传》序中曰:"汉末丧乱,魏武始基,军中仓卒,权立九品,盖以论人才优劣,非为世族高卑。"[(梁)沈约:《宋书》,中华书局 1974 年版,第 2301 页]唐长孺说:"设立九品中正制的原因,在于保留汉代乡里评定的传统习惯,而使之与现实情势相配合,就是说要照顾人士流移的情况与实现抑制浮华朋党的政策。"(唐长孺:《九品中正制度试释》,《魏晋南北朝史论丛》,生活·读书·新知三联书店 1955 年版,第 118 页)
④ 陈寅恪:《陶渊明之思想与清谈之关系》,燕京大学哈佛燕京社 1945 年版,第 14 页。

进行比对。说魏晋"清谈"言及玄远，不再臧否人物，是指其不再以儒家伦理道德为依据公然地议论朝政，不再从政治层面上来奖掖、拔举士人，但从审美方面对人物的品论却依然存在。也就是说，"清谈"与"清议"相比，"上议执政"的倾向已不复存在，但"下议卿士"的内容并未消亡，这主要体现在对人物才性、容止、风度等方面的品鉴上。其实清谈的这些品论内容，在汉末清议中已见端倪，如于迎春说："士人的关注和活动热情，自党锢以来，都明显地避开了政治漩涡，更多地放在士阶层内部。对人物质性、资禀、才智、品行、功能等方面的相对客观、平实的评议、品藻，而不是抗愤激切的'品核公卿，裁量执政'，成为当时的潮流。"① 具体情况还可以从以下三个方面来看。

首先，以汉末清议名士郭泰为例来看。《后汉书》卷六八《郭泰传》载，在汉末党事兴起时，多数党人遭到迫害，而郭泰"不为危言核论，故宦官擅政而不能伤也"。郭泰"不为危言核论"，也就是说他在品核士人时不像其他党人那样，表现出明显的政治目的和激愤之情。经郭泰识鉴成名的士人有六十多位，这些人中有的曾有恶行，有的身份卑微，经郭泰训诫、感化后，或变为善人，或成为名士。郭泰识鉴人才如此精准，并非凭空而来，而是有生活基础作为依据的，他常从生活小事中观摩士人并断定其前程。我们还可以拿前文的举例详细来看，如《后汉书》卷六八《郭泰传》载，茅容与同辈人在树下避雨，大家都平蹲相对，而茅容却正襟危坐，十分恭谨；郭泰留宿茅容家时，茅容杀鸡给其母吃，自己与客人却只食蔬菜。郭泰以此断定，茅容是位贤人，并劝其就学，后终成为有德之人。又如孟敏，郭泰认为他与常人不同，只是因为他扛的甑不慎坠地破损后，看也不看一眼就走了，郭泰问其原因，他说："甑已破矣，视之何益？"因此，郭泰断其非常人，并劝其游学，终成名就。可见，郭泰对人物秉性、才智方面的品论是依靠自身的才识和经验，察其言、观其色、辨其行，并根据其生活基础作出客观的分析，这与魏晋时期名士清谈对人物的赏鉴极其相似。另外，《世说新语·政事》篇刘孝标注引《泰别传》载："（郭泰）自著书一卷，论取士之本，未行，遭乱亡失。"② 由这则材料可知，郭泰还一度把他品评识鉴人才的经验与心得汇集成书。这表明，郭泰不仅在人伦鉴识方面有着较强的能力，在人才鉴赏理论方面也有着很深的造诣，完全可与魏晋时期的名士相媲美。但是，郭泰这些品论人物的

---

① 于迎春：《汉代文人与文学观念的演进》，东方出版社1997年版，第236页。
② 余嘉锡笺疏：《世说新语笺疏》，中华书局2007年版，第214页。

第八章　清议在汉晋时期的走向及其价值与影响　245

行为，在魏晋时期依然被认为是"清议"，如晋人山简曰"郭泰、许劭之伦，明清议于草野"（《晋书》卷四三《山涛传》），据此可以说，郭泰的"清议"实与魏晋"清谈"具有一致性。故陈寅恪认为，"清谈"的兴起"启自郭泰，成于阮籍。他们都是避祸远嫌，消极不与其时政治当局合作的人物"①。

其次，从汉末述德性碑文的内容来看。在清议氛围的影响下，述德性碑文大量产生，胡宝国指出："东汉时期碑刻的大量涌现同杂传一样，也是由当时的人物品评风气造成的"，"人物品评通常又被称为'清议'"。②何如月说："碑文也是一种书写于碑载体之上的盖棺定论和人物品评，它不仅体现出汉代社会的价值观念和道德风尚，亦反映了当时朝野清议的内容标准。"③考察汉末碑文的内容可知，其间有很多针对碑主天资才性的赏鉴文字。以汉末清议名士蔡邕的碑文为例，如《郭有道碑文》赞郭泰天资曰："先生诞应天衷，聪睿明哲，孝友温恭，仁笃慈惠。"④《荆州刺史度尚碑》赞度尚人格曰："明洁鲜于白珪，贞操厉乎寒松。朗鉴出于自然，英风发乎天骨。"⑤《太尉乔玄碑》赞碑主秉性曰："公秉性贞纯，幼有弘姿，刚而不虐，威而不猛，闻仁必行，睹义斯居，文以典术，守以纯固。"⑥除蔡邕的碑文外，汉末其他无主名的碑文，对碑主秉性与才识的赏鉴性内容亦多有存在，如《孔宙碑》："天姿醇嘏，齐圣达道"；《鲁峻碑》："体纯和之德，秉仁义之操"；《刘熊碑》："仁恩如冬日，威猛烈炎夏"⑦；《北军中侯郭仲奇碑》："君幼有岐嶷天然之资，长有明肃弘雅之操，刚毅多略，有山甫之踪，沈懿敦笃"⑧；等等。由此可见，汉末碑文中这些文字性的"清议"与魏晋"清谈"也具有一致性。

再次，以汉末士大夫间形成的"题目"文辞来看。《后汉书》卷六八《许劭传》载，清议名士许劭与其从兄许靖"俱有高名，好共核论乡党人

---

① 陈寅恪：《清谈误国》，载万绳楠整理《陈寅恪魏晋南北朝史讲演录》，黄山书社2000年版，第44页。唐翼明也认为，清谈酝酿时期的代表人物是郭泰、符融和许劭。（参见唐翼明《魏晋清谈》，人民文学出版社2002年版，第129页）
② 胡宝国：《杂传与人物品评》，《汉唐间史学的发展》，商务印书馆2003年版，第145—146页。
③ 何如月：《汉碑文学研究》，商务印书馆2010年版，第256页。
④ （南朝梁）萧统编，（唐）李善注：《文选》卷五八，中华书局1977年版，第800页。
⑤ （清）严可均辑：《全后汉文》卷七九，商务印书馆1999年版，第787页。
⑥ （清）严可均辑：《全后汉文》卷七七，商务印书馆1999年版，第775页。
⑦ 三则碑文参见高文《汉碑集释》（修订本），河南大学出版社1997年版，第249、390、204页。
⑧ （清）严可均辑：《全后汉文》卷一〇二，商务印书馆1999年版，第1027页。

物，每月辄更其品题"。又载："曹操微时，常卑辞厚礼，求为己目。"李贤注曰："令品藻为题目。"①袁宏《后汉纪·献帝纪》亦载："（许劭）少读书，雅好三史，善与人论臧否之谈，所题目，皆如其言，世称'郭许之鉴'焉。"② 由材料可知，"题目"指识鉴人才、品藻人物，属于汉末"清议"的范畴。现代学者张旭华也指出："名士题目人物，起于东汉之末。所谓'品题'、'题目'，就是汉末名士对人物优劣所作的评语，是名士评议人物的一种重要表现形式。"③ 当然，"题目"并非仅仅是对士人做一番评论而已，它需要为士人总结能体现其人特征或利于士人名声传扬的"名词"或"语句"，这样的"名词"或"语句"即为"题目"的内容，也是最具代表性的品评语。如许劭为曹操题目曰："清平之奸贼，乱世之英雄。"《三国志》卷三七《庞统传》载有庞统对陆绩、顾劭的题目："陆子可谓驽马有逸足之力，顾子可谓驽牛能负重致远也。"④ 至魏晋时期，士人间的"题目"更加频繁，这在《世说新语》中有着充分的体现，如《赏誉》篇载：裴令公（裴楷）目夏侯太初："肃肃如入廊庙中，不修敬而人自敬"；王戎目山巨源："如璞玉浑金，人皆钦其宝，莫知名其器"；王戎目阮文业："清伦有鉴识"；武元夏目裴（楷）、王（戎）曰："戎尚约，楷清通"；庾子嵩目和峤："森森如千丈松"；等等。阎步克在论及"黄叔度汪汪若千顷陂""李元礼谡谡如劲松下风"之类的"题目"文辞时说："纯粹表达了当时士人注重人格境界的文化风尚，一种在精神生活中自由表现自我的追求，这与吏治政务，相去更远了。"⑤ 据此可以说，"题目"既是清议的一种议论方式，同时又是从清议活动中衍生出的士人雅文化。故《世说新语》所载的这些清雅性题目也多被后人认为是"清谈"，由此也可看出其与汉末清议的渊源关系。况且，《世说新语》所载的题目，并非仅限于魏晋士人所作，汉末士人的"题目"文辞同样有所载录，如《德行》篇载太丘（陈寔）评论陈纪（字元方）与陈谌（字季方）曰："元方难为兄，季方难为弟。"⑥《赏誉》篇载时人评论李膺曰："谡谡如劲松下风。"⑦《品藻》篇载蔡邕评论陈蕃和李膺曰："陈仲举强于犯上，李元礼

---

① （南朝宋）范晔撰，（唐）李贤等注：《后汉书》，中华书局1965年版，第2234—2235页。
② （晋）袁宏撰，周天游校注：《后汉纪校注》，天津古籍出版社1987年版，第770页。
③ 张旭华：《汉末襄阳名士清议》，《襄樊学院学报》2008年第10期。
④ （晋）陈寿撰，陈乃乾校点：《三国志》，中华书局1964年版，第953页。
⑤ 阎步克：《察举制度变迁史稿》，辽宁大学出版社1991年版，第85页。
⑥ 余嘉锡笺疏：《世说新语笺疏》，中华书局2007年版，第13页。
⑦ 余嘉锡笺疏：《世说新语笺疏》，中华书局2007年版，第491页。

第八章 清议在汉晋时期的走向及其价值与影响　247

严于摄下。犯上难，摄下易。"① 由此更可看出魏晋清谈与汉末"清议"的同构关系。

综上可知，汉末"清议"本身也在发生着变化，除激切式的议论时政外，品核人物部分的政治色彩也在消退，逐渐变为对人物性情、内涵的揭示，而魏晋清谈中识鉴人物的部分则是对汉末清议这一发展趋向的继承。这就是汉末清议与魏晋清谈之间的关联或曰互通之处。当然，二者之间虽有互通，但并非完全等同。至于人物赏鉴之外，哲理性论说层面的"清谈"发端于哪，笔者觉得这是个复杂的问题，不能简单地说由汉末"清议"转化而来，或由东汉士人间的游谈之风发展而来，即便与此有关，那也只能说是士人间"谈论"这一形式或风气的继承，而玄理方面的谈论内容恐怕与士人的阅历、才识、修养及社会环境等都有很大的关系。从这个意义上可以说，哲理性"清谈"是经过历史发展与文化积淀后，在魏晋时期形成的特有的士人文化。

二　"清议"与"清谈"演进的实际状况

无论如何，一个不争的事实是，汉末兴起的清议渐趋式微，至魏晋时期，清谈逐渐兴起。既然二者之间存在某些联系，那么它们到底是一个怎样的演进过程呢？若要明确地揭示出二者的演进关系，必须弄清"清议"与"清谈"这两个词出现的时间，以及它们在汉晋士人意识中的真实状态与分量比重。

其实，用"清议"指代汉末士人文化、用"清谈"指代魏晋士人文化，都是后人总结历史时附加的。前文述及，"清议"一词概出现于魏晋时期，并非产生于汉末。而"清谈"一词，从历史文献的记载来看，甚至比"清议"出现的时间稍早，东汉末年即见记载。如《后汉书》卷七〇《正太传》载，正太劝谏董卓不宜发大兵讨伐义军时曰："孔公绪（按：孔伷）清谈高论，嘘枯吹生。"李贤注曰："枯者嘘之使生，生者吹之使枯。言谈论有所抑扬也。"② 谈论"有所抑扬"，即谈论中夹杂褒贬。据此唐长孺先生指出："谈论抑扬即是'臧否人物'，后人用吹嘘典故虽然偏于赞扬方面，但仍含有人物批评之意，尚未失掉原来的意义。"③ 与之相似，《九州春秋》载："初平中，焦和为青州刺史……入见其清谈干云，出则浑

---

①　余嘉锡笺疏：《世说新语笺疏》，中华书局2007年版，第591页。
②　（南朝宋）范晔撰，（唐）李贤等注：《后汉书》，中华书局1965年版，第2258—2259页。
③　唐长孺：《清谈与清议》，《魏晋南北朝史论丛》，生活·读书·新知三联书店1955年版，第291页。唐先生此文对汉晋时期"清议"与"清谈"的关系考论较详，本文多有参考。

乱，命不可知。"① 又《魏略》载曰：

> 孙权称臣，斩送关羽。太子书报繇，繇答书曰："臣同郡故司空荀爽言：'人当道情，爱我者一何可爱！憎我者一何可憎！'顾念孙权，了更妩媚。"太子又书曰："得报，知喜南方。至于荀公之清谈，孙权之妩媚，执书喔嚛，不能离手。若权复點，当折以汝南许劭月旦之评。权优游二国，俯仰荀、许，亦已足矣。"②

引文中的"太子"指曹丕，他将钟繇所提到的荀爽之言称为"清谈"。观荀爽之言，显然是对人物的评价之语。曹丕又将其与许劭的"月旦评"相提并论，以此更可看出荀爽"清谈"含有的人物品评因素。由此来看，"清谈"一词起初本有品评人物的倾向，从这个意义上可以说，汉末魏初"清谈"实为"清议"。

其实，即便是在魏晋时期玄谈大盛之时，清议依然实行并一再得到提倡，如晋代卫瓘、刘毅等人面对九品中正制出现的弊端，建议"举善进才，各由乡论"③；刘寔、刘颂等人提倡清议之风以矫正社会风俗④。另外，陈寿、郤诜、阎缵、王式、阮简、梅陶等人都因有违孝道而遭到清议的贬斥。顾炎武在《日知录》卷一三"清议"条也说："降及魏、晋，而九品中正之设，虽多失实，遗意未亡。凡被纠弹付清议者，即废弃终身，同之禁锢。"⑤ 此外，魏晋时期以"清议"为"清谈"的现象也是存在的。《三国志》卷三八《许靖传》载："（许）靖虽年逾七十，爱乐人物，诱纳后进，清谈不倦。"⑥ 从"爱乐人物，诱纳后进"之语可知，这里的"清谈"实指臧否人物。与此记载相似的还有郭泰，葛洪《抱朴子外篇·正郭篇》载："林宗周旋清谈闾阎。"⑦ 郭泰本是汉末清议名士，这里却用"清

---

① （晋）陈寿撰，陈乃乾校点：《三国志》卷七《臧洪传》裴松之注引，中华书局1964年版，第232页。
② （晋）陈寿撰，陈乃乾校点：《三国志》卷一三《钟繇传》裴松之注引，中华书局1964年版，第396页。
③ 参见（唐）房玄龄等《晋书》（中华书局1974年版）卷三六《卫瓘传》，第1058页；卷四五《刘毅传》，第1275页。
④ 参见（唐）房玄龄等《晋书》（中华书局1974年版）卷四一《刘寔传》，第1191页；卷四六《刘颂传》，第1301页。
⑤ （清）顾炎武著，黄汝成集释：《日知录集释》，上海古籍出版社2006年版，第764页。
⑥ （晋）陈寿撰，陈乃乾校点：《三国志》，中华书局1964年版，第967页。
⑦ 杨明照：《抱朴子外篇校笺》（下册），中华书局1997年版，第474页。

第八章　清议在汉晋时期的走向及其价值与影响　249

谈"一词对其形容，不难看出，此言"清谈"等同于"清议"。又前引晋人山简曰："郭泰、许劭之伦，明清议于草野。"（《晋书》卷四三《山涛传》）可见，对汉末同一名士的品论人物之举，"清谈"与"清议"二词皆可概括。又《晋书》卷四四《郑袤传》载，晋武帝谓郑默曰："昔州里举卿相辈，常愧有累清谈。"① 此处"清谈"指选举制度所依据的乡邑清议。《晋书》卷四五《刘毅传》载孙尹上表举荐刘毅为大中正时曰："臣州茂德惟毅，越毅不用，则清谈倒错矣。"② 此处"清谈"指中正官主持的地方清议。甚至晋代之后的南朝历代，依然存在"清谈"作"清议"解的现象，如《梁书》卷二一《王暕传》载始安王遥光表荐王暕时曰："势门上品，犹当格以清谈"③，《梁书》卷五〇《文学传下·伏挺传》载伏挺给徐勉书信中曰："今之过奢余论，将不有累清谈"④，等等。当然，魏晋时代"清谈"专指玄虚之谈后，以"清议"为"清谈"的现象毕竟是少数的。唐长孺说，自晋以后玄学家谈《周易》、老庄等论题的例子有无数个，"而以清谈作清议解者……只有寥寥可数的十余条，因此只能算是清谈一辞的特殊用法"，他还强调："这种特殊用法是有历史根源的，因为清谈的内容在早期包含人物批评这一部分，也就是兼清议而言。以后这一部分在清谈内容中不占重要地位，而在传统的习惯上这种早期的解释仍然保持相当长的时期。"⑤ 此说切合文化心理延续的实际状况。

由上而见，在汉末清议之风盛行的时代，"清谈"一词已经出现，也多指代人物品评；汉末名士清议中有与魏晋"清谈"类似的现象；同一名士品人，既可被称为"清议"，又可被称为"清谈"。而魏晋之后玄谈风气盛行的时代，虽"清谈"品评人物已不占主流，但士人间仍存在用"清谈"概说本来属于"清议"的事件，与此同时"清议"辅政也得到统治者的提倡；直至南朝历代，"清谈"已专指玄谈之后，"清谈"品论人物的古义也依然固守在某些士大夫的心目中。可见，虽然汉晋时期"清议"向"清谈"演进，但它们之间并非简单性发展与承续式的衔接关系，而是有一个交错发展、主次升降的过程，且二者在某种程度上还具有可通性。魏晋之后，随着士人文化的推进，"清议"与"清谈"的区别才渐分明。

---

① （唐）房玄龄等：《晋书》，中华书局 1974 年版，第 1251 页。
② （唐）房玄龄等：《晋书》，中华书局 1974 年版，第 1278 页。
③ （唐）姚思廉：《梁书》，中华书局 1973 年版，第 322 页。
④ （唐）姚思廉：《梁书》，中华书局 1973 年版，第 720 页。
⑤ 唐长孺：《清谈与清议》，《魏晋南北朝史论丛》，生活·读书·新知三联书店 1955 年版，第 295 页。

三 "清议"因何会转向"清谈"

关于"清议"向"清谈"转化的原因,历来论者多从政治暴力对士人的打击上去解释。如鲁迅说:"汉末政治黑暗,一般名士议论政事,其初在社会上很有势力,后来遭执政者之嫉视,渐渐被害……所以到了晋代底名士,就不敢再议论政事,而一变为专谈玄理。清议而不谈政事,这就成了所谓清谈了。"① 陈寅恪认为:"清谈的兴起,大抵由于东汉末年党锢诸名士遭到政治暴力的摧残与压迫,一变其具体评议朝廷人物任用的当否,即所谓清议,而为抽象玄理的讨论。"② 刘康德也说:"清议导致政治上的党锢,必然会引起思想上的禁锢。在斗争中败北的名士们在这种环境中体验到……既然就事论事会带来麻烦,倒不如对事泛泛而论。这样,合乎逻辑的,'是非臧否'必然转向'发言玄虚,口不臧否人物';'具体'必然导致'抽象'……东汉末年名士们的清议随着历史的推进和政治的多变而成为魏晋名士的清谈。"③

除政治环境上的原因外,也有学者从其他方面去解释。如汤用彤虽也认为"清议"转向"清谈"有政治形势方面的因素,④ 但他认为更主要的原因有两点:"(一)正始以后之学术兼接汉代道家(非道教或道术)之绪(由严遵、扬雄、桓谭、王充、蔡邕以至于王弼),老子之学影响逐渐显著……(二)谈论既久,由具体人事以至抽象玄理,乃学问演进之必然趋势。汉代清议,非议朝政,月旦当时人物。而魏初乃于论实事时,且绎寻其原理。"⑤ 不难看出,汤用彤把"清议"向"清谈"演进的原因归结为汉晋时期士人学术思想的发展变化。他还举用了汉末魏初刘劭所著的《人物志》来作辅助说明。受时代思想发展的影响,《人物志》已"采取道家之旨",且"已是取汉代识鉴之事而总论其理则也……汉代琐碎之言论已进而几为专门之学矣。而同时因其所讨论题材原理与更抽象之原理有

---

① 鲁迅:《中国小说的历史的变迁·六朝时之志怪与志人》,《中国小说史略》,人民文学出版社 1973 年版,第 277 页。
② 陈寅恪:《清谈误国》,载万绳楠整理《陈寅恪魏晋南北朝史讲演录》,黄山书社 2000 年版,第 44 页。
③ 刘康德:《论东汉魏晋名士的清议和清谈》,《探索与争鸣》1990 年第 6 期。
④ 汤用彤曰:"自东汉党祸以还,曹氏与司马历世猜忌,名士少有全者。士大夫惧祸,乃不评论时事、臧否人物。此则由汉至晋,谈者由具体事实至抽象原理,由切近人事至玄远理则,亦时势所造成也。"(汤用彤:《读〈人物志〉》,《汤用彤学术论文集》,中华书局 1983 年版,第 206 页)
⑤ 汤用彤:《读〈人物志〉》,《汤用彤学术论文集》,中华书局 1983 年版,第 205 页。

第八章 清议在汉晋时期的走向及其价值与影响

关,乃不得不谈玄理"。汤用彤又指出《人物志》以性情为根本,而只论性情之用,"因此自须进而对于人性本身加以探讨,才性之辩是矣",联系才性论者,魏有傅嘏、李丰、钟会、王广等人,他们或精于识鉴或好论人物,谈论不关具体实事,只注重抽象原理,所以,言及玄远,"更不近于政事实际,则正始以后,谈者主要之学问也。"① 汤用彤认为"清议"转向"清谈"是学术发展的必然,而学术的发展又主要受到汉代以来道家思想发展的影响。② 笔者赞同汤先生的观点。为详释汤先生的这一观点,我们有必要对道家思想在汉代的生长作出更为具体的考证,以观其对汉晋士人思想观念的影响。

汉代虽以儒学作为统治思想,但道家思想并未因此断绝。汤用彤提到,两汉之际好道家之学者有严遵、扬雄、桓谭。《汉书》卷七二序文载,严遵"闭肆下帘而授《老子》。博览亡不通,依老子、严周之指著书十余万言",师古注曰:"严周即庄周。"③ 又载,扬雄少时从严遵游学,并对其德行推崇备至。而扬雄所作《太玄》则直接延续了道家的思想,桓谭《新论》曰:"扬雄作《玄书》,以为玄者,天也,道也。言圣贤制法作事,皆引天道以为本统,而因附续万类、王政、人事、法度,故宓羲氏谓之《易》,老子谓之道,孔子谓之元,而扬雄谓之玄",④ 又对此评价曰:"文义至深,而论不诡于圣人,若使遭遇时君,更阅贤知,为所称善,则必度越诸子矣。"⑤ 除严遵、扬雄、桓谭外,两汉之际还有班嗣"虽修儒学,然贵老严之术",颜师古注曰:"老,老子也。严,庄周也。"桓谭曾向班嗣借老庄之书,班嗣曰:"若夫严子者,绝圣弃智,修生保真,清虚

---

① 以上均引自汤用彤《读〈人物志〉》,《汤用彤学术论文集》,中华书局1983年版,第205—206页。
② 除汤用彤外,其他一些学者也有类似的看法。如高新民说:"东汉中后期道家思想的日益增长、'本末'问题的讨论和'名实'、'才性'问题的研究,标志着经学已经走向衰落,从道家思想的日趋增长来看,王符在其著作中经常用老子的观点论证他的观点……《潜夫论》中有诸多关于本末问题的论述……从名实和才性问题的讨论来看,王符超出经学的范围,把人性、人才问题结合起来,将重点放到人才上……这些都说明经学已经衰落,代之而起的便是新的清议思潮和玄学风尚。"[《东汉思潮与王符思想》,《兰州大学学报》(社会科学版)2001年第6期]
③ 《汉书》"严遵"写作"严君平"。颜师古注曰:"《地理志》谓君平为严遵。《三辅决录》云子真名朴,君平名尊,则君平、子真皆其字也。" [(汉)班固:《汉书》,中华书局1964年版,第3056—3057页]
④ (南朝宋)范晔撰,(唐)李贤等注:《后汉书》卷五九《张衡传》李贤注引,中华书局1965年版,第1898页。
⑤ (汉)班固:《汉书》卷八七《扬雄传下》,中华书局1964年版,第3585页。

澹泊，归之自然，独师友造化，而不为世俗所役者也……不絓圣人之罔，不嗅骄君之饵，荡然肆志，谈者不得而名焉，故可贵也。"① 此中可看出，班嗣对道家思想体悟至深，桓谭对此亦渴慕之至。② 此时，又有安丘先生治学《老子》，耿弇之父耿况"与王莽从弟伋共学《老子》于安丘先生"，李贤注引嵇康《圣贤高士传》曰："安丘望之字仲都，京兆长陵人。少持《老子经》，恬净不求进宦，号曰安丘丈人。成帝闻，欲见之，望之辞不肯见，为巫医于人间。"③ 又有高恢"少好《老子》，隐于华阴山中"（《后汉书》卷八三《逸民列传》）；淳于恭"善说《老子》，清静不慕荣名"（《后汉书》卷三九《淳于恭传》）；范升不仅学《论语》《孝经》，及长又"习《梁丘易》、《老子》"（《后汉书》卷三六《范升传》），且在建武初年的奏疏中引用《老子》之语来说明事理。除引用《老子》之语外，东汉初年的文人士子如杜林、冯衍、廉范，在言论、行文或奏疏中也化用过《老子》之语，崔骃的《达旨》是这方面的代表作。而班固却是"九流百家之言，无不穷究"，李贤注曰："九流谓道、儒、墨、名、法、阴阳、农、杂、纵横。"④ 王充是东汉前期道家思想的代表人物，他对道家思想的传承和发展作出了很大贡献，其《论衡》一书多处体现了自然无为主义思想。

东汉中后期，道家思想进一步深化。安帝永初年间（107—113），"学者称东观为老氏臧室，道家蓬莱山"，李贤注曰："老子为守臧史，复为柱下史，四方所记文书皆归柱下。"⑤ 张衡对扬雄所作的《太玄》非常青睐，并对崔瑗说："吾观《太玄》，方知子云妙极道数，乃与五经相拟，非徒传记之属，使人难论阴阳之事，汉家得天下二百岁之书也。复二百岁，殆将终乎？所以作者之数，必显一世，常然之符也。汉四百岁，《玄》其兴矣。"⑥ 可见广大文人儒士在研读儒学经典的同时，亦对道学颇为倾心。又

---

① （汉）班固：《汉书》卷一〇〇《叙传上》，中华书局1964年版，第4205—4206页。
② 《后汉书》卷二八《桓谭传》载，桓谭奏疏引用古人言曰："天下皆知取之为取，而莫知与之为取"（中华书局1965年版，第960页），此化用《老子》第三十六章语："将欲取之，必固与之。"
③ （南朝宋）范晔撰，（唐）李贤等注：《后汉书》卷一九《耿弇传》，中华书局1965年版，第703页。
④ （南朝宋）范晔撰，（唐）李贤等注：《后汉书》卷四〇《班固传》，中华书局1965年版，第1330页。
⑤ （南朝宋）范晔撰，（唐）李贤等注：《后汉书》卷二三《窦融传》，中华书局1965年版，第821—822页。
⑥ （南朝宋）范晔撰，（唐）李贤等注：《后汉书》卷五九《张衡传》，中华书局1965年版，第1897页。

第八章　清议在汉晋时期的走向及其价值与影响　253

据《后汉书》各传主的传记，翟酺"好《老子》"，苏顺"好养生术，隐处求道"，周勰"尚玄虚……慕老聃清静，杜绝人事"，向栩"恒读《老子》，状如学道"，等等。此外，在一些文人官吏的言论与著述中，夹杂道家思想或引用《老子》之语的现象更是不胜枚举。如张奂在遗命中提出："不能和光同尘，为谗邪所忌"（《后汉书》卷六五《张奂传》），此化用《老子》第五十六章语"和其光，同其尘"；延笃书信中载："微妙玄通，冲而不盈"（《后汉书》卷六七《党锢列传》），此化用《老子》第十五章语"古之善为道者，微妙玄通，深不可识"；阎忠劝谏皇甫嵩曰："天道无亲，百姓与能"（《后汉书》卷七一《皇甫嵩传》），此化用《老子》第七十九章语："天道无亲，常与善人。"又，王符的《潜夫论·思贤》篇、仲长统的《昌言·损益》篇、朱穆的《崇厚论》、高彪的《清诫》、蔡邕的《释诲》、荀悦的《申鉴》等散文，及郎𫖮、李固、袁著、翟酺等人的奏疏，或引老子哲理而立论，或儒道思想并用而说理，无不恰到好处。①由此可见，随着道家思想在东汉中后期的发展，儒道互补也渐成趋势。对此现象一些名儒并不排斥，反倒是以他们的身体力行加速了儒道的融合。像大儒马融不仅注释过《孝经》《论语》《诗》《易》《三礼》《尚书》等儒学典籍，还注释了道家代表作《老子》《淮南子》。马融曾因大将军邓骘辟用"未应召"而"显其高洁"，但当他遇到兵乱且饥困难忍时又只得去应召，他给自己的理由是："生贵于天下也。今以曲俗咫尺之羞，灭无赀之躯，殆非老庄所谓也。"②经学大家亦以老庄之道为自己辩护，而儒家礼节却并非全顾。郑玄亦以《老子》之说注解《易》《礼记》等儒学著作。又《后汉书》卷五三《黄宪传》载，汉末荀淑、戴良、袁阆、陈蕃、周举、郭泰这样的大名士都对黄宪推崇备至，个中原因，据范晔曾祖范汪说："（黄宪）隤然其处顺，渊乎其似道，浅深莫臻其分，清浊未议其方"，且曰："若及门于孔氏，其殆庶乎！"③可见，黄宪把儒道融为一体的人格，正是汉末士人普遍追寻的一种处世风尚。与之相似者又如蔡邕所评之申屠蟠："禀气玄妙，性敏心通……安贫乐潜，味道守真，不为燥湿

---

① 此外，《娄寿碑》描述了隐居讲学不仕的生活。参见高文《汉碑集释》（修订本），河南大学出版社1997年版，第412页。
② （南朝宋）范晔撰，（唐）李贤等注：《后汉书》卷六〇《马融传》，中华书局1965年版，第1953页。
③ （南朝宋）范晔撰，（唐）李贤等注：《后汉书》，中华书局1965年版，第1745页。

轻重，不为穷达易节。"① 此中尤可看出汉代后期儒学名士对以道处事者的无比尊崇之情。

还需指出的是，道家思想中的黄老派在两汉时期也一直存在，即便是在汉武帝"罢黜百家、独尊儒术"之后，黄老之学的研习者也不乏其人。如武帝时，邓公之子邓章"以修黄老言显诸公间"（《汉书》卷四九《晁错传》），杨王孙"学黄老之术"（《汉书》卷六七《杨王孙传》）。之后又有蔡邕六世祖蔡勋"好黄老，平帝时为郿令"（《后汉书》卷六〇《蔡邕传》）。东汉前期，任隗、郑钧、樊瑞、樊融、楚王刘英皆好黄老。东汉中后期，黄老之学进一步发展，梁冀专权时杨厚求退归家，"修黄老，教授门生，上名录者三千余人"（《后汉书》卷三〇《杨厚传》）。而桓帝事黄老之道、"数祀浮图、老子"（《后汉书》卷八八《西域传·天竺传》）的行为，对黄老思想的发展也起到了推动作用。一直到东汉末年，好黄老之言、修黄老之术者不乏其人。如立于灵帝建宁五年（172）的《北军中侯郭仲奇碑》载碑主"修黄老之术，谦守足之让"②；《后汉书》卷七四《刘表传》李贤注引《零陵先贤传》曰："（刘）先字始宗。博学强记，尤好黄老。"③ 另外道教在此时也最终行成。

由上来看，汉武帝之后道家虽游离于统治思想之外，但其哲理思想依然固守在某些文人士子的意识中，并贯穿于整个汉代。到了东汉，尤其是东汉中后期，道家思想的发展得到进一步凸显。汤用彤提及东汉时期王充、蔡邕的道家思想，只是略举代表性人物而已，其实东汉道家思想已浸入多数士人的心目中。这一方面是学术思想本身发展的结果，另一方面也与东汉中后期社会多乱、儒学受阻的现实政治相关。④ 当魏晋时期社会变乱更为频繁，儒家的入世精神更难行通之时，又再一步促使士人思想转向老庄的"清净无为"和"虚无玄远"。因此，把士人学理思想自身的演变看成"清议"向"清谈"演进的内因，把时势政治对士人身心的打击看成"清议"向"清谈"演进的外因，可谓抓住了中国古代士大夫政治发展的脉搏。

---

① （南朝宋）范晔撰，（唐）李贤等注：《后汉书》卷五三《申屠蟠传》，中华书局1965年版，第1751页。
② （清）严可均辑：《全后汉文》卷一〇二，商务印书馆1999年版，第1027页。
③ （南朝宋）范晔撰，（唐）李贤等注：《后汉书》，中华书局1965年版，第2422页。
④ 《后汉书》卷八二《方术列传上·廖扶传》载："（廖扶）父为北地太守，永初中，坐羌没郡下狱死。扶感父以法丧身，惮为吏。及终期而叹曰：老子有言：'名与身孰亲？'吾岂为名乎！遂绝志世外。"[（南朝宋）范晔撰，（唐）李贤等注：《后汉书》，中华书局1965年版，第2719页]可见廖扶正是惧惮于政治迫害而转心于道家思想的践行者。

第二节　清议的精神价值与政治文化影响

在讨论清议的政治文化意义及影响之前，我们首先应该正视针对汉末清议的评价问题。东汉末年的士人清议活动对后世影响深远，但历史上对其评价却褒贬不一。褒评和贬评都有其合理性，但后人更为看重的是汉末清议的积极意义，其精神价值在历代士大夫间不断得到继承和延续。

一　关于汉末清议的历史评价问题

虽然汉晋时期清议成为清流士人尊崇和提倡的社会行为，明君贤主也乐用清议辅助政治，但是梳理历代针对汉末清议活动本身的评价却会发现，其中往往褒贬不一。褒评者，如山简赞"郭泰、许劭之伦，明清议于草野；陈蕃、李固之徒，守忠节于朝廷"[1]；后世又有顾炎武盛赞"党锢之流，独行之辈"的"依仁蹈义，舍命不渝"行为，并说"三代以下风俗之美，无尚于东京者"[2]；赵翼也认为："东汉风气，本以名行相尚，迨朝政日非，则清议益峻，号为正人者，指斥权奸，力持正论。"[3] 贬评者，如唐代马总《意林》引曹丕《典论》："桓、灵之际，阉寺专命于上，布衣横议于下，干禄者殚货以奉贵，要名者倾身以事势，位成乎私门，名定乎横巷。由是户异议，人殊论，论无常检，事无定价，长爱恶，兴朋党"[4]；后又有南宋孝宗批评士大夫"好唱为清议之说"，并认为东汉党锢之风"深害治体，岂可不戒"[5]。

单就清议本身来说，它只是一种议论方式，以"清"字概之，从表面意思上看，即为清正之义或清雅之义，可引申为公正性的社会议论。既然后人用"清议"一词总结汉末士人议论时政和品评人物的活动，那么就蕴含了褒颂之情在其中。但为何历史上又存在否定性的评价呢？对此，我们需要分析褒评和贬评的角度有何差异，并对汉末士人的清议活动重新作出

---

[1] （唐）房玄龄等：《晋书》卷四三《山涛传》，中华书局1974年版，第1229页。
[2] （清）顾炎武著，黄汝成集释：《日知录集释》卷一三"两汉风俗"条，上海古籍出版社2006年版，第752页。
[3] （清）赵翼撰，王树民校证：《廿二史札记校证》卷五"党禁之起"条，中华书局1984年版，第107页。
[4] （唐）马总：《意林》卷五，中华书局1991年版，第103页。
[5] （清）毕沅编：《续资治通鉴》卷一四四《宋纪》"淳熙二年"，中华书局1957年版，第3853页。

审定。分析上述不同评价之辞可知，针对汉末清议的肯定之词，主要是赞颂其褒善贬恶、依仁蹈义、坚守忠节的士人精神；而针对汉末清议的否定之词，主要是说其横议朝政，导致朋党分部、门宗成仇，或因品评人物、位成乎私门，致使政治体制受损的现实状况。其实，自汉末清议活动产生时起，针对它的看法和评价也就开始了，所以，后人褒评和贬评的内容是否合理，我们都可征诸清议活动的现实状况和时人的看法。

第一，针对"清议"的褒评来源。在东汉末年，我们虽然找不到直接褒颂士人清议的评语，但是可从当时人对清议之士的态度上得到间接的认识。党事初起时，有些士大夫因没有被划入党人之列觉得是可耻的事情，如名将皇甫规认为自己未受党事牵连是名誉不高的表现，因此主动上书说自己攀附党人，请求论罪。侍御史景毅的儿子是党人名士李膺的门徒，党事兴起时亦因没有被记入党人名册而觉得是苟且偷安，便自己上表免官。第一次党事后，党人虽然被罢官归田，但他们却得到了比之前更多的荣耀和敬仰，如《后汉书》卷六七《党锢列传》载，范滂被释归，"始发京师，汝南、南阳士大夫迎之者数千两"。①《后汉纪·桓帝纪》亦载，党锢后，"（李）膺等虽免废，名逾盛，希之者唯恐不及。涉其流者，时虽免黜，未及家，公府州郡争礼命之"。②《后汉书》卷六七《党锢列传》也载："（李）膺免归乡里，居阳城山中，天下士大夫皆高尚其道，而污秽朝廷。"③第二次党事兴起时，党人遭受逮捕，多人对他们抱有同情和不平，甚至不惜丢掉性命也要对其保护，如张俭亡命、困迫遁走，"望门投止，莫不重其名行，破家相容"，甚至"其所经历，伏重诛者以十数，宗亲并皆殄灭，郡县为之残破"④。督邮吴导看到急捕范滂的诏书，"抱诏书，闭传舍，伏床而泣"，而县令郭揖欲"出解印绶，引与俱亡"⑤。陈蕃被害后，陈留人朱震"收葬（陈）蕃尸，匿其子逸"，"事觉系狱，合门桎梏"⑥。窦

---

① （南朝宋）范晔撰，（唐）李贤等注：《后汉书》卷六七《党锢列传》，中华书局1965年版，第2206页。
② （晋）袁宏撰，周天游校注：《后汉纪校注》，天津古籍出版社1987年版，第624页。
③ （南朝宋）范晔撰，（唐）李贤等注：《后汉书》卷六七《党锢列传》，中华书局1965年版，第2195页。
④ （南朝宋）范晔撰，（唐）李贤等注：《后汉书》卷六七《党锢列传》，中华书局1965年版，第2210页。
⑤ （南朝宋）范晔撰，（唐）李贤等注：《后汉书》卷六七《党锢列传》，中华书局1965年版，第2207页。
⑥ （南朝宋）范晔撰，（唐）李贤等注：《后汉书》卷六六《陈蕃传》，中华书局1965年版，第2171页。

第八章 清议在汉晋时期的走向及其价值与影响

武被害后,府掾胡腾"殡敛行丧,坐以禁锢"①。

由上可见,当时社会上下都对党人名士身怀崇敬之情,这说明在与宦官集团做斗争的过程中,党人是正义的一方,故此他们抨击时政、品评人物之举,也间接反映了人民群众的迫切愿望。再从士人清议的具体情形来看,他们面对宦官弄权、世风日下而心忧国家,多数正直士大夫甚至以死谏的方式力黜奸邪。如白马令李云面对宦官与外戚接连受封、赏赐奢侈、灾异频发的现象,忧国将危,心不能忍,乃上书劝谏,因言辞激烈,忤逆桓帝下狱而死。弘农五官掾杜众感伤李云以忠谏获罪,亦上书请愿与李云同日死。永昌太守曹鸾上书讼党人之冤,亦因"言甚方切",触怒灵帝,而被掠杀狱中。党锢之祸后,天下善士多遭迫害,党人清议也不复存在,但是部分险里逃生的士人或后起的正直名士,并未在暴力高压下放弃理想,他们或隐居地方讲学著书,以才识教化士人(如郭泰),或在乡野进行人物品评,继续制造舆论讥讽时政、拔举人才(如许劭)。正是由于汉末士人在清议活动中表现出的这种不畏强暴的凛然气节和坚持维护国家纲常、匡时救弊的不懈精神,他们才得到了时人的认可,也得到了后人的无比尊崇和敬仰,这是后世褒颂汉末清议之风的主要原因。

第二,针对"清议"的贬评分析。上引范晔《后汉书》卷六七《党锢列传》在描述党人之议时曰:"匹夫抗愤,处士横议",并说"婞直之风,于斯行矣"。所谓"横议"也就是过激的言论,这与当时的婞直之风是一致的。范晔此说,毕竟是后来之词,那么当时党议的现实状况是否如此呢?我们可参考汉末时人对党人之议的看法得到印证。

《后汉书》卷五三《申屠蟠传》载:"先是京师游士汝南范滂等非评朝政,自公卿以下皆折节下之。太学生争慕其风,以为文学将兴,处士复用。蟠独叹曰:'昔战国之世,处士横议,列国之王,至为拥彗先驱,卒有坑儒烧书之祸,今之谓矣。'"②申屠蟠是汉末备受士人推崇的名士,他在党人之议刚刚发生时,就看到了其间隐藏的祸端,把其比作战国时代处士横议朝政的行为,并预言这必定会导致社会动乱,所以他选择了避身自保。这表明汉末党人议论朝政确有"横议"的倾向,申屠蟠对这种议论方式持否定态度。

此外,清议士人在党事前后所上的奏章,多有言辞激烈之处。如白马

---

① (南朝宋)范晔撰,(唐)李贤等注:《后汉书》卷六九《窦武传》,中华书局1965年版,第2244页。
② (南朝宋)范晔撰,(唐)李贤等注:《后汉书》,中华书局1965年版,第1752页。

令李云在奏章中曰:"孔子曰:'帝者,谛也。'今官位错乱,小人谄进,财货公行,政化日损,尺一拜用不经御省。是帝欲不谛乎?"① 太尉陈蕃在上书申救因党事下狱的李膺等人时曰:"杜塞天下之口,聋盲一世之人,与秦焚书坑儒,何以为异?昔武王克殷,表闾封墓,今陛下临政,先诛忠贤。遇善何薄?待恶何优?"② 这样直接批判皇帝的犀利言辞,与汉代盛世士大夫的恭谨相比,完全可称为不敬之语。"横议"表现了党人的耿直与气魄,能给正直官吏在精神上以极大的鼓舞,从而为清议活动增添一分力量;但这种方式也较容易触犯公卿与皇权,这样他们不仅得不到应有的支持与同情,反而可能遭遇更大的阻力,像李云上书后被处死、陈蕃上书后被免职皆为例证。

除议论方式外,贬评中所说的"朋党分部""深害体制"之类的现象是否存在呢?从汉末清议的实际情形来看,虽然"党人"之名是宦官集团污蔑的,但清议之士确有结党之实,对此宦官集团之外的士大夫也是默认的。如党事起时,皇甫规自上言为党人:"臣前荐故大司农张奂,是附党也。又臣昔论输左校时,太学生张凤等上书讼臣,是为党人所附也。"③ 又如熹平元年(172)窦太后崩,有人书朱雀阙,言:"天下大乱,曹节、王甫幽杀太后,常侍侯览多杀党人。"④ 可见,"党人"之称在当时社会中确已流传开来。此外,从一些清议之士的行事风格上来看,虽然他们的主观目的是好的,但处事方式上确实对当时的政治体制规范有所触犯。比如他们在处置宦官集团的不法行为时,多有违背国家赦令而自行杀戮的现象发生,甚至是纤罪必诛、滥杀多人。《后汉书》卷六六《陈蕃传》载,小黄门赵津、南阳奸猾张汜等,依靠宦官的权势乘势犯法,太守刘瓆、成瑨审讯后,"虽经赦令,而并竟考杀之"。《后汉书》卷六二《荀淑传》载,荀昱、荀昙兄弟,一为沛相,一为广陵太守,"皆正身疾恶,志除阉宦。其支党宾客有在二郡者,纤罪必诛"⑤。《后汉书》卷六七《党锢列传》载,岑晊与张牧任职南阳期间,收捕贿赂宦官、恣意所为的宛县富商张汜,

---

① (南朝宋)范晔撰,(唐)李贤等注:《后汉书》卷五七《李云传》,中华书局1965年版,第1852页。
② (南朝宋)范晔撰,(唐)李贤等注:《后汉书》卷六六《陈蕃传》,中华书局1965年版,第2166页。
③ (南朝宋)范晔撰,(唐)李贤等注:《后汉书》卷六五《皇甫规传》,中华书局1965年版,第2136页。
④ (南朝宋)范晔撰,(唐)李贤等注:《后汉书》卷七八《宦者列传》,中华书局1965年版,第2525页。
⑤ (南朝宋)范晔撰,(唐)李贤等注:《后汉书》,中华书局1965年版,第2050页。

第八章 清议在汉晋时期的走向及其价值与影响

"既而遇赦，（岑）晊竟诛之，并收其宗族宾客，杀二百余人，后乃奏闻"①。《后汉书》卷六七《党锢列传》又载，李膺为河南尹期间，坚决处置交通宦官的张成之子杀人之事，虽有特赦，亦不理睬。在当时士人的观念中，宦官的躯体是肮脏的，受这种歧视观念的影响，又加上宦官凌驾于士人之上，且对社会制度造成极大的破坏，自然会引起士人群体的极大愤恨，故而不惜违背汉家法度也要严惩宦官集团的嚣张气焰。由此可见，清议士人不仅在清议方式上比较激进，在处置宦官的实际行动中，亦多有超出法度之外的激进行为。另外，第一次党锢时被逮捕的士大夫虽赦归田里，"禁锢终身"，且"党人之名，犹书王府"，但是灵帝即位后，清议朝臣窦武、陈蕃秉政，李膺、杜密等禁锢士人却再次被任用。这些违背法制规定的行为，从某种程度上可以说"深害体制"。在尚处于大一统的局势下，汉室决不允许政党性团体挑战皇帝的权威，所以，党议一旦发展为集体性的政治运动，难免会引起皇权的不满，这点为宦官集团所利用，清议士人亦激进不能收敛，党锢之祸的接连发生，不能说与此没有关系。

至于曹丕所说的"位成乎私门，名定乎横巷"，从当时的实际情况来看，此情形在汉末清议风气中确也存在，现代学者对此也多有揭示。如阎步克在论及汉末士林品题所造成的"以名取人"时说："王朝选士应依据于士人之名望大小；这种名望不是来自王朝的赐予，而是在士人群体的舆论评价中形成的；这种舆论所据以评价的标准，不仅仅是一个称职文官的标准，而是更要看其是否在某一方面表现了当时士人所崇尚的独特素质与人格。"② 也就是说，儒家的"人治"促成的"以德举人"的制度，时权在朝廷，而汉末"以名取人"，时权则在士林。故阎步克进一步指出："以名取人"把自身的认同标准与声望标准施及政府行政，从而扩张了民间舆论力量，但同时也损害了官僚行政体制的选官实施。以此可见，"位成乎私门，名定乎横巷"的现象不仅存在，而且无意间损害了汉家选官制度中传统的规范和原则。所以黄留珠也说，九品中正制初行之时，"品定之权掌握在政府中正手里，多少改变了名士'臧否人伦'、操纵选举的局面"③。

除此之外，我们还要看到，在汉末污浊的社会环境中，议论时政者众多，其间难免存在随波逐流或沽名钓誉之徒。胡三省在《资治通鉴》卷

---

① （南朝宋）范晔撰，（唐）李贤等注：《后汉书》，中华书局1965年版，第2212页。
② 阎步克：《察举制度变迁史稿》，辽宁大学出版社1991年版，第82页。
③ 黄留珠：《秦汉仕进制度》，西北大学出版社1985年版，第155—156页。

五三《汉纪·本初元年》注中说:"太学诸生三万人,汉末互相标榜,清议此乎出",又曰:"互相标榜者,实干名蹈利之徒所为也。"① 因党人清议是太学生与儒学士大夫联合共同对抗宦官集团的政治运动,所以历来论者都把党人清议的主体笼统地归为儒士群体。但是从当时的具体情况来看,儒士与宦官并非严格对立的群体,比如宦官里也有山冰、吕强这样的忠义之士或博学之人,而公卿百官的违制行为也会遭到清议之士的贬议,如《党锢列传》即曰士子"品核公卿,裁量执政","自公卿以下,莫不畏其贬议"。也就是说,当时宦官并非全坏,士人亦并非皆好。如果对汉末党人名士进行细分的话,会发现他们的人格与品行也存在一定的差异。举例来看,陈蕃、范滂、李膺、巴肃等名士都是国家纲常的坚定维护者,且始终未改与宦官抗争的气节,当宦官逮捕党人时,他们皆慷慨赴死,② 汉末清议精神也主要体现在这些人身上。党事起时,郑玄、荀爽、陈纪、何休这些文人士大夫或逃难或隐居,在此期间有的勘正经典,有的发愤著书为务,③ 可见他们并未沉沦,敦风化俗、恢复儒家纲常礼仪的心思依然存在,只是与奸邪对抗的勇气有所减损。与之相似的还有名士郭泰,他虽一度为太学生领袖,但在清议活动中并不危言核论,这与其他党人名士似有脱节,故葛洪在《抱朴子外篇·正郭篇》中称其"乃避乱之徒,非全隐之高矣"④。窦武属于外戚,虽与党人同流,但其个人生活必会受到皇家的眷顾,所以中常侍曹节逮捕党人时即曰:"窦武何功,兄弟父子,一门三侯?又多取掖庭宫人,作乐饮宴,旬月之间,赀财亿计。"⑤ 曹节此言恐非

---

① (宋)司马光编著,(元)胡三省音注:《资治通鉴》,中华书局1956年版,第1705页。
② 《后汉书》卷六六《陈蕃传》载,陈蕃谋除宦官事泄反被围捕,"闻难作,将官属诸生八十余人,并拔刃突入承明门",即日遇害。《后汉书》卷六七《党锢列传》载,第二次党事起时,范滂自诣狱,且对县令曰:"滂死则祸塞,何敢以罪累君,又令老母流离乎";李膺遭逮捕时,乡人劝其逃走,但他却说:"事不辞难,罪不逃刑,臣之节也。吾年已六十,死生有命,去将安之";巴肃遭逮捕时,县令欲与之共逃亡,但其曰:"为人臣者,有谋不敢隐,有罪不逃刑。既不隐其谋矣,又敢逃其刑乎?"
③ 《后汉书》卷三五《郑玄传》载,党事起时郑玄被禁锢,"隐修经业,杜门不出"。《后汉书》卷六二《荀淑传》载,荀爽遭党锢后,"隐于海上,又南遁汉滨,积十余年,以著述为事,遂称为硕儒",针对一些社会不良现象,荀爽"皆引据大义,正之经典,虽不悉变,亦颇有改"。《后汉书》卷七九《儒林列传下·何休传》载,陈蕃辟用何休参与政事,"蕃败,休坐废锢,乃作《春秋公羊解诂》,覃思不窥门,十有七年。又注训《孝经》、《论语》、风角七分,皆经纬典谟,不与守文同说。又以《春秋》驳汉事六百余条,妙得《公羊》本意"。
④ 杨明照:《抱朴子外篇校笺》(下册),中华书局1997年版,第478页。
⑤ (南朝宋)范晔撰,(唐)李贤等注:《后汉书》卷六六《陈蕃传》,中华书局1965年版,第2170页。

第八章 清议在汉晋时期的走向及其价值与影响

虚构,如此可见窦武生活渐染腐化。岑晊、张俭分别作为南阳和山阳二郡之功曹,都促成了太守惩治、捕杀宦官的行动,但当太守成瑨、翟超因此获罪时,他们二人却潜逃活命。对此时人已表达出不满,如岑晊逃亡期间,名士贾彪对其闭门不纳,他引《左传》中言"相时而动,无累后人"做解,并说"以要君致衅,自遗其咎,吾以不能奋戈相待,反可容隐之乎?"① 清人何焯也对此评价:"翟超之狱,事由张俭;成瑨之死,祸起岑晊。府朝被难,不闻奔问,与之同命而徒窜身自免。揆之臣人之义,亦有愧焉。"② 这样看来,如果细酌汉末士人的清议活动,它的流弊不仅体现在议论方式和对政治体制的间接破坏上,甚至清议者的队伍构成也能被后人找到可批评之处。从这个层面上来说,东汉后期的清议只能说是身修行洁之士的论政品人之举,后世论者笼统地推崇汉末清议之风,乃是出于对其间士人精神的整体提炼。

通过上面分析可以看出,历史上针对汉末士人清议的褒评和贬评,都有其合理性。所褒者,主要是清议之士惩恶扬善、舍命不渝、努力维护汉家体制的儒家传统精神。所贬者,主要是士人横议朝政的方式及激进的处事方式造成的负面影响,比如导致社会矛盾愈加激化,对朝廷体制也构成一定冲击。不过在当时皇权旁落、纲常大坏,朝臣力争未果的情况下,除采取激进的方式外,恐怕他们也找不到更稳妥的办法来扭转时俗。所以说,清议之士又是一个矛盾的群体,他们着力于抨击宦官之害,但同时又被宦官抓住反击的把柄,而遭到残酷的镇压。此外,一股思想潮流形成后,其发展总不会一帆风顺,清议亦可产生负面作用,如议论不实、为人利用、盗取虚名等流弊在所难免。所以后人有"律令所冤,赖清议以明之,虽死犹生也。清议所冤,万古无反案矣"③ 之语。从整体上看,汉末清议活动的积极意义中也蕴含着一定的流弊,所以头脑清醒的统治者如曹操,一方面对清议予以利用,④ 另一方面又对之深恶痛绝,力求革除。故而,在后世有识之士眼中,汉末清议活动需辩证地看待。如袁宏在《后汉

---

① (南朝宋)范晔撰,(唐)李贤等注:《后汉书》卷六七《党锢列传》,中华书局1965年版,第2216页。
② (清)何焯著,崔高维点校:《义门读书记》卷二三《后汉书》"党锢列传"条,中华书局1987年版,第392页。
③ (明)吕坤:《呻吟语》卷二《修身》,《吕坤全集》,王国轩、王秀梅整理,中华书局2008年版,第684页。
④ 曹操对"清议"的利用,首先表现在他请求名士许劭为自己品藻题目以扬名这件事上。此外,在选用人才的过程中,曹操对"清议"亦有运用,《后汉书》卷七四《刘表传》载,荆州归降曹操后,曹操使荆州名士韩嵩"条品州人优劣,皆擢而用之"。

纪·桓帝纪》中论及党人之议时曰："执诚说，修规矩，责名实，殊等分，则守文之风有益于时矣。然立同异，结朋党，信偏学，诬道理，使天下之人奔走争竞，弊亦大矣。崇君亲，党忠贤，洁名行，厉风俗，则肆直之风有益于时矣。然定臧否，穷是非，触万乘，陵卿相，使天下之人，自置于必死之地，弊亦大矣。"① 司马光在《资治通鉴》卷五六《汉纪》中曰："党人生昏乱之世，不在其位，四海横流，而欲以口舌救之，臧否人物，激浊扬清，撩虺蛇之头，跷虎狼之尾，以至身被淫刑，祸及朋友，士类歼灭而国随以亡，不亦悲乎！"② 阎步克也说："东汉日渐兴起的'清流'名士，一方面对选官之'清浊不分'力加抨击，以维护选官的公正清平；但是他们的另外一些活动，却又从另一些方面，冲击着汉代察举由长期传统而形成的那些规范和原则。他们主观上维护着官僚政府的选官，客观上却也破坏着它，从而使东汉选官陷入了另一个更为深刻的危机之中。"③ 诸位史家学者这种一分为二的评价，似更符合当时的历史事实。

但不管怎样，汉末士人清议的积极作用还是得到了继承和延续。历来论及东汉清议者，皆把其看成中国历史上凸显士人高风亮节的代表性事件，他们最为看重的还是汉末清议之士抨击社会乱象，惩恶扬善、激浊扬清，力求净化风俗和维护社会伦理纲常的精神价值。从这个层面上来看，我们也可把汉末清议理解为士大夫向往君臣有序美政思想的心理表现，所以它的精神在历代士大夫政治间绵延不断。④

二 清议的政治文化意义与影响

在中国古代，每当社会矛盾丛生、法纪纲常沦丧，人民群众处于水深火热中之时，受剥削之苦的下层民众往往以聚众起义的方式对抗贪官污吏的压榨，而博学多识的士人阶层则多以文化手段力求端正社会风俗。东汉中后期便是如此，此时社会矛盾迭起，政治斗争激烈，宦官集团的擅权行为，更是对社会制度、政治体系和民众正常生活造成严重的破坏。在这种情况下，各地农民起义不断涌现。而受到儒家伦理观念熏陶的士大夫群体，对此自然也不会袖手旁观，儒家强调的社会责任感使他们自觉承担起

---

① （晋）袁宏撰，周天游校注：《后汉纪校注》，天津古籍出版社1987年版，第626—627页。
② （宋）司马光编著，（元）胡三省音注：《资治通鉴》，中华书局1956年版，第1823页。
③ 阎步克：《察举制度变迁史稿》，辽宁大学出版社1991年版，第81—82页。
④ 其实，正是从士人精神层面来说，汉末的党人活动才可整体上称为"清议活动"，如果考虑其中夹杂的褒贬，那么《党锢列传》中所用的"党人之议"一词似更为合适。

第八章 清议在汉晋时期的走向及其价值与影响

拯救国家命运的使命。除在行动上打击宦官集团的违法行为外,清议也成为他们运用文化手段对抗奸邪、净化风俗的一种表现。

东汉中后期的士大夫群体,由儒学素养深厚、严守道德节操的士大夫和政治使命感、社会责任感强烈的儒学诸生组成,他们既是清议的主要参与者,同时又是社会文化的主要承担者。因此,士大夫在以"清议"对抗奸邪的过程中,各类士人文化也受到了不同程度的影响。综合来看,清议活动对士人文化的影响,主要表现在口头文化和书面文化上。对于口头文化而言,清议的发展使我国固有的谣谚文化、称号文化得到应用和弘扬,并进而催生出汉末名士间的以清雅为谈的题目文化。对于书面文化而言,传统的士大夫散文有了新的表现内容和新的时代气息,也产出了新的散文体裁,即人物专论性的散文和人物别传的兴起。这些对后世的文体创作产生很大影响,如汉世之后碑文体式得到沿用、人物别传类散文越来越多、题目文化延绵不断,此外以汉末清议事件或清议人物为典的现象也层出不穷。①

可见在汉末清议活动中,一方面体现的是士人的传统精神,另一方面体现的是士人的传统文化。在东汉后期政治混乱、世风浇薄的社会环境中,清议之士尚能保持高风亮节和美好操守,需要极大的勇气和道德力量的支撑,这是他们固守儒家扶危救世精神的体现。而文人士大夫充分发挥他们的智慧,把传统文化要素运用于清议方式中,这无疑会使清议的内容更为形象、具体,且易于传播、易于形成舆论效应,从而增强了清议的舆论效果。在此过程中,传统文化在士人手中得到了全新的弘扬,同时又衍生出士人文化的新形态。基于这两个层面的因素,后世文人士大夫对汉末清议之风极为推崇。虽然魏晋时期"清议"逐渐向"清谈"转变,但魏晋之后清议传统并未消亡,每当社会问题发生或社会矛盾迭起之时,"清议"作为对抗恃宠专权、为非作歹之徒的传统方式,又被有识之士重新加以提倡和运用,这在历代官僚士大夫的政治斗争中尤能看出,此外文人儒士的文学作品中对此亦多有反映。

---

① 除第七章举王季友与杜牧的诗化用"李膺门"外,又如唐代储光羲《敬酬陈掾亲家翁秋夜有赠》诗中曰:"仲举登宰辅,太丘荣缙绅",仲举即陈蕃,太丘即陈寔。南宋学者徐钧专门作诗《陈蕃》对其评价:"身居一室尚凝尘,天下如何扫得清。须信修齐可平治,绝怜志大竟无成。"南宋诗人陈普有咏史诗《李膺范滂》:"凤麟自古待明时,矶虱何堪论是非。可是首阳可埋骨,争知人怨首阳希。"杨维桢《览古四十二首》第二十一:"汝南许文休,丧乱一驽士。敢当诸葛拜,合受玄德鄙。士论推指南,无乃失臧否。乃知群公曹,排摈有公是。"谭嗣同《狱中题壁诗》:"望门投止思张俭,忍死须臾待杜根。"

前文我们已对汉魏六朝时期的清议传统进行了考察。自魏晋到南朝，"清议"与东汉时期已有所不同，此时清议的方式由士人议论时政和品评人物，转变为对士人行为的监督上，并逐渐成为统治者刻意利用的工具。君主或用其裁断士人罪行，或把其写入国家法律条文来规范士人的言行。隋唐时期，清议活动虽不多见，但承前代余绪，清议思想依然固守于某些文人官吏的意识中。《新唐书》卷一二六《张九龄传》载张九龄向唐玄宗提到"选部之法"时曰："如诸司要官，以下等叨进，是议无高卑，唯得与不尔。故清议不立，而名节不修，善士守志而后时，中人进求而易操也。"①《全唐诗》卷二二四载《奉赠太常张卿二十韵》中诗句"相门清议众，儒术大名齐"②，柳宗元《贺赵江陵宗儒辟符载启》中云："房给事以高节特立，明之于朝；王吏部以清议自任，辨之于外。"③这些均可看出清议余响的存在。

降及两宋，清议思潮在官场之中又掀起一股狂澜，这与宋代史学的发达及士人注重总结传统经验有关，亦与宋代理学发达对士人名节的倡导相连。在宋代，皇帝可以依据"清议"任命或罢退官员。《宋史》卷二四四《宗室传·燕王德昭传》载吕颐浩向宋高宗建议"以令時主行在大宗正司"，但"帝命易环卫官"，吕颐浩认为"令時读书能文，恐不须易"，但皇帝认为"令時昔事谭稹，颇违清议"，因此改其任"右监门卫大将军、荣州防御使"④。《宋史》卷四〇六《洪咨夔传》载咨夔上疏皇帝，建议整顿朝纲、消除弊政，"以仰称励精更始之意"，宋理宗嘉纳其言，除"首乞罢枢密使薛极以厉大臣之节"外，又令"其他得罪清议者，相继劾去"，于是"朝纲大振"⑤。在宋代，清议依如魏晋，对违背道德礼数的行为予以贬斥。《宋史》卷二八五《陈执中传》载梁适"晓畅法令，临事有胆力"，然而"多挟智数，不为清议所许"⑥。《宋史》卷三〇五《刘筠传》载刘筠"性不苟合，临事明达，而其治尚简严。然晚为阳翟同姓富人奏求恩泽，清议少之"⑦。《宋史》卷三九五《陆游传》又载："游才气超逸，尤长于诗。晚年再出，为韩侂胄撰《南园阅古泉记》，见讥清议。"⑧ 此类事件，

---

① （宋）欧阳修，（宋）祁撰：《新唐书》，中华书局1975年版，第4427页。
② 中华书局编辑部点校：《全唐诗》（增订本），中华书局1999年版，第2394页。
③ （唐）柳宗元：《柳宗元集》，中华书局1979年版，第900页。
④ （元）脱脱等：《宋史》，中华书局1977年版，第8681—8682页。
⑤ （元）脱脱等：《宋史》，中华书局1977年版，第12266页。
⑥ （元）脱脱等：《宋史》，中华书局1977年版，第9624页。
⑦ （元）脱脱等：《宋史》，中华书局1977年版，第10089页。
⑧ （元）脱脱等：《宋史》，中华书局1977年版，第12059页。

第八章 清议在汉晋时期的走向及其价值与影响

《宋史》中尚有多处记载，其他如张去华、韩绛、张诜、蒋之奇等人，皆被当时"清议"所贬。当然，对有美好操行的士人，清议也会予以肯定。《宋史》卷三六〇《赵鼎传》载赵鼎奏曰："今清议所与，如刘大中、胡寅、吕本中、常同、林季仲之流，陛下能用之乎？妒贤长恶，如赵霈、胡世将、周秘、陈公辅之徒，陛下能去之乎？"① 这其实也是臣下希望皇帝能依据"清议"任命、罢退官员的谏言。又如《宋史》卷四〇四《章颖传》载："（章）颖操履端直，生平风节不为穷达所移。虽仕多偃蹇，而清议与之。"② 可见，宋代清议依然看重士人的操守与名节。当然，在官场之外，太学生作为社会上最为活跃的群体，清议在他们中间不可能没有相应的反应。如针对宋金和战问题，太学生发起过大规模的请愿活动，力挺主战派，反对求和派。阎步克说，汉代太学"曾发展为士子清议风潮之中心。宋代太学之品藻清议，仍有'无官御史台'之称，但王朝已着手压制消解"。③

其实，宋代清议之风不仅表现在官僚士大夫的政治生活中，在文人官吏的诗、词、散文等文学作品中亦有突出的反映。宋诗，如：张耒《赠翟公巽》："穷阎过我坐至暮，满怀珠玉无秕糠。乃知世间有清议，未可尽以己意量"；刘克庄《哭李景温架阁》："出幕有清议，还乡空白头。人间容不得，下与阿翁游"，《次韵实之二首》："清议自为儒者设，未应羁束老黄冠"，《和实之读邸报四首》："欲取汉清议，尽投唐浊流"。宋词，如：张纲《满庭芳》："虽未贵，虚名自有，清议推先。更那堪、高堂重庆兼全"；杨无咎《醉蓬莱》："争许才猷，合跻严禁，行看横飞，少将清议。喜对生朝，且陶陶欢醉"；卢炳《水调歌头》："清议不可辱，千古要长存"。散文，如：欧阳修《谢国学解元启（天圣七年）》中云："并申辨论之法，特为孝秀之门，责土著以占名，谨乡评之清议"④；《论台谏官唐介

---

① （元）脱脱等：《宋史》，中华书局1977年版，第11294页。
② （元）脱脱等：《宋史》，中华书局1977年版，第12228页。
③ 阎步克举有对"太学清议"压制之例。如《宋元学案》卷八〇《鹤山学案》："学规以谤讪朝廷为第一，此规自蔡京创为之，专以禁太学诸公议政。"又《宋史·陈宜中传》："立石学中，戒诸生毋妄议国政。"阎步克又指出，此类做法在明清时期也存在。如，明国子监明伦堂侧曾有碑镌禁令十二条，曰"建言有禁"；清承其制，《光绪会典》礼部卷三二记禁令曰："生员立志，当学为忠臣清官"，"军民一切弊病，不许书生上书陈言。如有一言建白，以违制论，斥革治罪。"（阎步克：《士大夫政治演生史稿》，北京大学出版社1996年版，第493页）
④ （宋）欧阳修著，李逸安点校：《欧阳修全集》卷九五《表奏书启四六集》，中华书局2001年版，第1427页。

等宜早牵复札子（嘉祐六年）》中云："上辜圣恩，下愧清议，人虽未责，臣岂自安？"①《与丁学士（宝臣，字元珍）五通》第四篇中云："元珍屈处冗务，士夫所叹，清议尚存，自当奋滞"②；《韩忠献王（琦）》篇中云："公之谏诤，务倾大忠……善得尽纳，治随以隆。人畏清议，知时不容。各砺名节，恬乎处躬。"③另外，苏轼的奏议、书启、尺牍、制敕中，亦有多处有关清议的记载。

清议思潮在宋代的大肆传播，使得当时官僚士大夫对"清议"皆存敬畏心理，自觉避免为其所累。《宋史》卷四〇九《高斯得传》载斯得应诏上封事，其中有言"当是时也，能洁身以去，其能逃万世之清议乎？"④《宋史》卷四一五《程公许传》载公许上宋理宗疏中亦曰："同时任言责者，虽心迹有显晦，过恶有重轻，而获罪于清议则同……议者咸谓改纪之初，所为错缪，邪枉窥伺善类，何可高枕而卧。"⑤宋宁宗时，台谏为迎合韩侂胄之意，攻击朱熹的"伪学之言"，"然惮清议，不欲显斥熹"⑥。这些都是畏惧清议贬斥的心理表现，以此可看出，宋代清议对士人的约束力极大，其社会监督功能与晋代相似。

"清议"约束机制在与宋朝对峙的金朝亦有体现，《金史》卷七三《完颜守贞传》载金章宗遣中使责谕完颜守贞的诏书中既有"质之清议，固所不容，揆之乃心，乌得无愧"⑦之语。直到元代，清议思想依然留存于某些士大夫的心中，《新元史》卷九〇《品官丁忧礼》载，延祐五年（1318），监察御史许有壬言中有云："碌碌凡庸如冯翼霄，才无过于常人，行每乖于清议，徒以谀佞检邪。"⑧《新元史》卷一三九《宏珪传》载宏珪抗言铁木儿滥杀时曰："死者固不能复生，而清议犹可昭白，毋使朝廷终失之也。"⑨除言语流露外，清议思想在士人政论散文中亦有体现，如《新元史》卷一九三《郑介夫传》载，成宗大德七年（1303），郑介夫上《太

---

① （宋）欧阳修著，李逸安点校：《欧阳修全集》卷一一三《奏议卷》，中华书局2001年版，第1712页。
② （宋）欧阳修著，李逸安点校：《欧阳修全集》卷一五一《书简卷》，中华书局2001年版，第2488页。
③ （宋）欧阳修著，李逸安点校：《欧阳修全集》附录三《祭文》，中华书局2001年版，第2683—2684页。
④ （元）脱脱等：《宋史》，中华书局1977年版，第12324页。
⑤ （元）脱脱等：《宋史》，中华书局1977年版，第12457页。
⑥ （元）脱脱等：《宋史》，中华书局1977年版，第13773页。
⑦ （元）脱脱等：《金史》，中华书局1975年版，第1690页。
⑧ 何绍忞：《新元史》，中国书店1988年版，第422页。
⑨ 何绍忞：《新元史》，中国书店1988年版，第595页。

平策》一纲二十目，其中有："凡人之自爱其身，而重于犯法者，以清议之可畏，前程之尚远也。既无所畏，又无所慕，则仕而为贫耳，复何所惜。"①

明代统治思想来源于宋代，理学中对社会责任感的提倡和对道德气节的重视，亦都被明代士大夫所吸取，所以有明一代清议思潮至为深广。依如宋代，明代士大夫政治生活中尽染清议之风，他们或用清议约束、规劝士人盲目之行，或用清议贬斥、抨击违礼背德之人，或凭清议黜退、升陟文人官吏，这在《明史》中有明确的记载。《明史》卷一六二《钟同列传（附孟玘、杨集列传）》载进士杨集上书于谦曰："奸人黄竑献议易储，不过为逃死计耳，公等遽成之。公国家柱石，独不思所以善后乎？今（钟）同等又下狱矣，脱诸人死杖下，而公等坐享崇高，如清议何！"②《明史》卷一八四《张元祯列传（附陈音列传）》载："司礼太监黄赐母死，廷臣皆往吊，翰林不往。侍讲徐琼谋于众，音大怒曰：'天子侍从臣，相率拜内竖之室，若清议何！'琼愧沮。"③这是用清议进行规劝以约束文人官吏盲目行事的例子。此外，《明史》卷一九四《乔宇列传》亦有乔宇用"清议所齿"劝谏皇帝勿使俾尊小人居于学士之职的记载。另外，《明史》卷二〇六《叶应骢列传》载："给事中潮阳陈洸素无赖。家居与知县宋元翰不相能，令其子柱讦元翰谪戍。元翰摭洸罪及帷薄事刊布之，名《辨冤录》。洸由是不齿于清议，尚书乔宇出之为湖广佥事。"④这是官僚触犯清议、遭受贬斥，并影响其仕途进退的例子。在明代此类事件颇多，如《明史》卷一九〇《石珤列传》载，石珤为吏部尚书时，"刚方，谢请托，诸犯清议者多见黜，时望大孚"⑤。《明史》卷二一〇《厉汝进列传》载厉汝进认为湖广巡抚陆杰"素犯清议，不宜佐司空"⑥。《明史》卷二二五《梁梦龙列传》载梦龙弹劾礼部尚书吴山"得罪清议，乃并吏部尚书吴鹏劾罢之"⑦。《明史》卷二三一《顾允成列传》载房寰诋毁海瑞及沈思孝，"其言绝狂诞，自是获罪清议，出为江西副使"⑧。《明史》卷二四三《邹元标

---

① 何绍忞：《新元史》，中国书店1988年版，第780页。
② （清）张廷玉等：《明史》，中华书局1974年版，第4410页。
③ （清）张廷玉等：《明史》，中华书局1974年版，第4881页。
④ （清）张廷玉等：《明史》，中华书局1974年版，第5443页。
⑤ （清）张廷玉等：《明史》，中华书局1974年版，第5048页。
⑥ （清）张廷玉等：《明史》，中华书局1974年版，第5555页。
⑦ （清）张廷玉等：《明史》，中华书局1974年版，第5914—5915页。
⑧ （清）张廷玉等：《明史》，中华书局1974年版，第6035页。

列传》载"童蒙等既劾元标,遂得罪清议,寻以年例外迁"①,等等。清议之风甚至在明代小说中亦有反映,如《醒世恒言》第二卷"三孝廉让产立高名":"那汉朝清议极重,又传出几句口号,道是:假孝廉,做官员;真孝廉,出口钱……"②《金瓶梅》第四十八回载:"此二臣者,皆贪鄙不职,久乖清议,一刻不可居任者也。"《梼杌闲评》第四十七回载,(叶有声)审度了一会,道:"岂有此理!罢!拚此一官,以持清议为是。"③

在这样的风气下,文人官吏亦多自觉守礼遵道,避免清议加身。而开明士大夫则在吏治生活中自觉提倡清议之风,把清议作为辅政工具,如此也会受到士林的普遍尊重。《明史》卷二一六《姚希孟列传》载姚希孟曾与其舅文震孟同学,并负时名,及二人皆入翰林,"甥舅并持清议,望益重"④。《明史》卷二三一《薛敷教列传》载敷教"省母归,遂不复出……家居二十年,力持清议,大吏有举动,多用敷教言而止"⑤。又如《明史》卷二三六《汤兆京列传》载:"兆京居官廉正,遇事慷慨。其时党势已成,正人多见齮龁。兆京力维持其间,清议倚以为重。屡遭排击,卒无能一言污之者。"⑥《明史》卷二三六《王元翰列传》载:"元翰居谏垣四年,力持清议。摩主阙,抏贵近,世服其敢言。"⑦

清议之风的盛行,无疑造就出明代士人的高风亮节,他们勇于痛责、勇于纠正社会弊病,清流士人亦以气节共勉,靠清议思想团结心意与恶势力做坚决的斗争。更值得一提的是,清议思潮的强势发展,终于在晚明社会矛盾激化、阉宦弄权之时又走向高潮,那就是"东林党议"的出现。《明史》卷三〇五《宦官列传·魏忠贤列传》载:"初,神宗在位久,怠于政事,章奏多不省。廷臣渐立门户,以危言激论相尚,国本之争,指斥营禁。宰辅大臣为言者所弹击,辄引疾避去。吏部郎顾宪成讲学东林书院,海内士大夫多附之,'东林'之名自是始。既而'梃击'、'红丸'、'移宫'三案起,盈廷如聚讼。与东林忤者,众目之为邪党。"⑧ "东林党议"以晚明江南士大夫为主体,他们聚集了在朝在野的各种政治力量,于东林书院"讲习之余,往往讽议朝政,裁量人物",形成强大的舆论中心,

---

① (清)张廷玉等:《明史》,中华书局1974年版,第6306页。
② (明)冯梦龙编著:《醒世恒言》,人民文学出版社1956年版,第25—26页。
③ (明)无名氏撰,金心点校:《梼杌闲评》,中华书局2005年版,第412页。
④ (清)张廷玉等:《明史》,中华书局1974年版,第5718页。
⑤ (清)张廷玉等:《明史》,中华书局1974年版,第6047—6048页。
⑥ (清)张廷玉等:《明史》,中华书局1974年版,第6148页。
⑦ (清)张廷玉等:《明史》,中华书局1974年版,第6152页。
⑧ (清)张廷玉等:《明史》,中华书局1974年版,第7817页。

第八章　清议在汉晋时期的走向及其价值与影响　269

企望革除弊政、振兴吏治。后随着魏忠贤阉党及其依附势力的兴起，因政见分歧，终与东林党人形成激烈的党争，持续良久，多人遭迫害，影响巨大。"东林党议"与汉末党人的"清议运动"性质相仿，是中国古代清议思潮演变成"党人清议"的又一个突出体现。

　　进入清代，清议传统及其历史作用依然为清流士大夫所敬仰。尤其是清代前期，上接明代，某些士大夫的清议思想还很浓厚。《清史稿》卷二五〇《徐文元传》载，云南平复后，廷臣多称颂功德，元文独言："圣人作《易》，于《泰》、《丰》、《既济》诸卦，垂戒尤切。景运方新，原皇上倍切咨儆。兼谕大小臣工……崇清议以定国是，厉廉耻以正人心……"①《清史稿》卷二七一《高士奇传》载左都御史郭琇劾奏曰："……王鸿绪、陈元龙鼎甲出身，俨然士林翘楚；竟不顾清议，依媚大臣，无所不至。苟图富贵，伤败名教，岂不玷朝班而羞当世之士哉？"②《清史稿》卷二七七《陈鹏年传》载："上与大学士李光地论阿山居官，光地言阿山任事廉干，独劾陈鹏年犯清议，上颔之。"③清代中后期，清议思想依然流行，同光时期，随着社会矛盾的加深，甚至出现"清流党"人清议论政。《清史稿》卷四四四《邓承修传》载，邓承修于光绪初"与张佩纶等主持清议，多弹击，号曰'铁汉'"。④到了清代晚期，文人官吏对清议思潮依旧崇尚，如马建忠《巴黎复友人书》中云："今也开新报之禁，而清议愈多。重议院之权，而民情可达。"⑤康祖诒等《上皇帝书》中云："近开报馆，名曰新闻，政俗备存，文学兼存。小之可观物价，琐之可见土风。清议时存，等于乡校，见闻日辟，可通时务。"⑥梁启超甚至以"主持清议，开发民智"为主旨，创办了《清议报》。此外，清议思想在小说作品中也有所反映，吴趼人《九命奇冤》第三回载："（陈大人）后来因为犯了清议，被御史参了一本，奉旨革职。"可见，清议思潮在中国最后一个封建王朝并非强弩之末，依然为清流士大夫所坚守。直到清末民国时期，随着中国传统政治制度的瓦解，社会伦理观念发生变化，知识群体的思想愈发多元化，又加上报刊行业的迅速发展，公众舆论渐趋形成，维系清议的社会体制和思想体系已不复存在，清议思潮式微已不可避免。

---

①　赵尔巽等：《清史稿》，中华书局1977年版，第9707页。
②　赵尔巽等：《清史稿》，中华书局1977年版，第10016页。
③　赵尔巽等：《清史稿》，中华书局1977年版，第10094页。
④　赵尔巽等：《清史稿》，中华书局1977年版，第12457页。
⑤　郑振铎编选：《晚清文选》卷中，中国社会科学出版社2002年版，第506页。
⑥　郑振铎编选：《晚清文选》卷下，中国社会科学出版社2002年版，第24页。

综上，从汉魏六朝至宋元明清，清议现象一直延续在社会政治和士人心目中。汉魏六朝时期，清议与选官任人制度相结合，清议之风亦随之发展至高潮，此后历朝历代都有清议现象存在，间又经宋代、明代两次清议运动的高峰，终使蕴含道德力量和群众意愿的"清议"得到了高度的弘扬。其间清议也一度由动荡时评论时政、人物，向清平时监督士人言行的方向转变。我们不仅能在官僚士大夫的政治生活中看到清议力量的强大，在唐宋之后文人官吏的诗、词、散文、小说等文学作品中亦可找到它的影子，以此又可观清议思潮对我国古代士人风尚和民族文化发展影响之一斑。可见，经汉末清议活动的引发，清议传统在后世士人心目中逐渐凝固且不断得到沿用。具体到实际中，"清议"虽不免发生演变或渐染弊端，甚至被某人刻意利用以达成特定政治目的，但这也从反面证明了"清议"已成为中国古代士人认定的一种精神品质。历代文人学士在文学作品中也传达着对这种精神品质的尊崇和向往。

参考文献

著作

（汉）班固：《汉书》，中华书局1962年版。
（汉）蔡邕：《独断》，上海古籍出版社1990年版。
（汉）高诱注：《吕氏春秋》，上海书店1986年版。
（汉）桓谭：《新论》，上海人民出版社1977年版。
（汉）刘熙：《释名》，中华书局1985年版。
（汉）司马迁：《史记》，中华书局1959年版。
（汉）王符著，（清）汪继培笺：《潜夫论笺校正》，中华书局1979年版。
（汉）荀悦：《汉纪》，中华书局2002年版。
（汉）应劭撰，王利器校注：《风俗通义校注》，中华书局1981年版。
（北齐）魏收：《魏书》，中华书局1974年版。
（后魏）贾思勰：《齐民要术》，中华书局1956年版。
（晋）常璩撰，刘琳校注：《华阳国志校注》，巴蜀书社1984年版。
（晋）陈寿撰，陈乃乾校点：《三国志》，中华书局1964年版。
（晋）郭璞注：《穆天子传》，上海古籍出版社1990年版。
（晋）陶潜著，杨勇校笺：《陶渊明集校笺》，上海古籍出版社2007年版。
（晋）袁宏撰，周天游校注：《后汉纪校注》，天津古籍出版社1987年版。
（后晋）刘昫等：《旧唐书》，中华书局1975年版。
（梁）萧子显：《南齐书》，中华书局1972年版。
（南朝梁）刘勰著，范文澜注：《文心雕龙注》，人民文学出版社1958年版。
（南朝梁）刘勰著，詹锳义证：《文心雕龙义证》，上海古籍出版社1989年版。
（南朝梁）萧统编，（唐）李善、吕延济、刘良、张铣、吕向、李周翰注：

《六臣注文选》，中华书局 1987 年版。
（南朝梁）萧统编，（唐）李善注：《文选》，中华书局 1977 年版。
（南朝宋）范晔撰，（唐）李贤等注：《后汉书》，中华书局 1965 年版。
（南朝宋）刘义庆撰，（梁）刘孝标注，杨勇校笺：《世说新语校笺》，中华书局 2006 年版。
（南朝宋）刘义庆撰，（梁）刘孝标注：《世说新语》，上海古籍出版社 1982 年版。
（唐）白居易：《白孔六帖》，台北新兴书店 1969 年版。
（唐）杜佑：《通典》，中华书局 1988 年版。
（唐）房玄龄等：《晋书》，中华书局 1974 年版。
（唐）封演撰，赵贞信校注：《封氏闻见记校注》，中华书局 2005 年版。
（唐）李百药：《北齐书》，中华书局 1972 年版。
（唐）李延寿：《南史》，中华书局 1975 年版。
（唐）柳宗元：《柳宗元集》，中华书局 1979 年版。
（唐）马总：《意林》，中华书局 1991 年版。
（唐）欧阳询撰，汪绍楹校：《艺文类聚》，上海古籍出版社 1965 年版。
（唐）魏征、令狐德棻：《隋书》，中华书局 1973 年版。
（唐）姚思廉：《陈书》，中华书局 1972 年版。
（唐）姚思廉：《梁书》，中华书局 1973 年版。
（唐）虞世南撰，（清）孔广陶校注：《北堂书钞》，中国书店 1989 年版。
（魏）杨炫之撰，周祖谟校释：《洛阳伽蓝记校释》，中华书局 1963 年版。
（宋）郭茂倩编：《乐府诗集》，中华书局 1979 年版。
（宋）洪适：《隶释·隶续》，中华书局 1985 年版。
（宋）李昉等：《太平御览》，中华书局 1960 年版。
（宋）欧阳修、（宋）宋祁：《新唐书》，中华书局 1975 年版。
（宋）欧阳修著，李逸安点校：《欧阳修全集》，中华书局 2001 年版。
（宋）沈约：《宋书》，中华书局 1974 年版。
（宋）沈作喆：《寓简》，商务印书馆 1959 年版。
（宋）司马光编著，（元）胡三省音注：《资治通鉴》，中华书局 1956 年版。
（宋）赵明诚：《宋本金石录》，中华书局 1991 年版。
（宋）赵明诚撰，金文明校证：《金石录校证》，广西师范大学出版社 2005 年版。
（元）脱脱等：《宋史》，中华书局 1977 年版。

（明）冯梦龙编著：《醒世恒言》，人民文学出版社1956年版。

（明）吕坤撰，王国轩、王秀梅整理：《吕坤全集》，中华书局2008年版。

（明）宋濂等：《元史》，中华书局1976年版。

（明）无名氏撰，金心点校：《梼杌闲评》，中华书局2005年版。

（明）杨慎：《风雅逸篇　古今风谣　古今谚》，古典文学出版社1958年版。

（清）杜文澜辑：《古谣谚》，中华书局1958年版。

（清）顾炎武著，黄汝成集释：《日知录集释》，上海古籍出版社2006年版。

（清）何焯著，崔高维点校：《义门读书记》，中华书局1987年版。

（清）陆增祥：《八琼室金石补正》，文物出版社1985年版。

（清）阮元校刻：《十三经注疏》，中华书局1980年版。

（清）孙诒让：《墨子间诂》，中华书局2001年版。

（清）王夫之：《读通鉴论》，中华书局1975年版。

（清）王先谦撰，沈啸寰、王星贤点校：《荀子集解》，中华书局1988年版。

（清）严可均辑：《全后汉文》，商务印书馆1999年版。

（清）叶昌炽撰，王其祎点校：《语石》，辽宁教育出版社1998年版。

（清）张廷玉等：《明史》，中华书局1974年版。

（清）赵翼撰，王树民校证：《廿二史札记校证》，中华书局1984年版。

《历代碑帖法书选》编辑组编：《汉曹全碑》，文物出版社1982年版。

《中国古代文学史》编写组编：《中国古代文学史》，高等教育出版社2016年版。

北京图书馆金石组：《北京图书馆藏中国历代石刻拓本汇编》，中州古籍出版社1989年版。

蔡梦麒：《广韵校释》，岳麓书社2007年版。

陈寅恪：《陶渊明之思想与清谈之关系》，燕京大学哈佛燕京社1945年版。

傅亚庶：《孔丛子校释》，中华书局2011年版。

高文：《汉碑集释》（修订本），河南大学出版社1997年版。

郭沫若：《郭沫若全集·考古编》，科学出版社1982年版。

郭绍虞：《谚语的研究》，商务印书馆1925年版。

国家图书馆善本金石组：《先秦秦汉魏晋南北朝石刻文献全编》，北京图书馆出版社2003年版。

何宁：《淮南子集释》，中华书局1998年版。

何如月：《汉碑文学研究》，商务印书馆2010年版。
何绍忞：《新元史》，中国书店1988年版。
侯外庐等：《中国思想通史》，人民出版社1957年版。
胡宝国：《汉唐间史学的发展》，商务印书馆2003年版。
黄晖：《论衡校释》，中华书局1990年版。
黄金明：《汉魏晋南北朝诔碑文研究》，人民文学出版社2005年版。
黄留珠：《秦汉仕进制度》，西北大学出版社1985年版。
姜书阁：《骈文史论》，人民文学出版社1986年版。
金春峰：《汉代思想史》，中国社会科学出版社1997年版。
金其桢：《中国碑文化》，重庆出版社2001年版。
蓝旭：《东汉士风与文学》，人民文学出版社2004年版。
黎翔凤撰，梁运华整理：《管子校注》，中华书局2004年版。
李崇智：《〈人物志〉校笺》，巴蜀书社2001年版。
刘季高：《东汉三国时期的谈论》，上海古籍出版社1999年版。
刘梦溪主编：《中国现代学术经典》，河北教育出版社1996年版。
刘师培：《中古文学论著三种》，辽宁教育出版社1997年版。
刘师培：《中国中古文学史·汉魏六朝专家文研究》，商务印书馆2010年版。
刘师培：《中国中古文学史讲义》，人民文学出版社2006年版。
鲁迅：《中国小说史略》，人民文学出版社1973年版。
陆侃如：《中古文学系年》，人民文学出版社1985年版。
逯钦立辑：《先秦汉魏晋南北朝诗》，中华书局1983年版。
吕思勉：《秦汉史》，上海古籍出版社1983年版。
吕肖奂：《中国古代民谣研究》，巴蜀书社2006年版。
罗宗强：《玄学与魏晋士人心态》，南开大学出版社2003年版。
毛远明：《碑刻文献学通论》，中华书局2009年版。
钱穆：《国学概论》，商务印书馆1931年版。
邱永明：《中国古代监察制度史》，上海人民出版社2006年版。
任继愈：《中国哲学发展史》（秦汉卷），人民出版社1985年版。
尚恒元、彭善俊：《二十五史谣谚通检》，山西人民出版社1986年版。
孙尚扬编：《汤用彤学术文化随笔》，中国青年出版社2000年版。
汤用彤：《汤用彤学术论文集》，中华书局1983年版。
唐长孺：《魏晋南北朝史论丛》，生活·读书·新知三联书店1955年版。
唐翼明：《魏晋清谈》，人民文学出版社2002年版。

万绳楠整理：《陈寅恪魏晋南北朝史讲演录》，黄山书社 2000 年版。
王利器：《文子疏义》，中华书局 2000 年版。
徐复观：《两汉思想史》，台湾学生书局 1993 年版。
徐元诰撰，王树民、沈长云点校：《国语集解》，中华书局 2002 年版。
严耕望：《中国地方行政制度史·秦汉地方行政制度》，上海古籍出版社 2007 年版。
阎步克：《察举制度变迁史稿》，辽宁大学出版社 1991 年版。
阎步克：《士大夫政治演生史稿》，北京大学出版社 1996 年版。
杨伯峻：《列子集释》，中华书局 1979 年版。
杨伯峻编著：《春秋左传注》，中华书局 1981 年版。
杨明照：《抱朴子外篇校释》（上册），中华书局 1991 年版。
杨明照：《抱朴子外篇校释》（下册），中华书局 1997 年版。
于迎春：《汉代文人与文学观念的演进》，东方出版社 1997 年版。
于迎春：《秦汉士史》，北京大学出版社 2000 年版。
余嘉锡笺疏：《世说新语笺疏》，中华书局 2007 年版。
余英时：《士与中国文化》，上海人民出版社 2013 年版。
詹福瑞：《汉魏六朝文学论集》，河北大学出版社 2001 年版。
张传玺主编：《中国古代史纲》，北京大学出版社 2004 年版。
张涛：《列女传译注》，山东大学出版社 1990 年版。
赵尔巽等：《清史稿》，中华书局 1977 年版。
赵敏俐、吴思敬主编：《中国诗歌通史·汉代卷》，人民文学出版社 2012 年版。
赵敏俐等：《中国古代歌诗研究》，北京大学出版社 2005 年版。
郑振铎编选：《晚清文选》卷中，中国社会科学出版社 2002 年版。
郑振铎编选：《晚清文选》卷下，中国社会科学出版社 2002 年版。
中国东方文化研究会历史文化分会编：《历代碑志丛书》第一册，江苏古籍出版社 1998 年版。
中华书局编辑部点校：《全唐诗》（增订本），中华书局 1999 年版。
周一良：《魏晋隋唐史论集》（第二辑），中国社会科学出版社 1983 年版。
朱传誉：《中国民意与新闻自由发展史》，台北正中书局 1974 年版。
祝嘉：《书学史》，成都古籍书店 1984 年版。
宗白华：《美学散步》，上海人民出版社 1981 年版。
〔日〕冈村繁：《汉魏六朝的思想和文学》，上海古籍出版社 2002 年版。

期刊论文

陈才训：《汉代歌谣兴盛的原因》，《天中学刊》2005 年第 4 期。
陈寅恪：《逍遥游向郭义及支遁义探源》，《清华大学学报》（自然科学版）1937 年第 2 期。
陈引驰：《阮籍与汉魏思潮述略》，《中国文学研究》1992 年第 1 期。
陈勇勤：《晚清清流派的清议观探论》，《社会科学家》1994 年第 1 期。
陈勇勤：《晚清清流派整顿吏治清议述论》，《社会科学战线》1994 年第 2 期。
傅惠成：《"清议"流变略论》，《沧桑》2003 年第 1 期。
高新民：《东汉思潮与王符思想》，《兰州大学学报》（社会科学版）2001 年第 6 期。
葛建平：《东晋南朝社会中的家庭伦常》，《中山大学学报》（哲学社会科学版）1990 年第 3 期。
何若钧：《甲午战争时期的"清议"》，《历史教学》1987 年第 6 期。
何佑森：《中国二千五百年以来的"清议"》，《中国文化》2001 年第 Z1 期。
胡守为：《"举谣言"与东汉吏政》，《中山大学学报》（社会科学版）2004 年第 6 期。
黄宛峰：《东汉颍川、汝南、南阳士人与党议始末》，《中国史研究》1995 年第 4 期。
季乃礼：《制度与思想互动视角下的汉末清议》，《政治思想史》2015 年第 2 期。
孔繁：《从〈世说新语〉看清谈》，《文史哲》1981 年第 6 期。
李世耀：《人物品评与六朝文学批评》，《文学遗产》1990 年第 2 期。
李新霞：《清议转向清谈与汉碑文的衰落》，《时代文学》（下半月）2009 年第 5 期。
刘萃峰：《地方豪强与东汉初年政局——以两淮地区为中心的考察》，《史林》2018 年第 1 期。
刘军：《东林党议与中国古代清议传统》，《北方论丛》2009 年第 5 期。
刘康德：《论东汉魏晋名士的清议和清谈》，《探索与争鸣》1990 年第 6 期。
逯钦立：《魏晋的清谈任达与九品中正制》，《东北师大学报》（哲学社会科学版）1986 年第 5 期。

吕进：《月旦评及其舆论学意义》，《中州学刊》2017 年第 10 期。
吕宗力：《略论民间歌谣在汉代的政治作用及相关迷思》，《社会科学战线》2008 年第 9 期。
马新：《时政谣谚与两汉民众参与意识》，《齐鲁学刊》2001 年第 6 期。
牟发松：《范晔〈后汉书〉对党锢成因的认识与书写——党锢事件成因新探》，《华东师范大学学报》（哲学社会科学版）2012 年第 6 期。
聂济冬：《游学与汉末政治》，《山东大学学报》（哲学社会科学版）2007 年第 6 期。
宁稼雨：《从〈世说新语〉看魏晋名士饮酒文化的内涵嬗变》，《文史哲》2018 年第 2 期。
曲家源：《论宋代官场清议》，《社会科学战线》2000 年第 3 期。
孙焘：《形神与气象：〈人物志〉的心性类型学说及其当代意义》，《首都师范大学学报》（社会科学版）2018 年第 1 期。
唐小兵：《清议、舆论与宣传——清末民初的报人与社会》，《华东师范大学学报》（哲学社会科学版）2010 年第 6 期。
田文棠，刘学智：《魏晋"四本才性"之辩述略》，《陕西师范大学学报》（哲学社会科学版）1989 年第 3 期。
王雪：《略论汉至魏晋的清议》，《考试周刊》2009 年第 21 期。
王仲镛：《陈寿〈益部耆旧传〉探微》，《四川师范大学学报》（社会科学版）1994 年第 3 期。
王子今：《秦汉民间谣谚略说》，《人文杂志》1987 年第 4 期。
王子今：《王咸举幡：舆论史、教育史和士人心态史的考察》，《读书》2009 年第 6 期。
魏明安：《汉末清议与傅氏一家之儒》，《兰州大学学报》（社会科学版）1992 年第 4 期。
吴从祥：《党锢之祸对汉末文学的影响》，《江西师范大学学报》（哲学社会科学版）2004 年第 5 期。
熊国华：《论魏晋人物品评对中国美学的贡献和影响》，《江西社会科学》1990 年第 5 期。
徐国荣：《汉末私谥和曹操禁碑的文化意蕴》，《东南文化》1997 年第 3 期。
徐海容：《碑志文的定型及相关问题》，《湖北社会科学》2017 年第 10 期。
徐森玉：《西汉刻石文字初探》，《文物》1964 年第 5 期。
阎步克：《西汉秀才已为岁举考》，《北京大学学报》（哲学社会科学版）

1987 年第 5 期。

阎步克：《西晋之"清议"呼籲简析及推论》，《中国文化》1996 年第 2 期。

杨永泉：《品识人才的一面镜鉴——读刘邵〈人物志〉》，《南京社会科学》2007 年第 4 期。

袁济喜：《汉魏士人问题与文学批评之演变》，《中国人民大学学报》2013 年第 4 期。

袁新洁：《"文人论政"传统形成的原因及其主要表现》，《社会科学家》2010 年第 1 期。

张旭华：《东吴九品中正制初探》，《郑州大学学报》（哲学社会科学版）2001 年第 1 期。

张旭华：《关于东晋南朝清议的几个问题——与周一良先生商榷》，《郑州大学学报》（哲学社会科学版）1993 年第 1 期。

张旭华：《两晋时期的丧礼实践与中正清议》，《史学月刊》2011 年第 12 期。

张旭华：《谈谈南朝清议的发展演变》，《文史哲》1993 年第 3 期。

赵捷民：《晚清清议派的主张及其作用》，《新史学通讯》1956 年第 7 期。

赵昆生：《论汉末清议思潮与社会转型》，《重庆师范大学学报》（哲学社会科学版）2012 年第 3 期。

赵园：《明清之际士人的"清议"批评》，《开放时代》1999 年第 2 期。

郑峰：《论晚清前清流之清议》，《甘肃社会科学》1999 年第 S1 期。

朱红：《人物品藻与戏谑娱乐：唐代"题目"源流考》，《文学遗产》2014 年第 4 期。

后　　记

　　本书是我主持的国家社科基金后期资助项目"东汉清议与士人文化新变研究"的结项成果，项目是在我同名博士学位论文的基础上申报的。在北京大学中文系读博期间，受中国社会科学院陈祖武先生的启发，确定了这一研究主题，在写作过程中，先生又给了我很多鼓励和指导。博士学位论文能如期完成，尤得益于导师于迎春教授的指导，与其相识几载，使她操心不少。尤其读博前期，我在中央文史研究馆参与编撰《中国地域文化通览》（袁行霈主编），课程学习往往不能保障。但于老师的包容理解、和蔼可亲，使我减轻了很多压力，也使我增强了从事科学研究的信心。在博士学位论文写作过程中，于老师皆悉心指导，可谓无微不至、用心苦多。

　　论文写作期间，针对一些疑惑和不解，亦请教过我的硕士导师赵敏俐教授。在综合考试、论文开题、预答辩及毕业答辩过程中，常森老师、杜晓勤老师、顾永新老师、张辉老师、赵长征老师、刘宁老师、程苏东老师、黄凤显老师、马庆洲老师、蓝旭老师等，作为评审委员或答辩委员，都倾注了很多的精力，并提出了很多富有教益的意见，使我及时纠正了某些不当的研究思路和方法。2015年夏季毕业答辩时，费振刚前辈不顾年迈之躯，亦亲临现场予以指导，先生的肺腑讲解，使我深受鼓舞，获益尤多。正是在各位师长的帮助和关怀下，我的学位论文才顺利通过审核，当毕业进入青岛大学工作后，也才使我有信心以此申报国家社科基金项目，并能成功立项。在此，对以上诸位前辈前贤，表达最诚挚的谢意。

　　如今经过反复修订，书稿终于完成，并将出版结项，但心中依然未有释负之感，仍觉书稿中诸多内容不够充实。同时感慨于中国古代文化的博大精深，深知需要继续学习和探索的知识还有很多。自己目前所为，只不过沧海一粟，故恳请各位方家批评指正、不吝赐教。

孙立涛

2022年6月6日